国家社科基金
GUOJIA SHEKE JIJIN HOUQI ZIZHU XIANGMU
后期资助项目

汉魏子书研究

Research of Zi Shu in Han and Wei Dynasties

尹玉珊 著

中国社会科学出版社

图书在版编目(CIP)数据

汉魏子书研究 / 尹玉珊著．—北京：中国社会科学出版社，2018.4
ISBN 978-7-5203-2414-4

Ⅰ.①汉…　Ⅱ.①尹…　Ⅲ.①古籍-研究-中国-汉代②古籍-研究-中国-魏晋南北朝时代　Ⅳ.①G256.1

中国版本图书馆 CIP 数据核字(2018)第 073771 号

出 版 人　赵剑英
责任编辑　宫京蕾
特约编辑　孙少华
责任校对　李　莉
责任印制　王　超

出　　版　中国社会科学出版社
社　　址　北京鼓楼西大街甲 158 号
邮　　编　100720
网　　址　http://www.csspw.cn
发 行 部　010-84083685
门 市 部　010-84029450
经　　销　新华书店及其他书店

印刷装订　北京君升印刷有限公司
版　　次　2018 年 4 月第 1 版
印　　次　2018 年 4 月第 1 次印刷

开　　本　710×1000　1/16
印　　张　23
插　　页　2
字　　数　413 千字
定　　价　96.00 元

凡购买中国社会科学出版社图书，如有质量问题请与本社营销中心联系调换
电话：010-84083683

国家社科基金后期资助项目

出版说明

后期资助项目是国家社科基金设立的一类重要项目，旨在鼓励广大社科研究者潜心治学，支持基础研究多出优秀成果。它是经过严格评审，从接近完成的科研成果中遴选立项的。为扩大后期资助项目的影响，更好地推动学术发展，促进成果转化，全国哲学社会科学规划办公室按照“统一设计、统一标识、统一版式、形成系列”的总体要求，组织出版国家社科基金后期资助项目成果。

全国哲学社会科学规划办公室

《汉魏子书研究》序

刘跃进

古代典籍中的经史子集四部，子部的含义最为宽泛，好像三部以外的所有典籍，都可以放在子部中。《四库全书总目·子部总叙》云：

> 自六经以外，立说者皆子书也。其初亦相淆，自《七略》区而列之，名品乃定。其初亦相轧，自董仲舒别而白之，醇驳乃分。其中或佚不传，或传而后莫为继，或古无其目而今增，古各为类而今合，大都篇帙繁富。可以自为部分者，儒家之外有兵家，有法家，有农家，有医家，有天文算法，有术数，有艺术，有谱录，有杂家，有类书，有小说家。其别教则有释家，有道家。叙而次之，凡十四类。

在作者看来，经书之外，凡“立说者皆子书”，包括十四类，有法家，有农家，有医家，有天文算法，有术数，有艺术，有谱录，有杂家，有类书，有小说家，后来还有佛家，有道家，内涵、外延都不确定。先秦、秦汉之际，集部的概念还没有出现，当时的著作，除经史之外，多是子书。经书，乃圣贤著作，非常人所能觊觎，史书也多具有官方色彩，私家撰史，风险极大。只有子书，个人发挥的空间很大，可成一家之言。所以，先秦诸子驰骋才华、著书立说，为中国思想史的宝库平添绚烂的色彩，赢得后世尊重。

秦汉以下，司马迁发愤著书，以“成一家之言”作为奋斗的目标，极大地激发了历代文人进德修业、立言不朽的理想。西汉后期，各种学说纷纷亮相，异端思潮横空而出，这就使得汉魏子书所呈现的面貌与此前全然不同，可以说是革命性的变化。《汉书·艺文志·诸子》所载西汉前的诸子“百八十九家，四千三百二十四篇”。而《隋书·经籍志》所载诸子“合八百五十三部，六千四百三十七卷”，比《汉志》多出六百六十多部（家），扣除《汉志》所录子书，至少也有四百多部（家）著作完成于这个时期。因此，说汉、魏、晋是子部著述的最后辉煌，殆不为过。需要进一步追问的是：为什么这个时期大家如此重视子部著述？从当时言论中，或许可以捕获到这个答案的蛛丝马迹。曹丕《典论·论文》说徐幹“著论成一家言”。《与吴质书》又说：“伟长独怀文抱质，恬惔寡欲，有箕山之志，可谓彬彬君子者矣。著《中论》二十余篇，成一家之言，辞义典雅，足传于后，此子为不朽矣。”尽管徐幹的政治业绩无可称述，但有一部《中论》足以让他不朽。太上立德，其次立功，其次立言。在古人心目中，即使立言，也没有文学的地位。曹植就说过：“辞赋小道，固未足以揄扬大义，彰示来世也。”他希望自己能够“采史官之实录，辨时俗之得失，定仁义之衷，成一家之言”。(《与杨德祖书》) 采实录、辨时俗，这正是汉魏子书的重要特征。王充《论衡·自纪篇》说：“上自黄、唐，下臻秦、汉而来，折衷以圣道，析理于通材，如衡之平，如鉴之开，幼老生死古今，罔不详该。”《别通篇》又说：“通人积文，十箧以上，圣人之言，贤者之语，上自黄帝，下至秦、汉，治国肥家之术，刺世讥俗之言，备矣。”显然，在这些人看来，经史为大学问，并不是人人可以随意置喙；而子书则不然，自抒胸臆，析理论政，非常自由，尤其是刺世讥俗，更是迎合了汉魏六朝文人标新立异的心理。葛洪著《抱朴子》内外篇，梁元帝萧绎著《金楼子》，也都以“立一家之言”期许。即便是像刘勰这样的文学家，他创作《文心雕龙》，其实是把它当作子书来写作的，因为只有这样，才可以成就一家之言。文集地位的空前提高，那是南朝以后的事。

尹玉珊敏锐地关注到汉魏转型时期子部著作的独特性，在《汉魏子书研究》一书中，她系统地考察了这个时期子书的生成、演变及其在中国学术史上的地位。就我有限闻见所知，这应当是第一部系统研究汉魏子书的专著。全书的章节安排依照现在通行的做法，首先是宏观考察，有历时性的沿波探源，有共时性的比较研究。其次是选择若干有代表性的著作进行专题研究。附录则是单纯的文献考证。而在实际研究中，这个过程正好相反，一定是先从书后所附文献考索做起。文献收集、整理、研究是基础，是前提。附录有三个文献专题，体现了作者研究的三个最初阶段。最基础的工作是查阅资料，撰写叙录。作者指出，汉魏子书的存佚有三种情形：一是整书留存者，二是整书散佚经后人辑佚者（多为残本)，三是全部散佚片字不存者。有文字流传固然重要，就是只字不存的子书也有其价值，至少让我们知道在某一时期、某一地点，曾经产生过某种子部著作，由此可以窥探那一特定时空曾经发生过的思想活动。基于这样的认识，作者汇集这个时期五十八部子书，从写作时间、作者、卷数、留存情况、主要内容、主要价值以及参考文献等方面逐一论列，资料丰富而清晰。其次是辑佚工作。作者充分注意到前人的辑佚成果，对马国翰《玉函山房辑佚书》、严可均《全上古三代秦汉三国六朝文》、王仁俊《玉函山房辑佚书补编》《玉函山房辑佚书续编》、鲁迅《鲁迅辑录古籍丛编》第三卷之《魏子》《任子》和朱谦之《新辑本桓谭新论》等著作中未见辑录，且今人也未曾注意者，重点关注。有些文字，前人虽有辑录，但尚存讹误，作者也给予校订，为读者提供进一步研讨的线索。文献工作的第三步骤是综合分析。作者选取桓谭《新论》辑本作为讨论的样本，对所知《新论》十五种辑本，辨析成绩，指出不足。作者还撰写专文，对朱谦之新辑桓谭《新论》做了要言不烦的评述。

在文献研究基础上，《汉魏子书研究》上下两编则是综合性的论述。上编主要围绕汉魏子书产生的历史环境、自身特点及其发展规律进行宏观考察，努力把它们还原到特定的时空中，描绘出动态的发展过程。今天，我们讨论子部著作，多有约定俗成的看法，与当时关于“子书”的理解不尽相同。譬如子书称谓，汉魏时期使用得比较广泛的有五种，即(一)“一家之言”和“家人言”；(二)“新书”；(三)“短书”；(四)“书论”；(五)“子书”。名称不同，但其内在的思想脉络、学理内涵，大体是相近的。第一，汉魏子书作者从事写作的最重要目的，或者说子书的最重要特征，是对思想独立性的追求，既不依附经书，也不拘泥史实。第二，早期子书撰写过程中，不论是门人参与或弟子代笔，其著作大都统一署上主持者的名字，汉魏子书与此前的创作有一个很大的不同，即从“假手”到“亲著”，个人特点日益彰显。但这些变化，并不能改变其私人著述的性质，绝无官方介入的可能。第三，子书往往涉及很多专题，各专题之间又有其内在系统性，所以其编排颇为考究，多以整书形式呈现，而不是单篇文章的简单集结。第四，子书的内容既博且杂，具有百科全书式的开放结构，又不着重于知识技能的普及，重在论“道”讲“理”。譬如《吕氏春秋》所称的“以备天地万物古今之事”，其实就是一部先秦以来的子部类书，看似散漫无绪，实则思想指向非常明确。第五，子书的表达方式以议论为主，叙述为议论说理服务，文中所举事实和人物都以说理为中心，具有“辩难”特点。这些概括，比较精当，非常全面，很有启发性。

《汉魏子书研究》下编多为专题论文，旨在考察汉魏子书与经、史、文学、社会及文人生活的复杂关系。譬如《刘向对〈汉志〉“小说家”文献的搜集整理》一章，基本厘清了《汉志》“小说家”的作者与文献状况，也为认识《说苑》《新序》两书的性质提供另外一种解释。这样的研究，有助于我们更全面地评价刘向在文献整理上的贡献。《徐幹〈中论〉引〈诗〉与汉魏之际的〈诗经〉学》探讨并解决了徐幹引《诗》与其诗学传承之间的关系，有助于我们认识汉魏子书引《诗》规律，也为了解汉魏之际诗学状况开启一扇窗口。

总而言之，《汉魏子书研究》充分注意到汉魏转型时期的文化特点，以子书为线索，综合考察汉魏时期各种文化现象之间的互动关系，立体地呈现出汉魏时期的文化风貌。从纵向上说，本书疏通了诸子学术从春秋战国、两汉三国至两晋南北朝的发展脉络，展示了先秦两汉以来子书发展的动态过程，揭示了这一发展过程中若干规律性问题并给予合理的阐释。从横向上说，本书初步榀橥汉魏子书与文学、文体之间的关系，探讨了汉魏子书对文学理论的贡献以及在推进文体规范上的重要作用。这样的研究，拓宽了我们的学术视野，还是很有意义的。

当然，汉魏时期，经、史、子、集的互动关系还处在动态变化阶段，比较复杂，很多问题，需要深入研究。譬如：汉魏诸子对于先秦思想与学术的改造是在什么样的历史背景下开始的？这种改造与当时社会现实有着怎样的联系？子书作者提出了哪些具有思想史价值的命题？这些思想在当时社会以及后来的文学发展过程中起到怎样的影响？诸如此类，还需要多方面的考索。这正说明，学术永无止境。我们期待着作者勇于拓展，拿出更多的精品力作。

2017 年 9 月 8 日拟于京城爱吾庐

目　　录

绪论　“子书”的界定与本书研究的范围 …………………………………（1）
第一节　“子书”的界定与“成一家之言” ……………………………（3）
一　“子书”在汉魏时期使用得比较广泛的几个称谓 ……………（3）
二　本书对“子书”的界定 ……………………………………………（10）
第二节　汉魏子书是继春秋战国之后子书创作的第二个高潮 ……（12）
一　汉魏子书在数量与规模上的宏富 ………………………………（13）
二　汉魏子书对后世（限于晋南北朝阶段）影响深远 ……………（14）
第三节　本书研究的时间断限和研究范围 ……………………………（17）
第四节　本书研究的缘由、方法和目的 ………………………………（19）

上　编

第一章　汉魏子书产生的历史背景和原因 …………………………………（27）
第一节　汉魏子书产生的历史背景 ……………………………………（27）
一　政治上的大一统 …………………………………………………（27）
二　先秦子书文献在秦代的保存 ……………………………………（29）
三　私人著史的出现 …………………………………………………（31）
四　纸张的发明 ………………………………………………………（32）
五　经学成为禄利之途 ………………………………………………（33）
第二节　汉魏子书兴盛的原因 …………………………………………（34）
一　学术发展的必然 …………………………………………………（35）
二　子书自身的优势 …………………………………………………（37）
三　子书在地位上与文人的相互遇合 ………………………………（40）

第二章　汉魏子书的特点 ………………………………………………（43）
第一节　汉魏子书作者群的特点 ………………………………………（43）
一　因失意于当世，皆寄望于未来 …………………………………（43）
二　批经以批判现实 …………………………………………………（46）

三 “言以载道”向“借言扬名”的转变 …………………………… (49)
四 关注现实政治本身 …………………………………………………… (53)
五 有意于“作”，书成己手 ……………………………………………… (55)
第二节 汉魏子书文本的特点 ……………………………………………… (57)
一 书名包含作者寄托 …………………………………………………… (58)
二 篇名基本涵盖篇旨 …………………………………………………… (59)
三 百家思想的细化与融合 ……………………………………………… (60)

第三章 汉魏子书的体式 ………………………………………………… (67)
第一节 杂篇 ……………………………………………………………… (68)
第二节 自传 ……………………………………………………………… (70)
第三节 大序 ……………………………………………………………… (74)
第四节 小序 ……………………………………………………………… (77)

第四章 汉魏子书的发展过程 …………………………………………… (82)
第一节 在对先秦诸子著作经验的扬弃中创新 ………………………… (82)
第二节 摆脱历史枷锁后的发展 ………………………………………… (85)
一 “假手”“藉口”与改编 ……………………………………………… (86)
二 “模仿”与批判 ……………………………………………………… (87)
第三节 迎来属于新时代的高潮 ………………………………………… (91)
第四节 对前人的总结与对后世的垂范 ………………………………… (93)

第五章 汉魏时人对子书的评价 ………………………………………… (97)
第一节 子书作者的评价——奖掖、呼应或自我检讨 ………………… (97)
一 对己作现世教化与后世扬名的期许 ………………………………… (97)
二 先秦诸子的“脱子入经”给予汉魏诸子的深刻影响 …… (102)
三 对子书泛论中体现出汉魏诸子的“卫道”精神 ………… (107)
第二节 非子书作者的评价——企羡、同情或嘲讽 ……………… (109)
一 经、史学者对诸子“文章”的肯定与对其所寓之“道”
的贬抑 …………………………………………………………… (109)
二 执政者的猜忌与自负 ……………………………………………… (112)
三 其他人对著作子书的憧憬与对作者的企羡 ……………………… (113)

第六章 汉魏子书的泛称——“新书” ……………………………… (115)
第一节 “新书”之称不始于刘向校书 ………………………………… (115)

第二节　“新书”曾作为子书的泛称流行于汉魏 ……………………（119）

第七章　汉魏子书的辩难风格和文学影响 ………………………………（124）
第一节　司马贞对桓谭《新论》的误读 ………………………………（124）
第二节　汉魏子书论难传统的思想渊源 ………………………………（131）
第三节　汉魏子书对先秦诸子辩难的批判继承和文学影响 ……（137）

第八章　汉魏子书的文章学意义 ………………………………………（142）
第一节　汉魏子书对文章产生根源的追究与文章功用的探讨 …（142）
第二节　汉魏子书对文辞态度与表现方法的争议 ……………（150）
第三节　汉魏子书对文学批评与欣赏的认识 …………………（153）
第四节　汉魏子书对各种文体的讨论与对“论”体文的树典垂范作用 ………………………………………………（157）

下　编

第一章　汉魏子书中的孝论 ……………………………………………（171）
第一节　西汉子书论孝——从自由走向维护 ……………………（172）
第二节　东汉子书论孝——台上的捍卫与抵制 …………………（182）
一　东汉子书对“孝”的理论探讨 ……………………………（182）
二　东汉子书中习用“汉家”称谓的意义 ……………………（186）
第三节　三国子书论孝——反思、总结与回归 …………………（187）

第二章　汉魏子书中“过秦”话语的演变及其时代思潮 …………（190）
第一节　西汉子书言秦多批判 ………………………………………（191）
第二节　东汉子书言秦多借喻 ………………………………………（198）
第三节　三国子书言秦多理性 ………………………………………（201）

第三章　汉魏子书中的“重禄养清”思想 ……………………………（205）
第一节　“禄过其功”的警告 ………………………………………（207）
第二节　“薄禄”现象的批评 ………………………………………（210）
第三节　“重禄”以养“清”的共识 ………………………………（212）

第四章　汉魏子书中的王、霸之辨 ……………………………………（216）
第一节　汉魏子书中有关“王、霸之辨”的记录 ………………（216）

第二节 汉魏诸子关注“王、霸之辨”的原因 …………………… (221)

第五章 汉魏子书杂记 …………………………………………… (226)
第一节 桓谭《新论》杂记 …………………………………… (226)
一 《琴道》篇与桓谭墓的挖掘和桓谭读书台 ……………… (226)
二 “王翁”之辩 ………………………………………………… (230)
第二节 王充《论衡》杂记 …………………………………… (231)
一 王充《论衡》“宣汉说”与《对作》篇的解读 ………… (231)
二 王充以《论衡》授徒刍议 ………………………………… (234)
第三节 曹丕《典论》杂记 …………………………………… (236)
一 作书时间 …………………………………………………… (236)
二 作品数量的疑问 …………………………………………… (237)
三 开创与树典,《典论》的命名 ……………………………… (238)
四 “文章”与“经国”的关系 ………………………………… (239)

第六章 刘向对《汉志》“小说家”文献的搜集整理 ………… (241)
第一节 《新序》《说苑》中所能见到的《汉志》“小说家”文献 ………………………………………………………… (241)
第二节 基于遗文艺术风格解读基础上的《汉志》“小说家”标准 ………………………………………………………… (256)
第三节 刘向在建言思想指导下以《新序》《说苑》两书保存《汉志》“小说家”文献 ………………………………… (260)

第七章 徐斡《中论》引《诗》与汉魏之际的《诗经》学 ……… (268)
第一节 《中论》引《诗》特点 ……………………………… (269)
第二节 《中论》引《诗》与汉魏之际的《诗》学传统 ……… (275)

结语 宏观综合研究在汉魏子书研究中的指导作用 …………… (284)

附录一 汉魏子书叙录 ………………………………………… (288)

附录二 汉魏子书辑佚 ………………………………………… (309)

附录三 评朱谦之《新辑本桓谭新论》 ………………………… (324)

附录四　桓谭《新论》辑本文献综述 …………………………（336）

参考文献 ……………………………………………………………（349）

后记 …………………………………………………………………（353）

绪论　“子书”的界定与本书研究的范围

“子书”的界定有待于对著者身份的确认，而对“子”的身份认定古今不同。以孔子为代表的儒家，在春秋时仅为“诸子百家”之一，儒学虽一度成为“显学”，但孔子地位并未远超其他诸子。孔子殁后，儒分为八，儒家思想借七十子之徒广泛传播，生徒们出于“自神其教”的需要，不断抬升孔子地位。汉代，武帝出于“大一统”政权的考虑，给予孔子和他所代表的儒家思想特殊尊崇，更使他在政治上超拔于诸子行列。汉人扬雄等把儒家在政治上的尊崇实践于文化上，继而擢孔、孟于“子”之外，以传经的典范定位《论语》与《孟子》二书，完成了二书的“脱子入经”过程。李唐以降，《论语》与《孟子》的地位跟随孔、孟二人一再被提升，至赵宋被朱熹归入“四书”，孔、孟二人也被定位为圣人与亚圣，远比诸子尊贵。上述可见，各个时代对于“子”的界定差异并非源于学术需求，而是在政教思想指挥下，依据作者思想对于现实政治社会影响与作用而做的等级区分。

《四库全书总目提要》称：“且子之为名，本以称人，因以称其所著，必为一家之言，乃当此目。”① 《提要》强调“子书”的两大特征为：立言以区别于记事；一家专著以区别于众人杂编。考虑到先秦子书少有诸子手著的体例，则汉魏子书更加符合《提要》中这两个条件。但其《子部总叙》中却说：“自六经以外立说者，皆子书也。其初亦相淆，自《七略》区而列之，名品乃定。其初亦相轧，自董仲舒别而白之，醇驳乃分。”② 可见《提要》一方面立足于文献目录学角度宽泛地划分“子”，另一方面还持有道统的偏见，要为诸子分出高下。

---

① （清）永瑢，等：《四库全书总目提要》，民国间商务印书馆万有文库排印本，第 11 册，第 60 页。

② （清）纪昀、陆锡熊、孙士毅，等：《钦定四库全书总目（整理本）》，中华书局 1997 年版，第 1191 页。

五四新文化运动以后，随着旧制度的解体，孔、孟二人才被政治释放，走下圣人宝座，重新回归先秦诸子的学术队伍中。尽管如此，现代学者对于“子”的身份认同也并不一致，尤其在审视汉魏诸子时，往往带着厚古薄今的偏见。如吕思勉说：“子书之精者，讫于西汉。东汉后人作者，即觉浅薄。然西汉子书之精者，仍多祖述先秦之说；则虽谓子书之作，讫于先秦，可也。然远求诸西周以前，则又无所谓子。然则子者，春秋、战国一时代之物也。”① 吕氏在文中先以“子书”言称汉代诸子著作，后又鉴于其思想相较先秦子书有原创与否及深、浅之别，而把两汉子书拽出子书之列，从而得出“子书”为春秋、战国的时代特产这一结论，可谓“不知有汉，无论魏晋”。又如余嘉锡说：“传注称氏，诸子称子，皆明其为一家之学也。《诸子略》中，自黄帝至太公、尹佚不称子者，此其人皆古之君相，平生本无子之称号也。周初惟《鬻子》称子。自陆贾、贾谊以下不称子者，学无传人，未足名家也。”② 余氏之所以排除汉魏诸子在“子”之外，源于其“学无传人，未足名家”。即余氏以为，称“子”者条件有二：第一，著者平生有“子”的称号；第二，著者学说著作有传人，可成一家之学。遵此，则西汉及以后诸子不当称“子”，其著作亦非“子书”。其实，如果照此条件严格衡量先秦诸子的话，也并非全部符合。汉魏诸子中，陆贾、贾谊二人不称“子”，但以后的淮南子、周生烈子、抱朴子，何尝不称“子”？所以，如以思想的发明与原创衡量先秦与汉魏诸子，的确会有今不如昔之慨，但因此而否定其诸子身份则不免偏激。

当代学者，本着继承诸子学术传统与建立“新子学”的愿景，不断延展子书研究的视野，拓宽其研究对象，但对于“子”及“子书”的内涵也没有明确阐释。因此在着手构建本书的主体框架前，对“子”及“子书”的界定很有必要。只有这两个概念界定清楚，本书的研究范围也才能划定。

历史问题尚需回归历史情景中才能切实解决。因此，本书试图借助文献考据与理性的逻辑推理这两大媒介，潜回汉魏时期的历史情景中，考察当时人究竟如何看待那些流行于汉魏文人中间的，不仅没有被经学与玄学淹没遮蔽，反而越发显著地影响到文人生活与思想，最终攀上其巅峰的“杂说”著作如何在思想文化的长河中滚滚而来。

---

① 吕思勉：《先秦学术概论》，东方出版社 2008 年版，第 158 页。

② 余嘉锡：《古书通例》，上海古籍出版社 1985 年版，第 22—23 页。

第一节 “子书”的界定与“成一家之言”

一 “子书”在汉魏时期使用得比较广泛的几个称谓

（一）“一家之言”和“家人言”

子书在汉魏时期被习用的诸多称谓中，以“一家之言”和“家人言”居首。《汉书·儒林传》云：“窦太后好《老子》书，召问固。固曰：‘此家人言耳。’太后怒曰：‘安得司空城旦书乎！’乃使固入圈击彘。上知太后怒，而固直言无罪，乃假固利兵。下，固刺彘正中其心，彘应手而倒。”① 文中的“家人言”，钱穆解释为：“今考家人言者，秦博士鲍白令之对始皇曰：‘武帝官天下，三王家天下。’官言其公，家言其私。家人言，乃对王官之学而说。犹云民间私家之言耳。凡战国诸子所以称百家，皆谓其非王官学。”② 钱氏把“家人言”释为“民间私家之言”，即诸子百家之说。老子之学确实非王官之学，但先秦诸子百家哪一家是王官之学呢？班固在《汉志》中追溯诸子之学的源头时也只说“出于某官”，他意图在私家之言与王官之学间建立一种源流系统。如果论思想渊源，官学在前，私学在后，晚出者难免不受在先者影响，但论其必然联系则不确定，班固也没有提供真凭实据。诸子既非君相，其学又未立为学官，诸子的学术只能出自民间。辕固的本意显然是用“家人言”贬低太后所爱的《老子》书，所以才会惹怒太后，他的本意在劝导窦太后关注儒家学说。既然儒家和道家同出民间，那么辕固所云的“家人言”一定不在于强调其“民间私家之言”的身份，而应着眼于是否有益于治国之事。联系辕固的学术背景，以及他所言说的对象是窦太后等因素，这里的“家人言”带有否定与贬低之意，暗指黄老道家思想有股小家子气，不如儒家恢宏。

司马迁所宣扬的：“究天人之际，通古今之变，成一家之言”（《报任少卿书》），③ 是他写作《太史公书》的终极目标。《史记·自序》云：

---

① （汉）班固撰，（唐）颜师古注：《汉书》，中华书局 1962 年版，第 3612 页。

② 钱穆：《秦汉史》，生活·读书·新知三联书店 2004 年版，第 94 页。

③ （汉）班固撰，（唐）颜师古注：《汉书》，中华书局 1962 年版，第 2735 页。

“序略，以拾遗补艺，成一家言，厥协《六经》异传，整齐百家杂语。”①“一家之言”是他对于《太史公书》的最高追求，试图通过自己的“一家之言”实践“究天人之际，通古今之变”的政治使命与人生意义的重大课题。此处“一家之言”或“一家言”的意思与辕固所言的“家人言”显然不同，从其“厥协《六经》异传，整齐百家杂语”可以看出司马氏的“一家之言”和六艺传书、诸子之书之间的渊源关系。司马迁著“史”而重“言”，不只与他对于《春秋》“寓褒贬”功能的认识有关，更与他视《太史公书》为子书相关。②

汉明帝称：“司马迁著书，成一家之言，扬名后世。至以身陷刑之故，反微文刺讥，贬损当世，非谊士也。司马相如污行无节，但有浮华之辞，不周于用。至于疾病而遗忠，主上求取其书，竟得颂述功德，言封禅事，忠臣效也，至是贤迁远矣。”（《诏班固》）③ 汉明帝站在执政者的立场，从服务于政权的私欲出发，不满于司马迁著作的“贬损当世”，但还是不得不承认司马迁的“一家之言”可使他“扬名后世”，在这点上马迁与以“颂述功德”的相如可谓异曲同工。

曹丕说：“唯幹著论成一家言。”（《典论·论文》）④ 他还说：“而伟长独怀文抱质，恬惔寡欲，有箕山之志，可谓彬彬君子者矣。著《中论》二十余篇，成一家之言，辞义典雅，足传于后，此子为不朽矣。”（《与吴质书》）⑤ 曹丕两次以“一家言”称许徐幹《中论》，褒扬它立身不朽的立言功用，可见他眼中的子书地位明显比其他“文章”优越。

曹植说：“辞赋小道，固未足以揄扬大义，彰示来世也。昔扬子云，先朝执戟之臣耳，犹称‘壮夫不为’也；吾虽薄德，位为藩侯，犹庶几戮力上国，流惠下民，建永世之业，流金石之功，岂徒以翰墨为勋绩，辞颂为君子哉？若吾志不果，吾道不行，亦将采史官之实录，辨时俗之得失，定仁义之衷，成一家之言，虽未能藏之名山，将以传之同好，此要之白首，岂可以今日论乎！”（《与杨德祖书》）⑥ 曹植欲成的“一家之言”，从他“将采史官之实录”与“藏之名山”的表述来看，是继承司马迁的

---

① （汉）司马迁撰，（宋）裴骃集解，（唐）司马贞索隐，（唐）张守节正义：《史记》，中华书局 1959 年版，第 3319—3320 页。

② 见李纪祥《〈太史公书〉由“子”入“史”考》一文，《文史哲》2008 年第 2 期。

③ （清）严可均校辑：《全上古三代秦汉三国六朝文》，中华书局 1958 年版，第 614 页。

④ （梁）萧统编，（唐）李善注：《文选》，中华书局 1977 年版，第 721 页。

⑤ 同上书，第 591 页。

⑥ （清）严可均校辑：《全上古三代秦汉三国六朝文》，中华书局 1958 年版，第 1140 页。

理想，但其功用却变得具体而实际：“辨时俗之得失”“定仁义之衷”，类似于王充所云的“疾虚妄”而寄托更高。曹植关注子书的现世功用，既不着眼于抽象的古今与天人关系的哲学思考，也不仅限于个体的声名。他认为在与辞赋等“小道”的比较中，子书凸显了自身“揄扬大义”的作用。

《魏志·杜畿传》记载：“初，恕从赵郡还，陈留阮武亦从清河太守征，俱自薄廷尉。谓恕曰：‘相观才性可以由公道而持之不厉，器能可以处大官而求之不顺，才学可以述古今而志之不一，此所谓有其才而无其用。今向闲暇，可试潜思，成一家言。’在章武，遂著《体论》八篇。”① 葛洪《抱朴子外篇·自叙》云：“洪年二十余，乃计作细碎小文，妨弃功日，未若立一家之言，乃草创子书。”② 梁元帝萧绎《金楼子·序》云：“由是年在志学，躬自探纂，以为一家之言。”③ 这三处文献中所云之“一家言”或“一家之言”，均指子书无疑。

从上述那些被称作“一家之言”的著作来看，只有司马迁的《太史公书》勉强符合余嘉锡认为学有传人才能名“家”的标准，因为该书为司马氏父子两人的共同创作，其中思想不仅属于司马迁个人，也可代表司马氏父子。但《中论》《体论》《抱朴子》等“一家之言”则很难找到曾经师徒承传的证明，它们大多借助著者亲友或读者口碑在民间流传，即曹植所云的“传之同好”。连扬雄这样的“大材”，在世时也仅有侯芭这一个门生追随学习其《太玄》与《法言》。很显然，以是否有师徒承传而名“家”，并非为汉魏时人所认同，而只是余先生的“一家之言”。其实，这也是在拿先秦子书的笼头去套汉魏子书的马嘴，正如同用“九流十家”为汉魏子书戴标签一样，有些生硬。

汉魏诸子同样认识到新出子书与先秦子书的差距，但是受制于时势，也是无可奈何，这并不影响他们同先秦诸子一样以著作“立言”的目的，以及对自己著作身份的确定。实则，在汉魏人的认识中，无论是传、史，还是子，均可称为“一家之言”。这是出于对其著作思想的个人独创性的重视与强调，这点与汉人特别强调“作、述、论”的区别大旨相同。但传、注依附于经文，史书受制于“实录”，两者展示著作者“个性”的空间较小；唯独在子书领域里，“一家之言”的效力才能发挥得更加淋漓

① （晋）陈寿撰，（南朝宋）裴松之注：《三国志》，中华书局1998年版，第211页。

② 王明：《抱朴子内篇校释》，中华书局1980年版，第346页。

③ （梁）萧绎撰，许逸民校笺：《金楼子校笺》，中华书局2011年版，第1页。

尽致。

显而易见，“一家之言”的称呼在子书领域应用得比较普遍，这个习惯从汉初一直延续到萧梁，并无人对此质疑。从汉明帝至萧绎，都可以看出“一家之言”和诗赋文章等单篇文学作品的明显区别：非“小道”、不“细碎”，表现为其篇章的规模化与思想的一贯性，因此更重“学”之积累，而非仅靠天生之“材”，需要作者“潜思”“探纂”才能完成。这些应该就是“子书”在汉魏时人心目中应具备的要素。

（二）“新书”

“新书”在汉代，曾经被作为新出子书的泛称。（按：详见上编第六章。）刘向《列子书录》有“右新书定著八章”，《关尹子书录》有“右新书著定《关尹子》九篇”，① 他用“新书”指称经自己校订后的《列子》与《关尹子》的定本，与未经校订的旧本相区别。因为刘向负责校订的书籍为经传、诸子与诗赋，所以刘向所上书录中所称的“新书”还不属子书的专称。

《论衡》中称“新书”者有两处：“今新书既在论譬，说俗为戾”（《自纪篇》）、② “今所作新书，出万言，繁不省，则读者不能尽”（《自纪篇》），③ 这两处王充均以“新书”指称己作《论衡》，来区别于存世的前代子书。

东汉王逸的《正部》中有一句话云：“《淮南》浮伪而多恢，《太玄》幽虚而少效，《法言》杂错而无主，新书繁文而鲜用。”④ 王逸用“新书”指称汉代新出著作如《淮南子》《太玄》与《法言》等，所谓“繁文”为对新出子书表达上“浮”“多”“幽虚”“杂错”等特点的总结，而“鲜用”则是对其思想主旨“伪”“恢”“少效”“无主”的归纳。王逸对“新书”的评价多贬抑，应与他本人的文学批评思想相关。

汉人喜称“新书”的风习延至三国，甚至晋代余风犹存。《魏书》云：“（曹操）自作兵书十余万言，诸将征伐，皆以‘新书’从事。”⑤ 曹操自作兵书被称为“新书”，与以前的旧兵书（如《孙子兵法》等）相

---

① （清）严可均校辑：《全上古三代秦汉三国六朝文》，中华书局1958年版，第333、334页。

② 黄晖：《论衡校释》（附刘盼遂集解），中华书局1990年版，第1199页。

③ 同上书，第1201页。

④ （清）马国翰辑：《玉函山房辑佚书》，上海古籍出版社1990年版，第2460页。

⑤ （晋）陈寿撰，（南朝宋）裴松之注：《三国志·魏志·武帝纪》卷一注引《魏书》，中华书局1998年版，第26页。萧绎《金楼子·兴王篇》文字同。

区别。陆云亦有著作称“新书”者,其本传有“所著文章三百四十九篇,又撰‘新书’十篇,并行于世”[①] 云云。

虽然上述材料中“新书”多被指称新校、新著之各类著作,但它也曾作为汉魏子书通行的泛称之一,体现出汉代诸子创作不求因循、意在创新的初衷。

(三)“短书”

东汉人开始有以“短书”称谓子书的习惯。桓谭云:“庄周《寓言》,乃云尧问孔子。《淮南子》云:‘共工争帝,地维绝。’亦皆为妄作。故世人多云:短书不可用。然论天间莫明于圣人,庄周等虽虚诞,故当采其善,何云尽弃邪!”(《新论》)[②] 桓谭时世人称子书为“短书”,且多贬其“不可用”。东汉流行的古文经学重考据,所以世人以记“事”的荒诞否定子书的价值,是以治经的标准来衡量子书,不符子书“立言”的主旨,所以桓谭从明“理”的角度予以反驳。

王充在《论衡》一书中多处以“短书”或“尺书”指称子书。如云:“汉事未载于经,名为尺藉短书。”(《论衡·谢短篇》)又云:“世信虚妄之书,以为载于竹帛上者,皆贤圣所传,无不然之事,故信而是之,讽而读之;睹真是之传,与虚妄之书相违,则并谓短书不可信用。”(《书虚篇》)又云:“不知《论语》所独一尺之意……以其遗非经,传文纪志恐忘,故但以八寸尺,不二尺四寸也。”(《正说篇》)又云:“诸子尺书。”(《书解篇》)又云:“若夫短书俗记,竹帛胤文,非儒者所见,众多非一。”(《骨相篇》)[③]《论衡》中亦有少数以“尺藉”当指汉代征召类作品,但不如指称子书那么广泛。

汉人以“短书”称谓子书,是根据子书所载的竹简形制。孙少华认为《论衡·谢短篇》所云“尺藉”即先秦“八寸简”,“短书”为汉人对诸子著作的统称。笔者认为其说可信。[④]

(四)“书论”

用“书论”指称子书的现象,多出现在汉魏时期文人为子书所作的

---

① (清)吴士鉴,刘承幹校注:《晋书校注·陆云传》,中华书局2008年版,第1485页。

② (汉)桓谭撰,朱谦之校辑:《新辑本桓谭新论》,中华书局2009年版,第1页。

③ 黄晖:《论衡校释》(附刘盼遂集解),中华书局1990年版,第557、167、1136、1159、112页。

④ 孙少华:《诸子“短书”与汉代“小说”观念的形成》,《吉林大学社会科学学报》2013年第3期。

《序》或子书中论文章的篇章中。《淮南子·要略》云：“夫作为书论者，所以纪纲道德，经纬人事，上考之天，下揆之地，中通诸理。”①《要略》为《淮南子》一书的大序，文中所称“书论”即指包括《淮南子》在内的子书。

王充《论衡·对作》篇云：“汉家极笔墨之林，书论之造，汉家尤多。”②《对作》篇为《论衡》一书大序。联系下文可知，文中“书论”指称汉人阳城子长所作的《乐》与扬雄所作的《太玄》等两“经”，还有己作《论衡》。

桓范《世要论·序作》云：“夫著作书论者，乃欲阐弘大道，述明圣教，推演事义。”③《序作》篇为《世要论》一书大序。桓范在《序作》篇中探讨著作“书论”的主旨，为自己著书寻找理论依据，这一处“书论”指《世要论》。

曹丕在《典论·论文》中云：“书论宜理”，又在《自叙》篇中云：“所著书论诗赋凡六十篇。”④ 文中两处“书论”均指称子书。（按：详见下编第五章《曹丕〈典论〉杂记》。）

现存汉魏子书中，以“论”为著作命名的就有二十几部，几乎占据其存世总量的一半，与“书论”这个称谓一样，都体现出以论的方式立言的目的。汉魏人称子书为“书论”，是把子书主旨与篇章形式相结合的成果：“论”指其“重言”，“论”前冠一“书”以区别于单篇重言立义的论文。

（五）“子书”

汉魏著作中称言“子书”者，以应劭《风俗通义》为最早。其《姓氏篇》的佚文有：“聊氏，聊苍，为汉侍中，著子书。”根据王利器的案语：“《通志》《类稿》云：‘著书号聊子。’”⑤ 又《汉书·艺文志》“纵横家”有：“待诏金马聊苍三篇。赵人，武帝时。”⑥ 说明《聊子》为聊苍所著“子书”，其书思想主纵横权术；《姓氏篇》“佚文二”云：“世氏，战国时有秦大夫世钧，汉有世宠，又世硕著子书。”《汉书·艺文

① 刘文典撰，冯逸、乔华点校：《淮南鸿烈集解》，中华书局1989年版，第700页。

② 黄晖：《论衡校释》（附刘盼遂集解），中华书局1990年版，第1182页。

③ （清）严可均校辑：《全上古三代秦汉三国六朝文》，中华书局1958年版，第1263页。

④ 同上书，第1098、1097页。

⑤ （汉）应劭撰，王利器校注：《风俗通义校注》，中华书局1981年版，第516页。

⑥ （汉）班固撰，（唐）颜师古注：《汉书》，中华书局1962年版，第1739页。

志·诸子略》“儒家”有：“世子二十一篇。”本注：“名硕，陈人也，七十子之弟子。”[①] 案：王充《论衡·本性篇》有：“周人世硕以为‘人性有善有恶，举人之善性，养而致之则善长；〔恶〕性，恶养而致之则恶长。’如此，则〔情〕性各有阴阳，善恶在所养焉。故世子作《养〔性〕书》一篇。”[②] 可知世硕（时代未定）也有一部“子书”名《世子》，思想主儒家，其中一篇名《养［性］书》，作人性善、恶调和之论。这是“子书”称谓出现最早的两个文献。

因为《聊子》《世子》两书今佚，无法具体考察其内容与体式，仅据上述资料可知，应劭心目中的“子书”多冠名“某子”，且篇目多于一篇。《聊子》与《世子》两书虽佚，但与王充所说的“书论之造，汉家尤多”（《论衡·对作》）的情况相符。从下文“汉家不讥”看，王充所言“汉家”当指西汉。西汉一代子书流传盛况，为王充所亲见。

晋代葛洪《抱朴子》中论及“子书”者颇多，因为时代接近，他对子书的认识也更加接近汉魏时人。《抱朴子》内、外篇中提及“子书”这一名词达八次之多，根据其中一句，我们可以把汉代人所称的“一家之言”明确地与“子书”对等：

> 洪年二十余，乃计作细碎小文，妨弃功日，未若立一家之言，乃草创子书。……洪少有定志，决不出身。每览巢许子州北人石户二姜两袁法真子龙之传，尝废书前席，慕其为人。念精治五经，著一部子书，令后世知其为文儒而已。……洪既著《自叙》之篇。或人难曰：“昔王充年在耳顺，道穷望绝，惧身名之偕灭，故《自纪》终篇。”（《抱朴子外篇·自叙》）[③]

葛洪既云“一家之言”，又云“子书”，他想借助于“子书”使后世知其为“文儒”，此“文儒”即王充《论衡》中与说经之“世儒”对立的子书著者。葛洪与王充两人所认同的“子书”本质是相同的，只是王充的标准高，所以谦逊地言称《论衡》为“细说微论”；[④] 葛洪的标准低，所以把《抱朴子》区别于“细碎小文”。

---

① （汉）班固撰，（唐）颜师古注：《汉书》，中华书局 1962 年版，第 1724 页。

② 黄晖：《论衡校释》（附刘盼遂集解），中华书局 1990 年版，第 132—133 页。

③ 王明：《抱朴子内篇校释》，中华书局 1980 年版，第 377、378、379 页。

④ 黄晖：《论衡校释》（附刘盼遂集解），中华书局 1990 年版，第 1183 页。

葛洪所谓“子书”同于汉人所称的“一家之言”，也即王充《论衡》所谓的“文儒”（诸子）之业。上述可见，虽然称谓有异，但魏晋人对于“子书”与“子”的界定与两汉人的认识并无差别。这样为汉魏时人所认同的“子书”的面貌就更加清晰起来，使本书的研究有本可依。

二 本书对“子书”的界定

上节考察出为汉魏时人所认识的“子书”概况，因为缺乏理论上的总结，仅仅是一些叙述与印象，比较宽泛。为保证研究对象的确定性，还有必要对子书概念从以下五个方面做进一步规范，使研究对象更加明确，力求得出的结论更合理。

1. “成一家之言”，可视为汉魏诸子的创作目的，说明子书必须具备的特征之一是对思想独立性的追求。强调子书既不依附于经书文本，也不拘泥于历史事件与人物的“实录”，而是著作者个人思想的体现。所谓独立性，并非秦汉人所谓的“作”，如仓颉造书、伏羲画八卦一般，而是如先秦子书一样，既有其思想源头，又有著者的个性发扬。子书的内容素材不妨从经、史借鉴，如王充所云“祖经章句之说”，[①] 曹植所云“亦将采庶官之实录”，[②] 但正如扬雄对自己作品的定性一样“其事则述，其书则作”，[③] 强调独抒己见。

比如桓宽《盐铁论》一书，它的内容来源于盐铁会议上“贤良文学”与以御史大夫为首的政府官员两个队列辩论的内容，但是经过桓宽的改编以后，已经能够清晰地体现改编者的思想倾向，所以其书也应视为有独立思想的著述。

这一特点即把子书与经书、史书区别开。

2. 子书是私人著作，成书时不论是门人参与或弟子代笔，其著作都统一于署名者主持之下或主于传扬署名者的著作理想与精神，整个成书过程都无官方参与。之所以如此界定，首先是因为子书的创作与成熟有一个渐进的过程，不是一时一地就发展到位的。秦代及西汉时所谓的“私人”著作，当不特指署名者个人所作，子弟、门人的参与也属私人著作。因为当时著书对政治经济与文献取得的依赖性比较大，加上子书著作体例不是很规范，整书的编成往往滞后于单篇的写作，有条件也有必要让自己的门

---

① 黄晖：《论衡校释》（附刘盼遂集解），中华书局 1990 年版，第 1182—1183 页。

② 赵幼文：《曹植集校注》，人民文学出版社 1998 年版，第 154—155 页。

③ （清）汪荣宝撰，陈仲夫点校：《法言义疏》，中华书局 1987 年版，第 164 页。

徒参与到子书的撰写中来。其次，因此时距春秋战国时代接近，门徒参与著书也受先秦子书遗风所渐。比如《吕氏春秋》和《淮南子》虽书成众手，却只署主编者吕不韦与刘安的大名传播。而汉魏以后的子书则完全为署名者个人撰写，如桓谭之《新论》与萧绎之《金楼子》等。所以参照子书在秦代及汉魏发展的实况，子书的第二个特点只强调“私人”，而不强调“个人”。

这样，既能突出子书的自由意志，又可简化其著作权问题。

3. 子书的篇章多于数个专题，且各专题之间有其内在系统性，全书具有一定的编排体例，所有内容在完稿之时多以整书的形式呈现，不是单篇的集结。这个标准同于王充所云“鸿儒”的标准，即“能精思著文连结篇章”，而非“文人”之“采掇传书以上书奏记”（《论衡·超奇篇》）。[①] 同样，因为两汉子书有一个发展的渐进过程，在其创作初期体例不甚严谨，所以最初的子书都包括了作者所上书、疏在内，这种情况以陆贾、贾谊、晁错三人为代表。三国之时体例渐严，但罕有完书存世，其原貌已不得见。马国翰《玉函山房辑佚书》所辑三国子书中也掺杂了著者的书、疏，一是因为子书遗失严重，二是因为子书中的一些篇章曾为史家采纳和改编而得以保存在史书中，所以被马氏当成“遗珍”搜罗殆尽，也不能再以“文集”看待。

这一特征使子书区别于别集类文献。

4. 子书内容博杂，具有百科全书式的开放结构，但又不着重于知识技能的普及，而重在论“道”讲“理”。《吕氏春秋》所称的“以备天地万物古今之事”,[②]《淮南子》所称的“纪纲道德，经纬人事，上考之天，下揆之地，中通诸理”,[③] 王充所云：“上自黄、唐，下臻秦、汉而来，折衷以圣道，析理于通材，如衡之平，如鉴之开，幼老生死古今，罔不详该。”（《论衡·自纪篇》）[④] 又云：“通人积文，十箧以上，圣人之言，贤者之语，上自黄帝，下至秦、汉，治国肥家之术，刺世讥俗之言，备矣。”（《论衡·别通篇》）[⑤] 都是强调子书作者必须具备宏阔开放的视

---

① 黄晖：《论衡校释》（附刘盼遂集解），中华书局 1990 年版，第 607 页。

② （汉）司马迁撰，（宋）裴骃集解，（唐）司马贞索隐，（唐）张守节正义：《史记》，中华书局 1959 年版，第 2510 页。

③ 刘文典撰，冯逸、乔华点校：《淮南鸿烈集解》，中华书局 1989 年版，第 700 页。

④ 黄晖：《论衡校释》（附刘盼遂集解），中华书局 1990 年版，第 1209 页。

⑤ 同上书，第 591 页。

野，天地万象都是子书考察的对象，不过抽绎“事”与“象”中所蕴含之“义”与“理”才是诸子的兴趣点。

所以，从其考察对象的宽泛来说，子书具有百科全书的性质。刘勰也说过“诸子”之称源于其“博明万事”（《文心雕龙·诸子》）。这样，就把子书与兵书、农书、药书、历算、术数和艺术等重“技”的专科著作区别开。

（五）子书的表达方式以议论为主，叙述为议论说理服务，文中所举事实和人物都以说理为中心。刘勰所谓“适辨一理为论”，不仅作为子书中专篇文体的最为恰当的说明，而且也符合子书的本旨在讲“理”这一追求。张舜徽有言：“盖古初有立言之书，有记事之书，立言为子，记事为史，二者体制不同，相须为用。扬榷而言，则立言之书，亦诸子百家学说思想史耳。”① 即把立言之书等同于诸子百家书。子书为立言，立言即阐发思想、言说道理。不过汉魏子书作者所论之“理”范围更加广泛，不仅仅局限于“帝王之术”和用于讽谏上政。汉魏诸子们或议论国家大政，或阐述个体人生的哲学，或针对社会风俗做出批评与引导，或宣扬作者的学术思想，或表达作者的文章学观点，犹如当今的公知阶层。汉魏子书论述主题的丰富和诸子们的自我定位，表现出对先秦子书的超越。

这点也使说事类子书与史书、传、注有了明显区别。

第二节　汉魏子书是继春秋战国之后子书创作的第二个高潮

汉魏著者“子”的身份已经确认，其著作可以毫无疑问地进入“子书”行列，但仍然有学者对子学在汉魏时期所形成的高潮视而不见，认为子书至西汉已是强弩之末，所诞生的子书不过是周秦诸子的续貂罢了，如蒋伯潜著《诸子通考》一书所云。② 但事实是，汉魏时期的子书的确形成了一定的规模，并且有一个前后相继的发展脉络，致使子书在汉魏之际达到其巅峰，相继春秋战国之后，为子学奉献了第二个高潮。

大量涌现的汉魏子书，无论对当时的文化还是文人的生活与思想价值观都产生了强烈的冲击，这是一个不可忽视的事实。以下就从两个方面来

---

① 张舜徽：《广校雠略》；《汉书艺文志通释》，华中师范大学出版社 2004 年版，第 10 页。

② 蒋伯潜：《诸子通考》，浙江古籍出版社 1985 年版。

呈现这个高潮。

一 汉魏子书在数量与规模上的宏富

汉魏时期子书繁盛，这是一个很突出的文化与学术现象。刘勰所说的“逮汉成留思，子政雠校，于是七略芬菲，九流鳞萃，杀青所编，百有八十余家矣。迄至魏晋，作者间出，谰言兼存，璅语必录，类聚而求，亦充箱照轸矣。”（《文心雕龙·诸子》）① 刘勰认为先秦诸子之书因为免于秦火之灾，所以至汉成帝时期，经刘向整理者达一百八十多家，已经蔚为大观。但魏晋时期又变本加厉，作者“间出”，刘勰用“充箱照轸”来形容子书之多产，汉魏子书的发展盛况由此可见。

比较一下《汉书·艺文志·诸子》所载“凡诸子百八十九家，四千三百二十四篇”，② 与《隋书·经籍志·诸子》所载的“凡诸子，合八百五十三部，六千四百三十七卷”，③《隋志》比《汉志》多出足足六百六十多部（家），考虑《汉志》所录包括少量西汉子书，书籍文献在政权频繁更替所致的书厄中散佚的情况，以及子书在晋南北朝以后逐渐收缩三个因素，足证子书在汉魏时期骤增的数量之巨大。

汉魏子书的大量出现，促成了一系列的子书摘抄著作的诞生。根据《隋书·经籍志》的记载：“梁有《子林》二十卷，孟仪撰，亡。”④ 姚振宗的考证云：“此为梁庾仲容《子钞》之先声，是可知《意林》之先有《子钞》，《子钞》之先有《子林》。《四库提要》‘杂家’别为一类，曰杂纂，杂纂之体，盖始于此书，东晋时也。”⑤ 子抄类著作最迟至东晋时已经出现，说明此前的新出子书数量之巨大，已经令人不能遍读，需要借助摘抄之功以撮其菁华而得以普及。

《隋志》又载有“《子抄》三十卷，梁黟令庾仲容撰”⑥。姚振宗考证云：“庾氏之前有晋临贺太守孟仪《子林》二十卷，庾同时稍前又有沈约《子钞》十五卷，其目皆不可考，庾钞之目或云百十七家，或云百七家，百五家。严氏从《子略》所载《意林》目录定为一百九家，作《意林阙

① （梁）刘勰著，范文澜注：《文心雕龙注》，人民文学出版社 1978 年版，第 308 页。

② （汉）班固撰，（唐）颜师古注：《汉书》，中华书局 1962 年版，第 1745 页。

③ （唐）魏徵，等：《隋书》，中华书局 1973 年版，第 1050 页。

④ 同上书，第 1007 页。

⑤ （清）姚振宗：《隋书经籍志考证》，清华大学出版社 2014 年版，第 1239 页。

⑥ （唐）魏徵，等：《隋书》，中华书局 1973 年版，第 1009 页。

目叙录》。”[①] 其下又有“《子钞》二十卷”，未写撰人；“梁有《子钞》十五卷，沈约撰，亡”。[②] 这四种子抄类著作是见诸史志的，其他为史书不载者则不得而知。汉魏时期子书数量之巨，在书抄的出现与发展中亦可见一斑。

二 汉魏子书对后世（限于晋南北朝阶段）影响深远

晋、南北朝出现的一系列子书摘抄著作，多为应当时写文章或思想普及的需要。从唐代马总编纂的《意林》所摘抄的子书内容来看，多为精警之语，反映出酷爱谈玄辩理的时代背景。虽然暂无证据证明口谈者是否喜爱摘引魏晋诸子言论作为论据，但偏爱收集“精警之语”的子抄著作显然是积累谈辩素材的很好读本。

首先，晋南北朝的子书著作与议论文章，不仅常见对于前人子书的仰慕，而且常见引用汉魏子书原文的语句。如曹植与杨修往复书信中反复提及扬雄和他的《法言》，杨修信中还赞扬了《吕氏春秋》和《淮南子》的权威。丁仪的《励志赋》中也赞美《法言》，并有以之作为志向之一的意思。至于摘引原文语句的例子很多，恕不能穷尽，下文仅举几个例予以说明。

（魏）王基《上明帝疏谏盛修宫室》：“贾谊忧之曰：‘置火积薪之下而寝其上，因谓之安也。’”[③] 王基疏中引用贾谊的话出自《新书·数宁》：“夫抱火措之积薪之下而寝其上，火未及燃，因谓之安，偷安者也。”[④] 引文略有简省，他只取贾谊大意，可知并非按检《新书》文本，而是凭借记忆。

萧衍《净业赋序》云：“杜恕有云：‘刳心掷地，数片肉耳’。”[⑤] 又萧衍《断酒肉文》中再次化用此语为“设令刳心掷地，以示僧尼，丐数片肉，无以取信”[⑥]。均为引用杜恕《笃论》的佚文“使人刳心著地，正与数斤肉相似耳”[⑦]。萧衍在引用时变换了字词，也并非按检《笃论》原文。此例不仅说明杜恕《笃论》为萧衍所熟知并习用，而且说明此典为

---

① （清）姚振宗：《隋书经籍志考证》，清华大学出版社 2014 年版，第 1256 页。

② （唐）魏徵，等：《隋书》，中华书局 1973 年版，第 1009 页。

③ （清）严可均校辑：《全上古三代秦汉三国六朝文》，中华书局 1958 年版，第 1268 页。

④ （汉）贾谊撰，阎振益、钟夏校注：《新书校注》，中华书局 2000 年版，第 29 页。

⑤ （清）严可均校辑：《全上古三代秦汉三国六朝文》，中华书局 1958 年版，第 2950 页。

⑥ 同上书，第 2991 页。

⑦ 同上书，第 1294 页。

众人所熟知，所以萧衍才会反复引用。

其次，汉魏子书中的一些观点在当时和后世广泛流行，有的甚至已经成为众人熟知的习语或典故。

如《汉书·高祖纪》注云：应劭曰：“陈平使画工图美女，间遣人遗于阏氏，云汉有美女如此，今皇帝困厄，欲献之。阏氏畏其夺己宠，因谓单于曰：‘汉天子亦有神灵，得其土地，非能有也。’于是匈奴开其一角，得突出。”郑氏曰：“以计鄙陋，故秘不传。”师古曰：“应氏之说出桓谭《新论》，盖谭以意测之，事当然耳，非记传所说也。”① 虽然颜师古对于桓谭之说持怀疑态度，但从他引用应劭语可见，他对桓谭《新论》中所记“平城之围”一解耳熟能详，又拿来作注，说明他认为桓谭之说作为“一家之言”以备忘，未尝不可。

《三国志·锺会传》云：“中护军蒋济著论，谓观其眸子足以知人。会年五岁，繇遣见济，济甚异之，曰：‘非常人也。’及壮，有才数技艺，而博学精练名理，以夜续昼，由是获声誉。正始中，以为秘书郎，迁尚书中书侍郎。”② 可知蒋济的“观眸知人”论在当时比较流行，并被时人用诸生活实践。

晋欧阳建《言尽意论》云：“有雷同君子问于违众先生曰：‘……若夫蒋公之论眸子，锺傅之言才性，莫不引此为谈证。而先生以为不然，何哉？’”③ 又北齐杜弼《与邢邵议生灭论》云：“虽蒋济观眸，贤愚可察；锺生听曲，山水呈状。”④ 据此可知，蒋济“观眸知人”说在晋南北朝的影响也很大。

上述三人所云“蒋济观眸”之典，出自蒋济所著《万机论》：“语曰：‘两目不相为视。’昔吴有二人共评主者，一人曰好，一人曰丑，久之不决。二人各曰：‘尔可来入吾目中则好丑分矣。’士有定形，二人察之，有得失。非苟相反，眼睛异耳。”⑤ 从所举事例可见，蒋济原意为因为观察者的眼睛不同，所以对于同一对象的褒贬评价也不同。强调的是观察者之“眸”，“眸”不同，实因人不同，人之学养以及所抱有的主观思想态度不同，所以评价对象的结论必不同。但是传至北齐却变为“观眸知

① （汉）班固撰，（唐）颜师古注：《汉书》，中华书局1962年版，第63页。

② （晋）陈寿撰，（南朝宋）裴松之注：《三国志》，中华书局1998年版，第333页。

③ （清）严可均校辑：《全上古三代秦汉三国六朝文》，中华书局1958年版，第2084页。

④ 同上书，第3856页。

⑤ 同上书，第1241页。

人”，谓“蒋济观眸，贤愚可察”已经附会了些神秘意味。

又如桓谭《新论》中记载的“子贡对齐景公曰：‘臣事仲尼，譬如渴而操杯器就江海饮，满腹而去，又焉知江海之深也？’”[①] 这一事语，至吴质那里就发展为“小器易盈”[②] 一典。（按：见吴质《在元城与魏太子笺》文。）

最后，汉魏六朝人还有一些直接针对子书作品的肯定评价，或者在后世流传着一些子书的注解本，也体现出子书对当时影响的深远，如：

《三国志·秦宓传》云：“如李仲元不遭《法言》，令名必沦。其无虎豹之文故也。”[③] 这是对扬雄《法言》具有褒扬人物以扬名后世作用的肯定。此事见扬雄《法言·渊骞》：“或问：‘子，蜀人也，请人。’曰：‘有李仲元者，人也。’‘其为人也，奈何？’曰：‘不屈其意，不累其身。’曰：‘是夷、惠之徒与？’曰：‘不夷不惠，可否之间也。’‘如是，则奚名之不彰也？’曰：‘无仲尼，则西山之饿夫与东国之绌臣恶乎闻？’”[④] 李弘（字仲元）虽然为扬雄同乡之先达，在蜀颇有政绩，如果不被扬雄在《法言》中记载，则必然淹没无闻了。

班固《汉书·扬雄传》赞：“自雄之没至今四十余年，其《法言》大行，而《玄》终不显，然篇籍具存。”[⑤] 班固所云“《法言》大行”当属实，但云“《玄》终不显”则言之过早。至三国时，在荆州儒生中具有很大影响力的宋衷就以“研习《太玄》”著名，他有《太玄经注》九卷和《法言注》十三卷（按：《三国志·蜀书·宋衷传》，裴松之注），并有学生王肃与李撰师从他研习《太玄》。

《淮南子》有高诱《序目》云：“故夫学者不论《淮南》，则不知大道之深也。是以先贤通儒述作之士，莫不援采以验经传。”[⑥] 可知《淮南子》在东汉末年即已为文人著作所广泛谈论和引用，这也是《淮南子》在汉代即有注本的原因。《淮南子》流传至现在的汉人注本，有高诱与许慎两家，其他学者的研究成果则因湮没无闻而无法考见。

萧绎《金楼子·立言》云：“所以隆暑不辞热，凝冬不惮寒，著《鸿

---

① （汉）桓谭撰，朱谦之校辑：《新辑本桓谭新论》，中华书局2009年版，第26页。

② （梁）萧统编，（唐）李善注：《文选》，中华书局1977年版，第567页。

③ （晋）陈寿撰，（南朝宋）裴松之注：《三国志》，中华书局1998年版，第422页。

④ （清）汪荣宝撰，陈仲夫点校：《法言义疏》，中华书局1987年版，第490—491页。

⑤ （汉）班固撰，（唐）颜师古注：《汉书》，中华书局1962年版，第3585页。

⑥ 刘文典撰，冯逸、乔华点校：《淮南鸿烈集解》，中华书局1989年版，第2页。

烈》者，盖为此也。”[①] 文中《鸿烈》指萧绎所撰《湘东鸿烈》。萧绎虽然对刘安借门客之手撰写《淮南子》表示过讥讽，但其著作沿袭刘安以“鸿烈”为名，可见《淮南鸿烈》对于他本人的榜样与激励作用是比较显著的。

蔡邕视王充《论衡》为宝，秘而不传的故事，同样证明了《论衡》一书为文人所看重的现实。

以上三个方面都说明了汉魏子书的确深入了魏晋南北朝的文人生活，它们深刻地影响着中上层文人的思想。因而我们据此得出在汉魏时期形成子书第二个高潮的结论，的确能够反映出一定的历史真相。

第三节 本书研究的时间断限和研究范围

“汉魏”者，指上自公元前206年汉高祖刘邦开国始，下至公元280年孙皓被封归命侯止，此间共486年。其间，少许诸子由三国入晋者，因为在三国时间较长或其人生的主要业绩在三国，也列入汉魏子书作者之列。例如，吴之谯周入晋，本书列入三国。

依照前述五个标准，并参照马国翰《玉函山房辑佚书》，王仁俊《玉函山房辑佚书续编三种》，严可均《全上古三代秦汉三国六朝文》，姚振宗《隋书经籍志考证》和孙启治、陈建华编著的《中国古佚书辑本目录解题》诸书，列入本书研究范围的汉魏子书如下：

1. 以儒家思想为中心的二十五部，分别为：陆贾《新语》、贾谊《新书》、桓宽《盐铁论》、刘向《新序》《说苑》、扬雄《扬子法言》；桓谭《新论》、王符《潜夫论》、荀爽《新书》、王逸《正部论》（《正部》）、周生烈《周生子要论》、荀悦《申鉴》、魏朗《魏子》、无名氏《文检》、牟融《牟子》；魏文帝《典论》、徐幹《中论》、王肃《王子正论》、王粲《去伐论》、杜恕《杜氏体论》、王基《新书》；周昭《周子》、顾谭《顾子新语（言）》，谯周《法训》、陆景《典语》（《典训》）。

2. 以道家思想为中心的四部：世硕《世子》、荀悦《正论》、任嘏《任子道论》、唐滂《唐子》。

3. 以法家思想为中心的七部：晁错《晁氏新书》、崔寔《政论》、刘劭《法论》、刘廙《政论》、阮武《阮子》、桓范《世要论》、陈融《陈子

① （梁）萧绎撰，许逸民校笺：《金楼子校笺》，中华书局2011年版，第811页。

要言》。

4. 以名家思想为中心的五部：刘劭《人物志》、刘廙《刑声论》（《刑礼论》）、姚信《士纬》、卢毓《九州人士论》、无名氏（或曰东汉张奂）《通古人论》。

5. 杂家十三部：淮南王刘安《淮南子》、王充《论衡》、张升《反论》（严可均《全上古三代秦汉三国六朝文》谓《友论》）、应奉《洞序》、应劭《风俗通义》、仲长统《仲长子昌言》、蒋济《万机论》（《蒋子万机论》）、杜恕《笃论》、张俨《默记》、裴玄《裴氏新言》、刘廞《新议》、秦菁《秦子》、锺会《刍荛论》。

6. 以纵横家思想为中心的一部：聊苍《聊子》。

上述汉魏子书按文本存佚情况可分为三类。

第一，现在全书面貌可见，文本基本保全者。有陆贾《新语》、贾谊《贾子》（《新书》）、桓宽《盐铁论》、刘向《新序》、刘向《说苑》、扬雄《扬子法言》、桓谭《新论》、王符《潜夫论》、刘劭《人物志》、荀悦《申鉴》、牟融《牟子》、徐幹《中论》、淮南王刘安《淮南子》、王充《论衡》、应劭《风俗通义》。

第二，现在部分残存，经后人辑佚者。有王逸《正部论》、周生烈《周生子要论》、魏朗《魏子》、魏文帝《典论》、王肃《王子正论》、杜恕《杜氏体论》《笃论》、王基《新书》、周昭《周子》、顾谭《顾子新语》、任嘏《任子道论》、唐滂《唐子》、晁错《晁氏新书》、崔寔《政论》、刘廙《政论》、阮武《阮子》、桓范《世要论》、陈融《陈子要言》、姚信《士纬》、仲长统《仲长子昌言》、蒋济《万机论》、王粲《去伐论》、刘廙《刑声论》（《刑礼论》）、谯周《法训》、陆景《典语》、张俨《默记》、裴玄《裴氏新言》、刘廞《新议》、秦菁《秦子》、锺会《刍荛论》。

第三，现在全书已佚，不见篇目辑佚，也不见于其他史料者。有世硕《世子》、聊苍《聊子》、荀爽《新书》、应奉《洞序》、无名氏《文检》、刘劭《法论》、荀悦《正论》、卢毓《九州人士论》、无名氏（按：或曰东汉张奂）《通古人论》。

前两类有文本传世者，考察时以其文本为主，其他相关史料为辅，既可纳入宏观研究中，亦可开展个案研究；第三类全佚者九部，无文本依据，只能借助其他相关史料进行宏观考察。综上所述，本书考察的对象主要限于这三类共五十四部子书。［按：对于今人所普遍认同的“子书”：董仲舒《春秋繁露》与蔡邕《独断》，根据本书对于“子书”的定义，前书为依附于《春秋》的经解，后书因为“杂记自古国家制度及汉朝故事”（《文献通考·经籍考》）而不重义理，均不在“子书”之列。另：后汉马融《忠经》、许劭《予学》真伪莫辨，存疑不论。]

第四节 本书研究的缘由、方法和目的

刘勰在《文心雕龙》中对于西汉子书评价不高，他说：“两汉以后，体势漫弱，虽明乎坦途，而类多依采，此远近之渐变也。”① 刘勰批评的观点为后世很多人所继承，如清人章太炎在《国学略说》中说：

> 著作与独行之分：至汉，《太史公》继《春秋》而作，史部始盛。此后子书，西汉有陆贾《新语》（真伪不可知）、贾谊《新书》、董仲舒《春秋繁露》（后人归入经部）、桓宽《盐铁论》（集当时郡国贤良商论盐铁榷酤事）、扬雄《法言》，东汉有王充《论衡》、王符《潜夫论》、仲长统《昌言》（全书不可见）、荀悦《申鉴》、徐幹《中论》。持较周秦诸子，说理固不逮，文笔亦渐逊矣。然魏文帝《论文》，不数宴游之作，而独称徐幹为不朽者，盖犹视著作之文尊于独行者也。②

章太炎从说理与文笔两方面对两汉子书予以否定，这些言论难免有些偏颇。平心而论，一代有一代之文章，汉魏子书无论在思想史还是文章学上一定也有自己的贡献。章太炎在评价后汉诸子时也说：“后汉诸子渐兴，讫魏初几百种，然其深达理要者，辨事不过《论衡》，议政不过《昌言》，方人不过《人物志》。此三家差可以攀晚周，其余虽娴雅，悉腐谈也。”③ 虽然他于大多数汉魏子书都冠上“腐谈”的帽子，但总算承认其大多“娴雅”，而且特别肯定了东汉三部子书在辨事、议政与品人上的突出成就。他说“著作之文”尊于“独行者”，揭示出曹丕眼中子书之重要，也区别了子书与别集。

笔者认为，把汉魏子书视为子书发展中的一个环节，不持偏见地审视

---

① （梁）刘勰著，范文澜注：《文心雕龙注》，人民文学出版社 1978 年版，第 310 页。

② （清）章太炎：《国学略说》，《章太炎国学讲义》，海潮出版社 2007 年版。

③ （清）章太炎撰，陈平原导读：《国故论衡》，上海古籍出版社 2003 年版，第 82 页。

与考察，才能正确认识它们的价值和整个子学发展史。

刘勰与章太炎对于汉魏子书的评价虽然偏低，但他们也不得不正视这486年间子书创作的层出不穷，这些子书形成了自战国以来子书创作的第二个高潮。刘勰说：“逮汉成留思，子政雠校，于是七略芬菲，九流鳞萃，杀青所编，百有八十余家矣。迄至魏晋，作者间出，谰言兼存，璅语必录，类聚而求，亦充箱照轸矣。”① 章太炎说：“后汉诸子渐兴，讫魏初几百种。”② 都是对这一高潮的描述。

何以此时能够形成子书创作的第二个高潮？此时的子书与先秦诸子书有何不同？这个高潮对于当时其他著作形式和文化学术有何影响？时人如何定义与评价子书及其作者？汉魏子书的价值是否需要借助与先秦子书的比较才能确定？判断汉魏子书价值的大小，是否仅仅依赖于其思想上有多少创新与发明？等等。这些问题不是拿一个“褒”或“贬”的姿态和几句偏激的话予以定性就能解决的。既然汉魏子书作为一个时期的特有文化与学术现象存在，并且在其后相当长的时间内造成了非常大的影响，我们就应该平心静气，从历史的线索中细细耙梳，努力追寻历史的真相，揭开这些疑问。

纵观汉魏子书的研究现状，近年来有了一些新气象：“子学”的研究得到重视，表现出规模化与系统性的特点。但更多成绩体现在文献整理与个案研究上，国内外学者关于“子书”的综合研究也多针对先秦子书，汉魏子书的综合研究成果甚少。文献整理方面：中华书局有《新编诸子集成》《新编诸子集成续编》的丛书出版；四川人民出版社也陆续出版了《诸子集成补编》《诸子集成新编》《诸子集成续编》等丛书；台湾严灵峰曾编纂《无求备斋诸子集成》系列；华东师大先秦诸子研究中心的《子藏》工程，已经出版和计划出版《子藏·道家部·庄子卷》《鬻子卷》《关尹子卷》《文子卷》《鹖冠子卷》《子华子卷》《列子卷》等历代诸子著作5000余部。诸子文献整理工作已经达到一个前所未有的高峰。

汉魏子书的个案研究成果非常丰富，为学界所有目共睹，笔者就不一一胪列了。需要注意的是，子书的个案研究是参差不齐的。上述五十四部子书的历代研究现状可从两个阶段分类来阐述。第一阶段为1949年以前，第二阶段为1949年后至当代。1949年前及1949年后至20世纪70年代的部分研究专著，根据严灵峰《周秦汉魏诸子知见书目》的统计，概括其

---

① （梁）刘勰著，范文澜注：《文心雕龙注》，人民文学出版社1978年版，第308页。

② （清）章太炎撰，陈平原导读：《国故论衡》，上海古籍出版社2003年版，第82页。

情况如下。

研究专著多为第一类文献基本保全者，例外者仅有《昌言》和《典论》。《昌言》文本虽然亡佚很多，但因为其作者仲长统被韩愈列为“后汉三贤”之一而颇受青睐，章太炎对它也比较欣赏，所以关注的学者更多；《典论》研究大多因为其中的《论文》一篇在文学批评史上具有重要意义，为文论界所关注，又加上著者曹丕的特殊身份，所以学界整体关注度也比较高。第二类已遗失后经辑佚者，则基本无研究专著，只有关于《牟子理惑论》两种，学位论文也是空白，1949年后只有寥寥几篇论文提及。如：彭炅干《关于〈贾子〉的整理》（1962年）、史向辉《蒋济与〈万机论〉》（1999年）、刘运好《王肃行状及著述考论》（2002年）、韩格平《魏晋子书书名作者杂考数则》（2004年）、《孙吴子书的政治取向及其对孙吴文学的影响》（2005年）、《中国魏晋时期著作与〈魏晋全书〉》（2005年），孔毅《论桓范〈世要论〉》（2006年）、《礼与杜恕〈体论〉》（2007年）等。至于第三类子书因为全文已佚，见一斑已是不能，个案研究工作无本可依，它们的价值只在以宏观视野考察子书发展时才能体现出来。

近年来学界也开始重视从子学历史上审视与评价汉魏和两晋以后子书，但截至目前，相关研究成果并不丰富。一些学者所做的汉魏时期子学研究，也多是着眼于先秦诸子原典在汉魏时期的阐释与接受情况，如：熊铁基的《汉人如何看待先秦诸子》、[①] 汪春泓的《从黄老到老庄——汉代“老子”学论略》、[②] 包兆会的《庄子修养的路径及在汉初的演变》[③] 和孙少华的《汉代黄老思想的学术生态及其对儒学的影响》[④] 等。有关汉魏子书原典的综合与宏观研究的成果很少，一些学术思想史之类的著作会涉及对汉魏诸子学术思想的宏观描述，但言之甚简。致力于对汉魏诸子做详尽细致的宏观研究者不多，成果也只有少数单篇论文。如陈广忠的《司马父子对先秦西汉诸子学术体系的构建》[⑤] 一文，肯定了司马谈《论六家要指》和司马迁的《史记》对于构建先秦、西汉诸子学术体系的开创之功，进而详细分析司马氏父子对六家评价的异同，最后指出了司马氏父子在构

---

① 方勇主编：《诸子学刊》第一辑，上海古籍出版社2007年版，第319页。

② 同上书，第113页。

③ 同上书，第181页。

④ 方勇主编：《诸子学刊》第七辑，上海古籍出版社2012年版，第55页。

⑤ 同上书，第325页。

建先秦诸子学术体系时的继承与创新之处，强调了他们对之后的刘向父子与班固的深远影响；韩星的《汉初诸子复兴思潮与思想整合》，[①] 先是论述了道、法、纵横、墨与阴阳等几家思想在汉初的学有所承，继而论述了陆贾、贾谊、韩婴与董仲舒几人对先秦思想进行“整合”的方法与成绩，最后由此考察而获得的几点启示。其他还有闵泽平的《两汉子书论略》[②] 和田晓菲的《诸子的黄昏——中国中古时代的子书》。[③] 前文只是简单的介绍，针对两汉几部子书做些背景追溯与鉴赏性描述；后文主要针对魏晋南北朝子书，见解鲜明独特，但受篇幅所限，不能展开，只是阐述自己的一点发现，而且她的注意点集中在探询子书“终结”的原因上。

由此可见，要想解决上述有关汉魏子书诸多疑问，仅仅借助于子书的个案研究与目前为数不多的宏观研究成果是远远不够的。尤其是对于第二、三类中那些文本残缺甚至亡佚的子书，个案研究很难开展，宏观综合研究显得尤为必要。因为只有借助宏观的考察，才能充分利用这些断章残句，把二、三类子书全部纳入汉魏子书研究的行列中来，最大限度地穷尽文献资料。这样不仅有利于汉魏子书研究的完整性，取得个案研究所不能取得的成果，而且也可以利用宏观研究的成果给个案研究以启发与帮助。

目前国内无论政界还是学界，都欲为“国学热”推波助澜，“新子学”的建立也被诸子学研究界提上日程。但拘于西方学科划分成见，学界以往的子学研究有肢解之嫌，正如《国学与近代诸子学的兴起》一书的《总序》所揭示的“子学被分割到文史哲不同学科之中，文学系将《论》《孟》《老》《庄》当文学作品看待，探讨其艺术风格、文体演变；哲学系则将其看做儒、道的哲学经典，研究儒家、道家的思想发展；历史系则将其当史料看待，钩沉其中的人物、事件，结果只能是得其一偏，难窥其整体之美”。[④] 文、史、哲三家各说各话，分割的弊端显而易见。如果说“让子学回归到子学自身”，是时代的呼声，那么让汉魏子书回归到它们在汉魏时期的真实面貌，也是本书作者对时代呼声的热烈响应与最终追求。

所以本书采用宏观综合研究的方法，既有纵向的从子书发展史上给予汉魏子书定位，对先秦与晋以后子书的瞻前顾后，梳理汉魏子书自身的发

---

① 方勇主编：《诸子学刊》第十一辑，上海古籍出版社 2014 年版，第 237—256 页。

② 闵泽平：《两汉子书论略》，《周口师范学院学报》2002 年第 4 期。

③ 田晓菲：《诸子的黄昏——中国中古时代的子书》，《中国文化》2008 年第 1 期。

④ 宋洪兵：《国学与近代诸子学的兴起》，广西师范大学出版社 2010 年版。

展脉络，也有横向的对于汉魏子书共同主题、特点、体例与经、史、文学、文人生活思想联系的总结归纳，打破文、史、哲的学科门槛，在开阔的“子学”背景下对汉魏子书做一全面整体的考察。本书从“人”的角度出发，把汉魏子书当成一部“人”的动态史来进行宏观综合研究，以“居今探古”的方法，尽量接近真实的历史场景。

本书旨在立足于汉魏子书这个视角，考察诸子学术类型在汉魏时期发生的变异，以及变异背后的政治、社会和文化背景，使诸子学术链条更加完整。同时通过子书观察文学转型的萌芽，以及子书与诸多文学样式之间的互动关系，这样既有利于全面认清子书的文学价值，也为解答汉魏文学转型的原因另辟一条新路。

本书分成两部分，上编旨在围绕汉魏子书自身特点及其发展规律进行宏观研究，结合汉魏子书产生的历史环境、自身特点和发展规律等几个方面考察，从时间与空间上还原它们存在的场景，努力构建出一个汉魏子书的动态发展过程。下编利用综合研究的方法，旨在考察汉魏子书与经、史、文学、社会及文人生活关系诸多领域，多做横向的宏观研究。通过综览比较汉魏子书讨论最多的几个话题，来认识当时人所关注的焦点，及他们对所论问题的普遍看法，借此来把握其主流思想，进而探索他们所处的时代脉络。

上　编

第一章　汉魏子书产生的历史背景和原因

汉魏时期子书的大量涌现，形成了继春秋战国之后子学的第二个高潮。（按：如果把先秦子书分为春秋末与战国中后期两个时段的话，则汉魏子书是第三个高潮。）我们很想从产生这两个高潮的历史背景中寻找某种共通之处，但是两者所处环境如此迥异，令人有些费解。两者迥异环境的主要表现有二：第一，先秦子书繁盛期是在官学独尊的地位被打破以后，所谓“礼崩乐坏，学在四夷”，政治上处于诸侯争霸，周王朝软弱无力、无法一统天下之时；汉魏子书所处的环境则是经改造过的儒家经学由恢复到独尊并走向瓦解这一全过程，这一过程中，政治基本处于大一统的格局下，只有在汉初与魏晋易代之际出现过短暂的类似战国纷争的局面。第二，先秦子学在春秋尤其是战国时期非常繁盛，有主宰政治与文化的话语权，呈现出的是一枝独秀的景况，其地位是同时的“经”“史”都无法与之抗衡的；而汉魏时期，子学不但时时处于“经”学独尊与政权一统的排挤之下，而且与不断上升的“史”“集”两部的地位相比也很难说是保持着遥遥领先的优势。政治上的话语权仅仅在西汉初年的几部子书中有些体现，其他子书则大多只保留了文化上的话语权，很多著作的影响力还受限于地域。

既然很难找到两者的相通之处，就不能拿先秦子书繁盛的原因来类推汉魏子书，那么促成子书在这一时期繁盛的当另有起因。任何一个事物的产生都有与之相关的背景，我们必须回到汉魏子书产生的那个历史时段去探明真相。

第一节　汉魏子书产生的历史背景

一　政治上的大一统

根据班固《汉志》记载：“诸子十家，其可观者九家而已。皆起于王道既微，诸侯力政，时君世主，好恶殊方，是以九家之〔术〕蜂出并作，各引一端，崇其所善，以此驰说，取合诸侯。其言虽殊，辟犹水火，相灭亦相生也。仁之与义，敬之与和，相反而皆相成也。”① 可见，春秋战国子书产生的历史背景可以用“分裂”概括，不论政治上的“诸侯异政”还是思想学术上的“道术为天下裂”，无不强调“异”；汉魏子书产生的背景则可以用“统一”来概括，无论是政治疆域上的统属于“汉家”，还是思想文化上的汉初“奉黄老”，继而“尊五经”，无不强调“同”，仅于汉魏易代之际，在政治与学术上出现了短时间的分裂。

汉魏时期的“统一”局面是自秦代开始就已经奠定了的。虽然汉代文人开口“过秦”、闭口“过秦”，可是毕竟汉承秦制这是个不争的事实。汉代诸子对此都是言之凿凿，所以贾谊也不讳言“汉承秦之败俗”（按：见《汉书·礼乐志》）。秦王嬴政并吞六国之后，他与李斯为了巩固“大一统”政权所做的政策制度与文化学术上的种种努力，奠定了汉人“天下一统”的思想与根基。后来汉武帝欲改变“师异道，人异论，百家殊方，指意不同，是以上亡以持一统”② 的做法，其实也是对于秦始皇的效法，只不过其内容由重法变为重儒，“以吏为师”换作以五经博士为师罢了。所以钱穆说：“汉人之尊六艺，特为其为古代之王官学。汉武之立五经博士，特为欲复古者王官之学之旧，以更易秦廷末世之所建。惟深推其用意，实亦不出秦廷统私学于王官，而以吏为师之故智耳。故其采六艺而罢百家，若专就朝廷设官之用意言，则亦未见其有所大胜于秦之泯《诗》《书》而守《家言》也。”③ 钱穆这段文字揭示了汉武帝与秦始皇变法在本质上具有维护皇权的一致性。

秦始皇所推行的一系列统一措施，甚至包括始皇二十七年“为驰道于天下，东穷燕齐，南极吴楚，江湖之上，濒海之观毕至”④ 的举措，其目的都是加强中央对地方的由上而下的统治。但他没想到的是，驰道的修筑，文字的统一，方便的不仅是由上而下的传输，同时也极大地促进了民间学术下对下的交流和发展，也打通了文化学术由下而上的传输。

遗憾的是，自秦始皇统一中国至二世灭亡，首尾不过十五年，所有“大一统”的努力都只是开了一个头，真正的平等意义上的各“诸侯国”

① （汉）班固撰，（唐）颜师古注：《汉书》，中华书局 1962 年版，第 1746 页。

② 同上书，第 2523 页。

③ 钱穆：《秦汉史》，生活·读书·新知三联书店 2004 年版，第 96 页。

④ （汉）班固撰，（唐）颜师古注：《汉书》，中华书局 1962 年版，第 2328 页。

的文化大融合，只有到汉王朝统治巩固以后才能够出现。“汉承秦制”最突出的表现是，秦的立国之策为汉代继承并加以完善，使“大一统”的局面在汉武帝时真正得以实现。国家统一，为思想、文化的交流和融合奠定了坚实的基础。汉代诸子之所以都带有明显的“杂家”色彩，与国家的统一、文化的交融等都有直接关系。战国时期旧的官学的代表——经学，与新的私学的代表——子学，先后复兴于西汉，出于“学以治用”的目的，诸子百家思想也开始了互相之间的融合与改造。韩星认为“思想整合”自陆贾即已开始，后由贾谊、韩婴与董仲舒等人继续，奠定了汉人学术思想的基调（《汉初诸子复兴思潮与思想整合》）。[①] 至于思想融合的方式，孙纪文概括为三种：“一是以道家为宗而兼容各家；二是以儒家为宗兼容各家；三是超然于各家之上而调和。”（《淮南子研究·绪论》）[②] 笔者考察汉魏子书后发现，诸子思想的融合，大体不出这三种方式。

正是在这样的时代背景下，《淮南子》广泛吸收众家思想，融合而为一家之言，成为汉魏子书“杂家”特色的典范之作，后继者只会融合得更好，所以大多数汉魏诸子都堪称这样的“杂家”。正因其“杂”，所以无法用先秦诸家学统予以明确分类。

二　先秦子书文献在秦代的保存

中国学术在先秦已经成熟，西周时期学在官府，百家之学新兴于春秋战国，形成官学与私学的分别。秦代焚书，依据王充等人观点，焚的主要是六国史记、《诗》《书》，而百家之学损失甚小。对于诸子之书免于秦火这一说法，钱穆解释道：“而谈论涉及百家，则并不在禁令之列，此实无从禁，且亦不必禁。因李斯动议本重以古非今，而百家后起之说，则颇少称道先王也。……故自西汉以来，均谓焚书不及诸子，（王充《论衡·书解》《佚文》《正说》诸篇，赵岐《孟子题辞》，王肃《家语·后序》，《后汉·天文志》，刘勰《文心雕龙·诸子篇》，逢行珪注《鬻子》叙等）又谓秦焚书而诗书古文遂绝，（《史记·六国表序》《太史公自序》，扬雄《剧秦美新》，及《论衡·语增》诸篇）盖指此种状态而言也。”[③] 钱穆以“无从禁”与“不必禁”两方面概括诸子免于秦火的原因，甚为可信。钱

① 方勇主编：《诸子学刊》第十一辑，上海古籍出版社2014年版，第237—256页。

② 孙纪文：《淮南子研究》，学苑出版社2005年版，第15页。

③ 钱穆：《秦汉史》，生活·读书·新知三联书店2004年版，第24—25页。

穆所说的“百家”“颇少称道先王也”，应是排除儒家在外的，这点上与汉人对“百家”的界定相符。

诸子百家在秦代置有博士官，诸子博士的设置在汉初的一个时期内也得以保留。文帝召贾谊为博士，因为他“颇通诸家之书”（《汉书·贾谊传》），[①]《汉书》亦云“贾谊、朝错明申韩”（《汉书·司马迁传》）；[②]又云：“至孝文皇帝……天下众书往往颇出，皆诸子传说，犹广立于学官，为置博士。”（《汉书·刘向传》）[③] 都是汉初设有诸子博士官的证据。所以，钱穆说：“惟自稷下以来，不闻专掌六艺，则秦博士亦必不专掌六艺，审也。惟其为博士者不专限于治六艺，故至汉文帝时，尚有所谓诸子博士及传记博士。其人于古今诸学，苟有一长，均得为之，如秦有占梦博士（见三十七年）是也。至汉武帝始罢诸子传记，专立五经博士，而博士之制度遂一变。”[④] 秦代诸子博士的设立比较普遍，在对先秦学术的承传中发挥了很大作用。

百家之学正因在秦代得到了保存与发扬，才能在汉兴之初至武帝尊儒术之前的一百六十多年里，得以继续发挥它对政治与社会现实的重要作用，也使学术之脉不绝。司马迁在《史记·自序》中对于汉初学术状况做了详尽的描述：“周道废，秦拨去古文，焚灭《诗》《书》，故明堂石室金匮玉版图籍散乱。于是汉兴，萧何次律令，韩信申军法，张苍为章程，叔孙通定礼仪，则文学彬彬稍进，《诗》《书》往往间出矣。自曹参荐盖公言黄老，而贾生、晁错明申、商，公孙弘以儒显，百年之间，天下遗文古事靡不毕集太史公。太史公乃父子相续纂其职……以拾遗补艺，成一家之言，厥协《六艺》异传，整齐百家杂语，藏之名山，副在京师，俟后世圣人君子。”[⑤] 其中“盖公言黄老”“贾生、晁错明申、商”与司马迁本人“整齐百家杂语”等均能清晰地反映出汉初子学的兴盛。董仲舒在其《天人对策》第一策中对于汉武帝即位前的学术状况也有描述，“师异道，人异论，百家殊方，指意不同，是以上亡以持一统”，[⑥] 与司马迁所论情况基本相符。

---

① （汉）班固撰，（唐）颜师古注：《汉书》，中华书局1962年版，第2221页。

② 同上书，第2723页。

③ 同上书，第1968、1969页。

④ 钱穆：《秦汉史》，生活·读书·新知三联书店2004年版，第28页。

⑤ （汉）司马迁撰，（宋）裴骃集解，（唐）司马贞索隐，（唐）张守节正义：《史记》，中华书局1959年版，第3319—3320页。

⑥ （汉）班固撰，（唐）颜师古注：《汉书》，中华书局1962年版，第2523页。

汉初的子学复兴几乎一直持续到汉武帝时，准确地说是诸子立于学官的情况一直持续到汉武帝时期，后因汉武帝的罢诸子传记、独立五经博士而告终。诸子学术从而又一次开始了它的“私学”生涯。

三　私人著史的出现

虽然史书著作在汉代以前多被史官垄断，先秦典籍中常见某史官见某国将乱即抱史记躲于某处的记载，刘向《说苑》中也记载了很多这类史官故事。但春秋战国之际，此体制执守得一定不甚严格，否则怎会有“孔子厄陈蔡，作《春秋》”与“左丘失明，厥有《国语》”（《史记·太史公自序》）[①]之事？另外，当然也因为《春秋》和《国语》在当时和史官所作各国史记不同。但汉初即有陆贾作《楚汉春秋》，陆贾为一介儒生，汉高祖与其关系如同主客，并未以史官任之。以上事例都说明，史官著史的陈规已有破冰之象。

司马迁著《太史公书》也不可看作纯粹的官方行为，尤其是在马迁本人遭遇李陵之祸后的著史活动，否则司马迁就不会在《自叙》中一再申明其著作为“一家之言”而欲“藏之名山”。他一再称引其父司马谈所秉持的史官职责，反复强调自己父子二人有继承孔子作《春秋》之义务，其实这只是他的一厢情愿，因为孔子著《春秋》也并非为尽史官之职。经李陵之祸以后，他著“史”的想法由“润色鸿业”转向立“言”，也开始向“子”的方向倾斜。所以班固在其《典引》中述汉章帝诏曰：“司马迁著书，成一家之言，扬名后世。”[②]班固的认识纯粹从司马迁个人立场出发。这也启发了班固著史的想法并付诸行动，但他居然被人举报“私改作国史”（《后汉书·班彪传》）[③]而入狱，说明至此，私人著史（尤其是当代史）在制度上还没有完全开放。章太炎在《国故论衡》中有一段话谈及私人著史的可能，他说：“学诚以为六经皆史，史者固不可私作。然陈寿、习凿齿、臧荣绪、范晔诸家，名不在史官，或已去职，皆为前修作年历纪传。太史公虽废为埽除隶，《史记》未就，不以去官辍其述作。班固初草创《汉书》，未为兰台令史也；人告固私改作国史，有诏收固，弟超驰诣阙上书，乃召诣校书部，终成前所著书。令固无累绁之祸，

---

① （汉）司马迁撰，（宋）裴骃集解，（唐）司马贞索隐，（唐）张守节正义：《史记》，中华书局1959年版，第3300页。

② （清）严可均校辑：《全上古三代秦汉三国六朝文》，中华书局1958年版，第614页。

③ （南朝宋）范晔撰，（唐）李贤，等注：《后汉书》，中华书局1965年版，第1334页。

成书家巷，可得议耶？且固本循父彪所述，彪为徐令病免，既纂后篇，不就而卒。假令彪书竟成，敷文华以纬国典，虽私作何可訾也！”[①] 他也是质疑“史者固不可私作”的制度，并提出诸多的反证。

后汉蔡邕亦有“继成汉史”的理想，马日磾为他求情时向王允说：“伯喈旷世逸才，多识汉事，当续成后史，为一代大典。”[②] 马日磾的求情仅着眼于蔡邕个人具备史才这一点来讲，说明此时著史者身份也并非史官莫属。

至魏晋私人著史又逐渐放开，使文人在经学之外觅得另一条出路，这条路比通经致仕更加有诱惑力，尤其是那些才高位卑的文人，不仅可以通过自己的著作来赢得生前身后名，而且可以威慑君主，褒贬时人。这对于子书的创作又是一种刺激与启发。

四 纸张的发明

子、史类著述的鸿篇巨制，不同于单篇论文，它对于书写材料的要求比单篇更紧迫，书写材料的方便与否直接影响其传播的范围与速度。跃进师说过：“物质文明的进步，往往对当时社会生活的各个层面带来不同程度的革命性变化，尤其是对于当时学术文化的影响，往往更直接、迅速。”[③] 纸张的发明就是物质文明进步的表现之一，而且会大大影响到文化学术的发展。纸张在东汉时期的发明对于东汉文学的刺激作用已经为一些学者所认识，跃进师认为纸张的广泛应用对于汉魏经学的兴衰也不无影响，至于其原因，他在文中说道：

> 战国到西汉时期的学术文化，主要是经过“杀青”后的竹简和丝帛记录下来，尽管较之钟鼎文字更易于传播，但是限于少数精英手中。而汉魏之际的文化普及，则具有更加广泛的意义。其中一个重要的原因，就是纸张的发明和广泛运用。文化已经不仅仅掌握在少数知识分子的手中，更多的读书人，都可能有机会接触到各类典籍，既包括前代流传下来的典籍，也包括同时代的创作。我们看《汉书》《东观汉记》《后汉书》的传记，那些传主自幼好学的记载比比皆是，哪

① （清）章太炎撰，陈平原导读：《国故论衡》，上海古籍出版社 2003 年版，第 57 页。

② （南朝宋）范晔撰，（唐）李贤，等注：《后汉书》，中华书局 1965 年版，第 2006 页。

③ 刘跃进：《纸张的广泛应用与汉魏经学的兴衰》，《秦汉文学论丛》，凤凰出版社 2008 年版，第 578—579 页。

> 怕是出身寒微的人，也可以通过各种途径阅读书籍，譬如匡衡穿壁引光读书，就已成为熟典。[①]

文献考察发现，纸张的发明及其广泛应用对于文化普及的作用确实令人振奋。王充在受业太学时，于洛阳书肆读书，凭借过目不忘而“遂博通众流百家之言”，也是受限于书籍未能普及而激发出的超能。如果没有纸张的普及，普通人能饱读诗书是难以想象的。作为具有百科全书之称的“子书”的写作更是与其书写材料密不可分，先秦与西汉初年的子书多以单篇形式流传的原因，也与当时纸张不能普及的现况有关。汉魏之际是汉魏子书创作的小高潮，不能不说也得益于纸张的发明与推广。

五　经学成为禄利之途

经学不仅主宰着两汉学术，也主宰着两汉的政治人事。班固说：“自武帝立五经博士，开弟子员，设科射策，劝以官禄，讫于元始，百有余年，传业者寖盛，支叶蕃滋，一经说至百余万言，大师众至千余人，盖禄利之路然也。”（《汉书·儒林传》）[②]“禄利”是滋生“大师”的根源。顾颉刚对此总结说：“秦始皇的统一思想是不要人民读书，他的手段是刑罚的裁制；汉武帝的统一思想是要人民只读一种书，他的手段是利禄的诱引。结果，始皇失败了，武帝成功了。”[③] 晁错曾说民者“趋利如水走下”，[④]“大师”亦不能免俗。汉人“尊经”带有浓厚的官方色彩，而“子书”是个人理想的载体，所以它与政权依附性之“经”的区别尤其鲜明。这种区别不仅决定了子书的地位，还影响了子书作者的价值判断，诸子对经学的态度可分为迎合与悖离两类。

对于汉代经学一统的威力，顾颉刚剖析得异常深刻。他说：“武帝建元元年，借着选举贤良方正的机会，崇儒学而黜百家。五年，他又置五经博士。从此以后，博士始专向儒家和经学方面走去，把始皇时的博士之业《诗》《书》和‘百家之言’分开了。这是一个急剧的转变，使得此后博士的执掌不为‘通古今’而为‘作经师’。换句话说，学术的道路从此限

---

① 刘跃进：《纸张的广泛应用与汉魏经学的兴衰》，《秦汉文学论丛》，凤凰出版社 2008 年版，第 579 页。

② （汉）班固撰，（唐）颜师古注：《汉书》，中华书局 1962 年版，第 3620 页。

③ 顾颉刚撰，王煦华导读：《秦汉的方士与儒生》，上海古籍出版社 1998 年版，第 43 页。

④ 《晁错集注释》组：《晁错集注释》，上海人民出版社 1976 年版，第 34 页。

定只有经学一条了。这比之始皇的以高压手段统一思想还要厉害。”① 对于这样的思想统治，有大批顺应者，当然也不乏反动者。顺应者，自觉地在脖子上套上枷锁，通经以致用，顺顺当当地进入仕途。反动者，自觉疏离于政治舞台，隐入民间，追求精神上的相对自由，而子书写作就是诸子们疏离的方式之一。

武帝置五经博士，设博士弟子员，一改之前设立诸子博士的旧制，“其先则皆以通古今为博士，不别五经与诸子传记也。故独以经学设博士，其事自武帝始”。② 在经学地位的反衬下，子书著作越发向私人化发展，锻炼了文人的自觉性。早期思想的禁锢愈严，晚期对其反动愈烈。汉魏之际，在经学体制瓦解以后，子书中涌动的批判思潮，就是这一规律的反映。

第二节 汉魏子书兴盛的原因

关于先秦百家争鸣的原因，孟子早已探讨过，他认为那是因为圣人如尧、舜、禹、周公、孔子等都已死去，因此出现“世衰道微，邪说暴行有作”“诸侯放恣，处士横议”③ 的局面。孟子虽然旨在维护儒家思想，对于其他诸家学说持藐视态度，但是他从外部社会需求探索百家争鸣的原因有一定道理。

庄子学派则从创立学说主体的角度探讨百家争鸣的原因，他们在《天下》篇中说：“天下之人各为其所欲焉以自为方。”④ 以一个“欲”字阐明了诸子立说的主观愿望。孟、庄两家各持一端，不如综合主观与客观两方面来说明百家争鸣的原因。正如上文所说，先秦子书与汉魏子书所处的政治环境迥异，所以至少可以得出这样一个结论：子书的产生并非主要受其所处政治环境的制约。既然这样，考察汉魏子书兴盛的根本原因就当主要从子书自身的发展状况及其特点和创作主体的内部需求着手。

---

① 顾颉刚撰，王煦华导读：《秦汉的方士与儒生》，上海古籍出版社 1998 年版，第 56 页。

② 钱穆：《秦汉史》，生活·读书·新知三联书店 2004 年版，第 92 页。

③ （宋）朱熹：《四书章句集注》，中华书局 1983 年版，第 272 页。

④ （清）郭庆藩撰，王孝鱼点校：《庄子集释》，中华书局 1961 年版，第 1069 页。

一　学术发展的必然

事物的发展规律是盛极而衰、新陈代谢，学术发展亦然。子学发端于春秋末年，在战国形成第一个高潮，相比较源于上古三代的经学来说是一门新学。任何一个事物的发展，都遵循萌芽、繁荣到衰败的过程。所以这门新学，不可能因为政治制度上提倡了“尊经”以后就戛然而止，凭借其惯性，它还会在一个时期内继续发展，只不过逐渐缩小了阵地，或者调整了发展方向。子学的兴起是民间学者自觉迎合自我与时代需求的结果，本来就无须当政者的弘扬与提倡，所以在汉武帝罢诸子博士而独尊五经之后，也不曾妨碍它在民间的悄然发展。一旦遇到合适的土壤，它就会又一次壮大起来，汉魏之际子书创作小高潮的到来就是很好的证明。

钱穆论及西汉的学术时说：“要论汉初学术，必推溯及于先秦。从另一观点言之，则先秦学术可分为一古官书之学，（即汉初人所谓‘诗、书古文’之学，亦中汉以后人所谓‘六艺’之学，或‘六经’之学，乃由早起儒、墨两家所传播，所谓‘称诗、书，道尧、舜，法先王’，为先秦较旧之学派。）又一百家之学。（‘家’乃私家之称，此乃民间新兴学。儒、墨以后，百家竞起，率自以其所见创新说，不必依据古经典，寓言无实，为战国较新之学派。）秦代焚书，最主要者为六国史记，其次为诗、书古文，而百家言非其所重。汉兴，学统未尝中断。秦虽焚书，史官、博士仍未废，著述亦未中辍。下迄汉惠除挟书律，前后只二十三年。汉廷群臣，亦多涉学问，名人巨德，杂出其间。”① 他所描绘的就是子学依靠自身惯性发展到汉初的概况。

钱氏上述观点，有三点值得重视：第一，百家之学，其实就是先秦“子学”，它于战国新兴，依事物发展规律而言，自然还会有它继续发展的需求，不会突然中断。第二，子书本身的特点为“率自以其所见创新说，不必依据古经典，寓言无实”，“百家”之“家”为“私家”，正是汉人称子书为“一家之言”的来源。第三，汉初的社会环境相比战国变化也不是很显著，尤其是士人力量还十分壮大。钱穆说：“古代封建社会，到战国已逐步消失。军人、游仕、商人，不断由平民社会中跃起，他们攀登政治舞台，而攫得了古代贵族之特权。秦代统一政府在此种剧变过程中产生，因其历年甚暂，那时的社会情态现在无可详说。就汉初情况而论，似乎秦汉之际虽经历了几次战乱，而战国以来社会变动的趋向，依然

---

① 钱穆：《国史大纲》，商务印书馆 1996 年版，第 141—142 页。

照样进行。"[①] 似乎在汉初凭借自身惯性发展的还不只是子学，从政治到社会的各种大的景况相比战国并未有多么明显的改观，大一统未能断然遏止社会分工的深度发展。

子学在继续自身发展的惯性作用之外，再加上汉初在制度上为其提供与秦代类似的鼓励与保证，得到了持续的发展。汉初的鼓励并非单单针对子学，对此刘歆在《移书让太常博士》文中描述道：

> 昔唐虞既衰，而三代迭兴，圣帝明王，累起相袭，其道甚著。周室既微而礼乐不正，道之难全也如此。是故孔子忧道之不行，历国应聘。自卫反鲁，然后乐正，《雅》《颂》乃得其所；修《易》，序《书》，制作《春秋》，以纪帝王之道。及夫子没而微言绝，七十子终而大义乖。重遭战国，弃笾豆之礼，理军旅之陈，孔子之道抑，而孙、吴之术兴。陵夷至于暴秦，燔经书，杀儒士，设挟书之法，行是古之罪，道术由是遂灭。汉兴，去圣帝明王遐远，仲尼之道又绝，法度无所因袭。时独有一叔孙通略定礼仪，天下唯有《易》卜，未有它书。至孝惠之世，乃除挟书之律，然公卿大臣绛、灌之属咸介胄武夫，莫以为意。至孝文皇帝，始使掌故朝错从伏生受《尚书》。《尚书》初出于屋壁，朽折散绝，今其书见在，时师传读而已。《诗》始萌牙。天下众书往往颇出，皆诸子传说，犹广立于学官，为置博士。(《汉书·刘歆传》)[②]

从刘歆书中可见诸子百家与六艺经传在汉初都得到鼓励与发展。班固在《汉书·艺文志》中也说道：

> 汉兴，改秦之败，大收篇籍，广开献书之路。迄孝武世，书缺简脱，礼坏乐崩，圣上喟然而称曰："朕甚闵焉!"于是建藏书之策，置写书之官，下及诸子传说，皆充秘府。至成帝时，以书颇散亡，使谒者陈农求遗书于天下。诏光禄大夫刘向校经传诸子诗赋，步兵校尉任宏校兵书，太史令尹咸校数术，侍医李柱国校方技。每一书已，向辄条其篇目，撮其指意，录而奏之。[③]

---

① 钱穆：《国史大纲》，商务印书馆 1996 年版，第 131 页。

② （汉）班固撰，（唐）颜师古注：《汉书》，中华书局 1962 年版，第 1968—1969 页。

③ 同上书，第 1701 页。

刘、班两人所言汉初诸帝的“除挟书律”“大收篇籍”“广开献书之路”“陈农求遗书”“刘向等人校书”等等，都意在呈现汉初不同于亡秦的“文治”盛况。在这种良好的文治盛况下，子学也就顺风顺水，昂扬前进了！

二　子书自身的优势

（一）子书同经、史相比，具有私人性

子书在它诞生之初就疏离于官方而多在民间流传，虽然稷下学宫中的诸子身份具有一定的官方色彩，但是他们的意志是独立自由的，亦可自由著书立说、彼此争鸣。秦代，因为所有形式的民间私学都被禁止，诸子学也只能在官学框架中发展延续，但时间非常短暂，而且其地位并不比其他诸学高。经学则不同，它作为官学自不待言，对于研经者个人来说，个人的政治际遇可能较有保障，但是想要在思想上显出个性、做出些发明却非易事。不是经师的能力有限，解经、注经在一定程度上能够反映注解者的见解与思想，但总归受制于经书的文本，不能自由表达己意。再加上“师法”与“家法”的禁锢，所以两汉经生想要“守”一家之章句易，“创”一家之章句则难。

史书，传统上固然是史官所承担的义务，司马迁著史之时虽已经不是以太史令的身份，但毕竟是持官方身份，又加上他祖上传下的神圣使命，没有人会认为他写史书是僭越行为。所以尽管包括汉武帝在内的汉家君主对他和他的《太史公书》都颇有微词，但是不能横加干涉，最多在其传播上多设些障碍。汉人对于写史表现谨慎，不仅因为国史同“经”一样也姓“公”，而且因为它从孔子那里继承来的“令乱臣贼子惧”的理想传说。司马迁《太史公书》所记的汉代之“事”当然多为国事，它所褒贬的人物也自然不离国君重臣，这也是汉代思想保守的君臣读它时如鲠在喉的原因。《太史公书》被司马迁赋予了“究天人之际，通古今之变”（《史记·太史公自序》）这一宏大且高尚的目标，在它传世后尚且不免被后人诬为“谤书”（按：《三国志·董卓传》注引谢承《汉书》王允语）。这说明写史之人不仅须具大才，而且还要有“直书”的胆量与勇气。先秦典籍中记载了很多史官有胆有识者的嘉行，班固因为写《汉书》入狱也说明胆识的重要。而子书则既无须依附于任何经书，也不用担心当局者对之指手画脚，这就相对保证了子书作者拥有思想与行动自由的空间。

（二）子书立言的优势在“论”

在汉人眼里，史书与子书一样同是“立言”的主要方式，很多子书的资料都是借鉴史书的，但是子书与史书相比，它的优势在于“论”，而

史书则在于“叙”，所以《春秋》只能借“微言”以“寓”褒贬，作者批评的态度与思想的表达更多地浸润于历史人物与历史事件之中。子书无须借助叙事手法中的“微言大义”就可以达到立义的目的。所以子书的“立言”作用表现得更直接，对于史实与人物可以不去深究，不须花费苦心追问事件的来龙去脉，也无须担保历史人物形象的真实，这样就更利于作者自由地阐述观点，少了约束与羁绊。

（三）子书与少数兼具“立言”功用的诗词歌赋等文学样式相比，同属私人著作，但子书更具严肃性

比如司马相如用《大人赋》以讽谏，让汉武帝反而“飘飘有凌云之气”（《史记·司马相如列传》），而陆贾的《新语》则让刘邦幡然醒悟，两者的实际功用反差太大。所以扬雄才会在《法言》中贬低辞赋为“童子雕虫篆刻”，并言称“壮夫不为”。这正说明诗词歌赋等文学体裁不是承担“立言”重任的最佳选择。无名氏《中论序》说徐幹：“见辞人美丽之文，并时而作，曾无阐宏大义，敷散道教，上求圣人之中，下救流俗之昏者，故废诗赋颂铭赞之文，著《中论》之书二十篇。”① 由此序可见，徐幹之所以著作《中论》，正是在把子书与诸多文学样式进行比较后的自觉选择。徐幹能自觉地选择子书以立言这一事例，在魏晋时代的文人中颇有代表性。葛洪《抱朴子》云：“陆君临亡曰：‘穷通时也，遭遇命也，古人贵立言以为不朽，吾所作子书未成，以此为恨耳。’余谓：仲长统作《昌言》未竟而亡，后董袭撰次之；桓谭《新论》未备而终，班固谓其成《琴道》，今才士何不赞成陆公子书？”（《太平御览·著书》）② 可以看出，即便高潮已渐平息，在陆机与葛洪眼里，实现“立言不朽”理想的首选还是子书。

拿闻名于后世的汉代两司马相比，也能说明子书具有严肃性的特点。两司马的文学建树相当，名声相齐，但相如以赋称，马迁以《太史公书》闻名。班固《典引序》中的一段话道出了两司马的高下不仅系于二人对君主的态度，还在于二人著作之体例：

> 臣固言：永平十七年，臣与贾逵、傅毅、杜矩、展隆、郗萌等召诣云龙门，小黄门赵宣持《秦始皇帝本纪》问臣等曰：“太史迁下赞语中，宁有非耶？”臣对：“此赞贾谊《过秦篇》云：‘向使子婴有庸主之才，仅得中佐，秦之社稷，未宜绝也。’此言非是。”即召臣入，

---

① （汉）徐幹原著，徐湘霖校注：《中论校注》，巴蜀书社 2000 年版，第 3 页。

② （宋）李昉，等：《太平御览》，中华书局 1960 年影印版，第 2709—2710 页。

问："本闻此论非邪？将见问意开寤邪？"臣具对素闻知状。诏因曰："司马迁著书，成一家之言，扬名后世。至以身陷刑之故，反微文刺讥，贬损当世，非谊士也。司马相如污行无节，但有浮华之辞，不周于用。至于疾病而遗忠，主上求取其书，竟得颂述功德，言封禅事，忠臣效也。至是贤迁远矣。"①

汉明帝对于司马迁著书贬损的评价，带有为尊者讳的保守思想，受其政治地位所限，尚可谅解。但他对马迁的褒扬之词中也仅强调其传私名之利，则有失公允，是无知者偏要硬做强解的例证。汉明帝虽然主观情感上更认同相如，认为他作为忠臣在气节上远超马迁，但依然给他的赋作以"但有浮华之辞，不周于用"的评语。由此可见汉武帝对于司马相如及其作辞赋的亲近与喜好也并不是看重其"用"，而只为精神之娱乐而已，这点也为后世君主所认同。相较子书，辞赋"私"的特色更重，因此也更多地承担着君主侯王的娱乐消遣（装饰点缀）之用，因而易受宠幸，也易被轻贱。从司马相如、东方朔等人都因为擅长辞赋得以亲近君主，从而走上利禄之途及其最终遭遇就可见一斑。司马迁在《报任少卿书》中说："仆之先人非有剖符丹书之功，文史星历近乎卜祝之间，固主上所戏弄，倡优畜之，流俗之所轻也。"② 司马迁的言辞固然不免偏激，但其实在皇权一统的专制政体下，为"主上所戏弄"的不仅仅是他所举的"倡优"与"文史星历"。那些曾为大汉帝国立下汗马功劳的人，真如司马迁所说的有"剖符丹书"之功，命运还不是如君主指尖下的蚂蚁？即便如此，在诸多被主上"倡优畜之"的文人中，辞赋作者的地位更低下。把两司马这种悬殊的评价进行对比，也使有思想有尊严的文人更倾向于选择子书。

（四）同样是"私"，也同样是"立言"，子书同其他文体相比，更具有规模和系统性，可以全方位、深层次地展示作者思想

王充把子书作者称作鸿儒，以与书、疏作者相区别，也是出于这样的考虑。他说："故夫能说一经者为儒生，博览古今者为通人，采掇传书以上书奏记者为文人，能精思著文连结篇章者为鸿儒。"（《论衡·超奇》）③ 王充此处所言的"连结篇章"，即指有规模的、成系统的子书篇章。葛洪也

---

① （清）严可均校辑：《全上古三代秦汉三国六朝文》，中华书局1958年版，第614页。

② （汉）班固撰，（唐）颜师古注：《汉书》，中华书局1962年版，第2732页。

③ 黄晖：《论衡校释》（附刘盼遂集解），中华书局1990年版，第607页。

说："洪年二十余，乃计作细碎小文，妨弃功日，未若立一家之言，乃草创子书。"（《抱朴子外篇·自叙》）① 葛洪所谓的"细碎小文"就是指单篇之文不成体系、不够规模，也是在与子书比较之后的认识。

（五）子书具有百科全书式的开放结构

子书内容包罗万象，但那是出于子书作者的自觉追求，并不具有强制性。这一点使它区别于同样包罗万象，但是其体例规范已经比较成熟，作者不易擅自取舍的史书与类书。（按：魏文帝时的《皇览》为最早见诸文献记载的类书，类似体例的书籍曹魏之前或已存在。）在子书中，百科全书的模式与开放的结构相结合，既能给作者提供广阔的空间展示自己的才华与学识，又不会损害著作本身，这是子书的特殊优势。

三 子书在地位上与文人的相互遇合

子书原本来自民间，不依赖官方体制上的保障，因此它与著者的遇合是主动和自觉的。余嘉锡审视汉魏子书的衰微，曾发出这样的质疑："古之九流，且无专门授受，况时人自作之子书乎？"② 余氏所论衰微原因是着眼于汉魏子书原典的阐释，相比汉魏士人研读先秦诸子的庞大队伍，自然要相形见绌。因为在经典的研读中，往往存在滞后性的规律。比如，对先秦经典的研读，往往发生于秦汉；对秦汉著作的研读，往往发生于魏晋；对魏晋经典的研读，大多发生于南北朝。同时代的作品很少能引发士人研读的热潮，汉魏诸子如此，先秦诸子中一些流派也同样如此。即使有，也是谈辩者多，（按：先秦如名家、农家学说，汉魏如曹丕《典论》）笔述者少。

考察汉魏时子书之外的其他类作品时，笔者还发现，其实六朝文人并不如我们想象中的那么执着于厚古薄今的偏见。魏晋文人在论政时往往拿两汉典故说事，就像西汉人以亡秦为前鉴一样。汉魏士人在追求多闻博识时，往往特别强调对前朝事件与人物的熟悉与否，并据此做出褒贬。如王充谓儒生为"陆沉"，就是批评他们对前朝典故的无知。他在文中说：

> 五经之后，秦、汉之事，无（疑为衍文）不能知者，短也。夫知古不知今，谓之陆沉，然则儒生，所谓陆沉者也。③ （《论衡·谢

---

① 王明：《抱朴子内篇校释》，中华书局1980年版，第346页。

② 余嘉锡：《古书通例》，上海古籍出版社1985年版，第73—74页。

③ 黄晖：《论衡校释》（附刘盼遂集解），中华书局1990年版，第555页。

短篇》）

儒生熟读“五经”，这点毋庸置疑，但是他们对“五经”没有记载的秦、汉之事却知之甚少，因而受到王充的嘲讽，称为“陆沉”。汪春泓在《论刘向、刘歆和〈汉书〉之关系》一文中说，儒生之所以不知“今”，是因为当时“现、当代史文献具有保密性，所以经生知识结构重乎经学，而对于史学，尤其是秦、汉近、现代史，则茫然不晓”①。文中所谓“近现代史文献”，一般指司马迁的《史记》。这点陈直在《汉书新证·自序》中也谈到了，他说：“《史记》在东汉时期，善称为谤书，学者传习不多。”② 所以当时的经生不知“今”是普遍现象。意欲著书立说的文人对于前朝历史有求知的渴望，尤其是那些有机会接触历史文献的人难免以此标榜，把是否通史作为博识的标准，这也反映出他们求新的愿望。

综合上述原典解释具有滞后的规律和汉魏之际的时代背景来看，余嘉锡的话有些失之偏颇。但他确实道出了汉魏子书在它们所产生的时代，在当时的主流社会中备受冷落的景况。授徒讲学，确实不失为一种刺激学术的有效措施，先秦子书的发达以及传播的广泛也是得益于授徒讲学。但在学术发展史上，我们也不能忽略了作者的主观能动性对于学术的刺激作用。正如无名氏在徐幹《中论序》中所说：“嫉词人美丽之文不能敷散道教，故著《中论》二十余篇。”③ 所言正是作者主观能动性的体现。

司马迁的“发愤著书说”在文学批评史上影响深远，其实他只是说出了困境对志存高远并意志坚定者的磨炼与升华。普通人在困境中很难矢志不移或企慕人格提升，他们的表现更像曹丕在《典论·论文》中所说的：“贫贱则慑于饥寒，富贵则流于逸乐。”④ 外部功利的刺激，只能通过作用于主体来实现。主体的选择又是由什么决定的呢？无论立言还是抒情写意都是出于著者个体的需求，立言是自我价值实现的理性需求，抒情写意是情绪宣泄的感性需求。

子书作者多为才高位卑者，他们在现实生活中既有建功立业的冲动，又有理想不得实现的失落与压抑。在两汉尤其是汉武帝独尊六经之后，子

① 汪春泓：《论刘向、刘歆和〈汉书〉之关系》，《古籍整理研究学刊》2009年第5期。

② 陈直：《汉书新证》，中华书局2008年版，第1页。

③ （汉）徐幹原著，徐湘霖校注：《中论校注》，巴蜀书社2000年版，第2页。

④ （梁）萧统编，（唐）李善注：《文选》，中华书局1977年版，第721页。

书的政治地位旁落，自此“子书”与“经书”的官、私两途截然分明，一则在朝堂之上跳着戴着镣铐的舞蹈，一则重回民间，自由而沉默地开花结果。扬雄《法言》云：“或曰：‘子小诸子，孟子非诸子乎?’曰：‘诸子者，以其知异于孔子也。孟子异乎？不异。’”① 连被桓谭誉为“大材”的扬雄，尚且不能以开放的胸怀认识儒家之外的诸子地位，更难要求那些普遍的“厚古薄今”之人对于汉魏新出子书的赏识。隐居的“处士”遇见了“被冷落”的子书，惺惺相惜，一方想寄托自己立言的愿望，另一方想延续自己的历史，一拍即合。

刘勰曾说：“身与时舛，志共道申，标心于万古之上，而送怀于千载之下”（《文心雕龙·诸子》），② 其中“身与时舛”，道出子书作者当世的失意与尴尬，后半句则表现出他们不愿屈服于现实的抗争精神，这种抗争与努力才是子书产生的内在动力。

---

① （清）汪荣宝撰，陈仲夫点校：《法言义疏》，中华书局1987年版，第498页。

② （梁）刘勰著，范文澜注：《文心雕龙注》，人民文学出版社1978年版，第310页。

第二章　汉魏子书的特点

汉魏子书是继春秋战国之后子书发展的第二个高峰，此期子书对于先秦子书的丰硕成果既有继承更有突破，使汉魏子书在著作史上面貌独具，明显区别于先秦子书。每一部优秀著作都具有独特的个性，谁也不能替代谁，谁也不能被淹没。但把汉魏子书作为一个群体来考察时，尤其是在与先秦子书不可避免的比较中，它们的一些共同点清晰凸显，本章就汉魏子书的特点从其创作主体与客体两方面概括地谈谈。

第一节　汉魏子书作者群的特点

创作主体，也就是子书的著作者。上章已经大概谈到汉魏诸子多为隐居的“处士”，因此才能与政治地位旁落的子书产生情感共鸣。但如诸子这样的“处士”是“身隐”而心不隐，因此他们的著作内容与现实政治社会的联系始终非常紧密。汉魏诸子所处时代大势不同于春秋战国诸子，他们的人生际遇也被烙上了时代的鲜明烙印，因此通过综合考察，能发现他们身上体现出的共性。

一　因失意于当世，皆寄望于未来

汉魏诸子失意于当世，不仅表现在政治前途上，也表现于其思想学说在当代的传播与继承。所以，他们著书时多心存觅隔世知音的愿望，这点不同于先秦诸子着眼于当下的明道与讲学。

世俗成见认为著书之人多因“博览多闻，学问习熟”，其实并无真才实学。王充则反驳说：“周世著书之人，皆权谋之臣；汉世直言之士，皆通览之吏。”（《论衡·超奇》）[①] 大意是周秦与汉代著作子书的“文儒”

① 黄晖：《论衡校释》（附刘盼遂集解），中华书局 1990 年版，第 611 页。

不是权谋之臣即为通览之吏，在现实政治中都是得意者，所以他们著书根本不是出于自身“发愤”的私欲，而是有着超越常人的见识与文才。其实，先秦诸子当权执政者甚少。所以王充文中所说的“著书之人”应不仅指诸子百家而言。班固在《艺文志·诸子略》中发出“使其人遭明王圣主，得其所折中，皆股肱之材已”① 的感慨与遗憾，与王充所述恰恰相反。子书作者在现实中的政治地位的确不像王充所说的那样乐观，一些人厕身“通览之吏”还勉强说得上，但是君王的“权谋”恐怕就很难参与了。

就王充本人来讲，也算是一位“通览之吏”，但他最终还是选择了隐退著书，说明他的政治仕途并不得意，所以不免在《论衡》中一再感慨自己不遇于时。人在辩论的场合出言难免偏激，一旦独处静寂才能遇见真实的自我，王充写作《论衡》可谓苦心孤诣，旷日持久，因此书中一些观点出现前后牴牾是可以理解的。王充所举“著书”与“权谋”兼而有之的“文儒”，汉代仅有陆贾、贾谊、晁错、刘向与桓谭等人，三国时稍多些，但他们只是诸子中的极少数，而且不为王充所亲见。（按：桓谭写作《新论》，也是在其备受冷落的光武时期，而不是他荣为新贵的新莽朝。）王充在这里出言有些激愤，他的目的是要强调子书作者多为治世之材，只是有其材而无其用罢了。这点正如班固慨叹的“使其人遭明王圣主”，反衬出现实“不遭”的命运。“不遭”即意味着现实政治上的失意，从而导致建立功德的目标如水中之月、镜中之花。

《三国志·任苏杜郑仓传》载：“初，恕从赵郡还，陈留阮武亦从清河太守征，俱自薄廷尉。谓恕曰：‘相观才性可以由公道而持之不厉，器能可以处大官而求之不顺，才学可以述古今而志之不一，此所谓有其才而无其用。今向闲暇，可试潜思，成一家言。’在章武，遂著《体论》八篇。”② 阮武对杜恕洞若观火的评价，道出了子书作者现实政治境遇的尴尬。阮武本人也著有《政论》一书，他的话不仅针对杜恕，也是他本人的夫子自道。杜恕在朝曾为散骑黄门侍郎，出任过弘农、河东太守，他的官位不算低，尚且被阮武感慨在政治上是“有其才而无其用”，更何况那些才秀人更微的人。

班固与阮武只道出了诸子失意的一种情况——政治上不得志。君臣遇合更多依赖于机缘，所以不为当朝赏识，只是限制了他们政治才能不得发

---

① （汉）班固撰，（唐）颜师古注：《汉书》，中华书局 1962 年版，第 1746 页。

② （晋）陈寿撰，（南朝宋）裴松之注：《三国志》，中华书局 1998 年版，第 211 页。

挥，辅政理想不能实现于己身。这类失意是以孔子为先导的春秋战国至汉魏诸子中大多数人的共同遭遇，不独为汉魏诸子所有。但另有一种失意于现实的情况，则更深刻地打击了他们——学无传人，失意于门生后学。

战国纷争，学术上的权威尚未被官方强调，几家显学各领风骚，没有一统江山的势力，所以诸子百家得以驰骋其说，各派思想皆不乏追随发扬者。先秦诸子中除极个别逍遥于世外，大多数人在失意于政治之后，还自觉主动地以讲学的方式投身对弟子门生的言传身授。对他们来说，即使理想不能实现于己身，也很有希望寄托于后学，从而使自家学说薪火相传，星星不息。不用说孔子“弟子盖三千”，鬼谷有苏秦、张仪这样著名的学生，韩非、李斯师事荀卿，显贵的惠施能“从车百乘”（见《淮南子·齐俗训》）过孟诸，即使孟子很不待见的农家许行，身边也能有“徒数十人”,[①] 他还能让滕文公“与之处”并在其身边发展信众。先秦诸子们只要愿意，总能处于门生后学的中心，使本门学说在时空中绵延。先秦诸子所处的学术盛况是空前绝后的，他们在门生后学中的领袖地位也最让门庭冷落的汉魏诸子所无限仰慕。汉魏诸子大多瞧不起身边的“俗儒”，但这些“俗儒”居然都攀上经学这一高枝，不但可顺利跨进利禄之门，还能亲见后学有续，薪火相传。诸子们激愤之余只有无奈！连被桓谭誉为“汉兴以来未有此人”（《论衡·超奇》）的扬雄，也仅有侯芭一人跟随他学习《太玄》与《法言》。两相比较，汉魏诸子“前无古人，后无来者”的孤独感油然而生。

现实中的双重失意，打击了汉魏诸子追求“立言”的现世效用，迫使他们不得不把希望从现实中游离而投注于未来。扬雄有弟子侯芭追随，相比其他诸子已算幸运，他尚且企盼着隔世的“扬雄”，他说：“师旷之调钟，俟知音者之在后也；孔子作《春秋》，几君子之前睹也。老聃有遗言，贵知我者希，此非其操与！”（《解难》）[②] 扬雄此言看似是从知音的高度对未来期许，其实正源于现实门庭冷落的比衬，这是他在强烈的孤独感压迫下而发的慰藉之言。扬雄尚且如此，更何况连一个仰慕后学都得不到的人！

王充《自纪》亦云：“既晚无还，垂书示后。”[③] 这个“后”在时间上有多么遥远呢？桓谭在《新论》中说：“《玄经》数百年外，其书必传，

---

① （宋）朱熹：《四书章句集注》，中华书局 1983 年版，第 257 页。

② （汉）班固撰，（唐）颜师古注：《汉书》，中华书局 1962 年版，第 3578 页。

③ 黄晖：《论衡校释》（附刘盼遂集解），中华书局 1990 年版，第 1209 页。

顾谭不及见也。"[①] 桓范《世要论·序作》所说："夫奋名于百代之前，而流誉于千载之后。"[②] 王充《自纪》云："富材羡知，贵行尊志，体列于一世，名传于千载，乃吾所谓异也。"[③] 从三人所说可见，他们设想着与知音邂逅的未来，少则数百年，多则千载。虽则历时久远，他们还是怀抱相遇的希冀与信心。诸子们对未来的寄托越深，说明他们对现实的失望越重。

既然汉魏诸子把希望寄托于未来，而所有能打动与影响未来的唯一媒介即是自己当下所著之书，所以他们不仅把写作子书作为经世理想的抒发，更是借此塑造自我形象，以期在不知多么遥远的未来实现自我精神的复活。

二 批经以批判现实

汉魏诸子经常把批经作为现实批判的一种重要方式。先秦诸子也言经，但他们多出于学术研讨或与他家辩驳的需要，不着重在树立或批驳权威上。（按：《庄子》中屡屡拿孔子说事，说明庄子所处时代，孔子这个权威已经在学术界树立起来了。）汉代诸子在谈辩五经时，已不仅是学术上的争鸣诉求，更多了一层现实批判的意味。这固然与两汉时期经学地位得到无比尊崇，它作为一条"利禄之途"已与现实政体血脉相连有关；另外，也与子书作者对于经学的矛盾态度有关。尤其是汉代诸子，既浸染于经学氛围之中，无比景仰神圣的"心中之经"，又时时想要摆脱"现实之经"通过种种人事与制度给予自己的束缚与阻碍。这种矛盾如此尖锐，所以在子书中情不自禁地揭示了出来。概括地说，汉魏子书对于"现实之经"的批评主要围绕着三个方面进行：经学本身、研（用）经之人和研经之法。

桓谭《新论》设《正经》一篇，对汉代经学进行专门而密集的批评，就存世子书而论，它标志着汉代诸子经学批判的开始。现存《正经》篇主要包括以下几个内容：第一，介绍了《易》、古文《尚书》、古《礼》、古《论语》、古《孝经》的篇卷、字数；第二，批评研经者的烦琐、弊暗与不守师道，点名批评的有秦近君、公羊高和縠梁赤等；第三，强调"传"对于理解经义的重要作用，肯定了《左氏传》；第四，批评世人厚

---

① （汉）桓谭撰，朱谦之校辑：《新辑本桓谭新论》，中华书局2009年版，第41页。

② （清）严可均校辑：《全上古三代秦汉三国六朝文》，中华书局1958年版，第1263页。

③ 黄晖：《论衡校释》（附刘盼遂集解），中华书局1990年版，第1205页。

古薄今，认为“后圣”也可以作经，并赞美了扬雄的《太玄经》。第二点与第四点就是桓谭对现实经学中存在的弊端进行的痛彻批判。当然，桓谭对于经学也不尽批判，如他一一考究五部经典著作的古文篇卷、字数，也如同“正经”这一篇名一样，深寓着正本清源的学术愿望。值得注意的是他对于经学的肯定，并非仅仅从义理的角度，他还从写书论文的角度，肯定经书可资借鉴的价值：“盖嘉论之林薮，文义之渊海。”① 可见，桓谭已有把“心中之经”作为文章著作的范本之意。这一认识既区别于先秦诸子，也超越了同时代人。

汉魏子书对于经学本身的批评，除去集中批判经、传内容的荒谬外，还针对孔子学说本身，这类批评以王充《论衡》为代表。王充对经、传内容的批评主要体现于《艺增篇》中。此篇分别指出《尚书》中有：“协和万国”“祖伊谏纣曰：‘今我民罔不欲丧’”“武王伐纣，血流浮杵”三处谬误；《诗》中有：“鹤鸣九皋，声闻于天”“维周黎民，靡有孑遗”两处谬误；《易》中有：“丰其屋，蔀其家，窥其户，阒其无人也”一处谬误；《论语》中有：“大哉！尧之为君也，荡荡乎民无能名焉”② 一处谬误。墨子批评儒家，设有《非儒》一篇专门攻击，称孔子为“孔某”。韩非也批评儒家，把儒当成为害国家的“五蠹”之一，已开批儒问孔的先河。但王充专设《问孔》篇直指圣人之“非”，而且他的批判是在两汉儒家经学独尊的大背景下，这是需要更多勇气的。《问孔》一篇以十三个“问曰”质疑孔子的一些言论，言之不尽者，后面更设“或曰”做靶子，又做第二轮攻辩。在反复论难中，王充深刻地揭示出许多孔子理论的缺陷与其思想言论前后矛盾之处。

汉魏子书中对于研（用）经之法的批评，主要针对“章句之繁冗”，“师法、家法”的拘守或者不守，只注重训诂而不晓大义等三个方面。如扬雄批评的：“今之学也，非独为之华藻也，又从而绣其鞶帨”（《法言·寡见》），③ 应劭批评的：“汉兴，儒者竞复比谊会意，为之章句，家有五六，皆析文便辞，弥以驰远；缀文之士，杂袭龙鳞，训注说难，转相陵高，积如丘山，可谓繁富者矣”（《风俗通义·序》），④ 他们都着重批评汉儒章句的繁冗。桓谭所举的事例更加具体生动：“秦近君能说《尧典》，

---

① （汉）桓谭撰，朱谦之校辑：《新辑本桓谭新论》，中华书局 2009 年版，第 38 页。

② 黄晖：《论衡校释》（附刘盼遂集解），中华书局 1990 年版，第 381—393 页。

③ （清）汪荣宝撰，陈仲夫点校：《法言义疏》，中华书局 1987 年版，第 222 页。

④ （汉）应劭撰，王利器校注：《风俗通义校注》，中华书局 1981 年版。

篇目两字之说，至十余万言，但说‘曰若稽古’二三万言。”（《新论·正经》）[①] 这一事例表现出对于章句的繁冗，桓谭的批评态度更加愤慨，言辞也更加犀利。

徐幹说：“然鄙儒之博学也，务于物名，详于器械，矜于诂训，摘其章句，而不能统其大义之所极，以获先王之心”（《中论·治学》），[②] 徐幹批评研经中只追求器物的博识考证而不晓大义的风气。王充说：“夫总问儒生以古今之义，儒生不能知，别名（各）以其经事问之，又不能晓，斯则坐守信师法，不颇博览之咎也。”（《论衡·谢短》）[③] 王充批评儒生因迷信于师法而导致视野狭窄，不仅昧于“义”，也昧于“事”。他又在《效力篇》中重申：“诸生能传百万言，不能览古今，守信师法，虽辞说多，终不为博。”[④] 王充所提倡的“博”与徐幹所批评的“博”内涵不同，前者注意于宏观，后者留心于微观，但他们都批评“鄙儒”与“诸生”只留心于琐碎的器械名物，对于经之义理既不能心领神会，更不能融会贯通。

对于研（用）经之人的批评，主要体现在批评传经者急功近利，和对于经义理解与使用的歪曲上。如徐幹说：“然则君子不为时俗之所称，曰孝悌忠信之称也，则有之矣；治国致平之称，则未之有也。其称也，无以加乎习训诂之儒也。”（《中论·审大臣》）[⑤] 徐湘霖注曰：“此指汉代一些俗儒拘泥于对经义文字的解释，而对治国致平之道义的忽略。”批评其所学不能用，所谓不通治国。王符说：“治身有黄帝之术，治世有孔子之经，然病不愈而乱不治者，非针石之法误，而五经之言诬也，乃因之者非其人。”（《潜夫论·思贤》）[⑥] 王符批评研经者对于五经的误读与误用。他又在《忠贵》篇中批评王莽云：“动为奸诈，托之经义，迷罔百姓，欺诬天地”，[⑦] 他认为王莽对于经义的歪曲与误用，就是托经作乱。由此可见，对于经书的误读误用，其后果极其可怕。

通过汉魏诸子以上的经学批评可见，他们对于经传内容的批评是学术

---

① （汉）桓谭撰，朱谦之校辑：《新辑本桓谭新论》，中华书局2009年版，第38页。

② （汉）徐幹原著，徐湘霖校注：《中论校注》，巴蜀书社2000年版，第13页。

③ 黄晖：《论衡校释》（附刘盼遂集解），中华书局1990年版，第567页。

④ 同上书，第580页。

⑤ （汉）徐幹原著，徐湘霖校注：《中论校注》，巴蜀书社2000年版，第250页。

⑥ （汉）王符著，（清）汪继培笺、彭铎校正：《潜夫论笺校正》，中华书局1985年版，第78页。

⑦ 同上书，第117页。

需求与现实需求参半，而对于研（用）经之法与研（用）经之人的批评则主要是针对现实的批判。也就是说，汉魏诸子把经学批评作为对现实批判的一个重要手段。

三　“言以载道”向“借言扬名”的转变

汉魏诸子的写作动机，经历了一个由“言以载道”向“借言扬名”的转变过程。诸子的仕途很不通畅，他们的著作又因经学独尊的比衬而孤立无援，使他们对人生的体验充满危机感。上文所引阮武言：“相观才性可以由公道而持之不厉，器能可以处大官而求之不顺，才学可以述古今而志之不一，此所谓有其才而无其用。今向闲暇，可试潜思，成一家言。”① 他说“器能可以处大官而求之不顺”，讲其人政治抱负的不得施展；他说“才学可以述古今而志之不一”，讲其人对于史学的不能用心专一，导致最后“有其才而无其用”。那么著作子书以成“一家之言”，也可算作士人无用之“用”了。自古就有言以载道之说，不论所载之“道”为学问之道、修身之道抑或君人南面之道，其重心都落在寄寓于著作中的“道”。先秦子书大多不失诸子驰说售道的精神。但到了汉魏时期，出现了驰说以邀誉、著作以弋名的现象，言说与著作本身成为炫耀的对象，成为名誉的主要载体，使原本承载的“道”反而退隐不显了。诸子们的言说邀当世之誉，著作则邀约于后世知己。

汉魏子书，从“言以载道”向“借言扬名”的转变是一个渐进的过程，其间没有一个截然的分界，也不能确指哪些作者重载道、轻留名，哪些作者重留名而忽视载道。只能说，在汉魏子书漫长的发展过程中，曾经有一个阶段，在某些作者的意识里存在着对于先秦诸子“言以载道”传统的有意偏离，著作的重心转向著作者本人。其具体表现为：诸子在自己的著作中多着墨于个人现实状况的种种描述，并试图在所言之“道”上盖下自己的大名以期永世流播。前贤也曾注意到汉魏子书中的这种倾向，如张舜徽对扬雄的评价，“著述之体，至此一变，自东汉以来，士子竞以著书为弋名之具，雄实开其先云（以前若吕不韦、刘安之书，乃纂辑体例，与私门著述不同。司马迁之书，则自创义例，与意存模拟者有别，皆当别论，不与此同也）”②。张舜徽注意到了诸子“弋名”的著书动机，这一发现非常敏锐。但他在文中只是把扬雄与司马迁等人对比后，就毫不

---

① （晋）陈寿撰，（南朝宋）裴松之注：《三国志》，中华书局1998年版，第211页。

② 张舜徽：《广校雠略》；《汉书艺文志通释》，华中师范大学出版社2004年版，第12页。

客气地把开“弋名之始”的帽子扣在扬雄头上，我以为还有探讨的必要。

张舜徽此说实有所本，班固在《汉书·扬雄传赞》中评价扬雄道：

> 实好古而乐道，其意欲求文章成名于后世，以为经莫大于《易》，故作《太玄》；传莫大于《论语》，作《法言》；史篇莫善于《仓颉》，作《训纂》；箴莫善于《虞箴》，作《州箴》；赋莫深于《离骚》，反而广之；辞莫丽于相如，作四赋：皆斟酌其本，相与放依而驰骋云。①

毫无疑问，张舜徽是根据班固这段陈述，把扬雄的所有作品均视作弋名之具。但同样在此传中，班固谈及扬雄写作《法言》《太玄》两书时，又说：

> 雄见诸子各以其知舛驰，大氐诋訾圣人，即为怪迂，析辩诡辞，以挠世事，虽小辩，终破大道而或众，使溺于所闻而不自知其非也。及太史公记六国，历楚汉，〔讫〕麟止，不与圣人同，是非颇谬于经。故人时有问雄者，常用法应之，撰以为十三卷，象《论语》，号曰《法言》。②

据班固此段陈述，就读不出扬雄著《法言》与“弋名”有何瓜葛了。传中，班固又通过“时雄方草《太玄》，有以自守，泊如也”③ 这句话赞美了扬雄写作《太玄》正是他静默自守的一种方式。如班固所言，扬雄著书无论是回应时人之问，还是为“泊如”“自守”，都与赞语中班固所断言的对“弋名”的汲汲追求相矛盾。所以，班固本人的看法在《扬雄传》中就有前后不一的矛盾，原因还有待考证。但我们不能单看他说扬雄“其意欲求文章成名于后世”，就断言扬雄所有作品均为模仿，模仿目的就为弋名，还应注意到班固的另一句话“实好古而乐道”，这应是激发扬雄写作的最初也是最重要的原因，弋名是他次于载道的追求。

扬雄在《法言》中也有不少对于著书主旨的自我表白，如《吾子》篇说：

---

① （汉）班固撰，（唐）颜师古注：《汉书》，中华书局1962年版，第3583页。

② 同上书，第3580页。

③ 同上书，第3565—3566页。

或曰："人各是其所是，而非其所非，将谁使正之？"曰："万物纷错则悬诸天，众言淆乱则折诸圣。"或曰："恶睹乎圣而折诸？"曰："在则人，亡则书，其统一也。"①

说明他用心著作的终极原因，在于为世人在纷乱无序的学术界树立一个可资参照的标准。如果一定要把扬雄的苦心经营仅归因于"弋名"，则不免肤浅了扬雄。

虽然"弋名"不是扬雄著书之初衷，但不能排除他著书时兼具求名的愿望，也不能排除他的求名愿望为后继者解读、接受并发扬。扬雄在《法言》中附上了《自序》一篇，就隐含了他的扬名之愿。（按：理由详见上编第三章《汉魏子书的体式》）诸子通过著书求名的愿望在扬雄之后不可遏制地挺进发展了，从这一角度着眼，说诸子"弋名"始于扬雄，倒也无可厚非。如王充《论衡·佚文篇》：

（天）文人文文（章），岂徒调墨弄笔，为美丽之观哉？载人之行，传人之名也。善人愿载，思勉为善；邪人恶载，力自禁裁。然则文人之笔，劝善惩恶也。②

王充强调著述"劝善惩恶"的作用，其作用需通过"载人之行，传人之名"的方式实现，虽重心不在于"传名"，而且所传之名也不限作者本人，但显然可见著述有"传名"这一大功效。《论衡》同篇还有一条："扬子云作法言，蜀富（贾）人赍钱千（十）万，愿载于书。子云不听，(曰)：'夫富无仁义之行，（犹）圈中之鹿，栏中之牛也。安得妄载？'"③ 更可看出，著书扬名的强大功用也被世俗所共识。而且扬雄著书很多，富商唯独愿载于《法言》，似乎也可说明子书灵活的体例及其扬名的功用。《三国志·蜀志·秦宓传》亦云："如李仲元不遭《法言》，令名必沦。其无虎豹之文故也，可谓攀龙附凤者矣。"④ 这些都表明不论著作者，还是同时代人，都已清楚地认识到，著作子书能够让所载之人垂名于后世。同样，他们对于己名亦能借著作得以流传的信念也坚定不移。王充

① （清）汪荣宝撰，陈仲夫点校：《法言义疏》，中华书局 1987 年版，第 82 页。

② 黄晖：《论衡校释》（附刘盼遂集解），中华书局 1990 年版，第 869 页。

③ 同上书，第 869 页。

④ （晋）陈寿撰，（南朝宋）裴松之注：《三国志》，中华书局 1998 年版，第 422 页。

在《论衡·书解》中说：

> 世儒当时虽尊，不遭文儒之书，其迹不传。周公制礼乐，名垂而不灭；孔子作《春秋》，闻传而不绝。周公、孔子，难以论言。汉世文章之徒，陆贾、司马迁、刘子政、扬子云，其材能若奇，其称不由人。世传《诗》家鲁申公、《书》家千乘欧阳、公孙，不遭太史公，世人不闻。夫以业自显，孰与须人乃显？夫能纪百人，孰与廑能显其名？①

传经的“世儒”之名尚需待“文儒”之书而传，“文儒”之名则无需假借他人，自会伴随己著的流播而传扬。王充正是有了清醒的传名意识，才会在《论衡》中一再地慨叹韩非之名借助所著之书为秦始皇所知之事。（按：见《论衡》之《自纪》篇与《佚文》篇）

曹丕在《典论·论文》中更是把著书扬名的功用强调得无以复加，他说道：

> 年寿有时而尽，荣乐止乎其身，二者必至之常期，未若文章之无穷。是以古之作者，寄身于翰墨，见意于篇籍，不假良史之辞，不托飞驰之势，而声名自传于后。故西伯幽而演《易》，周旦显而制《礼》。②

曹丕以为，“年寿”与“荣乐”都有时间上的局限性，而且其利益仅限于自身，所以二者都有“常期”，只有文章可以“无穷”，所以古代作者要“寄身于翰墨，见意于篇籍”。曹丕本意是想强调“文章”具有时间上的无穷和空间上的无限两大特点，所以他举西伯演《易》与周公制《礼》的例子，不仅为强调“文章”可以使著者“声名自传”的强大功用，还强调这两部书的淑世功能。但曹丕过于关注著书传名，因而对于著书能使“声名自传于后”的功用做了充分的发挥与论证，而忽略了著者的淑世情怀。曹丕借书传名的强烈愿望在他给王朗的信中也有表达：“生有七尺之形，死惟一棺之土，惟立德扬名，可以不朽；其次莫如著篇

---

① 黄晖：《论衡校释》（附刘盼遂集解），中华书局1990年版，第1151—1152页。

② （梁）萧统编，（唐）李善注：《文选》，中华书局1977年版，第720页。

籍。”① 曹丕著书扬名的意识非常强烈、自觉，这点在《典论》中也得到了充分体现。曹丕对于著作以“弋名”的风气起到了推波助澜的作用。

汉魏诸子中也有人对著书以邀名的思想进行批判，如桓范《世要论·序作》所说：

> 夫著作书论者，乃欲阐弘大道，述明圣教，推演事义，尽极情类，记是贬非，以为法式。当时可行，后世可修。且古者富贵而名贱废灭，不可胜记，唯篇论俶傥之人，为不朽耳。夫奋名于百代之前，而流誉于千载之后，以其览之者益，闻之者有觉故也。岂徒转相放效，名作书论，浮辞谈说，而无损益哉？而世俗之人，不解作体，而务泛滥之言，不存有益之义，非也。故作者不尚其辞丽，而贵其存道也；不好其巧慧，而恶其伤义也。故夫小辩破道，狂简之徒，斐然成文，皆圣人之所疾矣。②

桓范文中所说就是对东汉流行的借著述以扬名风气的批评，他直接把当时子书的泛滥归因于“世俗之人”的“不解作体”而独求声名。他认为只有那些“篇论俶傥之人”才能做到“不朽”，所谓“篇论俶傥”不仅指文辞美丽，重要的是“存有益之义”。所以，他奉劝那些只想借著作扬名的人不要白费笔墨，因为那些不为“道”“义”而作的作品既然于世无补，也就难以在后人中广泛传播而使自己流誉千载。但他的批判，也是建立在著书可以扬名这一社会共识的基础之上。

所以，“借言扬名”作为“言以载道”的一种替代理想，在汉魏子书中形成一股潮流，有拥护者，也有反对者，为汉魏子书笼罩了一圈迥异的人性光辉。

四　关注现实政治本身

相较先秦子书谈论时政为售己道这一特点，汉魏子书谈论政治更具有实用性，或曰政治服务性。这并不是说汉魏诸子以御用文人自任，把他们的著作当成君主施政的直接参照，而是指他们的著述中包含了作者的深层政治意图。

一些著作的书名就明示了著者的政治意图，如以“政论”名书者，

① （清）严可均校辑：《全上古三代秦汉三国六朝文》，中华书局1958年版，第1090页。

② 同上书，第1263页。

有崔寔《政论》、王肃《正论》、刘廙《政论》、阮武《政论》；以“要”“体”名书者，有桓范《世要论》、张茂《要言》、陈融《要言》、杜恕《体论》；以“万机”名书者，有蒋济《万机论》。还有一些书名上意图不明显，但内容纯属议政者：如仲长统《昌言》、荀悦《申鉴》、陆景《典语》等。从这些子书所论的专题可知，诸子所关注的政治主题几乎覆盖了时政的所有内容。即使那些以“刍荛”“潜夫”自谦的人，也不吝惜笔墨来议政。如王符《潜夫论》大多是讨论治国安民之术的政论文章；仲长统对崔寔《政论》的评价为：“凡为人主，宜写一通，置之坐侧。”(《后汉书·崔骃传》)[①] 这也是《政论》关注政治现实的反映，而且仲长统对此表示出极大的肯定：“国之称富者，在乎丰民，非独谓府库盈、仓廪实也。且府库盈、仓廪实，非上天所降，皆取于民，民困则国虚矣。”[②] 这段议论富国与富民之间关系的政论，出自锺会的《刍荛论》。上述三书，无一不表现出著者参政议政的自觉愿望。

先秦诸子谈论现实政治，其着眼点在兜售自己的学说，通过论政，或证明本人具有不俗的政治才干，或证明其学说在政治上具有理乱的强大功能。汉魏诸子谈论政治，着眼点在解决政治问题本身。

因此，汉魏诸子所言之政“道”缺少学术探索与哲学和人生的思考，多倾向于辅政之道术，即所谓“君人南面之术”。这是作者调和现实与未来这对矛盾的结果：他们既想通过著书立说展现自己的政治才华，弥补功之不树的遗憾，又欲借之寄言于后人。综观汉魏子书中现存文本较完整的著作，议政较少的只有王充《论衡》、应劭《风俗通义》、曹丕《典论》和徐幹《中论》等几部著作。《风俗通义》虽无议政之词，但从他在《序》中所说的“为政之要，辩风正俗，最其上也”[③] 来看，应劭认为君主把己书作为参政之资，也应是最明智的。其他散佚较多的子书中，即使仅有几句佚文，也能显见诸子议政的用心，如“天下所以平者，政平也。政所以平者，人平也。人所以平者，心平也。心所以平者，衡平也。衡所以平者，铢两平也。铢两所以平者，毫厘平也。无所不均也，无所不平也，谓之太平。夫天之于物，无所偏阿；君之散恩，无所内外”。[④] 这一段出自周生烈著《周生烈子》；“设罝于渊，施网于冈，欲民之慎亦如此

① （南朝宋）范晔撰，（唐）李贤，等注：《后汉书》，中华书局1965年版，第1725页。

② （清）严可均校辑：《全上古三代秦汉三国六朝文》，中华书局1958年版，第1191页。

③ （汉）应劭撰，王利器校注：《风俗通义校注》，中华书局1981年版，第8页。

④ （清）马国翰辑：《玉函山房辑佚书》，上海古籍出版社1990年版，第2505页。

也，终无鱼兔矣。”[①] 这段出自顾谭著《新言》；“刘项方争，父战于前，子斗于后”“为国者不患学人之害农，患治民者之不学。”[②] 这一段出自谯周著《法训》；张俨《默记》与王基《新书》现存语句也几乎全为议政之语。其他如诸葛恪本人就处于政治权力的中心，《诸葛子》所论内容更是其政治活动的体现。

汉魏子书的这一特色，很好地保证了诸子们“立言”与“立德”的融合，多少补偿了他们在现实政治处境中的失意，所以王充才会有“素王”与“素相”之说。这一特点其实也体现了诸子在现实中虽然失意然而并未绝望，王符在《潜夫论·叙录》中所说“刍荛虽微陋，先圣亦咨询”[③] 和王充在《论衡·对作篇》所说“冀望见采”，[④] 都能证明他们对于著述给予现实政治的干预功能尚抱很多幻想。鉴于此，对于上文所说的第一个特点不能僵化理解。

五　有意于“作”，书成己手

汉魏诸子虽也熟知孔子“述而不作”的思想，但已勇于突破，留意于“作”。西汉以后诸子，大多已经有了“成书”的意识，其书不仅手著，而且大多亲手编订。需要说明的是，此处的“作”与“述”与汉魏时人强调与区别的“作”与“述”的含义完全不同。本章所论的“作”不论义理上是否独创，“述”也不追究是否为阐释和依附经典，只判断是否作者“手著”，是则“作”，否则“述”。

先秦诸子讲说论道应现实之需，大多不亲自著书，篇章内容多为各家日常讲学辩难的题目，文字由后人追记而成，书由后人编订。（按：《老子》例外，其他诸子书中亲著与后学编订两种情况均有。）清人章学诚说：“春秋之时，管子尝有书矣，然载一时之典章政教，则犹周公之有《官礼》也。记管子之言行，则习管氏法者所缀辑，而非管仲所著述。”[⑤] 叶瑛校注曰：“或谓管仲之书，不当称桓公之谥。阎氏若璩又谓后人所加，非《管子》之本文，皆不知古人并无私自著书之事，皆是后人缀

---

① （清）马国翰辑：《玉函山房辑佚书》，上海古籍出版社 1990 年版，第 2492 页。

② 同上书，第 2530、2531 页。

③ （汉）王符著，（清）汪继培笺、彭铎校正：《潜夫论笺校正》，中华书局 1985 年版，第 465 页。

④ 黄晖：《论衡校释》（附刘盼遂集解），中华书局 1990 年版，第 1185 页。

⑤ （清）章学诚著，叶瑛校注：《文史通义校注》，中华书局 1983 年版，第 62 页。

辑。”[1] 二人所说《管子》的成书情况，在先秦子书中具有代表性。

余嘉锡《古书通例》论及周秦子书体例时说：

> 或自著，或追记，或自著与追记相杂揉，其体例至为不一。……故其时诸家著述，有篇目可考者，如东方朔、徐乐、庄安等，乃全类后世之文集。然九流之学，尚未尽亡，朔等或出杂家，或出纵横，考其文词，可以知之，故犹得自成一子。[2]

余氏所论针对“周秦子书”，但他所举“自著”的例子皆为汉代子书。就狭义的周秦子书看，出于“自著”者仅战国后期少数几部，其他大都以余氏所谓“追记”的形式成书。在同书中，余嘉锡还归纳了前人对于先秦子书不出手著的看法，如孙星衍曰：“凡称子书，多非自著，无足怪者”；[3] 严可均曰：“先秦诸子，皆门弟子或宾客或子孙撰定，不必手著”；[4] 章学诚曰：“古人并无私自著书之事，皆是后人缀辑”等（见《古书通例》）。[5] 可见，汉魏诸子已经突破了先秦诸子不亲自著书的通例。

从篇目来看，就能反映出汉魏子书很少“追记”，即使是西汉初年的陆贾、贾谊、晁错等人著作类似“文集”，其篇章也大多出于自著。至于被萧绎讥讽“假手”的《淮南子》，其实全书的构思与部分篇章也大都出自刘安，为门客操笔部分也都是门客“手著”而不是他人追记。所以，从著作者与著作的关系着眼，先秦子书的成书如果以“述”概括，则汉魏子书以“作”概括比较允当。

从子书的编订看，先秦著作受书写材料所限，大多是单篇流传的，没有“书”的概念。著作以单篇形式流传的现象到汉代还存在，余嘉锡在《古书通例》中有相关阐述：“秦、汉诸子，惟《吕氏春秋》《淮南子》之类为有统系条理，乃一时所成，且并自定编目”，而“其它则多是散篇杂著，其初原无一定之本也。”因为其原无定本，故篇目分合也不确定，

---

① （清）章学诚著，叶瑛校注：《文史通义校注》，中华书局1983年版，第62—63页。

② 余嘉锡：《古书通例》，上海古籍出版社1985年版，第67页。

③ （清）孙星衍：《问字堂集·晏子春秋序》，中华书局1996年版，第77页。

④ （清）严可均：《铁桥漫稿》（卷八《书管子后》），续修四库全书，第1489—47页。

⑤ 余嘉锡：《古书通例》，上海古籍出版社1985年版，第120页。

有“抄集数篇”者，也有“一二篇单行者”。[①]“古人著书，既多单篇别行，不自编次，则其本多寡不同。”[②]所以子书之原无定本，多为单篇别行而分合无常，这也是先秦古书与汉初少数几部子书的通例。

西汉初年贾谊与晁错的《新书》，因为所收篇目多为所上书、疏，编辑成书的可能是门生弟子在其逝后所为。其他的汉魏子书大多成于作者生前，并且有的还经过著者亲手编订。陆贾《新语》十二篇因为是在较短时间内集中写作，并被陆贾亲自上呈给高祖，所以其书很少有单篇广泛流传的机会。如余嘉锡所言，自《吕氏春秋》《淮南子》已开子书手定的先河，是可信的。扬雄有侯芭从习《法言》《太玄》，说明当时两书已经编订。扬雄之后，子书不是有作者亲作的大、小序，就是附有自传，这些都说明其书的编订为作者亲见。到了东汉，造纸技术日益进步，为书籍的抄写与传播提供了更大的便利，汉魏子书以整书流传的形式更加普遍，除非万一，作者无须借他人之手编订。（按：如葛洪《抱朴子》所云：“陆君临亡曰：‘穷通时也，遭遇命也，古人贵立言以为不朽，吾所作子书未成，以此为恨耳。’余谓：‘仲长统作《昌言》未竟而亡，后董袭撰次之；桓谭《新论》未备而终，班固谓其成《琴道》，今才士何不赞成陆公子书？’”[③]无名氏《中论序》所云徐幹“遭厉疾，大命殒颓”。[④]这四例属于意外。）这样的物质条件是先秦子书所不具备的，它也成为促使汉魏子书更像是“书”而非“文集”的重要因素之一。

第二节　汉魏子书文本的特点

创作客体即子书文本，包括书名、篇名和表现思想等几个方面。子书客体方面的特点，一方面受制于主体的时代差异，另一方面也受制于子书自身在汉魏时期发展的要求与规范。因此，汉魏子书在文本上也呈现出不同于先秦子书的几个共性。

---

① 余嘉锡：《古书通例》，上海古籍出版社 1985 年版，第 93—94 页。

② 同上书，第 103 页。

③ （宋）李昉，等：《太平御览》，中华书局 1960 年版，第 2709—2710 页。

④ （汉）徐幹原著，徐湘霖校注：《中论校注》，巴蜀书社 2000 年版。

一 书名包含作者寄托

先秦子书因为大多为后学“追记”，书名也是编者所定，取名的一般模式为姓氏后缀一“子”字，并不寄寓署名者和编订人的编著题旨。汉魏子书的书名大多是著者精心构思的，从西汉至三国以后，子书的命名从泛称变为精心构撰，也经历了一个逐步发展的过程。

汉魏子书虽多出于手著，但因先秦至汉初的著作皆有单篇流传的风气，整书的编订大大滞后于篇章的撰写，书名的确定也往往会经历一个较长的过程。汉代新著子书在无确定名称之前以“新书”泛称，定名之始也多出于旁人之口。比如陆贾《新语》的命名源于汉高祖刘邦的“左右”众人，贾谊与晁错二人的著作则一直没有定名，只以其泛称“新书”流传于后世。

随着子书创作的逐渐丰富，作者著书与题名的自觉意识也逐渐增强，泛称的情况几乎消失，其他人给予著作命名的情况也在逐渐减少，更多书名是作者亲定的。自编子书始于《吕氏春秋》，《淮南子》紧随其后，两部书名都是自定的，一名为“春秋”，另一名为“鸿烈”，皆蕴含著作者欲包揽天地的宏大愿望。作者赋予其书名更多寄托，标志着子书创作者自觉意识的觉醒。如王符为《潜夫论》的命名：“志意蕴愤，乃隐居著书三十余篇，以讥当时失得，不欲章显其名，故号曰《潜夫论》”；[①] 仲长统为《昌言》命名取《尚书》句“汝亦昌言”。[②] 两人题名都体现出著者以“言”为己任的思想。一些著者在文中对于题名深意也做了交代，如王充取“论衡”为书名，意在“折衷以圣道，析理于通材，如衡之平，如鉴之开”（《论衡·自纪》），[③] “论衡者，所以铨轻重之言，立真伪之平。非苟调文饰辞，为奇伟之观也。其本皆其人间有非，故尽思极心，以机世俗”（《论衡·对作》）。[④] 其他如侯瑾《矫世论》、锺会《刍荛论》、蒋济《万机论》等书的题名，无不体现了著作者的良苦用心。对此，余嘉锡总结道：“东汉以后，自别集之外，几无不有书名矣。”[⑤] 这在著作史上是一大进步。

---

① （南朝宋）范晔撰，（唐）李贤，等注：《后汉书》，中华书局 1965 年版，第 1630 页。

② 同上书，第 1647 页。

③ 黄晖：《论衡校释（附刘盼遂集解）》，中华书局 1990 年版，第 1209 页。

④ 同上书，第 1179 页。

⑤ 余嘉锡：《古书通例》，上海古籍出版社 1985 年版，第 35 页。

综览汉魏子书的题名，特点非常突出。刘勰在《文心雕龙·诸子》所言“标论名”为其特点之一。余嘉锡在《古书通例》中对汉魏子书的名称也做过总结与统计，他说：

> 是汉人多命所作子书为论也。自桓宽《盐铁论》已开其先。其汉、魏两代人著书，见于《隋志》者，儒家有桓谭《新论》、王符《潜夫论》、王逸《正部论》、周生烈《要论》、魏文帝《典论》、徐幹《中论》、王肃《正论》、王粲《去伐论集》（见《新、旧唐书·艺文志》。）、杜恕《体论》、袁准《正论》。孙毓《古今通论》，道家有任嘏《道论》；法家有崔寔《正论》、刘邵《法论》、刘廙《政论》、阮武《正论》、桓范《世要论》；名家有卢毓《九州人士论》，又《通古人论》（不著名氏）；杂家有王充《论衡》、蒋济《万机论》、杜恕《笃论》、锺会《刍荛论》。自晋以下不计也。[①]

余氏所列举的汉魏子书以“论”题名者不下二十四部之多，可见汉魏子书对于“论”名的偏爱。所以王充在《论衡》中把“论”视为继“作”与“述”之外的第三种著述方式（按：见《论衡·对作》）。

汉魏子书题名的第二个特点是，偏爱“新”字。汉代有贾谊《新书》、晁错《新书》、刘向《新序》、桓谭《新论》，三国时有刘廞《新议》（《政论》）、顾谭《新言》、裴玄《新书》（《新言》）、王基《新书》、姚信《新书》（《士纬》）、周昭《新论》（《周子》）、杜恕《新书》等，皆以“新”名题（按：详见第六章）。

汉魏子书有经过作者精心构撰的明确的书名，不仅利于书籍的传播，避免了传统的以“子”题名会因为著者同姓氏而混淆的麻烦，还凸显了著者的个性与愿望，帮助读者真正做到“读书”与“知人”相结合，这是著作史上的一大进步。

二　篇名基本涵盖篇旨

汉魏子书的篇名是斟酌篇章旨意来命名，这点也不同于先秦子书多取篇首句或开头两三字命名。先秦子书取篇首两字为篇名的以《论语》《孟子》为代表，篇名既然不能涵盖篇旨，则仅作为分章标志。战国末期这种名篇方式逐渐被废弃，出现取篇首句、字与取篇旨名篇两种方式共存的

---

① 余嘉锡：《古书通例》，上海古籍出版社1985年版，第66—67页。

现象。如《庄子》外、杂篇的所有篇名，除“说剑”外，都取自该篇开头两字、三字，或是第一句、第一段中有实际意义的名物。这样的篇名一般是为编者所定，基本和《论语》《孟子》的篇名拟定法相同。但到了《荀子》《韩非子》两书，其篇名就表现为立题撰文或拟题概文。这种名篇方式的变化，也与子书体式由问答、辩难向专题论文发展演变的过程相符。

汉魏子书除扬雄《法言》外，篇名均取篇旨，作者借助篇目构建全书议论框架，这是以篇旨名篇的优点。如《淮南子》的原道、天文、坠形、时则、本经、主术、兵略等篇目，一见即知其大概内容。《风俗通义》的皇霸、正失、愆礼、过誉、声音、穷通、祀典、怪神、山泽等篇名也可使全书内容一目了然。《潜夫论》有赞学、遏利、考绩、思贤、班禄、述赦等篇名，其篇章大意也可一望而知。桓范《世要论》中有篇名为“为君难”“臣不易”，更是鲜明地突出了作者寄寓在此篇的中心论点。阅读篇目，即可了解作者灌注于全书的宏观构思。

扬雄《法言》因为模仿《论语》，所以即使它的《自序》中也有篇目小序说明各篇之旨，但其书篇名并不都能涵盖全篇之旨。如书中《重黎》与《渊骞》两篇虽然用两个篇名，却共享一篇小序，就证明了这两个篇名的作用仅为分篇标志。但因其书内容安排的巧妙，篇首两字多少能概括篇中部分主题，如《学行》篇主要就是讨论“学”与“行”的重要性。与此篇类似的有《修身》《寡见》，这些篇目是《法言》一书名篇的第一种类型。这一类篇名的情况，说明扬雄《法言》并非完全模仿《论语》体例，它也带有时代影响的痕迹。第二种类型，如《问道》《问神》《问明》《孝至》《先知》《重黎》《渊骞》《君子》诸篇，篇名只能代表开篇所论第一个主题或者篇中的部分主题，不能涵盖篇中所有论题。第三类名篇方式，如《吾子》《五百》两个篇名与该篇题旨完全无关。《法言》中后两类名篇方式与《论语》篇名的体例相同，最能显示扬雄模仿的特点。

三　百家思想的细化与融合

汉魏子书的思想不主一家，是先秦诸子百家思想的细化与融合。细化，即指每一家之中再有分家，这在一定程度上是战国后期“道术为天下裂”的惯性延续，同时也是把先秦诸子书中曾提及的泛泛之论形诸专门之学；融合，即指先秦诸子思想发展至汉魏，各家门槛不那么森严，可以彼此呼应贯通。

细化的表现之一，即“道术为天下裂”的惯性延续表现之一为：同样主儒家，陆贾《新语》重视“仁义”，贾谊《新书》重视“礼”，扬雄《法言》重视“智”，而徐幹《中论》重视的是仁、义、礼、智等道德实践时的正确合理的原则和方法——“中”；同样主法家，晁错《新书》重视“重农抑商”、反对封建制，崔寔《政论》重视节俭、禁止奢侈，桓范《世要论》重视君臣之区别；同样主名家，刘劭《人物志》重视人才鉴别，刘廙《刑声论》重视刑、礼之别，姚信《士纬》重视士人规范，卢毓《九州人士论》重视人才的地域性；同在“杂家”之列，《淮南子》重视老子思想，《论衡》重视社会风俗的批判，《昌言》《万机论》《刍荛论》等重视时政。

细化的表现之二：把先秦诸子中的某些泛泛之论形诸专门之学。最突出的典型是应劭的《风俗通义》与刘劭的《人物志》二书，两人都企图通过对于具体问题的细化研究达到以专求合、乱中求治的效果。

皇霸、祀典、穷通、宫商及乐器等所谓“风俗”的话题，先秦诸子均有涉及，但是论述极为粗略且说法不一。崔寔在《政论》中说：“夫风俗者，国之脉诊也。”[①] 应劭《风俗通义》也意识到这个问题对于执政的重要和前人论述的不足，所以他在《序》中说：“今王室大坏，九州幅裂，乱靡有定，生民无几。私惧后进，益以迷昧，聊以不才，举尔所知，方以类聚，凡一十卷，谓之《风俗通义》，言通于流俗之过谬，而事该之于义理也。”[②] 他批判的正是汉代道术裂的景象，同时他表达了通过自己著书对于“风俗”这一问题的深入细化的探讨，予以弥合，实现思想“一统”的目的。

君主是否有识人之明，关系到辅政，辅政关系到治国。因此如何识人一直以来都是诸子们非常关注的问题，但识人问题始终没能得到完善解决。孔子只说：“今吾于人也，听其言而观其行”（《公冶长》），[③] 他没能告知如何听、如何观。孟子也说：“左右皆曰贤，未可也；诸大夫皆曰贤，未可也；国人皆曰贤，然后察之；见贤焉，然后用之。”（《梁惠王章句下》）[④] 他告诉君主可以从哪里去听，但至于如何察、何以见则阙而未论。

---

① （汉）崔寔撰，孙启治校注：《政论校注》，中华书局2012年版，第34页。

② （汉）应劭撰，王利器校注：《风俗通义校注》，中华书局1981年版，第4页。

③ 程树德撰，程俊英、蒋见元点校：《论语集释》，中华书局1990年版，第313页。

④ （清）焦循：《孟子正义》，中华书局1987年版，第144页。

陆贾在《新语·辨惑》篇中却说："夫君子直道而行，知必屈辱而不避也。故行不敢苟合，言不为苟容……故疏于世俗，则身孤于士众。"[①]他从君子不苟群着眼，否定了孟子"国人用贤"的有效性。陆贾认为在辨识贤才君子方面，众人之口反而不可靠。贾谊继续探讨这个问题，他在《大政》篇说："明上选吏焉，必使民与焉。故士民誉之，则明上察之，见归而举之；故士民苦之，则明上察之，见非而去之。"[②] 相比孟子"国人用之"看重舆论，贾谊强调"事功"，从民对其管制之苦、乐可见官吏的善否，相比孟子的"国人用之"有进步。但是民之苦乐何从考察，似乎还不是君主一人可以确定把握的问题。刘劭在《人物志·序》中谦虚地说自己著此书是"敢依圣训"，继承孔子对人划分四科、三等的思想，其实他是想解决圣人未能解决的问题，完成识人论从提纲到理论细化最终落实到识人技能培养这一过程。因此可以说，只要君主能够认真研读《人物志》，掌握此识人利器，就可以训练出一对火眼金睛，无须依赖他人与外物就能知人善任。识人论在汉魏诸子这里的细化，虽有其源头，主要原因还是受时代风尚所渐。

如果说《人物志》所论为识别一般人物的才性标准，那么吴人姚信的《士纬》则通过品评的方式，专门为"士"这一阶层的人树立标准与典范。据《士纬》仅存的文献看，姚信论清高之士有老子、庄子、严遵、子贡等；论平议之士有季札、赵武、郭泰等；其他人物还有孟子、周勃、扬雄、马援、陈蕃、李膺、孔融等。姚信论"士"大体以"阴阳五行"学说为核心，以"五行"对应人之"五性"，进而评论"五性"在士人身上显示的优劣，主旨在为当时品评士人所取法。以"五性"论人反映出一定的时代风气，东汉任奕的《任子》一书中也有此类观点："木气人勇，金气人刚，火气人强而燥，土气人智而宽，水气人急而贼"，[③] 只是比较抽象。

汉魏子书中还有一些篇章所讨论的问题，也比先秦诸子讨论得更加具体集中。比如《淮南子》中《天文训》《地形训》专论天文与地形，《精神训》专论人的形体与精神的关系，发展了庄子的养生说，使之更加全面丰富；《说苑》专论进谏的种种方式及其效果；贾谊《新书》专论秦政、傅职、礼容与胎教等；《潜夫论》专论考绩、班禄、赦法与卜、巫、

① 王利器：《新语校注》，中华书局 1986 年版，第 75 页。

② （汉）贾谊撰，阎振益、钟夏校注：《新书校注》，中华书局 2000 年版，第 349 页。

③ 王天海、王韧：《意林校释》，中华书局 2014 年版，第 518 页。

骨相与梦等；《典论》专论文章、妇人与终制等；《中论》专论虚心与爵禄以及“中”的原则和方法等。

又如孔子对于名实关系的强调，名家学派的名实之辨，只具备理论的提纲，或者作为丰富逻辑学推演方法的附属品。但至魏晋时期，名理学理论也得到了细化。刘廙《政论》的《正名》篇，就是这一时代风气所渐而出炉的名实学专论。

汉魏诸子对于先秦诸子思想的融合主要表现在能融各家思想于一身，尤其是解决现实问题时能自觉地向各家学说内寻觅相应的理论支持。如陆贾《新语》为推翻刘邦“马上治国”的妄想而力主《诗》《书》治国，尤其推重五经中蕴含的儒家“仁义”。但当他谈论“至德”时，他既提倡“天地之性，万物之类，怀德者众归之，恃刑者民畏之”[①]的德治思想，又憧憬着实现“是以君子之为治也，块然若无事，寂然若无声，官府若无吏，亭落若无民”[②]的道家思想。贾谊《新书》专设《退让》篇阐发“转败而为功，因祸而为福”和“报怨以德”[③]的道家思想。《淮南子》一书虽以道家思想为主，但同时也杂糅了姜太公学说、墨家学说、管晏学说、纵横学说和法家学说等诸家思想。汉魏子书中大量子书被列入“杂家”，更是著者思想庞杂的一个表征。先秦子书中各家思想融合的现象也存在，但是多与其思想“同源”相关，汉魏子书中诸家思想的再次交汇是在先秦思想“异流”之后的融合。

汉魏子书的大量涌现，处于先秦诸子百家竞起与魏晋玄学新兴之间，恰好用于对先秦诸子百家思想的消化咀嚼，并作为魏晋玄学思想的孕育与准备。所以汉魏子书的优劣之分，大多不表现在其思想的发明上，而更多地表现在对先秦诸子思想的阐释发挥与贯通融合得是否巧妙、精彩，是否能外化作者的内在需求，以及是否急现实之所需三个方面。

根据以上标准，概括汉魏时期优秀的子书一般具备以下两大优点：首先，作者多以对于现实的深刻思考和敏锐的观察见长，容纳百家，取己所需。其次，论点鲜明，论证严密，具有很强的说服力与感染力。

因为文献散佚丢失的情况比较严重，而赖以幸存的《子钞》《群书治要》与《意林》等子抄类书籍对于子书的选录标准多依赖于选录者的喜好，无法客观、全面地反映出子书的本来面貌。高似孙《子略》曾评价

---

① 王利器：《新语校注》，中华书局 1986 年版，第 117 页。

② 同上书，第 118 页。

③ （汉）贾谊撰，阎振益、钟夏校注：《新书校注》，中华书局 2000 年版，第 284 页。

各子抄类著作，他说：

> 《子钞》百十有七家，仲容所取或数句，或一二百言，是有以契其意，入其用，而他人不可共享者也。马总《意林》一遵庾目，多者十余句，少者一二言，比《子钞》更为取之严，录之精且约也。①

高似孙是从选书家的角度给予马总以很高评价，但是其选愈是“精且约”，其删汰内容愈多，我们所能看到的汉魏子书的面貌也愈是片面，且只能是选书者想要给我们展示的部分，因此不能仅依据选文对子书整体展开全面周备的考察。

但仅据现有文献仍可考见，无论是汉武帝“独尊儒术”之前或之后，汉魏子书中所反映出的思想都不能简单地以班固在《艺文志·诸子》中所概括的九流十家来划分，因为它们中的大多数都与班氏所述之“杂家”相近。更何况，汉代所尊之“儒术”经过董仲舒等人的改造，已经成为融合了道、法的“新”儒家，并非先秦的原始儒学。即使被誉为汉代“最早最纯”的陆贾《新语》，也是儒、道两家思想交汇并融，只是有主导与次要之分而已，其他子书中诸家思想的关系亦类似。所以如果一定要以九流十家为划分标准，那么汉魏子书大多应归入“杂家”。此处之“杂”非指九流十家之内的“杂”，也不是之外又成一家之“杂”，而是综汇诸家之杂。陆贾《新语》兼有儒、道是一例，贾谊《新书》融合儒、法为一例，刘安《淮南子》更是儒、墨、名、法诸家思想的兼容并包，汉魏子书中这样思想混杂的例子不胜枚举。如果客观地考察，就能从绝大多数汉魏子书中发现它们对于先秦诸子各家思想取舍与融合的痕迹。正如张舜徽在其《周秦道论发微·前言》中所说的：“夫周秦诸子之言，起于救时之急，百家异趣，皆务为治。虽各自成一家，不相为谋；然亦有所见大合、殊途而同归者。”② 周秦诸子尚且有“所见大合”的趋势，更何况两汉诸子处于大一统政治之下，南北文化融合、思想交流既有现实的需要，又有现实为之提供的便捷条件。

汉魏诸子在面对现实问题时，多以先秦诸子思想为武器，重视其实际功效，往往更能检验其理论的普适性。再在经过现实的检验之后，对其思想理论进行改造与阐释。其一般特点是，理论阐释得更加具体细致，使其

---

① （元）马端临：《文献通考》，中华书局1986年版，第1750页。

② 张舜徽：《周秦道论发微》，中华书局1982年版，第1页。

更好操作。刘勰说："夫自六国以前，去圣未远，故能越世高谈，自开户牖。两汉以后，体势漫弱，虽明乎坦途，而类多依采。此远近之渐变也。"（《文心雕龙·诸子》）[①] 他讥刺汉魏诸子思想上的无个性，体势上的不鲜明、不强劲，忽视了他们对于先秦诸子思想的细化与融合的功夫，及其为后学的铺垫作用。正是对于旧思想的实践检验与改造修正，才使新思想的诞生成为可能，这是汉魏诸子于学术思想上体现出的不可缺少的作用，理应受到公允评价。这可以从子书中所讨论的话题，相比先秦诸子更加具体而微得到印证。

蒙文通论述本时期学术演变说："晚周之儒学，入秦汉为经生，道相承而迹不相接。孟、荀之术若与伏生、申生之业迥殊。苟究明之，非学晦于炎汉、义逊于前哲，以道术发展之迹寻之，实周秦之思想集成于汉代，若百川之沸腾，放乎东海而波澜以息也。岂徒儒分为八同萃于滋。周季哲人皆具括囊众家之意，惟儒亦然。名、墨、道、法之精，毕集于六艺之门，盖儒者至是已足以倾倒百家而独尊，有诚非由于一时偶然之好恶者。前则《吕览》《淮南》之书，及《尸》《管》之俦，胥主于道家以综百氏，司马谈父子亦其流也；后则贾生、晁错、董生、刘向，亦莫不兼取法家道家之长以汇于儒术。穷源竟流，而后知西汉之儒家为直承晚周之绪，融合百氏而一新之，其事乃显……晚周与先汉，离之则两伤也；先秦以往之思想毕萃于汉，而岂特儒者一家之说使结晶于是哉！"[②] 指出晚周以降学术发展"融合百氏"的特点，所言极是。

周桂钿用"杂家"总结《吕氏春秋》和《淮南子》的思想，他是这样说的："《吕氏春秋》和《淮南鸿烈》都是融会各家思想的新体系。以先秦各家的模式来套，它们都不'合格'，因此被归入'杂家'。这一事实正可以有力证明它们都是融会百家的新体系。"[③] 此番话虽然是针对两部书说的，但也基本适用于描述绝大多数汉魏子书的思想概况。

遗憾的是，先秦百家思想在汉魏子书中的融合，并未到达其最高层次，做到所有思想已经完全成为一体而相得益彰，所以只能以"杂"称之。思想融合的最高境界是，经过融合进而在更高层次上产生新的思想，这项工作就有待于魏晋以降的诸子。

---

① （梁）刘勰著，范文澜注：《文心雕龙注》，人民文学出版社 1978 年版，第 325 页。

② 蒙文通：《论经学遗稿三篇·乙篇》，《经学抉原》，上海人民出版社 2006 年版，第 208 页。

③ 周桂钿：《秦汉思想史》，河北人民出版社 2000 年版，第 6 页。

汉魏子书相较先秦子书“每下愈况”，这似乎可以代表那些厚古薄今者对于汉魏子书的看法。如刘勰所说：“夫自六国以前，去圣未远，故能越世高谈，自开户牖。两汉以后，体势浸弱，虽明乎坦途，而类多依采。此远近之渐变也。嗟夫！身与时舛，志共道申，标心于万古之上，而送怀于千载之下，金石靡矣，声其销乎！”（《文心雕龙·诸子篇》）范文澜注云：“汉自董仲舒奏罢百家，学归一尊，朝廷用人，贵乎平正，由是诸家撰述，惟有依傍儒学，采掇陈言，为世主备鉴戒，不复敢奇行高论，自投文网，故武帝以后董刘扬雄之徒，不及汉初淮南、陆贾、贾谊、晁错诸人，东汉作者，又不及西京，魏晋之世，学术更衰，所谓谰言兼存，璅语必录，几至不能持论矣。”① 对于两人认为学术“一代不如一代”的观点，笔者不敢苟同，所以罗列以上事实证明之。

从笔者所述汉魏子书的八个特点来看，与先秦子书相比，它们的优势大多体现在著作体例与思想整合两个方面，劣势则表现在新思想的发明上。汉魏子书自身的优劣都很明显，先秦诸子也不是毫无瑕疵，我们只有充分肯定其地位与价值，不是妄作褒贬，才能更理性、更准确地看清它们，从而实现与之平等对话。

---

① （梁）刘勰著，范文澜注：《文心雕龙注》，人民文学出版社1978年版，第325页。

第三章　汉魏子书的体式

汉代尚无“子书”这一称谓，终两汉之世，学者多以“一家之言”指称之。王充在《论衡》中，把自己引用的图书按两个标准划分：第一，他把史、子、谶纬等书通称为“传”，以与“经”相区别。第二，他又把所有书籍按成书方式划分为“作”“述”“论”三类，以“论”指称汉代新出子书（《对作》篇）。由此可见，子书称谓在汉代的使用是随意、不规范的。魏文帝曹丕在《与吴质书》中用“文章”指代包括子书在内的所有作文形式，即使在《典论·论文》中意欲归纳与区别文体特色时，也只是以“一家言”[①] 这一宽泛的概念指称子书。与他同样视作子书为不朽之途的曹植，也称子书为“一家之言”。[②] 可以说，汉魏时期虽有子书之实，但无“子书”之名。直至晋代葛洪，不仅以“子”自名其书，而且在《抱朴子》里多处申明自己作“子书”的原因。至此子书名称得以确立，实现了名实相副。

因为名的不确定，体式似乎无从谈起，但事实上汉魏时期已出现的诸多子书范本，使时人对于汉魏子书体式的认识与归纳皆能有本可依。汉魏正是子书体式成熟与定型的重要时期，体式的成熟促进了汉魏子书的名实相副，并且得到了南北朝以降学者的认同，所以汉魏子书体式的考察也显得很有必要。

汉魏子书在与先秦子书相比之中，呈现出迥异的形态，但因其著作泛滥而引发的子书体式上的演进却为人所忽视。余嘉锡《古书通例》开篇云：“或自著，或追记，或自著与追记相杂揉，其体例至为不一。就自著者言之，大抵不外两种：一书疏，一论说也。其平生随时随事所作之文词，即是著述，未闻有自薄其文词，以为无关学术，而别谋所以自传之道者也。自汉武帝以后，惟六艺经传得立博士。其著作之文儒，则弟子门

---

① （梁）萧统编，（唐）李善注：《文选》，中华书局 1977 年版，第 721 页。

② （清）严可均校辑：《全上古三代秦汉三国六朝文》，中华书局 1958 年版，第 1140 页。

徒，不见一人，身死之后，莫有绍传。（按：《论衡》语见前）故其时诸家著述，有篇目可考者，如东方朔、徐乐、庄安等，乃全类后世之文集。"① 以余先生对于周秦子书分类的标准，汉魏子书多可用"自著"概括，少有"追记"者。即使如此，如果视汉魏子书等同于"文集"的话，则其著作体式根本无从谈起。

不可否认一些汉代子书确实类似"文集"，但这种情况只存在于西汉初期的少数子书上，这是受制于子书主体著书意识的缺乏与当时稍嫌笨重的书写材料。至汉武帝时期，"文集"逐渐为整书的鸿篇巨制所取代，子书创作准备迎接继春秋战国之后的第二个高峰，子书的体式也在这个过程中由"至为不一"而逐渐规范化。虽然子书体式的最终定型与理论规范完成于南北朝，② 但理论总结工作之所以能够在此时展开，无疑是得益于汉魏的大量子书范本。在对汉魏子书全体进行详细考察后，很容易归纳出汉魏子书在体式上的演化及其特点，以下详论之。

第一节　杂篇

所谓杂篇，是指汉魏子书中以"杂"或"杂"的近义词名篇，篇中所述各条目主旨不明确，不能统纳于一个有明确主旨的篇名之内的篇章。这类篇章结构类似先秦子书，只是篇名中明白告知了本篇的内容博杂而不成文章。

先秦子书经历了从问答、辩难向专题论文的演进，篇名的确定也经历了由仅取篇首字句向概括全篇主旨演进的过程，所以除了后期《荀子》《墨子》《管子》等书外，先秦子书的篇名大多并不具备涵盖全篇主旨的作用，很多篇章并没有一个统一主题，或一篇内可以涵纳数个主题。汉魏子书因为出自作者手著，而且基本都是以专题论文的形式出现，所以篇名的取得多是作者根据篇旨斟酌词句而成，因此每篇必然主旨明确。因此，一些能够体现其思想或意愿但主旨模糊的零星材料不易被一个主旨明确的篇名所容纳，而作者出于对"博""通"的追求又不忍删弃，才会有设置杂篇的必要。

---

① 余嘉锡：《古书通例》，上海古籍出版社 1985 年版，第 67 页。

② 这个理论总结的工作主要是由刘勰在其《文心雕龙》中来完成的。详见（梁）刘勰著，范文澜注《文心雕龙注》，人民文学出版社 1978 年版，第 307 页。

汉魏子书中最早设有杂篇者，当属《淮南子》。虽然《淮南子》所有篇目从篇名上看不出“杂”的特点，但在很多篇目中存在文不对题、材料安排以类相从的现象，这些篇目即隶属杂篇。这类杂篇的设置是隐性的，须仔细辨别才能发现。详考《淮南子》，杂篇设置分为两种方式：第一，以类名篇。篇中材料均与某一事物相关，为自己所持某一思想的支持对象或者批驳对象，这些材料都罗列于一篇之中，类似于后世的类书。如高诱注云：“缪异之论，称物假类”指的是《缪称》，“四宇之风，世之众理”指的是《齐俗》，“博说世间古今得失”指的是《氾论》，“就万物之旨以言其征”指的是《诠言》。这四个篇章都是同类材料排比铺陈的结构。第二，比喻名篇。篇中所录内容并非以类相从，而是很多“说”的综合。如高诱注云：“说道之旨，委积若山”指的是《说山》；“说万物承阜，若林之聚矣”指的是《说林》。[①] 这里以“山”“林”为喻，指此篇中“说”之堆积茂密状。

《淮南子》杂篇的设置是隐性的，因此无“杂篇”之名，之后子书中的杂篇设置则逐渐公开而显著。如桓谭《新论》有《离事》（按：朱谦之以为当作《杂事》）篇，[②] 从此篇内容看，的确具有杂篇特征；荀悦《申鉴》设有《杂言》上下篇；《风俗通义·佚文》有《辑事》篇，篇名虽无“杂”字，但考其内容与作用同于杂篇。杂篇的界定不能仅据篇名，比如《盐铁论》结尾有《杂论》篇，其内容是对于贤良、文学和御史大夫、丞相御史双方辩论的总评，放在书尾起到总结、点睛的作用，类似于《史记》的“太史公曰”。这样的“杂论”篇无论从其对于全书的作用还是从其内容看，均不属于笔者所论杂篇之列。

在汉魏子书的初始阶段，子书著作的编订大大落后于单篇的写作，子书内容多为著作者所上疏、书的集成，即余嘉锡先生所谓的“文集”，每篇文章必有鲜明主旨，写作时不是从全书着眼而是就事论事，所以如陆贾、贾谊、晁错等人的著作就无须杂篇。《淮南子》与此不同，它在著作之初即以《吕氏春秋》为楷模，有著成整书的宏观构思。也因为书成众手，既要满足刘安等人追求宏通博大的愿望，又要使全书从整体结构上显得精密严谨，所以有设置杂篇的必要。刘向《说苑》《新序》为采辑先秦史料编撰而成，所取史料多是刘向以为于政有益的嘉言善行，又不便以明确主题统纳，所以《说苑》无篇名，而《新序》辄以“杂事”题之，杂

---

① 刘文典撰，冯逸、乔华点校：《淮南鸿烈集解》，中华书局1989年版，各篇名之下。

② （汉）桓谭撰，朱谦之校辑：《新辑本桓谭新论》，中华书局2009年版，第44页。

篇在这两部书中占有的比例较大。

子书发展到成熟阶段以后，它们的篇章多为专论的形式，而且多出作者手著，杂篇似乎不再有需求，但不尽然。王充著作《论衡》时“户牖墙壁各置刀笔”,[①] 可见他在写作之前是经历了一个长期的资料搜集与积累阶段。据此推想“有心为文”的作者像王充一样，会把日常所闻、所见、所感均条以笔记，某一类材料积累日增，汇聚成书时就会出现很多材料无法统纳于一个明确篇旨之下，作者又难以割舍，只好以杂篇收罗。子书所设置的杂篇既保证了材料的丰富，满足了作者寄寓于子书的对于博、通的追求，又不影响全书的整体面貌，可谓两全其美。

现存子书中的杂篇，名副其实者仅存上述三例，其他一些残缺之书，尤其是三国子书，因为篇名遗失，无法判断是否设有杂篇。但《皇览》在此时的出现，虽有迎合当时诗文创作引经据典的需求，其成书体式也不能排除对杂篇的参照与改良，这也在一定程度上反证了子书杂篇体式的影响。汉魏子书中杂篇的设置是值得肯定的：首先，虽然篇中所收内容杂乱，但全书结构因而变得整齐，“杂”与“齐”在一部书中得到和谐统一。其次，杂篇的设置使作者在写作子书时能够不受篇章限制，尽量满足自己求“博”、求“通”的愿望，实现全书容纳材料的最大化。

第二节 自传

汉魏子书中的“自传”，指在一些子书中多附加一篇不隶属于全书理论框架内的，不是专为哪一部子书而作，其内容为记录著作者自己行事、思想、志趣或者著作等内容的传记类文章。此类文章虽然不属于该部子书的理论结构内，却往往附益于该书之后，其中有关著者的材料供史家或已为史家所采用。需要说明的是：首先，“自传”所附益的子书多为传主的代表性著作，这部代表作被传主寄寓了极大的传世期望。其次，“自传”类篇章多以《自叙》《自序》《自纪》等称名，因为附益在子书之后，容易被人混同为全书大序，实则不然。

关于著作者的传记性篇章，刘知幾《史通》称之为“叙传”，其文云：“盖作者自叙，其流出于中古乎？案屈原《离骚经》，其首章上陈氏族，下列祖考；先述厥生，次显名字。自叙发迹，实基于此。降及司马相

① （南朝宋）范晔撰，（唐）李贤，等注：《后汉书》，中华书局 1965 年版，第 1629 页。

如，始以自叙为传。然其所叙者，但记自少及长，立身行事而已。逮于祖先所出，则蔑尔无闻。至马迁，又征三间之故事，放文园之近作，模楷二家，勒成一卷。于是扬雄遵其旧辙，班固酌其余波，自叙之篇，实烦于代。虽属辞有异，而兹体无易。"①刘氏不仅陈述"叙传"之源，而且罗列其流并总结其大致特点。从屈原和司马相如两例来看，"叙传"在先秦至汉初也是以单篇形式流传的，司马迁开始把它附于《太史公书》后，扬雄也仿效他，在《法言》中附上《自序》篇，而后逐渐成为著作惯例。"自传"之作为的是后世流芳，传主亲自操刀，不劳史家代笔。因为汉魏时私家著史尚不普遍，被期以传世的是最有"立言"功效的子书，所以自传的附益遂成为汉魏子书的一大特色。

余嘉锡在《古书通例》中也谈到这个现象。他在《秦汉诸子即后世之文集》一文中，叙述"序"这一文体时说："扬子《法言》有《自序篇》。案《庄子·天下》《淮南·要略》皆序也，但无序之名。其以自序入著述，始于司马迁《史记》，扬雄仿之。后此如魏文帝《典论》，葛洪《抱朴子》之类，皆有'自序'，不可胜数。又如班固《汉书》，谓之'叙传'，王充《论衡》，谓之'自纪'，王符《潜夫论》，谓之'叙录'，皆自序也。"②余氏所论"自序"（案：即本章所言之"自序"）的源流非常清楚，只是把《庄子·天下》与《淮南子·要略》也划入"自序"之列，有失察之嫌。

先秦子书中也有传记类篇章，但多是后人编撰，因无署名而容易混入书籍正文。如《管子》的《大匡》《中匡》《小匡》篇，记叙管仲傅齐公子纠及相齐之事，相当于管仲的传记。俞樾说："《国语·齐语》是齐国史记，《小匡》一篇多与《齐语》同，盖管氏之徒刺取国史以为家乘。"（《古书疑义举例》卷三《古书传述亦有异同例》）③他认为其中的传记性篇章是后人根据史书编辑并附益的。余嘉锡把这类情况归纳为"编书之人记其平生行事附入本书"，并比之"后人文集附列传、行状、碑志之类也"④。

汉魏子书中的传记类篇章均为传主本人所作，如附于扬雄《法言》

---

① （唐）刘知幾撰，（清）浦起龙释：《史通通释》，上海古籍出版社 1978 年版，第 256 页。

② 余嘉锡：《古书通例》，上海古籍出版社 1985 年版，第 60 页。

③ （清）俞樾，等：《古书疑义举例五种》，中华书局 1956 年版，第 44 页。

④ 余嘉锡：《古书通例》，上海古籍出版社 1985 年版，第 121 页。

之《自序》，王充《论衡》之《自纪》，仲长统《昌言》之《自叙》，曹丕《典论》之《自叙》和杜恕《体论》之《自叙》篇。[①] 从现存文献看，杜恕《笃论》亦有《叙传》篇，因他的《体论》已附有自传，说明作者本人已把《体论》视为代表作，《笃论》又附，有多此一举之嫌。据严可均考证，《笃论》中的《叙传》为晋人编附，非杜恕本人手著。[②] 这就印证了汉魏子书中的“自传”一般多附于著者代表作之后的惯例。晋人之所以会补编“自传”附于《笃论》后，或因其时杜恕自著的《自叙》已残缺，或因著者与编者对于代表作的认定不同，也说明子书的这一体式为补编者认同。其他子书因为文献散佚，已无法考见它们对这一体式采用的概况。

汉魏子书中附有“自传”这一现象，考其原因大约有如下三点。

首先，汉代著作不题撰人。先秦著作有不题著者姓名之例，即使流传的单篇也一样，至汉初依然。如秦始皇读韩非《孤愤》《五蠹》而叹“嗟乎，寡人得见此人与之游，死不恨矣！”（《史记·韩非传》）[③] 又如《史记·司马相如列传》记载：“蜀人杨得意为狗监，侍上。上读《子虚赋》而善之，曰：‘朕独不得与此人同时哉！’得意曰：‘臣邑人司马相如自言为此赋。’上惊，乃召问相如。”[④] 汉武帝之叹司马相如好似秦始皇之叹韩非，二人文章传播时显然未标著者姓名。韩非与司马相如隔代不隔运，都借助文章为帝王所知遇，并非偶然。

无名氏《中论序》中有“不以姓名为目”与“恐历久远，名或不传，故不量才，喟然感叹，先目其德以发其姓名，述其雅好不刊之行，属之篇首，以为之序”[⑤] 两句，证明汉魏之际，著书也有不自题姓名的习惯。而且无名氏显然意识到了“不以姓名为目”与“名或不传”之间的因果关系，所以才会有操笔代序之举。

刘咸炘说：“西汉儒者犹有质行之意，能持宗旨，无骛于文者，骛文自扬雄始。”[⑥] 扬雄在子书创作史上是一个具有转折意义的人物，他“骛

---

① （清）严可均校辑：《全上古三代秦汉三国六朝文》，中华书局 1958 年版，第 1292 页。

② 同上书，第 1293 页。

③ （汉）司马迁撰，（宋）裴骃集解，（唐）司马贞索隐，（唐）张守节正义：《史记》，中华书局 1959 年版，第 2155 页。

④ 同上书，第 3002 页。

⑤ （汉）徐幹原著，徐湘霖校注：《中论校注》，巴蜀书社 2000 年版，第 1 页。

⑥ 刘咸炘著，黄曙辉编校：《刘咸炘学术论集·子学编（上）》，广西师范大学出版社 2007 年版，第 162 页。

文”目的之一在自逞其材，他的《法言》也开创了后世子书中附益自传的先河。王充《论衡》也有自传，可以看作继扬雄之踵。另外，根据他在《论衡》中三次提及韩非不为始皇所识事，反映出此事对他的刺激与启发，使他产生身名俱没的恐惧，促使他构设并不断补充与完善《自纪》篇以期知遇。所以晋代葛洪才会说：“王充年在顺耳，道穷望绝，惧声名之偕灭，故自纪终篇。”（《抱朴子·自序》）①

其次，著者借助“自传”满足其流芳的愿望，从其自身需求讲很有必要。汉魏时期子书不同于经传，罕有弟子门徒继承与传授。著作文章不题撰者姓名的风气，不独为子书所独有，汉代解经的传书也一样，但为何传书无须著者“自传”而其名自传呢？其区别就在于有无师承。

关于这个问题，王充早在其《论衡·书解篇》② 已给出了答案。王充以经、子划分出“世儒”与“文儒”两种身份，所谓“著作者为文儒，说经者为世儒”，他在批判世人“文儒不若世儒”的偏见时，对于两种人的传与不传及其传播途径都做了详尽的分析。文儒“以业自显”，世儒“须人乃显”，两相对比，文儒优于世儒。文儒之“业”指他的著作，即子书。世儒“须人乃显”的“人”，包括两类：一为弟子门徒，二为史家。对于“文儒”来说，这两类人，前者不能凭借，后者无须凭借。“文儒”既然只有靠所著之书“显”，所著之书又不题姓名，所以写一篇自传附于书后，也实属自显其名的必需。

最后，受到史家思维方式的影响。中国传统的“史官文化”影响深远，如孟子所谓“读其书则知其人”，读书是因，知人是果。司马迁的名言：“既见其书，欲观其行事”，读书是了解的第一步，知人是更进一步的了解。二人所述皆表现出史家思维，在这一点上汉魏诸子也不例外。《太史公书》中附有《自序》，这一做法也为子书所继承，致使自传成为汉魏子书不可分割的一部分。冯友兰在其《三松堂自序》的自序说：“古之作者，于其主要著作完成之后，每别作一篇，述先世，叙经历，发凡例，明指意，附于书尾，如《史记》之《太史公自序》，《汉书》之《叙传》，《论衡》之《自纪》，皆其例也。其意盖欲使后之读其书者，知其人，论其世，更易于知其书短长之所在，得失之所由。”③ 他的话道出了“自传”对于读者知人论世进而理解著述的帮助。

---

① 杨明照：《抱朴子外篇校笺》，中华书局 1997 年版，第 1 页。

② 黄晖：《论衡校释（附刘盼遂集解）》，中华书局 1990 年版，第 1150—1152 页。

③ 冯友兰：《三松堂自序》，人民出版社 2008 年版，第 1 页。

“自传”附益于著作，在著作史上是一大进步，无论对于满足著者借书扬名的愿望，还是对于满足读者读书知人的愿望，皆有很大帮助，已见上述。从文献和思想传播的角度看，它的价值同样不可低估。余嘉锡在《古书通例》中谈道：“秦、汉间人治诸子之学者，辑录其遗文，追叙其学说，知后人读其书，必欲观其行事，于是考之于国史，记其所传闻，笔之于书，以为论事知人之助。彼本述而不作，非欲自为一家之言，为求读之之便利，故即附入本书。”① 他讲到研读著述之人，书其传闻附于文本，肯定其本意是好的。但因年代久隔，他们的本意渐渐少为人知，附于文本的传闻被当作正文，由此造成了文献内容的混乱却为他们所始料未及。汉魏子书中因为有了自传，研读著述之人没有补录传记的必要，这样就避免了文献内容的混乱，也省却了后人翻检史料的考证功夫，并且保留了真实反映作者身世、思想的第一手文献，不能不说是著作史上的一大进步。

当然此法也不尽完美，比如王充《自纪》就曾被刘知幾、钱大昕等人讥刺为“訾毁先人”而褒奖自己。著者在自作传记时可能出于自夸的潜意识，行文时难保客观，不免有溢美之词，但无论“扬长”还是“避短”皆为人之常情，这也体现了另一种真实。这些“自传”毕竟是源于著者的第一手资料，因此往往被史家利用，编入作者传记。如司马迁《史记·司马相如列传》对于司马相如《自叙》的利用，班固《汉书·扬雄传》对于扬雄《自序》的利用。大概谢承的《后汉书·王充传》，也有《论衡·自纪》篇的影子。这些例子充分说明了，汉魏子书中的“自传”所具有的史料价值为史家所重视，可谓不负著者的传世用心。

第三节 大序

大序，即全书之序。子书著作设有“大序”篇，并且作为子书中一个独立的组成部分者，当首推《吕氏春秋》。《吕氏春秋》的《序意》篇，为全书大序。吕思勉在《经子解题》之《吕氏春秋》条中说：“《序意》此篇为全书自序。《十二纪》本列《六览》《八论》之后；此书在《十二纪》之后，亦即在全书之末；今本升《纪》于《览》《论》之前，故序亦在《纪》与《览》《论》之间也。《序语》似专指《十二纪》者，

---

① 余嘉锡：《古书通例》，上海古籍出版社1985年版，第121—122页。

以其已非完篇也。”[①] 吕氏指出《吕氏春秋》的大序原本置于书末。

先秦子书中虽无“大序”之名，但有些篇章对于全书的作用却同于大序，比如《论语》的末章和《孟子》《庄子》的末篇。《论语》末章《尧曰》的结尾说：“孔子曰：‘不知命，无以为君子也；不知礼，无以立也；不知言，无以知人也。’”[②]《孟子·尽心下》的最后一节，记述从尧舜至汤、由汤至文王、由文王至孔子的传统，最后感慨此道后无传人，说：“由孔子而来至于今，百有余岁，去圣人之世，若此其未远也；近圣人之居，若此其甚也，然而无有乎尔，则亦无有乎尔。”[③] 以上二例虽然语句简练，但都包含了总结全书之意，大概即编者所作之序，因为甚为简短，所以可视为大序的雏形。《庄子·天下篇》可视作《庄子》一书的大序，因为被用来评论先秦各家学派，并阐述庄子在各家中的地位，比较前两例详尽得多，几乎可做一篇先秦学术通论看待。所以说先秦子书的大序虽与后世之序有所不同，没有“序”之名，有的也没有成为书中的独立组成部分，但它被附于全书之末的体例，却已开汉魏子书大序之先河。

汉魏子书中但凡附益了“自传”者，一般无大序。（按：《论衡》例外，既有《对作》，又有《自纪》。）因为“自传”是附益于传主代表作之后，篇中除了自述身世之外还介绍传主主要的或是全部著作的简况，甚或附有作书与篇名所设之旨。这样的话，很多“自传”也涵盖了所著子书的大、小序内容，该书无再作大序的必要。如扬雄《法言·自序》篇中即含有《法言》的作旨与篇目之旨，杜恕《体论·自叙》篇中也有《体论》的全书作旨与篇旨。唯曹丕《典论·自叙》篇，只有生平行事与对自己一生著作情况的总结，因为其文散佚，是否包括《典论》一书的大、小序则不得而知。

汉魏子书中的大序，根据它们的著者可分为两种情形：其一，为子书作者手著；其二，为他人代著。根据这两种情形出现的早晚和数量的多少判断，作者手著出现较早也较多，应该为大序写作的正体；他人代序则出现较晚较少，现存文献中仅有无名氏为徐幹作的《中论序》一例，又参考《序言》所述情况看，此例当为变体。

《淮南子·要略》继《吕氏春秋·序意》之后，为汉魏子书在撰写大序上树立了榜样。桓谭《新论·本造》篇，王充《论衡》的《对作》，

① 吕思勉：《经子解题》，华东师范大学出版社 1995 年版，第 186 页。

② （宋）朱熹：《四书章句集注》，中华书局 1983 年版，第 195 页。

③ 同上书，第 376—377 页。

王符《潜夫论》的《叙录》，应劭《风俗通义》的《序》，都是全书大序。据现存文献看，曹魏子书有独立之大序者仅桓范《世要论》一部，其《序作》篇叙作书之旨。西汉初年的子书如陆贾《新语》、贾谊、晁错《新书》等，因为它们是集书（疏）而成，全书并无一个完整的构思与创作体例，不同于之后子书的有意作书，所以均无大序。

刘安《淮南子》在创作前即有构想与规划，各篇完稿后又经刘安等人的统一编订，所以有设大序的必要与可能。《要略》篇为全书大序，其中也含有篇目小序，不仅阐述了全书的创作宗旨、原则，比较全面地总括了全书的内容，而且阐明了全书各篇的意图与主题，是认识、理解《淮南子》的钥匙。《淮南子》大、小序混合为一篇，总论全书之旨，分论设篇之意。王符《潜夫论·叙录》篇不仅述作者写书之旨，亦有篇目小序，至应劭的《风俗通义》则大、小序才分离。

由此可见至东汉末，子书大、小序的写作规范尚未完全定型，所以作者各出己意，分合自由，方式各异。观“大序”的取名亦可印证，诸如“要略”“本造”“序作”“对作”“自叙”“叙录”等，以“序”名篇者为少数，只有应劭《风俗通义》以“序”称之。

作者手著的大序，内容多述本书所作之旨，与篇序或分或合，但绝不包含有关著作者事迹的传记性材料。较为特殊者是桓宽的《盐铁论》，书中倒数第二篇名为《大论》，其设篇旨意本同大序，但因其书系据会议记录撰写而成，受此限制，不能详尽展现大序的功能，只借记录双方对于孔子的辩论为所有论争画上句号，从而结束全书。此类“大序”没有直接阐明著书之旨，具有隐蔽性。

现存汉魏子书中唯一他人代作的大序是无名氏的《中论序》，其体式与手著者大不同。它的写法基本同于史家作传，用大量篇幅叙述徐幹生平事迹、性情、思想，仅以“君之性，常欲损世之有余，益俗之不足，见辞人美丽之文，并时而作，曾无阐弘大义，敷散道教，上求圣人之中，下救流俗之昏者，故废诗赋颂铭赞之文，著《中论》之书二十篇”① 简括徐幹作《中论》之旨。无名氏在序中所言：“先目其德，以发其姓名，述其雅好不刊之行”，② 有规范书序体式的用意。值得注意的还有一句，即“属之篇首，以为之序”，③ 把序从书尾移至书首。无名氏《中论序》的

① （汉）徐幹原著，徐湘霖校注：《中论校注》，巴蜀书社 2000 年版，第 3 页。

② 同上书，第 1 页。

③ 同上。

变异，在大序的写作史上具有转折意义，它开后世书序规范之先河，为后世的书序写作树立了一个范本。

徐幹《中论》为何没有自传呢？《中论序》所说的一句话似已道明："文义未究，年四十八，建安二十三年春二月，遭厉疾，大命殒颓。"① 徐幹的突然死亡也许就是他未及写作自传及书序的原因，抑或他本人无意于扬名的淡泊个性所致，这也照应了《序》在开篇即云的"不以姓名为目"。总之，正是这个小小遗憾，给了无名氏作序的机会，竟为书序的写作掀开了新的一页。

大序的发展过程时间跨度很大，在先秦子书中体式略具，到汉魏子书中才逐渐定型。它的发展过程说明，汉魏子书的构成虽是一篇篇的专论，但是作者初做文章之时已经有了整书的主导思想以及对于全书的一个间架结构，它们以此区别于单篇论文。

第四节　小序

小序，即篇序。子书中，刘安的《淮南子》首设小序，不过尚未独立，而是夹杂于大序之中。设置小序是汉魏子书的一大特点，先秦子书中没有小序。

《淮南子·要略》篇中的小序，对于全书二十篇的内容主旨做了精要而深刻的概括。这些小序为杂言，多以"某某者，所以某某也"的句式，不求押韵，如："齐俗者，所以一群生之短修，同九夷之风气，通古今之论，贯万物之理，财制礼义之宜，擘画人事之终始者也。"② "道应者，揽掇遂事之踪，追观往古之迹，察祸福利害之反，考验乎老、庄之术，而以合得失之势者也。"③ 其一般模式为：篇题在前，后跟解释和题旨阐发。

扬雄《法言》的小序置于《自序》之中，主要论述所设篇目的原因，十三篇共有十二节小序，其中《重黎》与《渊骞》共享一节。书中小序除终篇《孝至》外，多为四言，求押韵，如："明哲煌煌，旁烛无疆，逊于不虞，以保天命，撰《问明》。"④ 如果删去结束语"撰《问明》"三

---

① （汉）徐幹原著，徐湘霖校注：《中论校注》，巴蜀书社 2000 年版，第 3 页。

② 刘文典撰，冯逸、乔华点校：《淮南鸿烈集解》，中华书局 1989 年版，第 704 页。

③ 同上书，第 703 页。

④ （清）汪荣宝撰，陈仲夫点校：《法言义疏》，中华书局 1987 年版，第 569 页。

字，几乎等于一首四言诗。“假言周于天地，赞于神明，幽弘横广，绝于迩言，撰《寡见》。”① “圣人聪明渊懿，继天测灵，冠乎群伦，经诸范，撰《五百》。”② 这类小序多使用六言与四言，间以三言。最特殊的是《孝至》篇小序“孝莫大于宁亲，宁亲莫大于宁神，宁神莫大于四表之欢心，撰《孝至》。”③ 这类小序使用三个“莫大于”的杂言句式。第一、二类小序用四句韵语等描述性语言，辞藻华美，但篇旨的阐释不如杂言类小序表述精准。

从现存文献看，这两部书设有小序这一体例似乎不被之后诸子所普遍认同，连对扬雄著作推崇无比的桓谭，其《新论》中也无小序。这或许与其书未完有关，或是流传时散佚了，现已不得而知。

应劭的《风俗通义》对此加以继承和发扬，只是把各篇小序分别置于篇前，不同于刘安、扬雄书集中置于篇后。《风俗通义》的小序比较长，旁征博引论述设题之意，几乎可以自成一篇短文，末尾以“故某某曰某某也”结束。如：

> 盖天地剖分，万物萌毓；非有典艺之文，坚基可据，推当今以览太古，自昭昭而本冥冥，乃欲审其事而建其论，董其是非而综其详略，言也实为难哉！故《易》纪三皇，《书》叙唐、虞，惟天为大，唯尧则之，巍巍其有成功，焕乎其有文章。自是以来，载籍昭晢。然而立谈者人异，缀文者家舛，斯乃杨朱哭于歧路，墨翟悲于练素者也。是以上述三皇，下记六国，备其终始曰《皇霸》。④

《风俗通义》一书不仅篇名经过精心考虑，连小序的措辞也颇为用心，虽然各篇行文模式雷同，但使用的动词变化丰富，兹摘录如下：备其终始曰《皇霸》、故纠其谬曰《王失》、故注近世苟妄曰《愆礼》、故覆其违理曰《过誉》、比其舛曰《十反》、故继其条畅曰《声音》、故录先否后喜曰《穷通》、故记叙神物曰《祀典》、故采其晃著者曰《怪神》、故积其类曰《山泽》。令人读后不得不赞叹其措辞用语之精简。从应劭对于小序运用的娴熟与精致来看，小序在汉代子书中的应用情况应当比较普

---

① （清）汪荣宝撰，陈仲夫点校：《法言义疏》，中华书局1987年版，第570页。

② 同上书，第571页。

③ 同上书，第573页。

④ （汉）应劭撰，王利器校注：《风俗通义校注》，中华书局1981年版，第1页。

遍，只是传世文献已无法佐证。

王符《潜夫论》的篇序也同《淮南子》一样，杂于书末《叙录》中，合大、小序为一篇。但各篇小序的写法则与《法言》相近：行文言简意赅，多用四言，求押韵，但句式比《法言》更整齐划一。比如："先圣遗业，莫大教训。博学多识，疑则思问。智明所成，德义所建。夫子好学，诲人不倦。故叙《赞学》第一。""凡士之学，贵本贱末。大人不华，君子务实。礼虽媒绍，必载于贽。时俗趋末，惧毁［圣］术。故叙《务本》第二。"①《潜夫论》每一篇序的基本模式为：前一部分用四言八句叙述设篇原因，后一部分以"故叙某某第几"结束。其中《五德志》篇的小序比较奇怪，全书有两处，一处夹在《叙录》中，其文为："上观大古，五行之运，咨之《诗》《书》，考之前训。气终度尽，后代复进。虽未必正，可依传问。故叙《五德志》第三十四。"② 另一处在此篇正文前，其文较长：

> 自古在昔，天地开辟。三皇迭制，各树号谥，以纪其世。天命五代，正朔三复。神明感生，爰兴有国。亡于嫚以，灭于积恶。神微精以，天命罔极。或皇冯依，或继体育。太曎以前尚矣。迪斯用来，颇可纪录。虽一精思，议而复误。故撰古训，著《五德志》。③

此处序文，前一部分为四言二十句（"太曎"句除外），押韵。相比《叙录》中的篇序所述时段更为详尽，前序云"大古"、云"后代"，此序云"开辟"、云"三皇"、云"五代"、云"太曎以前"；论述同一问题的视角不同，前序云"气终度尽，后代复进。虽未必正，可依传问"，强调前代兴亡的教训可资借鉴，后序云"迪斯用来，颇可纪录。虽一精思，议而复误"，强调本文对前人记录错误的纠正与澄清。

《潜夫论》的篇序出现这一特例，主要原因可能与此书曾经历过单篇流传的阶段有关，这一点上它与《淮南子》《法言》的情况不同，《淮南子》与《法言》公开亮相时基本是整书面貌。《五德志》的长序是它在单篇流传时写就的，《叙录》中的短序是整理成书时统一润色过的，因为种

① （汉）王符著，（清）汪继培笺、彭铎校正：《潜夫论笺校正》，中华书局1985年版，第466页。

② 同上书，第481页。

③ 同上书，第382页。

种原因没有删除单篇流传时那篇独立的篇序，因此导致篇序重复。

杜恕《体论》的小序也夹于大序之中，其“叙传”云：

> 以为人伦之大纲，莫重于君臣；立身之基本，莫大于言行；安上理民，莫精于政法；胜残去杀，莫善于用兵。夫礼也者，万物之体也。万物皆得其体，无有不善，故谓之《体论》。①

这段文字既说明书名《体论》的缘由，也概括论述了书中八个篇目：“一曰《君》，二《臣》，三《言》，四《行》，五《政》，六《法》，七《听察》，八《用兵》”（按：据严可均说）设置的原因。这段文字不能肯定是杜恕《体论》的原文，所以不能据此分析其序文的体式特点，只能了解其大、小序合一的大概情况。

曹丕《典论》，据现存文献看，小序仅有《太子》（按：见《意林校释》）《论文》《酒诲》《内诫》《奸谗》《终制》六篇，但据此推见其他篇也应都有小序，只是在流传过程中亡佚了。

《典论》的小序与《风俗通义》一样也置于篇前，由此可见《典论》篇目也经历了单篇流传的过程，而且在整理成书时不再改动小序位置的习惯至三国时似乎趋于固定了。

汉魏子书中的小序体制经历了一个由独立到杂合再到独立的过程，它的位置也经历了由篇首到大序中再到篇首的变化，它的发展变化既能反映出子书曾经单篇流传的情况，也是子书创作体式趋于定型的标志之一。篇目小序的出现建立在篇题明确的基础上，篇题明确又是建立在篇章为专题论文的基础上。战国中后期的《墨子》《韩非子》《荀子》等著作中各个篇章已经是成熟的专题论文，但是篇章小序并没有同时出现。这个工作直到汉魏子书中才完成，这是汉魏子书在著作史上的又一贡献。

以上是对汉魏子书群体进行宏观的综合考察之后，从著作形式上为汉魏子书总结出的几个特征，但是尚有几点需要补充说明：首先，汉魏子书体式上的四个特点不是这个群体所共有的，（按：因为文献散佚，无法对其群体全面考察）有的甚至也不为汉魏子书所独具，比如“自传性”篇章的附益在《史记》与《汉书》中也存在。而且在子书发展的不同阶段，上述四个体式也不是固定不变的。但不论是在与先秦子书还是同时代的其他形式著作的比较中，这四个特点在汉魏子书这一群体中都表现得最为突

① （清）严可均校辑：《全上古三代秦汉三国六朝文》，中华书局 1958 年版，第 1292 页。

出，所以在探讨汉魏子书的体式时，它们可以被视为汉魏子书所具有的代表性特征。其次，汉魏子书的上述四个体式的发展，从偶然的简单模仿到有意识的规范与新创，从几种体式的杂合到每种体式的分化独立，这些发展步骤基本与汉魏子书的整体发展进程相始终。最后，对于汉魏子书体式的清晰认识与整体把握，不仅有助于对著作史进行丰富而饱满的描述，而且可以帮助我们在对汉魏子书个体进行研究时抛开著作形式的干扰，更好地深入其文学或思想层面的探讨与追寻。

第四章 汉魏子书的发展过程

先秦子书很少是诸子亲撰的，先秦诸子的所有辩论、讲学、言谈皆着眼于当时的政治形势和人情、世态或学术思辨，关注诸子个体思想传播的共时性与对现世的影响力。所以经诸子门人弟子编辑而成的著作，更像是先秦诸子讲学布道的副产品。虽然汉初人已经以“诸子”称呼先秦各家，但是“子书”这一名称在东汉末应劭的《风俗通义》中才首次问世。而且子书定义及其文体的确定，其创作体式与规范的成熟定型更加滞后。我们把汉魏子书视为一个整体予以考察时，发现从初创到成熟的过程虽然是渐进的，但仍可大略分成几个发展阶段。这几个阶段中，子书创作情况基本与子书概念的确定以及世人对子书创作体式的认识和著作规范意识的成熟比较一致。

第一节 在对先秦诸子著作经验的扬弃中创新

汉魏子书的初创期大约在西汉早期，此时期的子书创作固然有对先秦子书的继承，但是在作者主观上却已表现出对诸子百家思想的整合意识，这一阶段的代表作有陆贾《新语》、贾谊《新书》和晁错《新书》。

此时的子书创作尚没有表现出明显的自觉，成书原因也多同于先秦。如陆贾《新语》的创作为受刘邦之命，他本人自觉著书的意识不明显，所以虽然《新语》为陆贾亲著，但是班固把它算作刘邦开国初的功绩之一：“天下既定，命萧何次律令，韩信申军法，张苍定章程，叔孙通制礼仪，陆贾造《新语》。”（见《汉书·高祖本纪》）[①] 班固把陆贾造《新语》之功算作刘邦政绩之一，有拍马的嫌疑，但此书的出炉的确源于刘邦对陆贾的直接刺激。《新语》一书可当作陆贾对刘邦狂傲态度的一种有

---

① （汉）班固撰，（唐）颜师古注：《汉书》，中华书局 1962 年版，第 81 页。

力回应。《新语》中的十二篇文章因为写作时间相对集中，而且主题都围绕刘邦要求的揭示“秦所以失天下，吾所以得之者何，及古成败之国”（《史记·陆贾传》）[①] 这一中心，与贾谊、晁错等人类似“文集”的多主题著作不同，更像是在写一本“书”。但陆贾在写“书”之初可能也只是想说服刘邦，想到一个问题即写一篇文章，并非本着创作一本“书”的想法进行宏观构思。但据《汉书》记载，“每奏一篇，高帝未尝不称善，左右呼万岁，称其书曰《新语》”，[②] 这十二篇应该是一起上呈给刘邦的。余嘉锡在《四库提要辩证》（按：下文简称《辩证》）中说：“陆贾述存亡之征，奏之高祖，号《新语》，此与上疏无异，而分为十二篇。”[③] 余氏就视《新语》为上疏，只不过因篇幅较长且篇题各异而分章罢了。但从《汉书》称“每奏一篇”和“称其书曰《新语》”的表述看，班固是不把《新语》当作上疏的。也就是说，陆贾是抱着写专论的态度而成《新语》一书的。

陆贾《新语》、贾谊《新书》和晁错《新书》中的篇章因为大多为上呈君王的书或疏，因此文章内容都是他们亲著，最后经由他人编订成书。余嘉锡说：“古之诸子，平生所作书疏，既是著述，贾山上书，名曰《至言》；晁错上疏，谓之《守边备塞劝农力本》，并见本传。”（《辩证》）[④] 他所论即是书疏与著述的关系。上疏而有明确主题就具备了专论的要素，这样的专论积累多了就是子书。

汉初诸子处于大汉王朝百废待兴的盛世，同先秦诸子一样，着眼于现世的功业，较少留心为后世“著书立言”的打算。此时的子书，从体例上讲如同后世文集。因其成书滞后于篇章的写作，所以书中也往往掺进个别不是作者亲著的篇目。余嘉锡在《辩证》中也谈到了这个问题，他说：“至于《连语》诸篇，则不尽以告君，盖有与门人讲学之语。故《先醒篇》云‘怀王问于贾君’，而《劝学篇》首冠以‘谓门人学者’五字，其《杂事》诸篇则平日所称述诵说者。凡此，皆不必贾子手著，诸子之例，固如此也。”[⑤] 余氏所言“诸子”当指先秦诸子，意指贾谊《新书》

---

① （汉）司马迁撰，（宋）裴骃集解，（唐）司马贞索隐，（唐）张守节正义：《史记》，中华书局 1959 年版，第 2699 页。

② （汉）班固撰，（唐）颜师古注：《汉书》，中华书局 1962 年版，第 2113 页。

③ 余嘉锡：《四库提要辩证》，中华书局 2007 年版，第 546 页。

④ 同上书，第 547 页。

⑤ 同上书，第 550—551 页。

中某些篇章，有沿袭先秦子书“追记”的传统，但这类篇目在《新书》中为数不多。

此时的子书也同先秦子书一样，多是单篇流传的，未经诸子之手统一整理编订。至于单篇流传的原因，一是当时著者本人没有成书的意识，二是受书写条件的限制。余嘉锡在《辩证》中说：“案古人之书，书于竹简，贯以韦若丝，则为篇；书于缣帛，可以舒卷，则为卷；简太多，则韦丝易绝；卷太大，则不便卷舒；故古书篇幅无过长者，而篇尤短于卷。其常所诵读，则又断篇而为章，以便精熟易记。故汉人五经诸子，皆有章句之学。”① 余氏所述，反映出西汉及以前书籍受制于书写条件的情况及其变通措施。在先秦，单篇流传的原因也当与书写材料的笨重、携带不便相关。

此时诸子因为写作时不曾抱有著“书”的意识，所以题写书名也比较滞后。张舜徽先生说：“古人著述皆书成之后始有大题：周、秦立言之家，多起于救世之急，但思载其论以行之天下，传于后世，初未尝先立一名而役役于著述也。下逮西京诸儒，有所论述，莫不先抒意虑，集为群篇，书成法立，始有标题。”（《广校雠略》）② 此段话的大意是，虽然先秦诸子与西汉诸子对于著述的目的不同，但他们的著述大题（即书名）都是成书之后才有的。如陆贾《新语》一书的得名在十二篇完成并献给刘邦之时，贾谊、晁错的著作连专名都没有，以子书的泛称“新书”传世。如明人何孟春所说：“谊盖汉初儒者，不免战国纵横之习，其著述未尝自择，期以垂世。”（《贾太傅〈新书〉序》）③ 何氏的意思是说，贾谊做文章更多想的是效现世之用，而少关注后人的读后感。武帝之前的诸子，其著述情况大体与贾谊相仿。

此期子书的文体意识尚未形成，所以子书中往往掺入与专论文体不同的篇章。如宋陈振孙《直斋书录解题》著录《新书》曰：“首载《过秦论》，末为《弔湘赋》，余皆录《汉书》语，且略节谊本传于第十一卷中。”④ 余嘉锡也注意到了陈氏所说现象，他在《古书通例》中说：“《贾子新书》内有《弔湘赋》。《书录解题》卷九曰：‘《贾子》十一卷，首载《过秦论》，末为《吊湘赋》。’（即《史》《汉》传内之《弔屈原赋》，

① 余嘉锡：《四库提要辩证》，中华书局 2007 年版，第 546 页。

② 张舜徽：《广校雠略》，华中师范大学出版社 2004 年版，第 18 页。

③ （汉）贾谊撰，阎振益、钟夏校注：《新书校注》，中华书局 2000 年版，第 523 页。

④ （宋）陈振孙：《直斋书录解题》，上海古籍出版社 1987 年版，第 270 页。

《文选》之《吊屈原文》，今本无此篇。）案《汉志》有《贾谊赋》七篇，《新书》独载《弔湘赋》者，以此篇尤其平生意志之所在也。”[①] 余氏从文章立意的角度解释子书内收有赋作这一“不正常”现象，或可作为一种解释。笔者认为，这种情况也可归因于汉初诸子文体意识的淡薄，又加上此赋与立言之文主旨相近，所以编书者才会把它编入子书中。或也可这样理解：编辑《新书》的人之所以会在《新书》中收入与子书之“立言”体完全不同的《弔湘赋》，是因此赋能述贾谊“平生意志”，即具有“自传性”，收入此赋可以弥补贾谊《新书》没有附益“自传”的缺憾。附益“自传”在诸子代表作中而期以传世，是自汉代司马迁之后逐渐形成的惯例，因为贾谊《新书》中没有此类文章，后人以赋补之。（按：详见上编第三章《汉魏子书的体式》）这样的解释也与余先生认为《弔湘赋》为贾谊“平生意志之所在”的理解相符。

这一期的子书虽罕有书名，但篇名已不可或缺。余嘉锡在《辩证》中说：“陆贾为高祖著书十二篇，而本传言每奏一篇高祖未尝不称善，然则随著随奏，固当时之通例也。……盖与其前后诸篇，皆所上之书，而以一事为一篇也。《新书》正是此例。汪中《述学》卷三《新书序》云：‘自《数宁》至《辅佐》三十三篇，皆陈政事。按《晁错传》，错言宜削诸侯及法令可更定者，书凡三十篇，则知当日封事事各为篇，合为一书，固有其体。’”[②] 他就指出汉初子书的篇名是创作之初即已确定了。源于书、疏多为专题论文的原因，汇编的子书篇章也有明确篇名，这点与先秦子书编著者多取首字名篇相比，是一大创新与进步。

此期子书的特点为：第一，子书的篇章多出手著，少数出自门生弟子追记；第二，作者没有作书意识，书名后起，甚至没有专名。第三，子书多以单篇形式流传，全书编订于他人；第四，子书篇章多为专题论文的形式，有确定篇名。第五，全书多是书、疏的集结，大多可视为论文的集子。

第二节　摆脱历史枷锁后的发展

自汉武帝时期至东汉初是汉魏子书的发展期。这一期的子书基本挣脱

---

① 余嘉锡：《古书通例》，上海古籍出版社 1985 年版，第 53 页。

② 余嘉锡：《四库提要辩证》，中华书局 2007 年版，第 547—548 页。

了先秦传统的约束，开始向自觉著述过渡。这一时期的代表作有刘安《淮南子》、桓宽《盐铁论》、刘向《说苑》《新序》、扬雄《法言》、桓谭《新论》和王充《论衡》。根据其成书情况言又可分为两大类，以下分别述之。

一 “假手”“藉口”与改编

《淮南子》与《盐铁论》是这类子书的代表。这两部书的共同点是：内容皆有依托，不全是署名作者构思，但又区别于先秦子书及初创期中少数篇目为后人“追记”的类型。因为《淮南子》一书是依托了刘安门客的群体之手而成，故名之曰“假手”。《淮南子》“假手”的做法，实是模仿秦相吕不韦，所以萧绎在其《金楼子·序》中把两人一并嘲讽了：“常笑淮南之假手，每蚩不韦之讬人。”①

《盐铁论》的内容是依托于盐铁会议上正反两方的辩论言辞，姑名之曰“藉口”。余嘉锡在《辩证》中说：“桓宽《盐铁论》虽非奏疏，然皆记当时贤良文学与丞相御史大夫丞相史御史问答辩论之语，首尾前后相承，直是一篇文字，而必分为六十篇，此其篇名，明是本人所题，非由后人摘录也。”② 他说桓宽《盐铁论》是对会议内容进行了改编。正因桓宽的改编与笔润，使出自他人之口的辩论言辞符合子书分篇的体例并能表达桓宽的思想，因此《盐铁论》也可算作他的著作。虽然《淮》《盐》二书皆有所依托，但无论是“改编”还是“藉口”，都是出于完成一部“书”的目的，这与初创期的无意成书相比是一个进步。

刘向《说苑》《新序》属改编一类——文字是刘向亲著，但故事皆有所本，或出自先秦古籍，或为汉人新作。虽然篇章以叙事为主，议论所占篇幅很少，但旨在劝谏明理，类似诸子中的“小说家”（按：见下编第六章）。

无论是吕不韦、刘安，还是桓宽、刘向，在“假手”“藉口”与改编之时，不曾留意内容是否为本人原创，说明他们从未对自己成书方式的合理性产生过怀疑，这仍然是受先秦余绪的影响。张舜徽所论：“上世质朴，群视道术为天下公器，人惟期于明道，非若后世文士，欲暴其才，有所作必系以名氏也，其立言可谓至公矣。”③ 他所持的“天下公器”说正

---

① （梁）萧绎撰，许逸民校笺：《金楼子校笺》，中华书局 2011 年版，第 1 页。

② 余嘉锡：《四库提要辩证》，中华书局 2007 年版，第 546—547 页。

③ 张舜徽：《广校雠略》，华中师范大学出版社 2004 年版，第 27 页。

好可以解释上述三人在成书上的举措。两汉之际的桓谭在谈及此事时，评价道："秦相吕不韦，请迎高妙，作《吕氏春秋》。汉之淮南王，聘天下辩通，以著篇章。书成，皆布之都市，悬置千金，以延示众士，而莫能有变异者，乃其事约艳，体具而言微也。"[①] 桓谭称"假手"为"请迎高妙"与"聘天下辩通"，言辞间充满赞许与仰慕，说明他们都是从著作一部好书着眼，而无视著作权利的归属问题。萧绎之所以讥刺二人"假手"，实因时过境迁，思想与他们有了很深的隔阂。西汉前期距离战国尚近，文章著作只为"载道"，而所载之"道"姓"公"，所以不在乎文出谁手，署名只为著述的方便与标志，创作群体也以参与著作立言为荣，并无著作权的考虑。至萧梁，著作与所言之"道"已经完全"私有化"，曹丕"立言不朽"的思想广为传播，子书作者亲著己书的习俗也已约定俗成，所以吕不韦、刘安二人借助门客著书的公开性与萧绎著书"不令宾客窥之"的私密性就形成鲜明对比，令后者觉得难以理解并大加鞭笞。

刘安主观上有了著书立说、成一家之言的意识，虽没有篇必亲著，但是整书结构的谋划及全书主导思想与书中一些篇章的写作，均有出自刘安本人的可能。所以《淮南子》虽然内容庞大且存"假手"现象，但绝非杂乱无章的拼凑，而是各篇既独立成文，又有内在联系，是一部自成体系的子书。它所具有的学术自由、融合百家的特点，是汉初学术复兴的一个缩影。汉魏子书内容上无所不包的特点，也在《淮南子》中初步形成。

此期子书设有大、小序，用以说明作书和谋篇的想法，体式上得到了进一步完善。需要交代的是，虽然《淮南子》一书"大序"与"小序"并存，但其"小序"与篇章的关系并不像他言说的那样紧密，某些篇名仅仅是其创作愿望的一种表达而在篇章内容中并没有体现。比如《齐俗训》《氾论训》《诠言训》《说山训》《说林训》等篇，并无一个特定主旨，其内容编排以类相从，体例似后世类书。桓宽《盐铁论》的最后两篇《大论》与《杂论》，原意也是想对全书主旨及其内容设置做出交代与总结，只是受其依托的辩论内容所限，这两篇内容都未能体现篇旨。这种现象的产生，一方面受它们成书方式的约束，另一方面也是子书体式不成熟的反映。

二　"模仿"与批判

此类子书的代表作有扬雄《法言》、桓谭《新论》和王充《论衡》。

---

① （汉）桓谭撰，朱谦之校辑：《新辑本桓谭新论》，中华书局 2009 年版，第 2 页。

扬雄的《法言》与《太玄》在著作形式上倾向于模仿与固守，这当然源于他的尚经思想，如“书不经，非书也；言不经，非言也。言、书不经，多多赘矣”（《问神》）①。但对于两书的“模仿”性质还有可讨论的空间。桓谭《新论》则代表汉人对于传统与现实批判的开始，他的批判精神为王充《论衡》所继承并发扬光大。“模仿”与批判，这两种个性迥异的著作产生的时代相近，它们既承担了展现不同时代思想复杂交汇的使命，又昭示着著作者不同的情性与认识，把子书创作导向更进一步的成熟。

扬雄自著两书都有模仿的范本，《太玄》模仿《周易》，《法言》模仿《论语》，在西汉厚古薄今的学术氛围中，可见扬雄志存高远的个性。《周易》为“六经”之一，所以在当时《太玄》也被一些崇拜它的人视作经书，如桓谭等人就称它为《太玄经》。《论语》在当时虽未被视作经书，但因孔子身为儒家宗师，汉人不以“诸子”待他，赋予他“准圣”的身份，所以《论语》也不被视为“子”书。在《汉书·艺文志》里，《论语》被作为班固所谓“序六艺为九种”的“九种”之一。在《扬雄传》中，班固“赞”曰：“以为经莫大于《易》，故作《太玄》；传莫大于《论语》，作《法言》”，② 班固以“传”称《论语》。所以扬雄对已作《法言》也不认为是一部“子”书。如《法言·君子》篇曰：“‘子小诸子，孟子非诸子乎？’曰：‘诸子者，以其知异于孔子也。孟子异乎？不异。’”③ 扬雄认为孟子尚且不在诸子之列，更何况孔子！又《吾子》篇云：“委大圣而好乎诸子者，恶睹其识道也。”④ 他用“大圣”与“诸子”区别孔孟与其他子家，可以看出扬雄对于先秦诸子轻傲的态度，所以他是不会把自己模仿《周易》与《论语》的著作归于“子”类的。这可能也是他可以自信地向门徒传授《太玄》《法言》二书的原因。

究竟如何看待扬雄对于先秦著作的“模仿”？其实扬雄本人早已在《法言》中给出了恰当的评价，如《问神》篇说：“或曰：‘述而不作，《玄》何以作？’曰：‘其事则述，其书则作。’”⑤ 根据《义疏》所释：“道之大原出于天，虽圣人亦但能有所发明，而不能有所创造。若夫援据

① （清）汪荣宝撰，陈仲夫点校：《法言义疏》，中华书局 1987 年版，第 164 页。

② （汉）班固撰，（唐）颜师古注：《汉书》，中华书局 1962 年版，第 3583 页。

③ （清）汪荣宝撰，陈仲夫点校：《法言义疏》，中华书局 1987 年版，第 498 页。

④ 同上书，第 67 页。

⑤ 同上书，第 164 页。

所学，发为文辞，垂著篇籍，则正学者之所有事，虽作，亦述也。”① 汉人著作，若论所持之“道”不出百家，都为模仿；若论“文辞”“篇籍”则无疑是创造。所以对扬雄的“模仿”也当从思想与文辞上一分为二地审视。

《淮南子》一书中也存在局部的模仿，《道应训》一篇就是模仿《韩非子·解老》篇。《解老》篇中，韩非在解释老子思想的中间或结尾处常常引用《老子》原文做总结，全篇引用《老子》原文达五十六条之多。《道应训》在每一事例之后均引《老子》原文做总结（按：只有两处除外：一处引用《庄子》原文，一处引用《慎子》原文），引文多达六十余条。相比《解老》篇引用的《老子》文献，内容更为广泛，引文与引文之间没有前后语境上的联系。《道应训》的作者显然是道家思想的拥护者，这篇也是《淮南子》一书中道家思想表现最为集中的地方。只不过因为扬雄的自我标榜，而使《法言》《太玄》二书“模仿”的名声格外响亮，相比之下，《淮南子》等书的“模仿”比较隐晦罢了。

两汉之际的桓谭，不仅承担起了陆贾在汉初的政治使命，自觉地为刘秀总结新莽覆亡的教训，而且为汉魏子书的创作翻开了崭新的一页。扬雄《法言》中所云“书与经同”为假设之语，他视己作如“经”的表达还比较含蓄。桓谭在《新论·本造》中向世俗的迷信发出质问，宣称己作“何异《春秋》褒贬耶!”② 他不仅自诩甚高，对扬雄《太玄》的传世命运也非常乐观，预言后人“必以《太玄》次五经也”。③ 《新论》中设《正经》篇，从经书字数、内容、研经之人、研经之法以及时人对于《五经》的种种误解与偏颇的认识予以集中的批判与纠正，开启了汉代子书以“批经”作为现实批判之重要一项的先河。《正经》与《祛蔽》《谴非》《辨惑》诸篇，共同构建了《新论》批判的模式。桓谭批判在“破”的同时，也重视“建”。他在《正经》篇中为扬雄《太玄》《法言》于当世的不公正待遇而大声疾呼，做出“《玄经》数百年外，其书必传”④ 的大胆预言，就是“建”的体现。桓谭没有厚古薄今的偏见，他“不守章句”、不拘流俗的鲜明个性，使《新论》呈现出此前子书所没有的批判特征与独立个性，在诸子著作中营造了批判的声势气度。

① （清）汪荣宝撰，陈仲夫点校：《法言义疏》，中华书局1987年版，第166页。

② （汉）桓谭撰，朱谦之校辑：《新辑本桓谭新论》，中华书局2009年版，第1页。

③ 同上书，第41页。

④ 同上。

《淮南子》虽然自称“上考之天，下揆之地，中通诸理”[①]，号称其书几乎无所不包，但是并没有专门谈论音乐艺术的专篇。而桓谭《新论》设专文谈琴乐，“舜操”“微子操”“箕子操”等种种琴乐的起源以及与琴有关的故事皆网罗其中，有故事，有赏析，有制度，有人物，有心得，是子书历史上第一篇琴乐专论，开子书设乐篇之先导。

王充《论衡》的著作成就体现于以下几方面：第一，大力拓宽桓谭所开创的子书“批判”性格的新局面，使“疾虚妄”的内容更加广泛，分类也更加详细。比较桓谭《正经》篇，《论衡》针对“经”的批判分别设有《艺增》《问孔》两篇，对于史书、传书、子书的批判分别设有《非韩》《刺孟》《儒增》《语增》《道虚》等篇分门别类地一一纠谬。他对于世俗之人所持的种种偏见与误解的批判也是不厌其详、事无巨细，以至于有人认为他的《论衡》之文过于“重”。重，即烦琐。但他本人也不以为意。第二，虽然书中有很多观点前后矛盾，但是他以“鸿儒”自居的信念从未动摇，并且第一次从经、子的不同区别出“世儒”与“文儒”的迥异身份。他在书中为著作的“文儒”们所建构的虚拟世界，凭借著书立说以封素王、称素相的幻想，发前人所未发。第三，王充以其敏感的心灵关注有理想、有抱负士人个体的人生际遇，对于个体所处的社会环境做了全面而详尽的描述，如《逢遇》《累害》《命禄》《幸偶》诸篇所谈论的内容，这也是此前子书所没有的。第四，论述语言浅显通俗，是《论衡》所首创的写作风格。这使子书的读者群下移，从而更容易实现其“观读之者，晓然若盲之开目，聆然若聋之通耳”[②] 的目的。

此期子书的特点为：第一，无论子书内容依托与否，作者都具备了著书的自觉意识，亲自编订己著并命名；第二，诸子创作的自信心增强，子书地位得到提升，表现为或把己作上攀至“经”的位置，或为处于子书作者行列而张扬呐喊；第三，子书的著作体式进一步发展，如大、小序的出现和“自传性”篇章的附益；第四，子书的大多数篇名能够涵盖篇旨，也有少数例外。（按：或为标榜模仿者，或“小序”与篇章因为撰者不同而脱离。）

---

① 刘文典撰，冯逸、乔华点校：《淮南鸿烈集解》，中华书局1989年版，第700页。

② 黄晖：《论衡校释》（附刘盼遂集解），中华书局1990年版，第611页。

第三节　迎来属于新时代的高潮

汉魏子书的高潮期在汉魏之际，鲜明地表现出诸子思想上的融汇与争鸣。此期子书大量涌现，如刘勰所说的："迄至魏晋，作者间出，谰言兼存，璅语必录，类聚而求，亦充箱照轸矣。"（《文心雕龙·诸子》）[①] 不论刘勰的言语间是否含有贬低之意，此时子书的鼎盛现象无疑是难以忽视的。此期的代表作有王符《潜夫论》、仲长统《昌言》、崔寔《政论》、陈纪《陈子》、魏朗《魏子》、侯瑾《矫世论》、荀悦《申鉴》、应劭《风俗通义》和徐幹《中论》等。

汉魏子书的高潮在此时出现的原因有四个：第一，从文体发展的角度看，这是汉魏子书发展的必然结果。自春秋战国至此时，积累了丰富的创作经验，子书无论从体制形成还是概念的认识上均已定型，成为一种非常成熟的著作形式。第二，新学兴起，儒学独尊的格局被打破，文人的生命意识和文学创作自觉意识快速发展，大大促进了文人进行子书创作的热情。第三，从子书功能看，此时的子书创作完成了由"公"向"私"的转变，它的"言以载道"功能在逐渐弱化，而越世扬名功能被不断强化，著作目的去高尚化，门槛降低，导致士人对之青睐有加。第四，从生活环境看，作者所处政治环境的恶劣与社会环境的动荡，促使更多有识之士投入对现实问题的深刻思考与探讨中。另外，诸子身处混乱的境遇，现世的"立功"愿望更难实现，所以专注于为后世"立言"。

此期子书作品宏富，加速了子书创作的规范化进程。桓范在《世要论·序作》篇中说："夫著作书论者，乃欲阐弘大道，述明圣教，推演事义，尽极情类，记是贬非，以为法式。当时可行，后世可修。且古者富贵而名贱废灭，不可胜记，唯篇论俶傥之人，为不朽耳。夫奋名于百代之前，而流誉于千载之后，以其览之者益，闻之者有觉故也。岂徒转相放效，名作书论，浮辞谈说，而无损益哉？而世俗之人，不解作体，而务泛溢之言，不存有益之义，非也。故作者不尚其辞丽，而贵其存道也；不好其巧慧，而恶其伤义也。故夫小辩破道，狂简之徒，斐然成文，皆圣人之所疾矣。"[②] 这段话，是他对于此时子书泛滥的批评以及当世文人的奉劝。

---

① （梁）刘勰著，范文澜注：《文心雕龙注》，人民文学出版社 1978 年版，第 308 页。

② （清）严可均校辑：《全上古三代秦汉三国六朝文》，中华书局 1958 年版，第 1263 页。

文中的批评之词“世俗之人，不解作体”，反映出他对于子书体式规范化的强调。从另一方面来看，子书的泛滥以及对此现象的批评也促进了子书写作规范化意识的提升。汉魏子书创作到达高潮而趋于泛滥，既有利于促进子书写作的规范化发展，也是产生更多子书精品的保证。子书创作得愈多，才愈能提供更多比较鉴别的对象，促使判断的标准更加完备，反过来指导与鞭策子书创作，督促子书作者精益求精。

具体来看此阶段子书，其突出成绩有六个：第一，“后汉三贤”是继桓谭、王充之后对子书“批判”功能的发扬者，他们最终掀起东汉末的批判狂澜。第二，《潜夫论·志氏姓》篇与《风俗通义·姓氏》篇前赴后继，完成了先秦“姓氏志”遗留给汉代的使命，使姓氏学薪火相传。第三，《风俗通义》更是开创出子书贴近社会底层的风格，在通往世俗之路上比王充走得更远，成为汉末世人兴趣由“雅”转“俗”的风向标。第四，《风俗通义》的篇章内容可以分为两类：（一）分类排比者，在资料整理方面似类书，但是又比类书更有条理；（二）专题阐述者，几乎每篇皆可当作相关主题的历史综述。这样的体式，使其书篇章表达的手段更加灵活，增强了反映现实内容的适应性。第五，无名氏《中论序》为第一篇他人代写的“大序”，并且置之书首，奠定了后世大序置于书首的模式。第六，仲长统的《昌言·自叙》一改先前子书中“叙传”文章以叙述为主、以议论为辅的模式，纯为抒情描写，亦是创新之一体。

这阶段子书中比较特殊的是荀悦《申鉴》。《申鉴》共五篇，《政体》篇除外，其他四篇基本为问答体，体例与扬雄《法言》极为相似，可以看作对《法言》或是《论语》的模仿。《申鉴》不仅体例上无创新，思想内容也多沿袭前人。就像他在《政体》篇开头部分说的一样：“前鉴既明，后复申之。故古之圣王，其于仁义也，申重而已。笃序无彊，谓之‘申鉴’。”①“申鉴”的意思就是申述前人“仁义”之道，使人志之不忘。扬雄是以模仿为创新，荀悦的模仿似乎只是因循，缺少创新意识。

徐幹《中论》的篇章设置也存在模仿的痕迹，如《论语》首篇为《学而》，《荀子》首篇为《劝学》，《中论》的首篇为《治学》，当然这与他思想上对孔子的崇拜相关。除此之外，《中论》引《诗》为教的特点也是徐幹学习荀子等儒家诸子的体现。

相比同期锐意求“变”的子书，荀悦《申鉴》与徐幹《中论》两书

---

① （汉）荀悦撰，（明）黄省曾注，孙启治校补：《申鉴注校补》，中华书局2012年版，第1页。

则倾向于“不变”，因而具有一定的“保守”性，这也是此期诸子思想争鸣的表征之一。从荀悦对“申鉴”的释义可知，《申鉴》一书的“不变”是他自主选择的结果，暗含着一股“逆潮流”的决心。徐幹《中论》的不变，或许更多出于他“淡泊”的性情，因此两书的“不变”之中还有“变”。

此阶段子书的特点为：第一，子书创作盛况空前，但也良莠并存；第二，子书“量”的激增更利于文人进行评判比较，从而突出精品，促进子书体式的规范与成熟；第三，无论从内容所涵盖的范围，还是篇章的构成看，子书对全书内容之“全”与篇章主题之“专”的要求并重；第四，子书的政治服务性（按：指作者自觉地关注和批评政治两方面）特点比较突出，这是当时政治影响的辐射所致，说明他们对著书作用于现实的效力还抱有期望。

第四节　对前人的总结与对后世的垂范

汉魏子书的总结垂范期开始于三国，代表作品有曹丕《典论》、杜恕《体论》《笃论》、阮武《政论》（又名《阮子政论》）、刘廙《政论》、王肃《政论》、蒋济《万机论》、桓范《世要论》、锺会《刍荛论》、陆景《典语》、谯周《法训》、诸葛恪《诸葛子》、顾谭《新言》、张俨《默记》、裴玄《新言》、姚信《士纬》、周昭《新论》、刘廞《新议》、殷基《通语》等，诸子队伍非常庞大。

此期子书的首要特点是，对于前世子书创作的总结意识与对后世子书创作的垂范意识相结合。且不管先秦子书提供的丰富经验，仅从汉魏子书自身的发展看，经过前三个阶段的积累，特别是在经历了其高潮之后，此时已有对它做一个总结的客观需求。虽然大的政治环境依然是分合不定，但是局部的小环境相对稳定，尤其是曹魏的邺城，在曹氏父子的努力经营下，邺城的文士中弥漫着良好的著书论文的气氛，这也为总结前代学术成果提供了良好的土壤。

从主观条件讲，自汉代中晚期开始的文人自觉意识的萌发至此已经发育得比较成熟，子书创作不再是“不得已”之举，不再因为担负传道的沉重使命与扬名立万的唯一寄托而附着上浓郁的悲剧色调。子书创作与现实功业的建立不再表现为尖锐的对立与冲突，而是作为诸子文化生活的一个组成部分，不仅是“不朽”于后世的捷径之一，还是作者借之与同时代人交流并炫耀才识与谋取声誉的习用手段。

此期子书所体现的总结与垂范倾向，在曹丕《典论》中有集中体现。曹丕在《与王朗书》中说：“生有七尺之形，死惟一棺之土，惟立德扬名，可以不朽；其次莫如著篇籍。疫疠数起，士人凋落，余独何人，能全其寿？故论撰所著《典论》、诗、赋，盖百余篇。集诸儒于肃城门内，讲论大义，侃侃无倦。”[①] 侯芭从扬雄受其《玄》《言》，被时人视为怪异。曹丕却能在“诸儒”面前“侃侃无倦”地讲解《典论》“大义”，这样的反差能说明两个问题：其一，当时已经形成了浓厚的著书、品文之风，子书不再是蹲在经书身后的劣等精神产品，它已体面庄重地登堂入室。《典论》被作为讲解范本，这当然与曹丕本人的太子地位有关，不能以此简单地类推到其他子书的待遇。但是从曹丕对徐幹《中论》的赞赏可见，徐幹创作《中论》一事也广泛传扬于邺城文人群体中，著书立说在邺城文人中是该被激扬鼓励的“大业”之一。其二，曹丕不仅著书，而且讲书，他的目的不仅在于为后世“立言”，也在指导与影响当世。著书立说成为他政治生活的重要组成部分，而著书不朽的宣扬更是他掷给文人的救生筏。如此才可以理解他抄书赐予孙权与张昭时是怀着怎样的郑重与自傲，而他在《典论·论文》中所说的“文章经国之大业”也并非虚言。《典论》有《论文》一篇，这是子书中第一次出现文论的专篇，它对于包括子书在内的几种文体特点都做了归纳，既有对于前人的总结，也体现它指导当世与垂范来者的自觉意识。它具有开天辟地的意义，更进一步开拓了子书内容涵盖的范围。（按：桓范《世要论》一书虽然大多亡佚，但现存文献中也有对于文章著作的批评，其书或有文论专篇亦未可知。其他子书中有关文论内容不可见，整书全佚者更加无法考察，所以目前对于《典论·论文》的诘评很可能是仅据存世文献得出的片面结论。）

此期子书的第二个特点是，作者的身份与以往相比有了很大不同。曹丕的皇室身份姑且不论，其他作者中除了少数几人事迹无考外，多为朝廷大臣，不仅官位不低，而且有的在政坛上还堪领一时风骚。如曹魏的蒋济、桓范都是重要谋臣，孙吴的传世子书中也包括诸葛恪等“太子四友”的著作。从这些著者一生的主要阶段来看，政治上都算是得意的，而且他们的著作并非写于其人生失意之时（按：个别例外）。作者身份地位的变化，影响了他们对于子书创作的态度，进而影响到篇章主题的选择。所以此时的子书内容少了些“不平之鸣”，多了些积极向上的辅政愿望和学术

---

① （清）严可均校辑：《全上古三代秦汉三国六朝文》，中华书局 1958 年版，第 1090 页。

探讨的自觉追求。

此期子书的第三个特点是，自我服务性比较突出。曹丕《典论》所表现出的"自传性"倾向，使子书成为一个全方位展示自己从政以外的才华与思想的载体之一，就是此期子书作者自我服务意识的典型代表。比如，曹丕在《典论》之《终制》篇谈自己薄葬的愿望和缘由，在《太子》篇谈自己作家书时的踌躇，尤其是在《自叙》篇中他不厌其烦地言说自己对于骑射、击剑、弹棋之道的精通，更是他自我才华展示愿望的鲜明体现。

《三国志·顾谭传》云："谭坐徙交州，幽而发愤，著《新言》二十篇。其《知难篇》，盖以自悼伤也。"① 此传中，虽然史学家的眼光还拘泥于司马迁时期的"发愤著书"，但实际上当时诸子像顾谭这样"发愤"著书的不占多数。司马迁的思想早已被此时的子书作者超越了，他们中的大多数在著作中昂扬自信地走向了自我服务。曹丕就明显不买司马迁"发愤著书"的账，他在《典论·论文》中说："西伯幽而演《易》，周旦显而制《礼》，不以隐约而弗务，不以康乐而加思。……贫贱则慑于饥寒，富贵则流于逸乐。"② 他认为富贵贫贱对于著书不具有决定性作用，关键是作者本人能否真正地做到像"古之作者"那样既不会"慑于饥寒"也不易"流于逸乐"。

子书创作在秦汉之际由"公"向"私"转变了一次，至三国再进一步，走向了著作者"自我"。此时的某些子书类似于著作者个人历史的书写，更像是一篇放大了数十倍的"自传"，不单单是某一篇中能够寻觅到作者自我的身影。这一倾向也为萧绎深刻认同并予以很好的继承，所以才会有《金楼子·序》中所言的："由是年在志学，躬自搜纂，以为一家之言。"③ "一家之言"之说还是沿袭了司马迁的旧话，但其"私"想已今非昔比。

简述这个阶段子书的特点：第一，子书作者政治地位相对高端化；第二，子书创作进一步私己化；第三，子书中体现了作者对此前子书的理论总结与对后世的垂范意识相结合的愿望。

汉魏子书四个发展阶段的划分或许不甚严谨，但对勾勒汉魏子书发展的渐进过程有所帮助，子书概念在这一过程中逐渐清晰，其创作的体式与

---

① （晋）陈寿撰，（南朝宋）裴松之注：《三国志》，中华书局 1998 年版，第 535 页。

② （梁）萧统编，（唐）李善注：《文选》，中华书局 1977 年版，第 720—721 页。

③ （梁）萧绎撰，许逸民校笺：《金楼子校笺》，中华书局 2011 年版，第 1 页。

规范成熟的过程也得到了很好的揭示。每个阶段的子书发展水平不是等齐匀速的，而且这一过程中也有曲折起伏，但总体趋势是发展与进步的。在对这一渐进过程进行勾勒时，笔者坚定了一个认识：对汉魏子书文本进行解读时，仅仅避免带着现代人的子书概念进行孤立的衡量与评判，或者把诸子放到他们所处的时代去解读还不够，还应该把子书个体放置于子书体系中各自所隶属的发展阶段，把汉魏子书的个案阅读与其群体发展状况结合起来考察，这样才能更加接近汉魏子书的真实面貌，也才能保证考察结论相对公允无误。

第五章　汉魏时人对子书的评价

虽然子书是汉魏文人“成一家言”的首选，在当时不仅具有庞大的作者队伍并且产生了为数不少的精品，但直至魏末都未出现从著作形式上对子书界定和阐释的文章或著作。从文献分类上看，当时正处于由“六分法”向“四分法”的过渡期，“子”与“史”的关系也正准备从融合走向分化，所以考察汉魏时人对于子书的评价，不仅关系到子书的界定，也有助于厘清子书与其他著作形式之间的关系。同时，从汉魏时人对于子书的评价，还可以考察它在当时的地位与影响，认清它的发展状况，从而对于汉魏诸子所处的舆论环境有更加全面的认识，有助于更好地理解子书中所载史实和其中寄托的诸子思想。

汉魏时期子书的批评群体中约有子书作者与非子书作者两大类，前一类是当局者，后一类是旁观者，审视的角度不同、评价的态度与结论，必然会有差别。

第一节　子书作者的评价——奖掖、呼应或自我检讨

子书作者的批评一般发生于具备自觉著书意识的诸子群体中，他们在批评己作和“子书”这种著作形式时往往会表现出这样两种倾向：自信狂妄的人大多倾向于抬高与夸大子书的作用与影响，谦虚谨慎的人往往持有自我检讨的意味和改良的愿望。子书作者对同道中人及其著作的批评建立在自身创作实践的体验之上，所以他们在批评他人时往往会表现出这两种倾向：持惺惺相惜之同情的人大多倾向于扶持与奖掖，秉文人相轻之惯性的人往往倾向于指责与贬损。

一　对己作现世教化与后世扬名的期许

汉魏诸子对于己著的评价与期望，多见于他们亲著的“大序”和

“叙传”中，它们多以“本造”“对作”或“自纪”等为篇名。汉魏子书中书序的出现以《淮南子》最早，此书《要略》篇中以“书论”指代《淮南子》，也即后世所谓“子书”。文中对于“刘氏之书”作旨的阐述，即可视为作者本人对子书这一著作形式的要求与评价：

> 夫作为书论者，所以纪纲道德，经纬人事，上考之天，下揆之地，中通诸理。……故言道而不言事，则无以与世浮沉；言事而不言道，则无以与化游息。
>
> 凡属书者，所以窥道开塞，庶后世使知举错取舍之宜适，外与物接而不眩，内有以处神养气……
>
> 故著书二十篇，则天地之理究矣，人间之事接矣，帝王之道备矣。
>
> 诚通乎二十篇之论，睹凡得要，以通九野，径十门，外天地，捭山川，其于逍遥一世之间，宰匠万物之形，亦优游矣。
>
> 若刘氏之书，观天地之象，通古今之事，权事而立制，度形而施宜，原道之心，合三王之风……以统天下，理万物，应变化，通殊类，非循一迹之路，守一隅之指，拘系牵连之物，而不与世推移也……①

根据《要略》可知，“子书”涵盖内容大概可分为两个方面：道德，人事；或可三分为：天地之理，人间之事，帝王之道。无论二分还是三分，《要略》中所描述的子书内容都是包罗万象的，这样它才能虚实结合，繁简适度，做到既能“与世浮沉”，又能“与化游息”。同时使领会其意的读者，也能做到把万物之理了然于胸，而“逍遥于一世之间”。“著书”“属书”和“刘氏之书”等说法反映出刘安等人把子书作为一个整体构造的意识，而“书论”“二十篇之论”的称呼则体现了著述所言重在明道论理。《要略》对“刘氏之书”概括的内容就是后世所云“子书”的主要内容，篇中对子书所作的写作要求和《淮南子》自身树立的写作典范共同奠定了后世子书创作的基本模式。

但汉人眼中的“子书”，与今人对于“子书”的界定不尽相同。如扬雄等人认为，孔子的身份不是“子”而是“圣”，所以《论语》不是子

---

① 刘文典撰，冯逸、乔华点校：《淮南鸿烈集解》，中华书局 1989 年版，第 700、706、707、708、711 页。

书而类似于经，模仿《论语》而作的《法言》也不在子书之列。扬雄对“子书”的观点很值得关注。

《汉书·扬雄传》记录了扬雄自序写作《法言》的原因：“雄见诸子各以其知舛驰，大氐诋訾圣人，即为怪迂，析辩诡辞，以挠世事，虽小辩，终破大道而或众，使溺于所闻而不自知其非也。及太史公记六国，历楚汉，〔讫〕麟止，不与圣人同，是非颇谬于经。故人时有问雄者，常用法应之，撰以为十三卷，象《论语》，号曰《法言》。”[①] 即可以看出扬雄对于先秦诸子的批判针对性，以及对于孔子及《论语》的尊崇。另外，扬雄《法言》中也有多处体现出他对己作的评价，如《法言·学行》篇：“或曰：‘书与经同，而世不尚，治之可乎？’曰：‘可。’”[②] 文中所言的“书”即指扬雄己作《太玄》《法言》，说二书“与经同”可以看出扬雄自视甚高，也可以看出他在认为自己学行一致并成书立言之后，对于开篇所论的第三个层次“教人”的追求。这两部著作就是用来“教人”的范本，这点与孔子整理“五经”用以教授相似。扬雄对于诸子之书的评价，表现出强烈的贬低态度，因此对于己作《太玄》《法言》也不以子书对待，但还不敢自尊为经，而只视为解释圣人经书的成果，同于“传”。

扬雄把己作定位为解经之传，态度还比较谦逊。桓谭则径直拿己作《新论》与孔子《春秋》作比，他的自信与大胆是前所未有的。《新论》的《本造》《正经》两篇中有几处论及《春秋》，《本造篇》原文为：“余为《新论》，术辨古今，亦欲兴治也，何异《春秋》褒贬邪！今有疑者，所谓蚌异蛤，二五为非十也。”[③] 桓谭能出此大言，非常符合他“简易不修威仪，而喜非毁俗儒”[④] 的个性。连他极为推崇的扬雄尚且谦逊地说“其事则述，其书则作”，[⑤] 不敢违背孔子“述而不作”的原则，说《法言》也只是模仿《论语》罢了，而桓谭则认为《新论》可比肩于《春秋》。《新论·正经》泛论诸经传时，谈及“寓褒贬”的《春秋》，原文为：

诸儒睹《春秋》之文，录政治之得失，以为圣人复起，当复作

① （汉）班固撰，（唐）颜师古注：《汉书》，中华书局 1962 年版，第 3580 页。
② （清）汪荣宝撰，陈仲夫点校：《法言义疏》，中华书局 1987 年版，第 31 页。
③ （汉）桓谭撰，朱谦之校辑：《新辑本桓谭新论》，中华书局 2009 年版，第 1 页。
④ （南朝宋）范晔撰，（唐）李贤，等注：《后汉书》，中华书局 1965 年版，第 955 页。
⑤ （清）汪荣宝撰，陈仲夫点校：《法言义疏》，中华书局 1987 年版，第 164 页。

《春秋》也。自通士若太史公，亦以为然。余谓之否，何则？前圣后圣，未必相袭也。夫圣贤所陈，皆同取道德仁义，以为奇论异文，而俱善可观，犹人食皆用鱼肉菜茹，以为生熟异和而复俱美者也。①

此段文字大意有两个方面：第一，桓谭肯定《春秋》对于现实政治的重要作用，即“录政治之得失”；第二，桓谭认为虽然《春秋》重要，但它的现实地位并非不可替代，否定司马迁等人对于所谓圣人复起作《春秋》的观念。此段所说“前圣后圣，未必相袭”，联系他在《本造》中所言，可知所谓“后圣”是指像自己一样能写出“同取道德仁义”的“奇论异文”的作者。因为《新论》同《春秋》一样旨在“兴治”，所以完全可以取代《春秋》的现实地位，发挥《春秋》在它所处时代曾经发挥的作用，不在乎经、传或子书之间的等级差异。依此，就不难理解桓谭对于把扬雄之书次于五经的期许了，他说：“若遇上好事，必以《太玄》次五经也。”（见《新论·正经篇》）② 桓谭对于子书可以上攀于经的认识也为后来者所继承，如张衡即对崔瑗说：“吾观《太玄》，方知子云妙极道数，乃与《五经》相拟。非徒传记之属，使人难论阴阳之事，汉家得天下二百岁之书也。”（《后汉书·张衡传》）③ 而深深折服于桓谭的王充更是对《新论》推崇备至：“《新论》之义与《春秋》会一也。”（《论衡·案书篇》）④ 他真不愧是桓谭主张的忠实拥护者。

《论衡》的《对作》与《自纪》两篇，也集中体现了王充对于《论衡》的评价。《自纪》云：“上自黄、唐，下臻秦、汉而来，折衷以圣道，析理于通材，如衡之平，如鉴之开，幼老生死古今，罔不详该。”⑤ 他这句话既是说《论衡》，也是针对子书内容包罗万象特点的具体说明。《对作》云：“故夫贤圣之兴文也，起事不空为，因因不妄作。作有益于化，化有补于正”⑥，强调子书的政治功用性。“是故《论衡》之造也，起众书并失实，虚妄之言胜真美也。故虚妄之语不黜，则华文不见息；华文不放流，则实事不见用。故论衡者，所以铨轻重之言，立真伪之平，非苟调

① （汉）桓谭撰，朱谦之校辑：《新辑本桓谭新论》，中华书局2009年版，第40页。

② 同上书，第41页。

③ （南朝宋）范晔撰，（唐）李贤，等注：《后汉书》，中华书局1965年版，第1897页。

④ 黄晖：《论衡校释》（附刘盼遂集解），中华书局1990年版，第1173页。

⑤ 同上书，第1209页。

⑥ 同上书，第1178页。

文饰辞，为奇伟之观也。”[①] 他特意突出《论衡》的现实批判性，这是继桓谭《新论》之后，对于《春秋》“褒贬”中“贬”之功用的充分发挥。

王符《潜夫论·叙录》云：“夫生于当世，贵能成大功，太上有立德，其下有立言。阘茸而不才，先器能当官，未尝服斯役，无所效其勋。中心时有感，援笔纪数文，字以缀愚情，财令不忽忘。刍荛虽微陋，先圣亦咨询。草创叙先贤，三十六篇，以继前训，左丘明《五经》。”[②] 这段文字虽有缺失，但依然可以看出王符对于己作《潜夫论》能“缀愚情”“令不忽忘”而备“先圣亦咨询”的期许。

应劭《风俗通义·序》云：“昔仲尼没而微言阙，七十子丧而大义乖。重遭战国，约纵连横，好恶殊心，真伪纷争……私惧后进，益以迷昧，聊以不才，举尔所知，方以类聚，凡三一十卷，谓之风俗通义，言通于流俗之过谬，而事该之于义理也。”[③] 应劭明言自己写作《风俗通义》也有继孔子与其弟子之后承担起补“微言”之缺、救“大义”之乖的使命。从著作的目的讲，“子”与“经”在应劭眼中，也是没有差别的。

曹丕《典论·论文》云：“盖文章经国之大业，不朽之盛事。年寿有时而尽，荣乐止乎其身，二者必至之常期，未若文章之无穷。是以古之作者，寄身于翰墨，见意于篇籍。不假良史之辞，不托飞驰之势，而声名自传于后。故西伯幽而演《易》，周旦显而制《礼》。”[④] 曹丕认识并充分发挥了子书立言不朽的作用，把著者的个体需求从子书的一个附属地位提拔到最高的位置，在“立言”的无限性与个体生命的有限性之间架起一座桥梁。

桓范《世要论》所出最晚，相较之前诸子，他对于子书的认识也更全面。《世要论·序作》篇云：“夫著作书论者，乃欲阐弘大道，述明圣教，推演事义，尽极情类，记是贬非，以为法式。当时可行，后世可修。且古者富贵而名贱废灭，不可胜记，唯篇论俶傥之人，为不朽耳。夫奋名于百代之前，而流誉于千载之后，以其览之者益，闻之者有觉故也。岂徒转相放效，名作书论，浮辞谈说，而无损益哉？而世俗之人，不解作体，而务泛滥之言，不存有益之义，非也。故作者不尚其辞丽，而贵其存道

---

① 黄晖：《论衡校释》（附刘盼遂集解），中华书局1990年版，第1179页。

② （汉）王符著，（清）汪继培笺、彭铎校正：《潜夫论笺校正》，中华书局1985年版，第465页。

③ （清）严可均校辑：《全上古三代秦汉三国六朝文》，中华书局1958年版，第658页。

④ （梁）萧统编，（唐）李善注：《文选》，中华书局1977年版，第720页。

也；不好其巧慧，而恶其伤义也。故夫小辩破道，狂简之徒，斐然成文，皆圣人之所疾矣。”① 文中的“不解作体”，已明显反映出桓范对于子书体式特点的思考与反省。这段文字中，桓范首先明确了子书的两大功用，即“言以载道”与曹丕所重视的“传名”。但并非曹丕所认为的但凡“文章”皆可使人“不朽”，而是只有那些“篇论俶傥之人”才能不朽。其次，他批判世俗之人“不解作体”，强调子书创作应立足于“道”“义”，从而使之达到“其览之者益，闻之者有觉”的教化目的。桓范批评“浮辞谈说”者，这既与他“当时可行，后世可修”的文章价值观有关，也是他对于当时因受清谈口辩的影响而盲目追求繁文丽辞风气的纠正。

二 先秦诸子的“脱子入经”给予汉魏诸子的深刻影响

（一）推动先秦子书的“脱子入经”，拉近“子”与“经”的距离

孔子在汉代被儒家追随者推为圣人，孟子作为“大圣”思想的追随者，拥有亚圣的地位。所以《论语》与《孟子》两书在汉代经历了“脱子入经”的过程。《老子》在汉初就和黄帝扯上了关系，黄帝在司马迁的《史记》里是“五帝”之一，属于孔子所尊的“圣人”行列（按：孔子一向不敢自比于“圣人”的），而且孔子问礼的传说在汉代颇为流行，《老子》一书的地位也不免向“经”的方向抬升。这样区别孔、孟、老于其他诸子的做法是源于汉人的政教思想，而且仅是特例。先秦诸子的地位在汉代并没有群体性地提高，但是这三部著作的“脱子入经”在实际效用上却切实地拉近了“子”与“经”的距离，潜在地推动了诸子对于子书的关注与批评。

汉魏子书中出现对于前代子书写作体例与特点方面的批评之词，开始于子书创作自觉意识萌芽之后。考察现存文献，此类批评之词在扬雄《法言》中出现得最早。《问神》篇云：“或曰：‘淮南、太史公者，其多知与？曷其杂也！’曰：‘杂乎杂！人病以多知为杂，惟圣人为不杂。’”② 扬雄认为《淮南子》与《史记》两书思想之“杂”源于刘安与司马迁的“多知”，但是圣人能够做到“多知”而不“杂”，他们两人显然并非圣人。但是他又在《君子》篇中评价说：“淮南说之用，不如太史公之用也。太史公，圣人将有取焉；淮南，鲜取焉尔。必也，儒乎！乍出

① （清）严可均校辑：《全上古三代秦汉三国六朝文》，中华书局1958年版，第1263页。
② （清）汪荣宝撰，陈仲夫点校：《法言义疏》，中华书局1987年版，第163页。

乍入，淮南也；……多爱不忍，子长也。”[①] 同样将《淮南子》与《史记》两书相比，却有高下之别。汪荣宝分析这两处矛盾的评价云：“然则同为子云评价淮南之语，而褒贬不同者，彼自赏其文辞，此则裁以义理故也。”[②] 扬雄对于二书的比较，因为评价的立足点不同，导致价值偏差！

桓谭《新论》中对前代子书的批评俱见于《本造》篇。“谭见刘向《新序》、陆贾《新语》，乃为《新论》。”[③] 他对《新序》《新语》虽然未做评论，但足见两书给予《新论》的启发及借鉴作用，桓谭是把自己视为刘向、陆贾等人的继承者。“庄周《寓言》，乃云尧问孔子；《淮南子》云‘共工争帝，地维绝。’亦皆为妄作。故世人多云：短书不可用。然论天间莫明于圣人，庄周等虽虚诞，故当采其善，何云尽弃邪！”[④] 桓谭并不否认子书中有虚诞的内容，但他认为瑕不掩瑜，“采其善”就是取其有益于教的大义而不要纠缠于个别细节的真实与否。“秦相吕不韦，请迎高妙，作《吕氏春秋》。汉之淮南王，聘天下辩通，以著篇章。书成，皆布之都市，悬置千金，以延示众士，而莫能有变易者，乃其事约艳，体具而言微也。”[⑤] 这也是从《吕氏春秋》与《淮南子》两书的宏观结构及大义着眼予以肯定。“贾谊不左迁失志，则文彩不发。淮南不贵盛富饶，则不能广聘骏士，使著文作书。太史公不典掌书记，则不能条悉古今；扬雄不贫，则不能作《玄》《言》。”[⑥] 这是他在考察前代诸子作书立说的环境后所做的概括性总结，说明子书创作皆有客观凭借，但不阈于司马迁的“发愤著书”论。这些都说明桓谭确实认识到《新语》与《新序》两部书对现实的教育与影响作用，并有意识地继承这一著作形式以立言。

王充的《论衡》集中而大量地评价前代子书，这与他本人著书的主旨有关，当然也与他对于子书作用的重视密不可分。书中的评论分布于《超奇》《对作》《案书》《自纪》《定贤》《讲瑞》《书解》《效力》等诸多篇章中，王充论及的子书或其作者有陆贾与《新语》、刘向、董仲舒、扬雄与《太玄》《法言》、桓宽与《盐铁论》、桓谭与《新论》等，其中反复提及的有陆贾、刘向、扬雄、桓谭，论及桓谭及其《新论》者达十

① （清）汪荣宝撰，陈仲夫点校：《法言义疏》，中华书局1987年版，第507页。

② 同上书，第508页。

③ （汉）桓谭撰，朱谦之校辑：《新辑本桓谭新论》，中华书局2009年版，第1页。

④ 同上书，第1页。

⑤ 同上书，第2页。

⑥ 同上书，第1—2页。

三处之多。王充对于上述诸子都极尽赞美之辞，即使在对一些子书做出负面评价时也都未提其书名，不论前人或同时人著作，皆一概而论，对事不对人。

下面是《论衡》中的一些重要评论：

> 又作《新论》，论世间事，辩照然否，虚妄之言，伪饰之辞，莫不证定。彼子长、子云论说之徒，君山为甲。……观见其文，奇伟俶傥，可谓得论也。……陆贾消吕氏之谋，与《新语》同一意；桓君山易晁错之策，与《新论》共一思。……上书不实核，著书无义指。(《超奇》)①
>
> 故曰："玩杨子云之篇，乐于居千石之官；挟桓君山之书，富于积猗顿之财。"……陆贾《新语》，每奏一篇，高祖左右，称曰万岁。(《佚文》)②
>
> 世间为文者众矣，是非不分，然否不定，桓君山论之，可谓得实矣。论文以察实，则君山汉之贤人也。……然则桓君山〔不相〕，素丞相之迹，存于《新论》者也。(《定贤》)③
>
> 仲舒之言道德政治，可嘉美也；质定世事，论说世疑，桓君山莫上也。故仲舒之文可及，而君山之论难追也。……两刃相割，利钝乃知；二论相订，是非乃见。是故韩非之《四难》，桓宽之《盐铁》，君山《新论》类也。……案孔子作《春秋》，采毫毛之善，贬纤介之恶。可褒，则义以明其行善；可贬，则明其恶以讥其操。《新论》之义，与《春秋》会一也。(《案书》)④
>
> 高祖不辨得天下，马上之计未转，则陆贾之语不奏；众事不失实，凡论不坏乱，则桓谭之论不起。故夫贤圣之兴文也，起事不空为，因因不妄作。作有益于化，化有补于正。(《对作》)⑤

王充主要从三个方面肯定诸子著作：首先，著作有新意，表现为有独

---

① 黄晖：《论衡校释》（附刘盼遂集解），中华书局 1990 年版，第 608—609、612、617 页。

② 同上书，第 864—865 页。

③ 同上书，第 1122 页。

④ 同上书，第 1172—1173 页。

⑤ 同上书，第 1178 页。

立见解。如扬雄之书“眇思自出于胸中”，能“立义创意”“兴论立说”。其次，著作以求实为宗旨。如孔子与桓谭之为文，均“得道理之实”，故称孔子为素王，桓谭为素相。最后，著书为文的根本目的是有益政道，有益教化，“文人之笔，劝善惩恶”，“作有益于化，化有补于正”。他得出结论：著作只要符合上述三点要求，则无论其著者姓氏、地位，皆可入“贤”者之列，当然也包括没有“骥騄”之名却有“千里”之效的王充。

东汉王逸《正部论》云：“仲尼叙书，上谓天谈，下谓民语，兼该男女，究其表里。《淮南》浮伪而多恢，《太玄》幽虚而少效，《法言》杂错而无主，新书繁文而鲜用。”① 像王逸这样对于“新出”子书持全盘否定的批评态度者，在汉魏诸子中是比较少见的，因为《正部论》内容残缺，有些内容无法考证是代表他本人的观点还是他辩敌的观点。从评论之词可见，批评者认为优秀的子书应该注重实用、少浮夸，内容精练，不过分追求辞采。当然这个评语的参照对象为儒家经典。

曹丕《典论》云：“余观贾谊《过秦论》，发周秦之得失，通古今之制义，洽以三代之风，润以圣人之化，斯可谓作者矣。”② 曹丕逾越了汉人“作”与“述”的门槛，肯定了贾谊著作的原创性，这点也近似王充对于“论”的看法，只是王充依然拘于名分，谦逊地不敢以“作者”自居。

姚信《士纬》云：“然扬子之书，清贵甚远，无庙堂之议对王公大人之辞，故令其骨鲠不见，节操不显也。夫孟子之书，将门人所记，非自作也，故其志行多见，非唯教辞而已。或拒万钟之禄，或辞兼金之赠。或以周汉礼殊，二子时异，不可责之于周。”③ 姚信对于孟子与扬雄著作，从其时代与成书角度出发解释其差异，由“读书”而“知人”，有“文如其人”的意识。他的“孟子之书，将门人所记，非自作也”这一认识尤其难能可贵，汉魏时人论先秦诸子，多着眼于包裹在“言”中之“大义”，很少着眼于“言”的载体“书”，所以评价多重视其思想内涵或政治功用，很少审视其著书体例，姚信发人所未发。文中云扬雄之书“无庙堂之议对王公大人之辞”，一为比照孟子讲，二为比照汉初子书多为书疏、类似文集的情况而言。尤其是“周汉礼殊，二子时异，不可责之于周”一句，充分显示姚信在针对具体子书进行批评时具有宏观视野，能站在很

---

① （清）马国翰辑：《玉函山房辑佚书》，上海古籍出版社 1990 年版，第 2489 页。

② （清）严可均校辑：《全上古三代秦汉三国六朝文》，中华书局 1958 年版，第 1098 页。

③ （清）马国翰辑：《玉函山房辑佚书》，上海古籍出版社 1990 年版，第 2691 页。

高的角度俯瞰子书发展，不持厚古薄今之论。他之所以能够如此，必然是建立在他对子书著作的相关理论有了一些积淀与思考的基础之上。

殷基《通语》云：“才贵精，学贵讲，质胜文。石建文胜质，蔡邕文质彬彬，徐幹庶几也。”① 反映出殷基“文质并重”的文章观，非常欣赏蔡邕与徐幹的文章著作。

(二) 发扬当世子书追求现世的功用，不要妄自菲薄

考虑到子书在汉代因为不入“禄利之途”，不为世俗官场所重视，流传范围相对经书来说比较窄，又加上文献亡佚的原因，同时代人的评语难得一见，但通过梳理现存文献中保存的只言片语还是能窥见子书批评盛况之一斑。

桓谭《新论·正经》云：“通才著书以百数，惟太史公为广大，余皆丛残小论，不能比之子云所造《法言》《太玄经》也，《玄经》数百年外，其书必传。”（按：这段文字和标点据《新辑本》改定）② 桓谭对于扬雄《太玄》《法言》非常看重，预言“数百年外其书必传”的绝对之词，不仅显示出他对扬雄的信心，也是他对于所有“同取道德仁义”为目标的子书的自信。他同时也分析了世俗之人轻视扬雄著作的原因：“世咸尊古卑今，贵所闻，贱所见。见扬子云禄位容貌不能动人，故轻易之。”③ 这段话真实地反映了子书及其作者所身处的严酷世俗环境，这也是他激愤地要大力宣扬扬雄之书的原因。

《三国志·魏书》注引《魏略》云：“蒋济为太尉，尝与范会社下，群卿列坐有数人，范怀其所撰，欲以示济，谓济当虚心观之。范出其书以示左右，左右传之，示济，济不肯视，范心恨之。”④ 文中所记蒋济对于桓范《世要论》所表现出来的不屑一顾，一方面可能源于“文人相轻”的心理作怪，另一方面也是两人政治阵营不同所致。但从桓范“藏书于怀”并且非常渴望得到蒋济的赏识，可见魏晋时的评书类似东汉末年的品人，文人心中有可以左右风气的权威意识存在。“锺会投书”这一逸闻且不论其可信度，也不论此故事的目的是否为突出嵇康在文坛的地位，它所透露出的信息，就是品书也已经成为魏晋之时品人、品诗、品画等众多品评活动之一种。所以也才会有曹丕召集文人一起品评讲读自己的《典

① （清）马国翰辑：《玉函山房辑佚书》，上海古籍出版社 1990 年版，第 2528 页。

② （汉）桓谭撰，朱谦之校辑：《新辑本桓谭新论》，中华书局 2009 年版，第 41 页。

③ 同上。

④ （晋）陈寿撰，（南朝宋）裴松之注：《三国志》，中华书局 1998 年版，第 121 页。

论》，在评书品文的风气中，他能够“讲论大义，侃侃不倦”。[①] 品书论文的风尚，重新把子书从私人隐秘的书斋内引向大众视野，得到阳光雨露，使之在更大范围内传播并接受检验，推动了子书批评的茁壮发展。

仲长统对崔寔《政论》的评价为：“凡为人主，宜写一通，置之坐侧。”（《后汉书·崔骃传》）[②] 仲长统肯定《政论》对于政治统治的参考作用，是他文章功利观的体现，这一价值观也决定了《昌言》的作旨。

无名氏在《中论序》中对于徐幹及其著作评价道：“见辞人美丽之文，并时而作，曾无阐弘大义，敷散道教，上求圣人之中，下救流俗之昏者，故废诗赋颂铭赞之文，著《中论》之书二十篇。”[③] 作序者从是否“敷散道教，上求圣人之中，下救流俗之昏者”的角度把子书与“诗赋颂铭赞”等文体区别开来，突出了子书的优越性，说明此时文人对于子书规范的意识越发清晰。

曹丕《典论》云：“融等已逝，唯幹著论成一家言。”[④]《与吴质书》云：“观古今文人，类不护细行，鲜能以名节自立。而伟长独怀文抱质，恬谈寡欲，有箕山之志，可谓彬彬君子者矣。著《中论》二十余篇，成一家之言，辞义典雅，足传于后，此子为不朽矣。”[⑤] 曹丕语中所云的“著论”“著书”“述作”皆指“一家之言”，也即子书。他认为《中论》“辞义典雅”所以“足传于后”，因而可使徐幹“不朽”。

以上可见，同时代人对于子书的评价大多是褒扬：或者肯定其现实之政治教化作用，或者肯定其实现作者人生价值从而扬名后世的莫大功劳。

三　对子书泛论中体现出汉魏诸子的“卫道”精神

《论衡·佚文》篇所云“五文”中，王充尤其推崇子书，所谓“造论著说之文，尤宜劳焉”[⑥]。原因：它是“发胸中之思，论世俗之事，非徒讽古经、续故文也。论发胸臆，文成手中，非说经艺之人所能为也”[⑦]。《超奇》篇说：“书疏文义，夺于肝心，非徒博览者所能造，习熟者所能

---

① （清）严可均校辑：《全上古三代秦汉三国六朝文》，中华书局1958年版，第1090页。

② （南朝宋）范晔撰，（唐）李贤，等注：《后汉书》，中华书局1965年版，第1725页。

③ （汉）徐幹原著，徐湘霖校注：《中论校注》，巴蜀书社2000年版，第3页。

④ （梁）萧统编，（唐）李善注：《文选》，中华书局1977年版，第721页。

⑤ 同上书，第591页。

⑥ 黄晖：《论衡校释》（附刘盼遂集解），中华书局1990年版，第867页。

⑦ 同上书，第867页。

为也。"[①] 他同样强调"造论著说之文"的原创性。又《书解》云："著作者为文儒，说经者为世儒……汉世文章之徒，陆贾、司马迁、刘子政、杨子云，其材能若奇，其称不由人。世传《诗》家鲁申公、《书》家千乘欧阳、公孙，不遭太史公，世人不闻。"[②] 他认为作书之"文儒"高于传经之"世儒"，因为文儒之流芳百世不须假于他人，自有其书，肯定子书的传名之用。《对作》篇云："汉家极笔墨之林。书论之造，汉家尤多。阳城子张作《乐》，杨子云造《玄》，二经发于台下，读于阙掖，卓绝惊耳。"[③] 他从著述与传播两个角度揭示了子书在汉代复兴的现状。王充对于汉代子书定位极高，他在这段话中把汉代文章比喻为郁郁森林，子书就是林中屹立的一棵参天大树。

上文引用的王逸《正部论》中所批评的"新书繁文而鲜用"，也是出于文章实用论思想，他在与孔子"叙书"的比较中指责西汉子书。"繁文"这个话题，王充在《论衡》中也有过讨论，他认为"由此言之，繁文之人，人之杰也"（《超奇》）[④]。王充所云"繁文"含有文章丰富与词藻富美两意，可见他不反对子书追求文章形式美，著书如果能像桓谭《新论》那样"奇伟俶傥"，就是"论"文的最高境界。他和桓范都认为汉代新出子书有"文繁"这个特点，桓范持否定态度，出于文胜质的担心；王充持赞美态度，因为他以为好的著作可以做到文质彬彬，比如桓谭《新论》。两相比较，显然王充认为"文繁"者著论水平更高。

《三国志·任苏杜郑仓传》云："（阮武）谓恕曰：'相观才性可以由公道而持之不厉，器能可以处大官而求之不顺，才学可以述古今而志之不一，此所谓有其才而无其用。今向闲暇，可试潜思，成一家言。'"[⑤] 阮武本人也著有《阮子》，他与杜恕皆属于所谓"有其才而无其用"者，于是互相劝勉作子书以"成一家之言"。阮武的言语间，暗含以著作子书为"无用之用"之意，是把子书写作当成自我价值体现的一种辅助方式。

曹丕《典论·论文》云："奏议宜雅，书论宜理，铭诔尚实，诗赋欲丽。"[⑥] 文中"书论"当包括子书，强调其"理"，而不求其"雅""实"

---

① 黄晖：《论衡校释》（附刘盼遂集解），中华书局 1990 年版，第 612 页。

② 同上书，第 1150、1151 页。

③ 同上书，第 1182 页。

④ 同上书，第 609 页。

⑤ （晋）陈寿撰，（南朝宋）裴松之注：《三国志》，中华书局 1998 年版，第 211 页。

⑥ （梁）萧统编，（唐）李善注：《文选》，中华书局 1977 年版，第 720 页。

“丽”，是曹丕对于以子书为主的“论”文文体风格上的总结与阐述。他对于子书“论”体的强调，与同时代人的看法基本一致。

上述批评者，不论他们的态度如何，都暗含着对自身为子书作者的身份认同，不论是张扬还是贬损，都表现出为子书“卫道”的意识。在与先秦子书的纵向比较或与当世经学的横向比较中，他们一面张扬着著作子书的自信，一面不停地检点与反省，以期迈向一个更高更理想的境界。

第二节　非子书作者的评价——企羡、同情或嘲讽

汉魏子书作者之外的批评者们在批评子书时就是发表一个受众的读后感，但这些读后感中流露的态度还是会有差别，具体表现为以下三种：因为自己无暇或无才创作而产生的企羡；因为与作者文人身份认同的一致而产生的同情；因为政治利益冲突或与作者社会地位的高下而引发的轻视与嘲讽。

这些作为子书受众的批评，不管是正面还是负面的，都能反映出子书在汉魏时期的社会影响，因此尤其值得探讨。

一　经、史学者对诸子“文章”的肯定与对其所寓之“道”的贬抑

司马迁在《史记·郦生陆贾列传》中说：“余读陆生《新语书》十二篇，固当世之辩士。”① 这是见诸史料的最早的史家评语。司马迁的评语是说《新语》一书能够真实反映出陆贾在当时的“辩士”名声，既说明所谓文如其人，也肯定了他的论辩才能以及《新语》的论辩特征。但司马迁对《新语》一书的内容，不曾有过其他评价。

郑玄作为汉代颇具影响力的经学家，虽然没有直接批评子书，但他的态度在经注中还是有所反映。如《论语》中有一段子夏的言语：“虽小道，必有可观者焉；致远恐泥，是以君子不为也。”郑玄作注云：“小道，如今诸子书也。”（《论语·子张》）② “今诸子书”，应指汉代新出诸子书，郑玄把它们归于“小道”，显然是源于他经学家的立场。在经学一统天下的政教环境里，郑玄的偏见既具有保守性也有普遍性。从另一方面

---

① （汉）司马迁撰，（宋）裴骃集解，（唐）司马贞索隐，（唐）张守节正义：《史记》，中华书局 1959 年版，第 2705 页。

② （宋）朱熹：《四书章句集注》，中华书局 1983 年版，第 188 页。

看，当时很多文人投身子书创作的潮流中，致使子书泛滥，难免良莠杂陈，尤其是一些仅为沽名钓誉的作品大量地充斥耳目，因此郑玄的批评也不无一定道理。

班固著史的思想相对保守，但是他对子书现实功用的高度肯定却表现出他思想开放的一面。“天下既定，命萧何次律令，韩信申军法，张苍定章程，叔孙通制礼仪，陆贾造《新语》。”① 这段话出自《汉书·高祖纪》，其中绝大多数文字是班固从司马迁《史记》借来的，但是《史记》中只罗列了韩信等四人的功绩，“陆贾造《新语》”明显是班固添加的。他把《新语》的写作等同于“次律令”“申军法”“定章程”“制礼仪”等国政要事，可见在班固眼里《新书》对于大汉政治的重要性。

把班固与司马迁的不同描述两相比较，也许能说明子书在东汉时的地位高于西汉，尤其是如姚信所说含有“庙堂之议对王公大人之辞”② 的子书，因其能影响时政而得到重视。

《汉书·高祖纪》颜师古注云：

> 应劭：“陈平使画工图美女，间遣人遗阏氏云：‘汉有美女如此，今皇帝困厄，欲献之。’阏氏畏其夺己宠，因谓单于曰：‘汉天子亦有神灵，得其土地，非能有也。’于是匈奴开其一角，得突出。”郑氏曰：“以计鄙陋，故秘不传。”师古曰：“应氏之说出桓谭《新论》，盖谭以意测之，事当然耳，非记传所说也。”③

颜师古虽然否定了桓谭的说法，认为是出于“意测”，但他所引用的材料却指向了与他观点相反的方向。应劭之所以沿袭桓谭之说，显然是认可《新论》所述历史的可靠性。而对子书持轻视态度的郑玄，能说出“以计鄙陋，故秘而不传”这一正史不录的理由，说明他是认同桓谭所述为史实的。从应、郑二人对此事的态度可见，子书所述，至少桓谭《新论》所述史事是可信的。子书与史书相比，因为可以大胆、自由地记载一些粗俗浅薄难登大雅之堂的事件（按：即郑玄所谓的“鄙陋”），能够补史书之缺，这正是子书的优势所在。

所以颜师古在缺乏文献支撑的情况下，一口气否定了桓谭、应劭与郑

---

① （汉）班固撰，（唐）颜师古注：《汉书》，中华书局 1962 年版，第 81 页。

② （清）马国翰辑：《玉函山房辑佚书》，上海古籍出版社 1990 年版，第 2691 页。

③ （汉）班固撰，（唐）颜师古注：《汉书》，中华书局 1962 年版，第 63 页。

玄三人的结论，是不够审慎、不够稳妥的表现。而且他依据正史所缺否定桓谭所述，也说明他没有正确认识子书这一文体的特点与优势。

刘歆在读过扬雄《法言》《太玄》后，评价说："空自苦！今学者有禄利，然尚不能明《易》，又如《玄》何？吾恐后人用覆酱瓿也。"① 他的批评也是立足于经学昌盛的背景下，站在世俗功名的角度所推测的，并不具有审慎思辨态度的言论。但是刘歆批评的重点指向《太玄》自身内容的深奥难懂，难为当世人所理解，因此推想其太过玄虚而令学者望而生畏。《周易》与《太玄》两书都玄虚深奥，不花费功夫难以明其大义，明《周易》还能带来现实功利上的收益，明《太玄》则只能是劳而无获。刘歆批评的标准是现世的、功利的。

《论衡·齐世》云："杨子云作《太玄》、造《法言》，张伯松不肯壹观，与之并肩，故贱其言。使子云在伯松前，伯松以为《金匮》矣。"② 对扬雄的《太玄》与《法言》，"张伯松不肯壹观"的原因，王充归结为张氏所持"贵古贱今"的思想。但据《汉书·陈遵传》中所载陈遵对张竦（字伯松）的评语为："足下讽诵经书，苦身自约，不敢差跌"，③ 可见其人志趣所在；又张竦门下有杜林被号为"通儒"，都可说明张竦对扬雄著作的轻视，是带有"世儒"经师的偏见。

从当时人为子书作注这一现象，也能揭示子书在学界的地位。汉魏子书中，除侯芭因为从学扬雄而作《法言注》外，只有《淮南子》在东汉时就有注本，作注并传于今者有许慎、高诱二人。高诱《叙目》所云："其旨近《老子》，淡薄无为，蹈虚守静，出入经道……故夫学者不论《淮南》，则不知大道之深也。是以先贤通儒述作之士，莫不援采以验经传。"④ 高诱的话说明，《淮南子》在汉代颇为学者所重视，研读的人还不少，而且用《淮南子》"以验经传"。这个材料既能说明《淮南子》与经传有密切的渊源关系，也能说明其述论角度或文献来源与经传有差别，正如桓谭《新论》所载汉高祖平城脱险事一样。

《淮南子》因与经传有异同而起到"以验经传"的作用，桓谭《新论》因与正史有差别而效补史的功用，说明子书的学术价值在当时得到了很大一部分学者的肯定。

---

① （汉）班固撰，（唐）颜师古注：《汉书》，中华书局 1962 年版，第 3585 页。

② 黄晖：《论衡校释》（附刘盼遂集解），中华书局 1990 年版，第 811 页。

③ （汉）班固撰，（唐）颜师古注：《汉书》，中华书局 1962 年版，第 3713 页。

④ 刘文典撰，冯逸、乔华点校：《淮南鸿烈集解》，中华书局 1989 年版，第 2 页。

当然这并不能从一般意义上证明子书的研究在汉代为一般人所重视，因为“先贤通儒”对《淮南子》的关注还是立足于它与经传的近源关系。汉代文人对《淮南子》的关注，还得益于此书思想近于《老子》的特点迎合了汉初黄老道盛行的风尚。又据高诱所云“睹时人少有为《淮南》者”[①]所反映出的“建安十年”的状况，也能印证社会主流思想对此书传播的显著影响。建安十年庄学渐兴，中国思想史即将翻开新的一页，尊崇道家而偏黄老的《淮南子》一书自然不再时髦。

三国时，荆州学派的领袖宋衷研习《太玄》而作有《太玄经注》，冲击了刘歆对《太玄》“覆酱瓿”的预言（按：参《三国志·蜀书·宋衷传》裴松之注）。宋衷不只为《太玄》作注，还为《法言》作注，这两部注作都为《隋志》与两《唐志》著录。王肃作为宋衷的学生，也继承其师衣钵，著有《太玄》《法言》二书注本。正是因为魏晋南朝的文人对这两部书的注释研习，才使它们得以传世，后世研读者代不乏人。

汉魏的其他子书则很少能享受扬雄二书的殊荣，这或许得益于扬雄二书与《易》和《论语》的近源关系，或许源于扬雄的超群才智。研读者为两书作注的方法也是沿袭经传传统，本身无所发明，对于研读其他新出子书未能提供启发与借鉴性的作用，因此新书子注没能得到发展。但此举也拉近了汉代新出子书与经传之间的距离，据此推测汉魏子书地位在学术界有了明显的上升也未尝不可。

二 执政者的猜忌与自负

汉魏时期的执政者对于子书没有直接加以评论，但是他们的褒贬态度也体现在那些代表他们利益者的身上。如大将军王凤用以拒绝东平思王刘宇求书的言辞，完全可以代表汉成帝对于诸子之书的观点。他说：“诸子书或反经术，非圣人，或明鬼神，信物怪；《太史公书》有战国纵横权谲之谋，汉兴之初谋臣奇策，天官灾异，地形阨塞：皆不宜在诸侯王。不可予。”[②]这是刘宇遭到拒绝的真正原因，而表面的说辞却是：“不许之辞宜曰：‘……夫小辩破义，小道不通，致远恐泥，皆不足以留意。’”[③]他所谓的“小辩”“小道”，只是借口而已，其说辞却与郑玄相同，由此可以推想，汉人对于子书的负面评价也基本一致，以“经”所承载之“大道”

① 刘文典撰，冯逸、乔华点校：《淮南鸿烈集解》，中华书局1989年版，第2页。

② （汉）班固撰，（唐）颜师古注：《汉书》，中华书局1962年版，第3324—3325页。

③ 同上书，第3325页。

压伏“子”所承载之“小道”。

至魏文帝曹丕，君王抵制排斥子书的面貌才得以彻底改观，这与曹丕本人的双重身份密切相关。曹丕因为徐幹写有一部《中论》而盛赞他的不朽，而对于己作《典论》则不但当众讲解，且抄写赠送给孙权、张昭以发扬其学说并宣扬魏国文治。魏明帝出于对其父业的宣扬，亦出于文治之需，把《典论》刊刻立石于太学供世人瞻仰；他还因为张茂进献了《要言》而提升他为太子舍人（按：见《三国志·明帝纪》注引《魏略》）。子书地位由“小道”“小辩”而一跃成为建国之“大业”的组成部分，真是霄壤之别。

很可惜，子书的这种良好势头未能延续下去，随着南北朝玄学的发展和诗文集部文献的兴盛，文人们纷纷“移情别恋”，子学的光焰逐渐暗淡。

三　其他人对著作子书的憧憬与对作者的企羡

《论衡·佚文》载：“杨子云作《法言》，蜀富人赍钱千万愿载于书。”[①] 东汉普通人对于子书可以扬名立万的认识与期待从这件事中可见一斑。另有《三国志》记载，秦宓云：“如李仲元不遭《法言》，令名必沦。其无虎豹之文故也。”（《三国志·蜀志·秦宓传》）[②] 秦宓的推理同样反映出三国时期普通人眼里子书传名的功用是强大的，就这一功用而言它几乎可以取代史书。但这种普通人所认识的现实利禄之外的世俗功用，与子书作者对于子书“有益于世”、个人不朽等崇高功能的强调，显然并非一个层面。

曹植《辨道论》说：“中兴笃论之士有桓君山者，其所著述多善。”[③] 他又在《与杨德祖书》中设想：“若吾志未果，吾道不行，亦将采庶官之实录，辩时俗之得失，定仁义之衷，成一家之言，虽未能藏之名山，将以传之同好，非要之皓首，岂今日之论乎！”[④] 曹植不仅盛赞桓谭《新论》，而且把写作子书作为自己要用后半生来实现的宏愿，可见此时子书已经成为一种文人才智的标志，是他们“立功”之外的不二选择，给他们施加了强烈的紧迫感。

---

① 黄晖：《论衡校释》（附刘盼遂集解），中华书局1990年版，第869页。

② （晋）陈寿撰，（南朝宋）裴松之注：《三国志》，中华书局1998年版，第422页。

③ 赵幼文：《曹植集校注》，人民文学出版社1998年版，第187页。

④ 同上书，第154—155页。

丁仪在《励志赋》中说：“嘉《法言》之令扬，悼《说难》之丧韩。”① 虽然他认为子书对著者命运的影响是祸福难以预料，但毫无疑问，对子书扬名的功能他是十分肯定的。只是韩非的不幸命运，恐怕并不仅仅系于《说难》一文。此赋名“励志”，著作子书应该是丁仪所处三国时期文人所共有的志向之一，只不过祸兮福兮，难有定论。

谢夷吾在《上书荐王充》中说：“充之天才，非学所加，虽前世孟轲、孙卿，近汉扬雄、刘向、司马迁，不能过也。”（《后汉书·王充传》）② 从他拿来与王充做比较的人来看，这里称王充为“天才”必然是指王充作《论衡》而言。因为是荐书，所以不无夸大之词，但谢夷吾能把王充列在五位著名人物之列而毫无忌讳，可见他对王充著作的信心。

杨修在《答临淄侯笺》中说：“《吕氏》《淮南》，字直千金，然而弟子箝口，市人拱手者，圣贤卓荦，固所以殊绝凡庸也。”③ 杨修对此二书评价很高，是说才能卓绝之人的文章著作他人难以损益，立言与立功二者可兼行，鼓励曹植著书立说。

卞兰在《赞述天子赋并表》中评论曹丕《典论》虽多溢美之词，但还是能捕捉到其菁华，如“扬不学之妙辞”④ 一句就是对《论文》一篇中“文气论”的活用。

综合谢夷吾与三曹（曹丕、曹植、曹睿）等对子书的批评言辞，可以看出汉魏时期的确是子书的黄金时期，子书寄托着文人不朽于后世的深重期望，在此时又一次绽放出灿烂夺目的光彩！其实，汉魏时人对于子书的评论无论褒贬，都是当时子书占据士人精神活动并影响与干涉其生活的反映，所以从此角度着眼，正反两方的批评对于子书的创作产生或鼓励或修正的影响，均能起到推进子书发展的作用，可谓殊途同归。

---

① 夏传才主编：《建安文学全书》之《三曹七子之外建安作家诗文合集校注》上册，河北教育出版社2013年版，第76页。

② （南朝宋）范晔撰，（唐）李贤，等注：《后汉书》，中华书局1965年版，第1630页。

③ （梁）萧统编，（唐）李善注：《文选》，中华书局1977年版，第564页。

④ （清）严可均校辑：《全上古三代秦汉三国六朝文》，中华书局1958年版，第12238页。

第六章　汉魏子书的泛称——“新书”

第一节　“新书”之称不始于刘向校书

历代学者们对于“新书”称谓的探讨都会追溯到贾谊《新书》。探讨的焦点有两个：第一，“新书”是否为贾谊著作的专称；第二，“新书”称谓的起源。经过几代学者的共同努力，第一个问题的答案已经得到学界公认，即“新书”最早并非贾谊著作的专称，以之专称贾谊著作的现象在萧梁时即已出现。而关于“新书”称谓的起源问题，历代学者的探讨不够透彻，还有进一步求索的必要。

在追溯“新书”一称的源头时，学界大多认为始于刘向校书。把刘向和“新书”联系起来的最早记录可追溯到宋代。晁公武在其《郡斋读书志》中即称：“杨倞注荀子二十卷：右赵荀况撰。汉刘向校定，除其重复，著三十二篇，为十二卷，题曰《新书》。”[①] 值得注意的是，晁公武在此只是阐明刘向在其校订的《荀子》新本上题名“新书”，以别于之前流传的旧本，并未断言刘向校书是“新书”称谓的源头。

清人汪中在《述学·内篇》之《贾谊〈新书〉序》中说：“《新书》五十八篇，汉梁太傅洛阳贾谊撰。今亡一篇。校本传，自‘凡人之知’至‘胡不引殷、周、秦事以观之也’四百三十四字，书亡其文，据以补之。《问孝》《礼容语上》二篇，有录亡书。《艺文志》但云贾谊，称《新书》者，刘向校录所加。《荀卿子》称《荀卿新书》，见于杨倞之序，是其证也。”[②] 汪中开始把称贾谊著作为“新书”的源头归因于刘向校书。

---

① （宋）晁公武撰，孙猛校证：《郡斋读书志校证》，上海古籍出版社 1990 年版，第 422 页。

② （清）汪中著，田汉云点校：《新编汪中集》，广陵书社 2005 年版，第 422 页。

之后，孙诒让《札迻》云："案：马总《意林》二引此书，题《贾谊新书》八卷，高似孙《子略》载庾仲容《子钞目》同，（惟八卷作九卷。）则梁时已称《新书》，不自《新唐志》始也。《新书》者，盖刘向奏书时所题，凡未校者为故书，已校定可缮写者为《新书》。……盖'新书'本非贾书之专名，宋、元以后，诸子旧题删易殆尽，惟《贾子》尚存此二字，读者不审，遂以'新书'专属之《贾子》，校椠者又去'贾子'，而但称'新书'，展转讹省，忘其本始，殆不可为典要。"① 在此，孙诒让陈述了刘向在校订之书上题有"新书"这一事实，并推测后世其他诸子书中"新书"两字丢失，唯独《贾子》存"新书"二字，又加上"贾子"二字的省略，导致"新书"遂成贾谊著作的专称。

余嘉锡也持相同观点，他在《古书通例》中对此阐述得尤为详尽：

> 其有复重残缺，经向别加编次者，皆题之曰《新书》，以别于中秘旧藏及民间之本。如《荀子书录》云："《荀卿新书》三十二篇。"《列子书录》云："新书有栈。"《别录》又有《蹴鞠新书》二十五篇（释玄应《大般涅槃经音义》引）。由此推之，则《隋》《唐志》之《晁氏新书》，今所传之《贾子新书》，盖皆刘向之所题，后人但以为贾谊书名者，误也。今《管》《晏》诸子所载向之《叙录》，皆无"新书"字，盖为浅人之所删削，独荀子尚存其旧……然今所传古书，往往与《史记》所言篇数合，与《汉志》不同。如《孟子》《孙子》、陆贾《新语》皆是。盖犹是民间相传之旧，非向所校定之新书。则因汉中秘所藏，臣下见之至为不易故也。②

余嘉锡在这段话中不仅重申了前人观点，还补充了一些例证，如《列子书录》与《蹴鞠新书》等。但是，余嘉锡的论述中有两点疑问：第一，刘向校书是对当时存世之书做了一次大规模的清理，刘向校订的子书不是少数，如果定稿均题名"新书"，为何仅存少数几部被误称为《新书》？余氏所言"浅人之所删削"难以令人信服。余氏所引例证中即有《荀卿新书》《列子》《蹴鞠新书》，此三部著作中的"新书"二字为何没有被删削？退一步讲，如果刘向所校之书皆题"新书"，则误传"新书"者当不仅仅是《贾子新书》一部。第二，刘向校订之"新书"既然不得

① （清）孙诒让著，梁运华点校：《札迻》，中华书局 1989 年版，第 219—220 页。

② 余嘉锡：《古书通例》，上海古籍出版社 1985 年版，第 108 页。

在民间流传，“新书”之名何能易见并被误作贾谊等人著作的本名？事实上，如余氏所言，刘向校订之书确实不易为一般人所常见。

顾实也曾指出刘向校本不易得。他说：“武帝本不好朴学，尊儒徒名而已。宣帝好刑名，以王霸杂用。故宣武之世，儒书不得尽显者宜也。乃成帝精于《诗》《书》，观览古文。命刘向、歆父子校理秘书，又赐班游秘书之副。时书不布，东平思王以叔父求《太史公》诸子书，而汉廷不许。游独得赐副者，班婕妤之兄弟故也。”（《汉书艺文志讲疏·自序》）[①] 其《诸子略》的结语又云：“古者书藏诸官府，是以诸子出于百官之史也。（史掌文书）黄帝、天乙、伊尹、太公书虽作于盛时，而藏诸故府。亦至晚周，官失其守，而流布民间，故并列于诸子尔。”[②] 据顾氏所言，先秦诸子百家书一直在民间流布，这是应私人讲学布道之需，不同于黄帝、天乙等“圣人”之书皆藏于官府。所以至晚周，诸子百家之书官府无存而民间犹有。秦朝焚书虽未祸及诸子，但其时颁布的挟书律也限制了它们的传播。汉兴，在典籍阙佚情况下，官府不得不大力搜集群书，一些诸子百家书才得以与圣人书同列，皆聚集于秘府。但官府搜集之书不能穷尽民间所有，故刘向校订群书之后，所校订之书除了极少副本在小范围内流传外，民间广泛流传的还是那些未经刘向校订的版本。

上引《古书通例》中所言“然今所传古书……盖犹是民间相传之旧，非刘向所校定之新书”，也能证明这一点。《汉书·叙传上》还有一条记载可以证明刘向所校之书不能在大范围内流传：

> （班）彪字叔皮，幼与从兄嗣共游学，家有赐书，内足于财，好古之士自远方至，父党扬子云以下莫不造门。嗣虽修儒学，然贵老、严之术。桓生欲借其书，嗣报曰：“若夫严子者，绝圣弃智，修生保真，清虚澹泊，归之自然，独师友造化，而不为世俗所役者也。渔钓于一壑，则万物不奸其志；栖迟于一丘，则天下不易其乐。不絓圣人之罔，不齅骄君之饵，荡然肆志，谈者不得而名焉，故可贵也。今吾子已贯仁谊之羁绊，系名声之韁锁，伏周、孔之轨躅，驰颜、闵之极挚，既系挛于世教矣，何用大道为自眩耀？昔有学步于邯郸者，曾未得其仿佛，又复失其故步，遂匍匐而归耳！恐似此类，故不进。”[③]

---

① （汉）班固撰，顾实讲疏：《汉书艺文志讲疏》，上海古籍出版社 1987 年版，第 6 页。

② 同上书，第 167 页。

③ （汉）班固撰，（唐）颜师古注：《汉书》，中华书局 1962 年版，第 4205—4206 页。

班彪拒绝桓谭借书之辞，连嘲带讽，极为尖刻。桓谭因与王莽的密切关系，享有“新朝”新贵之尊，他尚且无法一睹班氏家藏所赐之书，何况其他普通读书人？因此刘向校订之书，不能在大范围内流播的情况是可以肯定的。既然刘向校订之书不能广为流传，刘向所题的“新书”也必不能广为流传并必然成为贾谊著作的代称。所以，刘向校书成为“新书”称谓起源的条件不充分。

余氏结论的另一旁证是，刘向所上诸子“书录”中题有“新书”。但是，我们从现存严可均辑的几篇刘向“书录”看，刘向校订之书并非都题有“新书”。如《管子》《晏子》《孙卿》《韩非子》《邓析》《关尹子》《子华子》《说苑》，并无一例于旧书大题上添加“新书”以示区别。刘向《列子书录》云：“右新书定著八章，护左都水使者光禄大夫臣向言：所校中书《列子》五篇……臣向昧死上，护左都水使者光禄大夫臣向所校《列子书录》”；[①]《关尹子书录》云：“右新书著定《关尹子》九篇，护左都水使者光禄大夫臣向言。”[②] 刘向只是在书录正文中称自己的校订稿为“新书”，并非把“新书”二字题在书名项，二部书名仍为《列子》与《关尹子》。《孙卿书录》云：“臣向昧死上言，护左都水使者光禄大夫臣向言所校雠中《孙卿书录》”，[③] 题名也无“新书”两字，与余氏所云有异。

刘向在“书录”正文中之所以称诸子著作为“新书”，意在明确此本是自己校订整理后的新版，“新”有新校订、新整理之意。又据顾实《汉书艺文志讲疏》云：“其书有曰：‘此《鸿烈》之《泰族》也。’（《要略训》）则自名曰《鸿烈》，故高诱曰：‘其大较归之于道，号曰《鸿烈》。鸿，大也。烈，明也。以为大明道之言也。刘向校定撰具，名之《淮南》。’”[④]（《淮南子叙》）《淮南子》一书也是经过刘向校订的，为何不名《新书》而名《淮南》？总之，此书刘向校订前已有书名《鸿烈》，因此题著作者名字就可以区别于旧本，于是因循先秦子书以著者题书的惯例，不必再题以“新书”。据此可见，刘向校订之书并非皆以“新书”称之，《书录》中出现“新书”二字也是在其正文中，而非标于所校书名的大题上，刘向强调“新书”的主要作用是与旧本相区别。因此，余氏把

---

① （清）严可均校辑：《全上古三代秦汉三国六朝文》，中华书局 1958 年版，第 333 页。

② 同上书，第 333—334 页。

③ 同上书，第 333 页。

④ （汉）班固撰，顾实讲疏：《汉书艺文志讲疏》，上海古籍出版社 1987 年版，第 155 页。

称贾谊著作为《新书》的起源归因于刘向校书，理由不是很充分。

综上所述，刘向校书并非在所有子书校订稿上题名“新书”，而且刘向校订稿多藏于中秘与少数世家大族，不能在民间广为流传，“新书”称谓借刘向校订之本进行传播的条件不具备，孙诒让等学者所言“新书”称谓始于刘向校书的观点不能成立。

第二节　“新书”曾作为子书的泛称流行于汉魏

否定了“新书”之称源于刘向校书，并不能回答“新书”之所以成为贾谊、晁错等人著作代称的起因。笔者经过对汉魏子书的综合考察发现，汉代初年即有以“新书”称呼新出子书的习惯，这一习惯使“新书”成为汉代暂无专名的新著之书的代称，以后逐渐成为一种风气，刘向在其书录中称校订稿为“新书”也是受此风气所渐。

陆贾《新语》的定名，从他“每奏一篇，高帝未尝不称善，左右呼万岁，称其书曰《新语》”的情况看，与他给刘邦献书几乎是同时的。[①]既然陆贾著作专名已定，其名必然会随书广泛传播，但是司马迁却说：“余读陆生《新语书》十二篇，固当世之辩士。”（《史记·郦生陆贾列传》）[②] 他以《新语书》称引陆贾《新语》，说明：虽然陆贾《新语》一书被刘邦“左右”定名甚早，不再需要借“新书”来代称它，但是司马迁受汉人泛称“新书”的习惯影响，行文中才会习惯性地说出《新语书》这一称谓。

唐人马总在其《意林》“目录”中，称呼陆贾之书为《新书》。[③] 这也表明“新书”曾经作为陆贾之书的代称流行过，此版本或为马总所见并予记录。甚至明代依然有人执着地称陆贾著作为“新书”，如田登在其《刘尧夫宪副升广东大参》诗中就有：“马援铜柱风声远，陆贾新书计虑长”[④] 之语，真是隔世之余音。

陆贾、贾谊、晁错等人著作被称为“新书”，皆出于旁人之口，汉代

---

① （汉）班固撰，（唐）颜师古注：《汉书》，中华书局 1962 年版，第 2113 页。

② （汉）司马迁撰，（宋）裴骃集解，（唐）司马贞索隐，（唐）张守节正义：《史记》，中华书局 1959 年版，第 2705 页。

③ 王天海、王韧：《意林校释》，中华书局 2014 年版，第 1 页。

④ （明）曹学佺：《石仓历代诗选》卷四百七十四，文渊阁《四库全书》，1393—481。

还有作者自称“新书”的例子。如王充在《论衡·自纪》篇中就称己著为“新书”：“今新书既在论譬，说俗为戾”① “今所作新书，出万言，繁不省，则读者不能尽”②，在这两处王充显然都是以“新书”指代自己的《论衡》。王充在“答曰”里，尤其强调他在此所说“新书”不是别的“新书”，而是他自己的这部《论衡》。③

后汉的荀爽也自题己著为“新书”，《后汉书》说他：“作《公羊问》及《辩谶》，并它所论叙，题为《新书》。凡百余篇，今多所亡缺。”④

马总《意林》所载东汉王逸的《正部》一书中，有这样的言论：“《淮南》浮伪而多恢，《太玄》幽虚而少效，《法言》杂错而无主。新书繁文而鲜用。”⑤ 末句所云“新书”，笔者以为应不是指贾谊《新书》。理由有二：首先，作品排列次序不对。如果是贾谊《新书》，按时代应在《淮南》之前，而不是置于刘安、扬雄之后。其次，专称贾谊著作为《新书》的习惯最早可见始于梁代，直至西晋都没有这样称呼，更何况东汉。汉代子书中没有专称贾谊著作为《新书》者，称引贾谊之事，只云他上书论政等，无提及他的著作名者。此处“新书”不是特指贾谊著作，同样也不会是陆贾、晁错等人的著作，那么此处“新书”必然也是泛称，指的是汉代新出之子书。既然如此，句中的“繁文而鲜用”就可以理解为王逸对于汉代新出子书的总体评价。王逸给出如此差评，是在把它们和孔子之书进行比较之后。上句有“仲尼叙书，上谓天谈，下谓民语，兼该男女，究其表里”，而此处所列三部“新书”则“浮伪而多恢”“幽虚而少效”“杂错而无主”，无论是在思想层面还是文辞层面上，都难以比拟孔子所叙“古书”可以“一字寓褒贬”的精练，所以它们就显得“繁文而鲜用”了。

---

① 黄晖：《论衡校释》（附刘盼遂集解），中华书局1990年版，第1199页。

② 同上书，第1201页。

③ 见《自纪篇》：“充既疾俗情，作讥俗之书；又闵人君之政，徒欲治人，不得其宜，不晓其务，愁精苦思，不睹所趋，故作政务之书。又伤伪书俗文多不实诚，故为论衡之书。”又云：“论衡者，论之平也。口则务在明言，笔则务在露文。”《对作篇》云：“是故论衡之造也，起众书并失实，虚妄之言胜真美也。故虚妄之语不黜，则华文不见息；华文放流，则实事不见用。故论衡者，所以铨轻重之言，立真伪之平，非苟调文饰辞，为奇伟之观也。”以上内容分别见于黄晖《论衡校释》（附刘盼遂集解），中华书局1990年版，第1194、1196、1179页。

④ （南朝宋）范晔撰，（唐）李贤，等注：《后汉书》，中华书局1965年版，第2057页。

⑤ （清）马国翰：《玉函山房辑佚书》，上海古籍出版社1990年版，第2460页。

概言之，凡是汉代文人新作、新序或新辑的子书，未有专名，或是在专名没能广为流传以前，皆可以“新书”称之。称“新”者，意在区别于先秦古书旧籍，重在开创。这个习惯始于汉初，流行于有汉一代，余波延至魏晋。如曹操“自作兵书十余万言，诸将征伐，皆以‘新书’从事”[①]。曹操本人和诸将称他所作兵书为“新书”，与以前之旧兵书（如《孙子兵法》）相区别。陆云也有著作称“新书”，《晋书》记载他：“所著文章三百四十九篇，又撰‘新书’十篇，并行于世。”[②] 都是受汉初风气的影响。

受到汉初风气的影响，刘向不仅称呼自己的校订稿为“新书”，他也以“新”命名自己的著作，如《新序》与《说苑》。据其《说苑叙录》云：“更以造新事十万言以上，凡二十篇七百八十四章，号曰《新苑》”，[③] 可知《说苑》曾名《新苑》。陆喜在为其书所作的《自叙》中说：“刘向省《新语》而作《新序》，桓谭咏《新序》而作《新论》。”[④] 此言道出陆贾、刘向和桓谭三人著作的承续与影响关系，不仅证明当时并无以“新书”专称贾谊著作的现象，也揭示了刘向著作题名为“新”的渊源所自。

综上所述，言称新著为“新书”的风尚始于汉初，在西汉末至东汉之间尤其兴盛，一直延续至魏晋。这一现象，固然与汉初诸子著书的自觉意识尚不明确、有书成于他人的现象、著者题名意识不强烈等诸多因素有关，但也与汉代诸子自觉的创新意识密不可分。

汉魏子书中由最初的泛称“新书”，发展到出现一大批以“新”题名的子书，如陆贾《新语》、刘向《新序》《新苑》、桓谭《新论》、刘廞《新议》（又名《政论》）、顾谭《新言》、裴玄《新书》（又名《新言》）、王基《新书》、姚信《新书》（《士纬》）、周昭《新论》（又名《周子》）、杜恕《新书》等等，这种以“新”题名的现象无不表明汉魏诸子群体在子书上所寄托的期以超越先秦的创新愿望及其努力。

汉魏诸子在己作中强调的创新努力，在汉代经学盛行、文学创作崇尚模拟的社会背景下，尤其可贵。也许正因诸子们的创新意识日渐加强，才会推进东汉经学今、古文走向融合。其实，刘歆争立古文经学，就显示出

---

① （晋）陈寿撰，（南朝宋）裴松之注：《三国志》，中华书局 1998 年版，第 26 页。

② （清）吴士鉴，刘承幹校注：《晋书校注》，中华书局 2008 年版，第 1485 页。

③ （清）严可均校辑：《全上古三代秦汉三国六朝文》，中华书局 1958 年版，第 387 页。

④ （唐）房玄龄：《晋书》，中华书局 1974 年版，第 1486 页。

突破今文经学独占官学的努力，他的思想不能不受其父刘向的影响。贾逵、马融、张衡、郑玄等一批博通今、古文经学的通儒的出现，也更显现出东汉学术的融合与创新。据时代先后而言，子书对“新”的追求具备影响经学发展的可能。

诸子们创新意识的日渐加强与推广，也间接带动了东汉文学发生新变。东汉文学的新变主要体现于以下两个方面。

第一，诗歌领域中文人开始新体诗歌的创作，首先是文人五言体诗歌的创作。如班固，曾领旨撰《白虎通义》，并为桓谭《新论》续《琴道》一篇，其五言诗作《咏史诗》，是现存最早的完整的文人五言诗，此诗充分显现了班固在新体五言诗方面的开拓意识。观照著有《灵宪》《算罔论》等科学著作的张衡，他的创新精神可谓贯串其一生。他的五言诗作《同声歌》，不仅是汉代文人五言诗的佳作，而且是先秦迄汉代爱情诗中喜剧诗的典型，写出了理想夫妻在情爱中所达到的至乐境界。张衡在诗歌上的创新成就为刘勰所认可，刘勰如此评价他：“张衡怨篇，清典可味；仙声缓歌，雅有新声。”（《文心雕龙·明诗》）①

其次是七言体诗歌的出现。马融不仅为先秦古籍作注，而且为汉代新著子书《淮南子》作注，无论在学术还是生活方式上无不体现其通达不拘的创新意识。他的《长笛赋》以整齐的七言诗句结尾：“近世双笛从羌起，羌人伐竹未及已。龙鸣水中不见己，截竹吹之声相似。剡其上孔通洞之，裁以当篴便易持。易京君明识音律，故本四孔加以一。君明所加孔后出，是谓商声五音毕。”② 俨然是一首七言诗，只是因技巧不甚娴熟而呈现出朴实稚拙之貌。张衡《四愁诗》也是七言，且被历代学人公认为七言诗的佳作。

第二，辞赋领域的新变：文人兴趣由铺陈排比的汉大赋转向短小抒情的小赋。在求新意识的引领下，张衡创作了《归田赋》。在辞赋体式上，《归田赋》开拓了汉代抒情小赋的写作道路，为魏晋六朝抒情小赋之先声；在赋的题材上，《归田赋》第一次在文学作品中表现了对田园的向往，对归隐的渴望，为后世的田园题材作品与隐逸文学的创作提供了艺术借鉴。

可以说，汉人以“新书”泛指当代新著子书的风气，表现出他们寄托在子书中的创新意识。这种创新意识是时代的产物，但是因为它在产生

---

① 王利器校笺：《文心雕龙校证》，上海古籍出版社 1980 年版，第 35 页。

② 费振刚、仇仲谦、刘南平校注：《全汉赋校注》，广东教育出版社 2005 年版，第 801 页。

之初就寄身子书这一极具生命力的文学样式之中而大面积蔓延拓展，从而对时代产生强烈的反作用力。借助这一强劲的反作用力，学术界与文学界都被注入了新鲜的血液，启动了各自的革新程序，在学术与文学上都创作出不朽的篇章。汉人执着的求新精神，直到今天仍值得珍视。

第七章　汉魏子书的辩难风格和文学影响

汉魏子书具有鲜明的辩难风格，指的是诸子在阐述论点时偏爱“难问体”的方式，篇章内容多有针对论敌的异见或驳难进行批驳。这种风格的形成既得益于它们对先秦子书辩难传统的自觉继承，也得益于诸子革新与改造的努力。桓宽、桓谭与王充等人著作的创新贡献最为显著，他们促使这一论难传统在崔寔、仲长统、王符等人著作中大放光彩，在汉末魏初之际形成了一股批判风暴。

但因诸书文献残缺不全，再加上很多人对于汉魏子书的论难风格认识不足，混淆了著者和论敌的观点，从而导致对著者思想的误解。如司马贞对桓谭《新论》的误读，就主要源于对其书论难风格的认识不足，影响了对桓谭思想和《新论》价值的正确评价。汉魏子书的辩难风格也广泛影响了其他诸多文学样式，最突出的表现是推动产生了一批辩难性的政论文与哲学论文，促进了汉大赋与汉乐府中问答模式的定型。

第一节　司马贞对桓谭《新论》的误读

司马贞在《史记索隐》中有四处直接引用桓谭《新论》的内容，分别为：《孝武本纪索隐》中“太史公”一条：“而桓谭《新论》以为太史公造书，书成示东方朔，朔为平定，因署其下。太史公者，皆朔所加之者也”；《孔子世家索隐》中“使人召孔子”一条云：“检《家语》及孔氏之书，并无此言，故桓谭亦以为诬也”；《滑稽列传索隐》“东方朔”条云：“按仲长统云迁为《滑稽传》序优旃事，不称东方朔，非也。朔之行事，岂直旃、孟之比哉？而桓谭亦以迁内为是，又非也”；《太史公自序索隐》“为太史公书”条云：“桓谭云迁所著书成，以示东方朔，朔皆署曰太史公，则谓太史公是朔称也。亦恐其说未尽。盖迁自尊其父著述，称之曰公，或云迁外孙杨恽所称事或当尔也。”① 还有一处化用桓谭《新论》观点，《伯夷列传》中在“太史公曰：余登箕山”后，司马贞《索隐》曰：“盖杨恽、东方朔见其文称‘余’，而加‘太史公曰’也。”②

《索隐》引用桓谭《新论》五事中涉及史事的有四条，四条中司马贞肯定其引文观点者二条，批评其观点者一条，否定其所述事实者一条。鉴于《新论》文本的缺佚，《索隐》保存文献之功不可埋没，但受主、客观条件的限制，司马贞对《新论》文本的理解未能尽善，也为后人的研读带来了一些疑惑。仅就署“太史公”一事看，司马贞的认识就有些含混不清，他一面怀疑此事非东方朔所为，一面又说是东方朔与杨恽所为。

今辑本桓谭《新论·本造》篇有一句话：“太史公造书，书成示东方朔。朔为平定，因署其下。太史公者，皆东方朔所加之也。”③ 此句叙述东方朔为司马迁平定《史记》一事，因为关系到“太史公”一称的起源问题，所以被司马贞引用了三次。对于第一处《孝武本纪索隐》中的引用，司马贞未置可否；第二处《太史公自序索隐》中则否定其说，他认为“太史公”一称当源于司马迁或杨恽对司马谈的尊称；第三处《伯夷列传》中，他又肯定地说是东方朔、杨恽改《史记》文本中的“余”为“太史公曰”。且不说司马贞在这个问题认识上的矛盾态度，只看他引文的前两处都称为“桓谭云”，就表明司马贞认为只要是引自《新论》的观点就是代表桓谭本人观点。

清人孙冯翼也认为这一观点出自桓谭本人，他在《桓子新论·叙》中说：“马迁《史记》其太史公语乃东方朔所加，谭以前未有此论。……盖谭博学多通，所见多后人未见书焉。”④ 他对于这段引文中的观点未表示异议，而且解释桓谭之所以能够见人所未见是源于其博学多识。

现代学者在理解上与司马贞有了一点小小的分歧，认为东方朔所加的“太史公”不是在正文中，而是题在每个卷首。如余嘉锡在《古书通例》中说：“《索隐》引桓谭《新论》，以为‘太史公造书，书成示东方朔，朔为平定，因署其下。太史公者，皆东方朔所加之也’。此二说盖谓于每

---

① （汉）司马迁撰，（宋）裴骃集解，（唐）司马贞索隐，（唐）张守节正义：《史记》，中华书局 1982 年版，第 461 页、1915 页、3205 页、3320 页。

② 同上书，第 2122 页。

③ （汉）桓谭撰，朱谦之校辑：《新辑本桓谭新论》，中华书局 2009 年版，第 2 页。

④ 宿县、安徽大学中文系桓谭《新论》校注小组：《桓谭及其新论》，《安徽大学学报增刊》，1976 年 12 月，第 190 页。

卷篇目之下，别题太史公三字，所谓小题在上，大题在下，非谓《自序》中之书名也。”[①] 余嘉锡认为《太史公书》一名不是出自东方朔，东方朔只是在书中篇目下题“太史公”三字而已。张舜徽《中国文献学》中“著述标题论八篇”说：“司马迁网罗放失旧闻，为书百三十篇，以示东方朔，朔皆署曰‘太史公’。斯并书由己造，而名定于人。”[②] 张舜徽认为，因为东方朔在卷中题写“太史公”三字，因而有《太史公书》一称。虽然二人对于此段文字的理解上有争议，但是都没有对《索隐》引用文字是否真正代表桓谭本人观点表示过怀疑。

也有持异议者，如明代学者魏学洢在《茅檐集》中有一段话：“桓谭曰：史迁著书成以示东方朔，朔皆署曰‘太史公’。余怪子长见知于曼倩如此，必熟知其滑稽者，曷不以次淳于髡之后？或谓其正谏似直，中情未易语，又何不遂与屈原同传也？盖以其骚且骚而散也夫？”[③] 魏氏在情理上质疑东方朔为《史记》署“太史公”一事：因为此事如属实，则表明司马迁与东方朔的关系非比寻常，但《史记·东方朔传》所透露出的二人关系却并非如此。魏氏的怀疑可以成立，遗憾的是未能深究其原因。

《索隐》所述桓谭观点与史实之间的关系确实值得推敲。其实，司马贞本人对于“东方朔署太史公”的说法抱有怀疑态度，也以为“太史公”之称始于东方朔似乎不合情理，但他未能调和情理与《新论》所载说法的矛盾，因此导致他几处注文出现牴牾。

笔者以为，这个矛盾源于司马贞本人对《新论》文本的误读。“朔为平定”并署“太史公”的说法确实出自桓谭《新论》，但这不是桓谭本人观点，而是桓谭在《新论》中所树论敌的看法。《新论》引论敌之说，是要作为自己辩难的靶子，欲驳其非。此说的理由如下。

第一，刘勰《文心雕龙·知音篇》提及此事，并明确记载了桓谭批驳的对象，“至如君卿唇舌，而谬欲论文，乃称史迁著书，咨东方朔；于是桓谭之徒，相顾嗤笑，彼实博徒，轻言负诮，况乎文士，可妄谈哉！”[④] 刘勰清楚地记录了桓谭对于楼护（字君卿）所说司马迁写书向东方朔咨询这一说法的嘲讽，而且刘勰本人也认为楼护的说法是虚妄不可信的。范

---

① 余嘉锡：《古书通例》，上海古籍出版社 1985 年版，第 35 页。

② 张舜徽：《中国文献学》，中州书画社 1982 年版，第 18 页。

③ （明）魏学洢：《茅檐集》卷四，《四库全书珍本四集》，台湾商务印书馆 1969 年版，第 15 页。

④ （梁）刘勰著，范文澜注：《文心雕龙注》，人民文学出版社 1978 年版，第 714 页。

文澜注云："《史记·太史公自序》，《索隐》'桓谭云，迁所著书成以示东方朔，朔皆署曰太史公。'《孝武纪》《索隐》亦引此说，据彦和此文，则是桓谭笑楼护之说，《索隐》误记。"[①] 范文澜即根据刘勰说法而对司马贞《索隐》加以否定。《文心雕龙》中有多处评论和转述桓谭文学观者，多是借鉴《新论》本书，如《神思》篇所云"桓谭疾感于苦思"[②] 即根据《新论》记载的桓谭幼年时学扬雄作赋之事，此条亦同。刘勰与司马贞相比，距离桓谭时代更近，而且他的论述中事实与姓名言之凿凿，其说更为可信。

第二，王充在《论衡》中对于桓谭《新论》给予了很高的评价，甚至推崇其为"论"之第一。统观王充对《新论》赞美的态度与其著《论衡》"疾虚妄"主旨的设定，可以推断，他推崇桓谭《新论》的主要原因就在于它批驳论难的特色。"众事不失实，凡论不坏乱，则桓谭之论不起。"（《对作》）[③] 说明桓谭著作旨在指正"失实"之事，批驳"坏乱"之论；"又作《新论》，论世间事，辩照然否，虚妄之言，伪饰之辞，莫不证定。彼子长、子云论说之徒，君山为甲。"（《超奇》）[④] 他非常强调桓谭之论是立足于对"虚妄之言"与"伪饰之辞"的批判。王充以桓谭《新论》为榜样，因此更明确了自著《论衡》的意义："是故《论衡》之造也，起众书并失实，虚妄之言胜真美也。"（《对作》）[⑤]《论衡》之作同样为批驳"失实之书"与"虚妄之言"，与桓谭之"论"可谓异曲同工。可见，王充把《论衡》主旨定为"疾虚妄"，就是取法于桓谭一书批判的基调与风格。

桓谭《新论》的辩难特色不仅为王充所认识，从司马贞《索隐》引用的另一处资料，也可以看出桓谭《新论》的辩驳特色："公山不狃以费畔季氏，使人召孔子。孔子循道弥久，温温无所试，莫能己用，曰：'盖周文、武起丰镐而王……'"《索隐》云："检《家语》及孔氏之书，并无此言，故桓谭亦以为诬也。"[⑥] 能证明司马贞所云"桓谭亦以为诬"的语句今辑本《新论》已不可见，但由此可见桓谭《新论》的批驳特性还

---

① （梁）刘勰著，范文澜注：《文心雕龙注》，人民文学出版社1978年版，第717页。

② 同上书，第494页。

③ 黄晖：《论衡校释》（附刘盼遂集解），中华书局1990年版，第1178页。

④ 同上书，第608—609页。

⑤ 同上书，第1178、1179页。

⑥ （汉）司马迁撰，（宋）裴骃集解，（唐）司马贞索隐，（唐）张守节正义：《史记》，中华书局1959年版，第1915页。

是有迹可循的，其批驳之语曾为司马贞所见，其内容也经过司马贞考证，只是他未能认识到此书论难的普遍性，因此不能做到举一反三。

至于《新论》中记载的王莽事迹，桓谭更是着眼于批判与检讨，而非仅为“实录”。桓谭在《本造》篇流露出对于“春秋褒贬”之用的关注，而他所大力发扬的显然是其“贬”的作用，“褒”是通过“贬”来间接实现的。其实，夸大《春秋》的“褒贬”功能，也是诸子辩难思想的扩张表现。鉴于此，桓谭《新论》中的很多论点都出自辩驳对象，传世文本中有关批判对象的内容以及桓谭本人的批驳之语缺失，导致批驳线索无迹可寻，桓谭所批驳的内容反被误作他本人观点，因此我们在解读《新论》文本时需联系上下文在情理与逻辑上仔细推敲、谨慎鉴别。

第三，从现存《新论》文本中可以看出桓谭对于东方朔的态度，是比较轻慢的。如文中云：“东方朔短辞薄语，以为信验，人皆谓朔大智，后贤莫之及。谭曰：‘鄙人有以狐为狸，以琴为箜篌，此非徒不知狐与瑟，又不知狸与箜篌。’乃非但言朔，亦不知后贤也。”（《见征》）①“如无大材，则虽威权如王翁，察慧如公孙龙，敏给如东方朔，言灾异如京君明，及博见多闻，书至万篇，为儒教授数百千人，只益不知大体焉。”（《言体》）② 这两处材料明示桓谭否定了论者将东方朔视为“大智”“大材”的观点。在桓谭看来，东方朔虽然“敏给”，但“不知大体”。可以确定的是，桓谭认为司马迁把东方朔列入《滑稽传》的观点，也与他对东方朔的认识与评价是一致的。

第四，桓谭对于司马迁的肯定与推崇和他对于东方朔的轻慢态度形成鲜明对比。“国师子骏曰：‘何以言之?’答曰：‘通才著书以百数，惟太史公为广大，余皆丛残小论，不能比之，子云所造《法言》《太玄经》也’。”（按：《新辑本》此处断句不妥）“自通士若太史公，亦以为然。”（《正经》）③“太史公不典掌书记，则不能条悉古今；扬雄不贫，则不能作《玄言》。”（《本造》）④ 扬雄是为桓谭所极力推崇的前辈，被桓谭誉为“才智开通，能入圣道，卓绝于众，汉兴以来未有此人也”⑤。桓谭屡屡把司马迁与扬雄并论，说明司马迁在他心中算得上“通士”“通才”，

① （汉）桓谭撰，朱谦之校辑：《新辑本桓谭新论》，中华书局 2009 年版，第 18 页。

② 同上书，第 12 页。

③ 同上书，第 41、40 页。

④ 同上书，第 2 页。

⑤ 同上书，第 41 页。

虽不免于小疵，但究竟与东方朔的“小辩”有霄壤之别。因此，没有根据地说被桓谭誉为“通士”的司马迁，向“不知大体”的东方朔请教，这样违背其价值判断标准且无根据的言论为桓谭本人观点，是不合情理的。

上述四点证明司马贞对于《新论》的误读是确实存在的，最主要的原因有两个：首先是客观上，《新论》在唐代已经不是完本，书中能显示批驳的线索缺失。其次，司马贞对于桓谭《新论》的论难风格认识不足。原文中的论敌不见了，能表示桓谭明确批驳态度的内容亡佚了，幸存下来的论敌的观点，难免被读者误会为桓谭本人观点。

从唐人对《新论》引用的情况，可以推知此书已散佚。如李贤注《后汉书》时引用《新论》的情况已显示了该书在唐时已经散佚的迹象。李贤注中征引《新论》十六篇，把作为全书“大序”的《本造》篇列在首卷，这与汉代子书列“大序”于书末的惯例不符。而且李贤所举“《本造》《述策》《闵友》《琴道》各一篇，余并有上下”①。他计算的篇数总共只有二十八篇，与《后汉书》与《东观汉记》桓谭本传所言“二十九篇”不符。又如李善注《文选》引用桓谭《新论》时，唯独《琴道》一篇标出篇名，其他所有文字只标《新论》。其中原因可能有两个：第一，只有《琴道》一篇因为曾经单篇流传所以保存较为完整，因此篇名可以确定；第二，《新论》散佚之后，辑佚者整理残篇散句时，只有《琴道》篇文字因其论琴的主题，不易与其他篇目混淆，因此容易明确篇名。其他篇目内容不好明确归类，分篇不易，所以李善在征引时出于谨慎便不再标出篇名，只以《新论》概称。

《新论》书中同样原因导致被误读的还有一条，如云“扬子云大材而不晓音”，在朱谦之《新辑本》中，是这样句读的：“扬子云大材而不晓音，余颇离雅操而更为新弄。”② 如此句读的话，前半句话也像是出自桓谭之口。但是细读上下文就会发现，前半句陈述的内容与后文桓谭本人所举事例欲证明的事实是矛盾的。后文所引扬雄对于桓谭喜爱“新弄”的评语是“事浅易喜，深者难识，卿不好雅颂而悦郑声，宜也”③。扬雄对于桓谭爱好俗乐的评论，一方面表明他深懂桓谭本人，另一方面也恰恰显示出他不是“不晓音”而是“甚晓音”。

---

① （南朝宋）范晔撰，（唐）李贤，等注：《后汉书》，中华书局 1965 年版，第 961 页。

② （汉）桓谭撰，朱谦之校辑：《新辑本桓谭新论》，中华书局 2009 年版，第 61 页。

③ 同上。

关于扬雄的“晓音”，尚有两条旁证：扬雄著有《琴清英》，今有严可均辑文。（按：见《全上古三代秦汉三国六朝文》）扬雄《法言》中也有扬雄“晓音”的证据，如《吾子》篇云：“或问：‘交五声、十二律也，或雅，或郑，何也？’曰：‘中正则雅，多哇则郑。’请问‘本’。曰：‘黄钟以生之，中正以平之，确乎，郑、卫不能入也！’”[①] 扬雄对于雅乐与俗乐特点的概括，以及对两者区分之“本”的归纳，非常精粹深刻，与其“大材”的称誉非常相符。

据此可知，《新论》中“扬子云大材而不晓音”也不是桓谭本人说法，而是征引他人之语，为了证明其误，桓谭列举扬雄论乐的话予以反驳。此处标点错误，或源于《新辑本》对《新论》文本的误读，也是不熟悉其书论难风格所导致的。

《新辑本》中尚有因其他类型误读而导致的标点错误，如下几例：上引《本造》篇“扬雄不贫，则不能作《玄言》”[②]。文中“《玄言》”当为“《玄》《言》”，指称扬雄的《太玄》与《法言》两书。桓谭《新论》在概述扬雄成就时总是两书并提，而在特别突出《太玄》一书时也是称其为《玄经》或者《太玄》，而不云“玄言”。同为上文引用的《正经》篇中“通才著书以百数，惟太史公为广大，余皆丛残小论，不能比之，子云所造《法言》《太玄经》也，《玄经》数百年外，其书必传，顾谭所不及见也”[③]。此段大意有二：第一，只有像司马迁这样的“通才”所著的《史记》才能与扬雄《太玄》《法言》相比，其余作品皆似“丛残小论”，无法与《史记》相提并论。第二，扬雄的《太玄》，必定会流芳百世，只是时人难见。《新辑本》如此标点，语意有些混乱，调整如下：“通才著书以百数，惟太史公为广大，余皆丛残小论，不能比之子云所造《法言》《太玄经》也。《玄经》，数百年外其书必传，顾谭所不及见也。”如此标点则大意清晰了。吴则虞本《新论》，也在“不能比之”后断句。

综上所述，因为《新论》文本的散佚以及对于该书辩难风格的不甚了解，导致司马贞等人对桓谭《新论》文本的误读。古籍的缺失和散佚为历代学者所共识，只是未能把缺失的情况逐一地总结成普遍性规律，并用它来切实地指导个案研究。针对子书著作体例的研究也有助于古籍整

---

① （清）汪荣宝撰，陈仲夫点校：《法言义疏》，中华书局1987年版，第53页。

② （汉）桓谭撰，朱谦之校辑：《新辑本桓谭新论》，中华书局2009年版，第2页。

③ 同上书，第41页。

理，在一定程度上避免如《新辑本》中的文本误读。那么认识到桓谭《新论》一书的批驳特性对于子书群体来说是否具有什么普遍性呢？以下就这个问题展开讨论。

第二节　汉魏子书论难传统的思想渊源

前文指出，司马贞等人误读桓谭《新论》的主观原因，是对《新论》辩难风格缺乏了解。其实，汉魏子书中，不独《新论》重视辩难，还有相当一部分子书如《盐铁论》《法言》《论衡》《昌言》《潜夫论》等，都具有鲜明的辩难特点。这一特点的形成，追溯其源，即植根于先秦诸子的“辩难”传统。

且不说孟、荀以下那些裹挟于思想洪流中的诸子们怎样努力地在辩难中斗智斗勇，即使重在开创的孔、老著述也没有舍弃批驳辩难这一利器，不过表现得比较含蓄、隐晦。《老子》文本中提出那么多两两相对的概念，比如有无、善恶、美丑、有道无道、虚实、雌雄、刚柔等，都是超越了是非的抽象思维成果，但它们最终还是指向现世的是非。《老子》书中甚至还保留了他直接辩难的痕迹，如许地山在《道教史》中说：“人的本性与道的本质的关系如何，《老子》一样地没有说明，甚至出现矛盾。如五十六章‘知者不言，言者不知’是书中最矛盾的一句话。智者和言者都是有为，不言可以说是无作为，不知却不能说是无为。既然主张无为，行不言之教，为什么还要立个知者？既然弃知，瞎说一气，岂不更妙！大概这两句是当时流俗的谣谚，编《老子》的引来讽世的。”[①] 他就指出“知者不言，言者不知”一句是编书者引来作批驳讽世的，不代表老子观点。许地山对于《老子》文本的释读，告诉我们，不只要看作者“说什么”，还要深究作者“为什么说”。这一思想与思想史“剑桥学派”代表人物昆廷·斯金纳不谋而合，思考作者“为什么说”，也就是关注他的言说行动（action）。[②] 出于作者之口的文本释读尚需如此谨慎，更何况是出自他人之口的呢？因此我们该警惕《老子》文本中那些自相矛盾的说法，不可一股脑儿地堆在老子一人头上。

---

① 许地山：《道教史》，上海古籍出版社 1999 年版，第 29 页。

② ［英］昆廷·斯金纳（Quentin Skinner），《谈文本的解释》（*On the interpretation of texts*），2017 年 4 月 4 日演讲稿，北京大学“大学堂”顶尖学者讲学计划。

再以《论语》为例，探寻其中的辩难迹象。《论语》中的辩难约有两类：首先，发生于师生间的辩难。因为师生间的辩难旨在启发，追求教学相长之效，辩难中孔子的语气比较平缓，态度比较温和。这类辩难的内容一般有四种：或有关概念内涵的提炼，如："子贡曰：'如有博施于民而能济众，何如？可谓仁乎？'子曰：'何事于仁，必也圣乎！'"① 这是师生在辨析"仁"；"子张问：'士何如斯可谓之达矣？'子曰：'何哉，尔所谓达者？'子张对曰：'在邦必闻，在家必闻。'子曰：'是闻也，非达也。'"（《颜渊》）② 师生在辨析"达"，并与"闻"做区别；"子曰：'吾未见刚者。'或对曰：'申枨。'子曰：'枨也欲，焉得刚？'"（《公冶长》）③ 师生区别"刚"与"欲"；"子张问曰：'令尹子文三仕为令尹，无喜色；三已之，无愠色。旧令尹之政，必以告新令尹。何如？'子曰：'忠矣。'曰：'仁矣乎？'曰：'未知，焉得仁？''崔子弑齐君，陈文子有马十乘，弃而违之。……何如？'子曰：'清矣。'曰：'仁矣乎？'曰：'未知。焉得仁？"（《公冶长》）④ 师生在辨析"仁""忠"与"清"。

或有关是非的判断，如："冉求曰：'非不说子之道，力不足也。'子曰：'力不足者，中道而废。今女画。'"（《雍也》）⑤ 孔门对冉求的态度进行辩难；"颜渊死，子哭之恸。从者曰：'子恸矣！'曰：'有恸乎？非夫人之为恸而谁为？'"（《先进》）⑥ 孔门对孔子的态度进行辩难。又如："佛肸召，子欲往。子路曰：'昔者由也闻诸夫子曰：亲于其身为不善者，君子不入也。佛肸以中牟畔，子之往也，如之何！'子曰：'然。有是言也。'"（《阳货》）⑦ 师生为孔子应佛肸召进行辩难；"子曰：'予欲无言。'子贡曰：'子如不言，则小子何述焉？'子曰：'天何言哉？'"（《阳货》）⑧ 孔门为孔子欲行"不言之教"的想法展开辩难。

或对有关政治举措的恰当与否进行辩难，如："子路曰：'卫君待子而为政，子将奚先？'子曰：'必也正名乎！'子路曰：'有是哉，子之迂

---

① 程树德撰，程俊英、蒋见元点校：《论语集释》，中华书局 1990 年版，第 427 页。
② 同上书，第 876 页。
③ 同上书，第 314 页。
④ 同上书，第 331 页。
⑤ 同上书，第 388 页。
⑥ 同上书，第 758 页。
⑦ 同上书，第 1200—1201 页。
⑧ 同上书，第 1227 页。

也！奚其正？’子曰：‘野哉，由也！’”（《子路》）① 师生对于“为政之先”进行辩难；“子之武城，闻弦歌之声。夫子莞尔而笑，曰：‘割鸡焉用牛刀？’子游对曰：‘昔者偃也闻诸夫子曰：君子学道则爱人，小人学道则易使也。’子曰：‘二三子！偃之言是也。前言戏之耳。’”（《阳货》）② 师生对于子游以道教民进行辩难。

或就某些人的评价进行辩难，如：“子路曰：‘桓公杀公子纠，召忽死之，管仲不死。’曰：‘未仁乎？’子曰：‘桓公九合诸侯，不以兵车，管仲之力也。如其仁！如其仁！’”（《宪问》）③ 与“子贡曰：‘管仲非仁者与？……’子曰：‘……微管仲，吾其被发左衽矣。’”（《宪问》）④ 均为孔门师生间对管仲的评价发起的辩难；“子路使子羔为费宰。子曰：‘贼夫人之子。’子路曰：‘有民人焉，有社稷焉。何必读书，然后为学？’子曰：‘是故恶夫佞者。’”（《先进》）⑤ 这是孔门师生评价子羔的辩难。

这些辩难活动中的孔门弟子，或多识，或多勇，他们的好学深思推动了教学相长的实效，因此得到了孔子的高度评价，如：“起予者，商也！”“回也非助我者也，于吾言无所不说。”（《先进》）⑥ “善哉问！”（《颜渊》）⑦ 等，都是孔子对于能与他进行质疑辩难的弟子的由衷赞美。他们在辩难时还能以子之矛攻子之盾，孔子没有声色俱厉地对待弟子的“大不敬”，而是欣然改过。孔门内养成了良好的辩难风气，所以才能培养出那么多的贤才。

其次，发生于师门外的辩难，孔子的情绪难免激动，言辞不免于激切。如：

> 达巷党人曰：“大哉孔子！博学而无所成名。”子闻之，谓门弟子曰：“吾何执？执御乎？执射乎？吾执御矣。”（《子罕》）⑧
>
> 子欲居九夷。或曰：“陋，如之何？”子曰：“君子居之，何陋之有？”（《子罕》）⑨

---

① 程树德撰，程俊英、蒋见元点校：《论语集释》，中华书局1990年版，第885—892页。
② 同上书，第1188—1189页。
③ 同上书，第981—982页。
④ 同上书，第988—989页。
⑤ 同上书，第794—796页。
⑥ 同上书，第746页。
⑦ 同上书，第871页。
⑧ 同上书，第568—570页。
⑨ 同上书，第604—605页。

“唐棣之华，偏其反而。岂不尔思？室是远而。”子曰：“未之思也，夫何远之有？”（《子罕》）①

子言卫灵公之无道也，康子曰：“夫如是，奚而不丧？”孔子曰：“仲叔圉治宾客，祝鮀治宗庙，王孙贾治军旅。夫如是，奚其丧？”（《宪问》）②

或曰：“以德报怨，何如？”子曰：“何以报德？以直报怨，以德报德。”（《宪问》）③

以上辩难可见孔子批驳的对象范围比较广泛，他与论敌也是有闻有见，不拘形式。孔子不仅自己会情不自禁地批驳，而且也鼓励弟子间党同伐异，比如《先进》篇针对冉有助季氏聚敛一事，孔子云：“非吾徒也。小子鸣鼓而攻之，可也。”④

孔门弟子间也时有自发的辩难：

子游曰：“子夏之门人，小子当洒扫应对进退，则可矣，抑末也。本之则无，如之何？”子夏闻之，曰：“噫！言游过矣！君子之道，孰先传焉？孰后倦焉？譬诸草木，区以别矣。君子之道，焉可诬也？有始有卒者，其惟圣人乎！”（《子张》）⑤

子游与子夏之间的这段论辩可能发生于孔子逝后，为师兄弟间的隔空喊话，带有师门内部争夺源流正统的火药味。

《论语》中的辩难有以下几个特点：第一，师门内的辩难。首先，注重往来互动和思想上的启发与体悟；其次，师门内的辩难着眼于对弟子性情的教育与错误行为的矫正。第二，师门外的辩难。虽带有强烈的情绪，词锋较犀利，但不是偏重争勇好胜，只在明理辩非。

汉魏子书中有些作者对先秦子书辩难传统的继承是自觉的。如《法言·自纪》阐述扬雄写作《法言》的原因：“雄见诸子各以其知舛驰，大氐诋訾圣人，即为怪迂，析辩诡辞，以挠世事，虽小辩，终破大道而或

① 程树德撰，程俊英、蒋见元点校：《论语集释》，中华书局1990年版，第630—632页。
② 同上书，第997页。
③ 同上书，第1017页。
④ 同上书，第774页。
⑤ 同上书，第1318—1320页。

众，使溺于所闻而不自知其非也。及太史公记六国，历楚汉，〔讫〕麟止，不与圣人同，是非颇谬于经。故人时有问雄者，常用法应之，撰以为十三卷，象《论语》，号曰《法言》。”① 这段话阐述扬雄《法言》的批判对象为“诸子”之说与“太史公”之记，写作起因与孟子相同，扬雄是自觉继承了辩难传统的。王充《论衡》云：“是故《论衡》之造也，起众书并失实，虚妄之言胜真美也。故虚妄之语不黜，则华文不见息；华文不放流，则实事不见用。故论衡者，所以铨轻重之言，立真伪之平，非苟调文饰辞，为奇伟之观也。”② 王充极力强调己作《论衡》的现实批判性，他论桓谭说“又作《新论》，论世间事，辩照然否，虚妄之言，伪饰之辞，莫不证定”，③ 也是珍视《新论》的辩难色彩。《案书》篇云：“两刃相割，利钝乃知；二论相订，是非乃见。是故韩非之《四难》，桓宽之《盐铁》，君山《新论》类也。”④ 王充特意拈出《盐铁论》来与韩非、桓谭类比，不仅说明他认识到先秦子书与汉魏子书在辩难上的源流关系，而且揭示出《新论》一书的辩难虽属于“纸辩”，但其激烈程度并不逊色于盐铁会议上贤良文学与御史大夫们的“口辩”。这个鲜明印象应该是王充认真研读《新论》原著后得到的，只可惜我们现在难以再现其中的辩驳实况。王符《潜夫论·叙录》云：“论难横发，令道不通。后进疑惑，不知所从。自昔庚子，而有责云。予岂好辩？将以明真。”⑤ 王符借用孟子的话“予岂好辩”申明作书之旨，表明他深刻认识到论辩对于澄清是非的重要意义，并且自觉继承先秦辩难传统以有教于后进。

汉魏子书在继承先秦子书的辩难传统方面可谓硕果累累。如：贾谊《过秦论》一出，使先秦的“过秦”旧题在大汉新朝赋予了新的政治价值与意义。陆贾《新语》只十二篇，即点破了汉高祖“马上治天下”的妄想。《淮南子》一书，无论是成书意识还是写作体例上都为之后的子书树立了榜样，它也是继承先秦辩难传统的重要成果。刘咸炘说：“是书之旨要在刺时主不言之教，斥刑法之非，明诚恕之义，又言治本在宁民，宁民在足用，足用在勿夺时，勿夺时在省事，省事在节用，节用在反性，箴刺

---

① （汉）班固撰，（唐）颜师古注：《汉书》，中华书局 1962 年版，第 3580 页。

② 黄晖：《论衡校释》（附刘盼遂集解），中华书局 1990 年版，第 1178、1179 页。

③ 同上书，第 608 页。

④ 同上书，第 1172—1173 页。

⑤ （汉）王符撰，（清）汪继培笺、彭铎校正：《潜夫论笺校正》，中华书局 1985 年版，第 479 页。

之意显然，非安之忠识也，贤人君子不遇于时而言也。”① 他明确地指出著书者寄寓于篇章中的“刺”与“斥”，其实就是辩难。只不过有的子书辩难色彩比较明显，有些书的辩难比较隐晦罢了。

汉魏诸子与先秦诸子的论难两相比较，它们之间是同中有异。其相同点有两个，具体表现为：

第一，都喜用“难问体”，使用主、客两种身份开展论难，这一类的辩难色彩较为明显。如《荀子·正论》开篇以“世俗之为说者”与“子宋子”之言谈树起靶子，随后加以攻击辩难；《淮南子·修务训》开篇引“或曰”的言辞以树立论难的靶子，然后展开论述；桓谭《新论》引“儒者言”“闾巷言”、扬雄言和其他人之言论树立靶子。

第二，先秦诸子论难的目的在于褒是贬非，这点也为汉魏诸子所自觉继承，如应劭在《风俗通义·序》中说：“昔仲尼没而微言阙，七十子丧而大义乖。重遭战国，约纵连横，好恶殊心，真伪纷争……言通于流俗之过谬，而事该之于义理也。”② 他强调了对于“伪”“恶”与“过谬”的批判意识。桓范在《世要论·序作》篇说：“夫著作书论者，……记是贬非，以为法式。”③ 曹丕在《典论》中也发表说：“余观贾谊《过秦论》，发周秦之得失……斯可谓作者矣。”④ 这些材料都说明他们能牢记子书“记是贬非”的使命。但因为其书文本缺佚过多，无法识别文本有关“贬非”的明显标志性话语。

汉魏诸子与先秦诸子辩难的不同点有四个，具体表现为：

第一，先秦诸子习惯在各章节开始时树靶子，而且论敌身份单一，辩难一般表现为破中有立；汉魏诸子辩难时，不是开篇树敌，论敌观点经常夹杂在行文中间，一般表现为立中有破。如《荀子·正论》中论敌的话一律在各章节开头引领，但《新论》中论敌的观点不全在开篇，有时夹在文中；《荀子·正论》中的论敌身份较为单一，辩难主要针对论敌之言而发，是破中有立。还有像《荀子·性恶》篇攻击孟子性善说从而建立起自己的性恶论；《荀子·非十二子》则专门对十二家学说进行驳斥，都是破中有立的典型；但《淮南子》《新论》在阐明自己观点时批驳论敌，

---

① 刘咸炘著，黄曙辉编校：《刘咸炘学术论集·子学编》，广西师范大学出版社 2007 年版，第 421 页。

② （汉）应劭撰，王利器校注：《风俗通义校注》，中华书局 1981 年版，第 1、4 页。

③ （清）严可均校辑：《全上古三代秦汉三国六朝文》，中华书局 1958 年版，第 1263 页。

④ 同上书，第 1098 页。

是立中有破。《淮南子·说山训》中魂与魄的问答，《道应训》中太清问于无穷、无为和无始，假借虚构的人物设为问答，有模仿《庄子》的痕迹，但也是重立不重破。

第二，先秦诸子的辩难多主观感性，汉魏诸子的辩难多客观理性。具体表现为前者重“气”胜，后者重“理”胜。孟子的养气成果扩充到辩难上，往往能给论敌以泰山压顶的气势。汉魏诸子中唯有贾谊对此类论辩之“气”有所秉承，其他人则多老老实实地使用逻辑讲理。

第三，先秦诸子在举例论证时爱借用传说故事与寓言，汉魏诸子则爱借用历史事件与人物。前者方式较为委婉，而且多通过“寓言”以生动浅白的言辞表达，不靠气势压人也不玩逻辑游戏。如《庄子》与《韩非子》喜欢用寓言，《吕氏春秋》喜欢用神话传说故事。汉代诸子多用历史人物和故事，文学的虚构色彩较弱，理性思辨色彩加强。当然也有例外者，如《淮南子》一书也喜欢借神话传说说理，这点与《吕氏春秋》很相像，但在汉魏子书中为少数派。

第四，汉魏子书中专题性论文数量增多，虽然一些文中隐去了问答辩难的模式，但是主题的设定皆有强烈的批判针对性。就这点来说，汉魏子书的辩难又具有以下几个特点：首先，辩难的对象不再是虚构人物（假想敌），而是现实生活中的真人，尤其是同时代人；其次，辩难内容也不再是集中于某几人或某类人身上，而是涉及广阔的政治与社会领域的各种流行观点。

综上可见，早期先秦子书的“对话体”或曰“问答体”多为诸子口头辩难的记录。“语录体”或源于问学，或源于辩难，前者隐去了问者，后者隐去了辩者，于是只“录”下圣人之“语”。随着近距离的“口辩”发展为远距离的“纸辩”，辩难的空间范围拓宽，时间延长，难度增加，形式也越发多样，论辩的技巧趋于成熟，辩难的篇目也在加长，于是论辩之文也逐步发展成熟。汉魏子书继承先秦子书中的辩难成果，并加以发扬和改造，使辩难成为子书所拥有的独特个性标志，诸子在书中辩难时所使用的方式方法也为汉代的诗赋文章模仿与借鉴。

第三节 汉魏子书对先秦诸子辩难的批判继承和文学影响

汉魏诸子对于先秦子书辩难传统的自觉继承已见上述，他们对于先秦辩难传统的改造与革新的愿望也是非常自觉的。如《汉书》评价桓宽

《盐铁论》说："〔桓〕宽次公……推衍盐铁之议，增广条目，极其论难，著数万言，亦欲以究治乱，成一家之法焉。"① 班固之所以盛赞桓宽著作《盐铁论》能够"成一家之法"，也在于他能发展先秦子书中的"问答体"，使之不仅限于两人或几人的小范围内，而且扩展到贤良、文学与丞相、御史为正、反两个阵营，双方往返辩难，使问题在辩难中越显明了，是非褒贬越发鲜明。历史上的盐铁会议只不过是他欲申己说的一个凭借，这是以辩难模式结构全书的最典型例子，其作用正如刘咸炘所评价的："设问答能申敌人之说，使学者得反复以尽其说。"②

桓宽《盐铁论》全书都设置为正反双方的辩难，一环套一环，正反双方对一个论题的数次交锋使其中是非充分得到展示，以辩难始又以辩难终，这是先秦短章无法比拟的。

扬雄、桓谭和王充三人不仅从理论上摇旗呐喊，更是用实践向世人证明批判独立精神之可贵，对于他们的成就，任继愈总结道："这股思潮的代表人物站在清醒的现实主义立场，用唯物主义与无神论批判神学经学。扬雄、桓谭、王充做出了可贵的贡献。……他们的学说抑制了反理性主义、独断主义、盲目服从、人云亦云的倾向。"③ 他对三人著作对于现实的批判作用给予了非常高的评价。

辩难作用之所以被汉末王符、仲长统与崔寔等人发挥得尤其充分，因为当时他们遭遇到动乱的社会环境，加上与清流名士的口头"清议"互相激扬，因而在汉末学术界掀起了一股强劲的批判飓风。任继愈是这样评价的："他们批判的锋芒指向神学经学，指向现实政治，指向社会风气，形成批判思潮。王符、荀悦、仲长统等人应时而起。东汉末年的批判思潮为后来魏晋玄学准备了思想条件。"④ 可见，汉魏子书中承先秦辩难而来的批判精神，不仅体现于对旧思想的总结与归纳，而且体现在对新思想的准备上。

汉魏诸子对于先秦子书中辩难传统的继承是自觉的，成果较为突出，改造也是适时的，使辩难成为子书所独具的一大特色，更好地服务于他们的"立言"愿想。同时，汉魏子书对于先秦子书中辩难传统的继承与发

---

① （汉）班固撰，（唐）颜师古注：《汉书》，中华书局1962年版，第2903页。

② 刘咸炘著，黄曙辉编校：《刘咸炘学术论集·子学编》，广西师范大学出版社2007年版，第423页。

③ 任继愈主编：《中国哲学发展史·前言》（秦汉），人民出版社1985年版，第2—3页。

④ 同上书，第3页。

扬，也深刻影响了魏晋文坛，推动了一些新式文体的产生。余嘉锡在《古书通例》中这样总结："论文之源，出于诸子，则知诸子之文，即后世之论矣。"[①] 他指出子书与论文之间的渊源关系，可谓一语中的。诸子之书对于文学的影响表现于多方面，本节只就子书的辩难传统给予魏晋文学样式的影响稍做探讨。

首先，它们推动产生了一大批具有辩难色彩的论文。这些辩难论文根据内容，大概可分为两大类：第一类论文针对生活事件或政治决策。如东方朔《答客难》，扬雄《解嘲》针对个人生活事件；班勇《对镡显等难》《对毛轸等难》，仲长统《答邓义社主难》，夏侯玄《肉刑论》《答李胜难肉刑论》，李胜《难夏侯太初肉刑论》《又难》等文为围绕政策辩难。第二类论文旨在进行哲学思考和学术探讨。如扬雄《难盖天八事》论天文，司马芝《答刘绰问》论礼；班固《难庄论》，刘梁《辩和同论》，王粲《难钟荀太平论》，夏侯玄《辩乐论》，王弼《难何晏圣人无喜怒哀乐论》，嵇康《养生论》《答向子期难养生论》《声无哀乐论》《难张辽叔自然好学论》《难张辽叔宅无吉凶摄生论》《答张辽叔释难宅无吉凶摄生论》，锺会等人的《四本论》[②] 等，偏重阐发玄学论题。子书的辩难传统在汉末结合"清议"得到发扬，在魏晋又与"清谈"遇合，推动了魏晋玄学思想的传播以及魏晋风流的形成。这些辩难性的文章在文人中影响很大，它们和汉魏子书一起，促成了汉代文学由赋向文的转变。

把这些辩难型论文与子书中的辩难篇章比较，大概有如下几点不同。第一，如果说子书的正反两方多为假设，即使如桓宽一般把双方观点发挥得再到位，还是会受到作者本人思想与立场的影响，影响辩难者观点的真实性。但这些辩难性论文，正反方不是虚构的，而是真实存在的，（按：汉代少数文章除外，如东方朔《答客难》、扬雄《解嘲》，两文中的反方多为一些面目模糊的群体，只是标出一种质疑的姿态）两位作者各持一端，这样就能真正做到针锋相对，而且一个论题可能往返数个来回，把辩难明理的作用发挥得淋漓尽致。第二，子书中的辩难往往不具即时性（《盐铁论》例外），反方在子书中的辩难也无法再回应，辩难性的论文则反馈及时，正反双方都能从对方的辩难中得到启发，不

---

① 余嘉锡：《古书通例》，上海古籍出版社1985年版，第67页。

② 徐震堮：《世说新语校笺》，《文学》篇注："《四本》者，言才性同，才性异，才性合，才性离也。尚书傅嘏论同，中书令李丰论异，侍郎锺会论合，屯骑校尉王广论离。"中华书局1984年版，第106页。

仅观点真实、具有代表性，而且能呈现出较为完整的辩难过程，是一场发生于纸笔的争鸣。

其次，子书的辩难影响所及，也扩大到诗歌领域。陶渊明的《形影神》，从主题上看是魏晋玄言诗的遗响，但是从写作体例着眼，也可说是子书辩难传统的延续。与陶渊明同时的慧远就有《形尽神不灭论》一文，说明形神关系的探讨是当时论文中流行的话题。陶渊明的《形影神》含《形赠影》《影答形》和《神释》三章，围绕三者关系往复探讨，完全是辩难论文的模式，只不过借诗体表达。辩难者由两位扩大到三位，欲辩之理在形、影和神的反复申辩中逐渐明晰，完成了诗人对三者关系的思考过程。

在先秦子书中由辩难而形成的问答模式，为汉乐府所借鉴，如《陌上桑》《东门行》《妇病行》等都设有问答。而这也间接影响到了汉代文人诗的创作，如无名氏的《上山采蘼芜》《十五从军征》，陈琳《饮马长城窟行》，阮瑀的《驾出北郭门行》等，后两首为乐府旧题，诗中均保留了问答模式。

子书辩难中使用的问答模式，也直接影响到了赋，在汉大赋中表现尤其明显。如作为汉代散体大赋形成标志的枚乘《七发》，设“楚太子”与“吴客”的问答；汉大赋代表作司马相如《天子游猎赋》，设子虚、乌有、亡是公三人对话；班固《两都赋》借“东都主人”和“西都宾”问答辩难；这种问答模式到了南北朝的抒情小赋中也一直被保存着，比如谢惠连的《雪赋》、谢庄的《月赋》，不同的是，在《雪赋》中问答者本身也成为赋作塑造的文学形象之一，显得生动有趣，而不仅仅是结构文章的凭借。当然，汉大赋与汉乐府中的问答模式是否直接借鉴汉魏子书还是有待商榷的，但无疑会受到先秦子书的影响。从子学发展的统系来看，汉魏子书与先秦子书的关系相较诗赋更为密切，所以它们对于诸子辩难传统的继承发扬不能不影响到诗赋等其他文体。

辩难这一传统源于先秦诸子对于思想的发明与学术的热爱，为百家争鸣的学术盛世做出了不小贡献，作为理论探讨的重要模式也得到了充分检验，之后借助先秦子书得以传播，为汉魏诸子发现并予自觉继承和改造，成为子书所独具的一大特色，桓谭、王充等人著作就是汉魏子书自觉继承辩难传统的成果。随着子书在汉魏时期形成了第二个高潮，辩难的影响也逐渐扩大，向其他诸多文学样式渗透，甚至推动了一些新文体的产生。

本章由认识与追问司马贞对《新论》的引用与误读开始，进而发现了《新论》所具有的辩难特色，可见文献的释读与研究在学术研究中所承担的重要角色。由《新论》的辩难特点，进一步追溯到汉魏子书群体对先秦子书辩难传统的继承与创新，也证明了子书个案研究与宏观研究的交互作用值得重视。

第八章　汉魏子书的文章学意义

相比先秦诸子以讲学为目的，汉魏诸子显示出文学创作的鲜明自觉性。汉魏子书骨子里还是文章，汉魏诸子可看成有思想的文章家。他们的文章既同先秦诸子一样有思想，又能把私己的情感与社会问题结合起来，这点使他们区别于同时代的一般学者。他们是一群身份特殊的人，具有鲜明的社会担当与批评意识，但因为自身不是政治家，写出好文章才是他们要着力之处。因此，相比先秦子书，汉魏子书在文章学方面的意义更值得挖掘。①

汉魏诸子对于中国古代文章学的贡献不仅在于文章学的理论建树，他们的文章著述不仅在他们身处的时代承担了文学转型的理论使命，而且也为后世文章家提供了风格多样的范本。贾谊《过秦论》继李斯《谏逐客书》之后，推动了政论文的发展，形成了秦汉文章的高潮，对后世文章创作与文章学理论具有不可磨灭的影响。桓谭《新论》继承贾谊文章借史论政的传统，同时也开创了疾虚辨妄的作文风气，他们共同开辟了可与汉赋平分秋色的文章之一途。

第一节　汉魏子书对文章产生根源的追究与文章功用的探讨

汉魏子书在追究文章产生根源时，往往和文章的功用相联系，因此这两个问题可合在一起探讨。它们考察文章产生的根源包括客观与主观两个方面，客观原因多归结为现实政治社会状况的堕落与恶化，主观原因是指

---

① 汉魏子书中一些流传较广的普遍为人所知的文章学理论，如王充《论衡》与曹丕《典论·论文》等的文学思想已有很多研究成果，本章只是简略引证，重点分析那些为人所忽略的且有代表性的内容，展示汉魏子书群体在文章学上的建树。

作者对这堕落与恶化的社会现状的感慨或批评。

（一）西汉子书的“环境论”及对文章“化恶”作用的强调

西汉子书在论述文章起源时多强调客观的社会环境，可以“环境论”来概括。诸子在探讨文章功用时，多受制于厚古薄今思想的约束，认为社会状况一代不如一代，而文章是改善糟糕状况的工具，其作用可以“化恶”来概括。

陆贾对文章起源与作用的概括主要体现在他对六经的解读中。他的主要观点有四个。

第一，六经等“文章”的产生源于“礼义不行，纲纪不立”的社会状况。如《新语·道基》篇说：

> 礼义不行，纲纪不立，后世衰废；于是后圣乃定《五经》，明《六艺》，承天统地，穷事察微，原情立本，以绪人伦，宗诸天地，纂修篇章，垂诸来世，被诸鸟兽，以匡衰乱，天人合策，原道悉备，智者达其心，百工穷其巧，乃调之以管弦丝竹之音，设钟鼓歌舞之乐，以节奢侈，正风俗，通文雅。①

陆贾认为“后圣”定《五经》、明《六艺》是因为“后世衰废”，《新语·辨惑》篇也说孔子作《歌》是因为“遭君暗臣乱，众邪在位，政道隔于三家，仁义闭于公门”。② 反之，陆贾认为在“先圣”躬身垂范的礼义行、纲纪立的淳朴社会中，五经、六艺等“文章”根本不需要。

第二，陆贾认为六经等“文章”中包含仁、义等道德追求，所以能够达到“正风俗，通文雅”的功用。如《道基》篇说：

> 鹿鸣以仁求其群，关雎以义鸣其雄，《春秋》以仁义贬绝，《诗》以仁义存亡，《乾》《坤》以仁和合，《八卦》以义相承，《书》以仁叙九族，君臣以义制忠，《礼》以仁尽节，乐以礼升降。③

《新语·怀虑》篇也批评说：“夫世人不学《诗》《书》，存仁义，尊

① 王利器：《新语校注》，中华书局1986年版，第18页。

② 同上书，第84页。

③ 同上书，第30页。

圣人之道。”[1] 六经中包含的道德要义不只仁、义两端，但陆贾只拈出这两点来应对汉初时政之需。

第三，陆贾认为载有“仁义”之道的五经等“文章”，是作者有感于现实的堕落之后，或以“伤”或以“叹”的形式作用于现实的成果。如《新语·辨惑》篇说孔子作歌：

> 故孔子遭君暗臣乱……故作《公陵》之歌，伤无权力于世，大化绝而不通，道德施而不用。[2]

《新语·至德》篇也说：“故《春秋》重而书之，嗟叹而伤之。”[3] 无论是《公陵》之歌，还是《春秋》，都是“后圣”对现实认识与思考后的产物。

陆贾在阐释“文章”的作用时，既能继承先秦“文载道”“诗言志”的思想核心，又能加以理性的概括，改变前人高而泛的表述方式，使人更容易理解和把握。如《新语·慎微》篇说：

> 故隐之则为道，布之则为文，诗在心为志，出口为辞，矫以雅僻，砥砺钝才，雕琢文彩，抑定狐疑，通塞理顺，分别然否，而情得以利，而性得以治。[4]

他总结“诗”的主要作用有两个：对事理的“定狐疑”与“别然否”；对人情性的治理与提升。

陆贾的诗教说，相比孔子的诗教说更具概括性，即使和《诗大序》的“经夫妇，成孝敬，厚人伦，美教化，移风俗”“上以风化下，下以风刺上”[5] 的陈述相比也显得更理性、更简练。

陆贾借六经谈文章的起源与作用，其实有“六经注我”的特点，他的解释既有自己研读六经的心得体会，更带有推行自己“仁政”思想的目的，不是纯粹的文章学探讨。

---

① 王利器：《新语校注》，中华书局1986年版，第137页。

② 同上书，第84页。

③ 同上书，第121页。

④ 同上书，第97页。

⑤ （清）阮元校刻：《十三经注疏》，中华书局1980年版，第270、271页。

《淮南子》一书对文章的起源与作用的概括主要集中在《要略》篇中，《泰族训》篇也有少量文字加以探讨。概括地说，刘安的主要观点有三个。

第一，刘安在论述文章起源时大抵也是着眼于社会问题的发生与消弭，他在文中分别以太公之谋、儒者之学、墨子文章、管子之书、晏子之谏、纵横修短、刑名之书等的应时产生为例，大有“一代有一代文章”的思想雏形。他在篇中以对比手法，阐说以往的那些言论与著述因为各有所偏，因此都有“与世推移”的特点，而自己的《淮南子》却具有时空传播的无限性。他在批评他人著述时思考还是非常理性的，但是评价己作时就显得颇自负而有自夸之嫌。

第二，他讨论“书论”的作用时也是一分为二：纪纲道德、经纬人事，道（理）、事并重。文中分别论述二十篇所针对的问题以及欲达到的目的，可见他著书前在宏观架构上的周密考虑。值得重视的是，在道（理）、事并重思想指导下，刘安对著作“书论”的方法和内容做了详尽的规范与探讨，体现了子书立意的高远、规模的宏大与内容的广博这三方面的追求。

他在分别五经的教化作用时说：“温惠柔良者，《诗》之风也；淳庞敦厚者，《书》之教也；清明条达者，《易》之义也；恭俭尊让者，《礼》之为也；宽裕简易者，《乐》之化也；刺几辩义者，《春秋》之靡也。”[①]（《淮南子·泰族训》）他的认识，不同于荀子偏重五经内容的总结（见《荀子·劝学》），而且也突破了五经在人性道德上的养成作用。他所总结的《周易》对于人的“清明条达”风貌的培养，和《春秋》对于人的“刺几辩义”能力的培养作用，视角非常新颖。

第三，他在论述文章教化作用时，着眼于“情”的感发上。“抒情”是作者对文章的利用，“动情”是文章对受众的作用，“情”在作者、文章与受众之间完成了传递过程。如《淮南子·泰族训》说：

> 今夫《雅》《颂》之声，皆发于词，本于情，故君臣以睦，父子以亲。故《韶》《夏》之乐也，声浸乎金石，润乎草木。今取怨思之声，施之于弦管，闻其音者，不淫则悲，淫则乱男女之辩，悲则感怨思之气，岂所谓乐哉！赵王迁流于房陵，思故乡，作为《山水》之呕，闻者莫不殒涕。荆轲西刺秦王，高渐离、宋意为击筑，而歌于易

① 刘文典撰，冯逸、乔华点校：《淮南鸿烈集解》，中华书局1989年版，第674页。

水之上，闻者莫不瞋目裂眦，发植穿冠。①

刘安的原意是要慎重选择用于宗庙的音乐，防止那些“清于耳”“快于口”的悲怨之声进入庙堂而对听众产生与“君臣以睦”“父子以亲”的追求相悖的影响。但我们在他的描述中，也看出了他清晰地认识到文章在“抒情”与“动情”方面具有的显著效果。

贾谊对文章起源与作用的概括也体现在他对六经的解读中。他认为六经及其他文章都是“道德”的载体，但它们在对人的各种品质养成上的分工则有所侧重。如贾谊《新书·道德说》云：

《书》者，此之著者也；《诗》者，此之志者也；《易》者，此之占者也；《春秋》者，此之纪者也；《礼》者，此之体者也；《乐》者，此之乐者也。②

文中所言“此”指的就是“道德”，它是贯串于六经中的灵魂。但六经对于人的各种道德的养成又各有所长，如《新书·傅职》篇云：

或称《春秋》，而为之耸善而抑恶，以革劝其心。教之《礼》，使知上下之则宜。或称《诗》，而为之广道显德，以驯明其志。教之《乐》，以疏其秽，而填其浮气。教之语，使明于上世而知先王之务明德于民也。教之故志，使知废兴者，而戒惧焉。教之任术，使能纪万官之职任，而知治化之仪。教之训典，使知族类疏戚，而隐比驯焉。此所谓学太子以圣人之德者也。③

这里贾谊只举四经为例，阐明它们对太子的心、志、气的历练与等级名分的认识作用，兼及语、故志、任术、训典等对于太子在“圣人之德”的养成上的辅助作用。

扬雄对文章起源与作用的认识大多没有超越前人：他关于五经的“应时而造”（《法言·问神》）④ 说与刘安相似；他说自己作《太玄》的

① 刘文典撰，冯逸、乔华点校：《淮南鸿烈集解》，中华书局 1989 年版，第 693 页。
② （汉）贾谊撰，阎振益、钟夏校注：《新书校注》，中华书局 2000 年版，第 325 页。
③ 同上书，第 172 页。
④ （清）汪荣宝撰，陈仲夫点校：《法言义疏》，中华书局 1987 年版，第 144 页。

目的就在于“为仁义”,[①] 同于陆贾。但是他在《法言·问神》篇说：“圣人之辞浑浑若川。顺则便，逆则否者，其惟川乎!”[②] 这一句以川为喻，生动描述了圣人文章的强大感染力与教化功能。

（二）东汉、三国子书“条件论”及对“立言”不朽作用的宣扬

西汉诸子认识到文章产生多为“应时而造”，但他们着重强调的还是客观的“时”，而相对忽视了作者“应”时的自觉主动性。两汉之际的桓谭，在思考文章产生根源时却能跳出如来佛的掌心，实现了从西汉“环境论”向东汉“条件论”的过渡。他在《新论》中说：“贾谊不左迁失志，则文彩不发。淮南不贵盛富饶，则不能广聘骏士，使著文作书。太史公不典掌书记，则不能条悉古今；扬雄不贫，则不能作《玄》《言》。”[③] 桓谭所谈的“条件”是与作者遭际密切相关的小环境，区别于前人所说的大环境。这些“条件”中，“左迁失志”与“典掌书记”相对，“贵盛富饶”与“贫”相对，可见桓谭论文章产生的“条件论”正好取消了“条件”本身，也可说是无条件论。桓谭的“条件论”不囿于司马迁的“发愤著书”说，相比司马迁的认识更具学术思考的理性色彩，给予曹丕的启发很大。

王充虽然极其肯定桓谭在“论”体文上的成就，但是他未能认识到桓谭“条件论”的学术创新性，所以他对于文章产生根源与作用的思考不仅没有超越，反而有些倒退。他在《论衡》中只是一味地拔高文章的现实功用，他的表现更像一个摇旗呐喊的斗士，而不是言之有据的学者。如：

> 高祖不辨得天下，马上之计未转，则陆贾之语不奏；众事不失实，凡论不坏乱，则桓谭之论不起。故夫贤圣之兴文也，起事不空为，因因不妄作。作有益于化，化有补于正。(《论衡·对作》)[④]
>
> 又作《新论》，论世间事，辩照然否，虚妄之言，伪饰之辞，莫不证定。彼子长、子云论说之徒，君山为甲。自君山以来，皆为鸿眇之才，故有嘉令之文。笔能著文，则心能谋论，文由胸中而出，心以文为表。观见其文，奇伟俶傥，可谓得论也。……陆贾消吕氏之谋，

---

① （清）汪荣宝撰，陈仲夫点校：《法言义疏》，中华书局 1987 年版，第 168 页。

② 同上书，第 163 页。

③ （汉）桓谭撰，朱谦之校辑：《新辑本桓谭新论》，中华书局 2009 年版，第 1—2 页。

④ 黄晖：《论衡校释》（附刘盼遂集解），中华书局 1990 年版，第 1178 页。

与《新语》同一意；桓君山易晁错之策，与《新论》共一思。（《论衡·超奇》）①

王充以充沛的气势与自信鼓吹陆贾《新语》与桓谭《新论》的政治功用，而不是条分缕析地论证。但是王充能认识到“论”体文因对“世间事”批判的广泛与深刻，而在干预时政方面远远超越其他文体之上，他赋予它至高无上的地位，并且认识到文之卓越与人之才识之间的紧密联系，这一点为前人所未发。

崔寔《政论》（首篇）说：“斯贾生之所以排于绛、灌，弔屈子以抒其愤者也。”② 周生烈《要论·序》云：“张角败后天下溃乱，哀苦之间，故著此书。”③ （按：见马总《意林》）他们的论点都与桓谭“条件论”相近，但倾向于司马迁强调的悲愤与哀苦的一面。

其他如王逸《正部·折武论》（按：笔者以为《折武论》当为《正部》之一篇）说：“苞含六艺，游览百家，用道德为弓弩，□仁义为铠甲。”④ 王逸认为不仅“六艺”是以仁义道德为核心，诸子百家也莫不如此。

王符论文章产生也持应时而造的“环境论”，如《潜夫论·班禄》篇说：“其后忽养贤而《鹿鸣》思，背宗族而《采蘩》怨，履亩税而《硕鼠》作，赋敛重而《谭》告通，班禄颇而《倾甫》刺，行人定而《绵蛮》讽，故遂耗乱衰弱。”⑤ 他倾向于认可文章对时事的讽刺与批判作用。但《潜夫论·务本》篇中所说的：“夫教训者，所以遂道术而崇德义也。……诗赋者，所以颂善丑之德，泄哀乐之情也，故温雅以广文，兴喻以尽意。”⑥ 这里却又美刺并举，批判的锋芒黯淡了不少。

曹丕的《典论·论文》对于文章的诸多方面都有评论，他对于文章产生根源的讨论也能发表独到见解，他论作者“贫贱则慑于饥寒，富贵

① 黄晖：《论衡校释》（附刘盼遂集解），中华书局 1990 年版，第 608—609、612、617 页。

② （汉）崔寔撰，孙启治校注：《政论校注》，中华书局 2012 年版，第 42 页。

③ 王天海、王韧：《意林校释》，中华书局 2014 年版，第 487 页。

④ （清）严可均校辑：《全上古三代秦汉三国六朝文》，中华书局 1958 年版，第 789 页。

⑤ （汉）王符著，（清）汪继培笺，彭铎校正：《潜夫论笺校正》，中华书局 1979 年版，第 168 页。

⑥ 同上书，第 19 页。

则流于逸乐”,[1] 虽不出桓谭“条件论”的藩篱，但也是他本人心得；关于文章功用，他虽然发出了“经国之大业”的惊天言论，其实在文中并没有认真论证。在这一问题的思考中，他最具发明性的当是“不朽论”。

> 年寿有时而尽，荣乐止乎其身，二者必至之常期，未若文章之无穷。是以古之作者，寄身于翰墨，见意于篇籍，不假良史之辞，不托飞驰之势，而声名自传于后。[2]

曹丕强调文章“不朽”的功用，扬雄也说过文章“不朽”，但扬雄是说“圣人之言”对于后世的教化作用比丹青更久远而至不朽（《法言·君子》），曹丕是说著者借助文章传世而至声名不朽。曹丕发扬了臧文仲“立言不朽”的传统，并赋予它个体与文学自觉的时代要求，令其光芒烛照万世。

桓范也有“不朽论”，他在《世要论》中说：“夫著作书论者，乃欲阐弘大道，述明圣教，推演事义，尽极情类，记是贬非，以为法式。当时可行，后世可修。且古者富贵而名贱废灭，不可胜记，唯篇论俶傥之人，为不朽耳。夫奋名于百代之前，而流誉于千载之后，以其览之者益，闻之者有觉故也。”[3] 他认为文章作用有两个：记是贬非与流誉千载。前一论点同于王充等人，后一论点与曹丕“不朽论”同。只是他认为著者之“不朽”需要建立在其著作能使“览之者益，闻之者有觉”的前提下。

葛洪《抱朴子》云：“陆君临亡曰：‘穷通时也，遭遇命也，古人贵立言以为不朽，吾所作子书未成，以此为恨耳。’余谓：仲长统作《昌言》未竟而亡，后董袭撰次之；桓谭《新论》未备而终，班固谓其成《琴道》，今才士何不赞成陆公子书？”（《太平御览·著书》引）[4] 由此可见，“不朽论”不仅在曹魏时期几乎为文人共识，在后世也逐渐为学者文人所接受，大大调动了文士从事文章著述的积极性。

杜恕《笃论》云：“考实性行，莫过于乡闾；校才选能，莫善于对策。”[5] 阐述了“对策”这种实用文章对于选拔人才的重要作用，其实也

---

① （梁）萧统编，（唐）李善注：《文选》，中华书局 1977 年版，第 721 页。

② 同上书，第 720 页。

③ （清）严可均校辑：《全上古三代秦汉三国六朝文》，中华书局 1958 年版，第 1263 页。

④ （宋）李昉等：《太平御览》，中华书局 1960 年影印版，第 2709—2710 页。

⑤ （清）严可均校辑：《全上古三代秦汉三国六朝文》，中华书局 1958 年版，第 1293 页。

是把文章与学识、思想紧密联系。谯周《法训》注意到文章的抒情作用："今有挽歌者，高皇帝召田横，至于尸乡自毙，从者晚至宫不敢哭，而不胜其哀，故作为此歌，以寄哀音焉。"① 谯周重视作者"情"的表达，相比《淮南子》的"情"论并无超越。

以上可见，汉魏子书论述文章产生的根源与作用时其目的有差异：一是灌输思想而旁及，二是专门的文章学术探讨，两者间大致以桓谭《新论》为界；它们论述文章产生的根源大概有一个从"环境论"到"条件论"的转变，变化也从桓谭《新论》始；它们对文章作用的表达大致可分别以"教化"与"不朽"来概括，曹丕《典论》之前仅关注社会教化与个人修养，《典论》之后兼及个人不朽。

第二节 汉魏子书对文辞态度与表现方法的争议

汉魏子书对于文章文辞的探讨主要围绕两对关系展开："理"与"辞"的关系；"繁"与"简"的关系。前一对关系其实是文章内容与形式的关系问题。后一对关系，则只是针对文辞本身。汉魏诸子因为关注写文章，更加注重文辞的作用，他们关注的态度又可一分为二：重视文辞的形式美，惧怕文辞对于"文意"的损害。

汉魏子书中最早关注文章文辞者始于《淮南子》，它围绕文、质关系展开讨论，表现出重质轻文的倾向。如《说林训》中说："白玉不琢，美珠不文，质有余也"，②（按：《说苑·反质》也有类似语句）《诠言训》中说："饰其外者伤其内，扶其情者害其神，见其文者蔽其质"，③《人间训》说："故繁称文辞，无益于说，审其所由而已矣。"④ 刘安认为烦琐的称说、美丽的辞藻对于劝谏无益。他否定文辞的烦琐与华美，但并不否定文章用以传情达意的方法，比如《要略》篇有一段话极力称赞"喻"的手法："言君事而不为称喻，则不知动静之宜……已知大略而不知譬喻，则无以推明事。"⑤ 他之所以如此称"喻"，是因为运用了"喻"的手法，

① （清）严可均校辑：《全上古三代秦汉三国六朝文》，中华书局 1958 年版，第 1862 页。

② 刘文典撰，冯逸、乔华点校：《淮南鸿烈集解》，中华书局 1989 年版，第 583 页。

③ 同上书，第 478 页。

④ 同上书，第 625 页。

⑤ 同上书，第 707 页。

文辞就变得生动形象，从而有助于明事理。《泰族训》又说到“兴”的表现手法：“《关雎》兴于鸟，而君子美之，为其雌雄之不乖居也；《鹿鸣》兴于兽，君子大之，取其见食而相呼也。”① 他在论述时虽然也着眼于文章的“大义”，但同时也强调了“兴”的表达方法对于“大义”阐发的重要价值。

刘向著书善于博采众长，他的《说苑》《新序》中有很多故事与《淮南子》雷同，但是他在文、质关系上却不全认同刘安。《说苑·修文》说：“文质修者谓之君子；有质而无文谓之易野。子桑伯子易野，欲同人道于牛马。”② “文质修”与“有质而无文”的区别如同人道与牛马，其间差距可想而知。这表现出刘向对于文辞尤其看重，基本持文质并重的思想。

扬雄的文章学思想在其人生的前后阶段发生了很大的转折，《法言》中的文章学理论是他鄙弃辞赋等“丽文”之后产生的。因为要纠正前期思想之偏而矫枉过正，走向另一极端，如《法言·吾子》云：“或问：‘君子尚辞乎？’曰：‘君子事之为尚。事胜辞则伉，辞胜事则赋，事、辞称则经。’”③

他虽然说君子著述应该“事、辞称”，其实骨子里还是重质轻文。如他在《君子》篇中批评司马相如赋“文丽用寡”，司马迁“爱奇”，就是反对文辞的反映。虽然他后期鄙视辞赋为“小道”，但拈出一个“丽”字概括赋与楚辞的共同特征，是建立在自己写作实践上的文学总结，导曹丕“诗赋欲丽”说的先声。

桓谭与扬雄相比则对文辞比较重视，他在《新论》中评价《吕氏春秋》与《淮南子》道：“乃其事约艳，体具而言微也。”④ 他从“事”与“言”两方面肯定两书，认为这才是它们“一字千金”的真正原因。

王充《论衡·自纪》篇也说：“以圣典而示小雅，以雅言而说丘野，不得所晓，无不逆者。”“故鸿丽深懿之言，关于大而不通于小。”⑤ 他从受众的理解能力出发，重视文辞雅俗与深浅的调整。他的思想对于前人是一大飞跃。

---

① 刘文典撰，冯逸、乔华点校：《淮南鸿烈集解》，中华书局1989年版，第675页。

② （汉）刘向撰，向宗鲁校证：《说苑校证》，中华书局1987年版，第499页。

③ （清）汪荣宝撰，陈仲夫点校：《法言义疏》，中华书局1987年版，第60页。

④ （汉）桓谭撰，朱谦之校辑：《新辑本桓谭新论》，中华书局2009年版，第2页。

⑤ 黄晖：《论衡校释》（附刘盼遂集解），中华书局1990年版，第1192、1193页。

王充之后的诸子大约都能认识到文辞的重要性，但是罕有超越上述数子者。

东汉王逸《正部论》云："《淮南》浮伪而多恢，《太玄》幽虚而少效，《法言》杂错而无主，新书繁文而鲜用。"① 他不认同汉代子书文辞上的进步，应该是带有厚古薄今偏见的，是退步的文章观。王符的文辞观，也表现出退步的倾向，因为他所处时代的混乱，改变时政的思想比较强烈，因而对文章写作很难开展纯粹理性的讨论。《潜夫论·务本》篇批评道：

> 教训者，以道义为本，以巧辩为末；辞语者，以信顺为本，以诡丽为末……今学问之士，好语虚无之事，争著雕丽之文，以求见异于世，品人鲜识，从而高之，此伤道德之实，而或矇夫之大者也。诗赋者，所以颂善丑之德，泄哀乐之情也，故温雅以广文，兴喻以尽意。今赋颂之徒，苟为饶辩屈蹇之辞，竞陈诬罔无然之事，以索见怪于世，愚夫戆士，从而奇之。②

这段文字表现出王符着眼于批评，欲扭转世风、文风的强烈使命感。

刘劭肯定了司马迁与班固为能"属文著述"的"文章"家（《人物志·流业》篇），他又在《七缪》篇中说："文本辞繁"，③ 他是说年幼擅长口谈的人，长大写文章也必然富于文采。可见他对于文辞的态度是肯定的。

仲长统《昌言》有一句佚文："英辞雨集，妙句云来。"④ 虽然不知他描述的对象，但从字里行间可见言说者对于"英辞""妙句"是持欣赏态度的。

桓范对于文辞的思想相对保守，大概也与他批判的视角有关，《世要论·序作》说：

> 故作者不尚其辞丽，而贵其存道也；不好其巧慧，而恶其伤义

---

① （清）马国翰辑：《玉函山房辑佚书》，上海古籍出版社 1990 年版，第 2460 页。

② （汉）王符著，（清）汪继培笺，彭铎校正：《潜夫论笺校正》，中华书局 1979 年版，第 16、19 页。

③ 梁满仓译注：《人物志》，中华书局 2014 年版，第 163 页。

④ （汉）仲长统撰，孙启治校注：《昌言校注》，中华书局 2012 年版，第 427 页。

也。故夫小辩破道，狂简之徒，斐然成文，皆圣人之所疾矣。[①]

吴国诸子虽然强调辞、理并重，但大体上还是向重理一方倾斜。如陆景《典语》云："昔贾生尝陈阶级，而文帝加重大臣，每贤其遗言，博引古今，文辞雅伟，真君人之至道，王臣之硕谟也。"[②] 陆景虽以"雅伟"称赞贾谊的文辞，但他强调的还是它们对于贾生"王臣"身份的服务性。秦菁《秦子》云："顾彦先难云：'有味如醽，而不醉人；其味如黍，饮之则醉，何也？'秦子曰：'醉在小人，不在君子。吾欲锦中而纻表，不欲绣外而麻裹，犹论者宁匮于辞，不匮于理。'"[③] 秦菁眼中，甚至可以对理、辞的不同追求，来区别君子与小人。殷基《通语》云："才贵精，学贵讲。质胜文石建，文胜质蔡邕，文质彬彬，徐幹庶几也。"[④] 从其文意看，殷基更欣赏文质彬彬的徐幹。

以上可见，文质之辩一直贯串于汉魏两代、三国之中，在不同时代、不同地域及个人身上的表现不尽相同，很难梳理出一个发展的趋势和脉络，只能说一直处于复杂曲折的过程中。

第三节　汉魏子书对文学批评与欣赏的认识

汉魏子书中有关文章批评与欣赏的认识大概表现在两个方面：一是关于批评的态度与条件，诸子或者从作者身份出发，表现出对"知音"的渴求；或者从批评者角度出发，提出对文体特点、文学规律与文人生平、思想以及个性认知的要求。二是诸子在进行文学鉴赏实践时，提出了很多文学理论学说与审美范畴，对于文学的独立与自觉起到助推作用。

陆贾《新语·术事》云：

书为晓者传，事为见者明。……书不必起仲尼之门，药不必出扁鹊之方，合之者善，可以为法，因世而权行。[⑤]

---

① （唐）魏徵，等撰，沈锡麟整理：《群书治要》，中华书局 2014 年版，第 582 页。

② （清）严可均校辑：《全上古三代秦汉三国六朝文》，中华书局 1958 年版，第 1432 页。

③ 王天海、王韧：《意林校释》，中华书局 2014 年版，第 583 页。

④ 同上书，第 444 页。

⑤ 王利器：《新语校注》，中华书局 1986 年版，第 44 页。

陆贾首先批判了世人贵古贱今的思想，认为文章著述的传播虽然有待知音，但也希望批评者能树立基本的批评标准，即追求文章对现世的功用，而不要过于看重作者出身。他的文学批评观不域于思想门槛，非常融通，是汉初百家思想融会贯通的表征之一。

《淮南子·人间训》云：

> 夫歌《采菱》，发《阳阿》，鄙人听之，不若此《延路》《阳局》，非歌者拙也，听者异也。①

刘安在此提出文学批评受制于欣赏者的水平问题，“听者”的艺术修养限制了对《采菱》《阳阿》等高雅音乐的正确评价，即不同层次的文学有不同水平的受众群。刘安所举歌唱的例子与宋玉所举“曲高和寡”的故事情节相似，但是关注的重心已大不同，宋玉为说明歌者水平有高低，雅者寡少、俗者众多，操雅歌者在俗众中很难取得一呼百应的轰动效应。刘安这里关注受众的层次，已跨入文学批评领域。

扬雄的“言为心声”说在后世影响很大，这是他在《法言·问神》篇提出的：

> 言不能达其心，书不能达其言，难矣哉！惟圣人得言之解，得书之体，白日以照之，江、河以涤之，灏灏乎其莫之御也！面相之，辞相适，捈中心之所欲，通诸人之嚍嚍者，莫如言。弥纶天下之事，记久明远，著古昔之㖧㖧，传千里之忞忞者，莫如书。故言，心声也；书，心画也。声画形，君子小人见矣。声画者，君子小人之所以动情乎？②

虽然扬雄的“言为心声”说源于孟子的“知人论世”说，但在他这里又有进一步发展，他把作者人品与文品的一致性提到一个极致的高度，夯实了汉代文人“心里文表”的文学批评认识的基础。

扬雄还关注到作者褒贬对于时政治乱的曲折反映，他在《法言·孝至》篇说：

① 刘文典撰，冯逸、乔华点校：《淮南鸿烈集解》，中华书局1989年版，第619—620页。

② （清）汪荣宝撰，陈仲夫点校：《法言义疏》，中华书局1987年版，第159—160页。

周康之时，颂声作乎下，《关雎》作乎上，习治也。齐桓之时缊，而《春秋》美邵陵，习乱也。故习治则伤始乱也，习乱则好始治也。①

这里扬雄不否认时政和文学之间的对应关系，但他也注意到了时政治乱与作者褒贬态度并不一一对应。一个人如果久经乱世——所谓“习乱”，那么即使看到时政有一点好的萌芽也会欣喜若狂，他会在文章中表达自己的喜悦与赞美，不能因此就判断他所处的时代是清明理想的；反之，一个人如果久经治世——所谓“习治”，那么即使看到时政有一点不好的预兆也会怒不可遏，他会在文章中表达自己的愤怒与指责，不能因此就判断他所处的时代是浑浊腐朽的。扬雄这一思想发前人所未发，尤其值得注意。

扬雄的文学批评思想还散见于以下各篇之中，如扬雄《法言·问神》篇云：

虞、夏之《书》浑浑尔，《商书》灏灏尔，《周书》噩噩尔。下周者，其《书》谯乎！②

扬雄的思想虽然有厚古薄今之意在，但是总体上是表达出一代有一代文章之风貌，当然他认为不同的文章风貌与其时的政治面貌是紧密联系的。他在《孝至》篇也表达了自己观《诗》知政的思想：“或问‘泰和’。曰：‘其在唐、虞、成周乎？观《书》及《诗》温温乎，其和可知也。’”③ 扬雄在《重黎》篇中分别以“立事”“品藻”“实录”评价《周官》《左氏》与《史记》三书，可视作他文学鉴赏思想的实践。

桓谭批评鉴赏的思想主要是“知音论”，这出自他的《新论·琴道》篇，主要有以下两段文字：

晋师旷善知音。卫灵公将之晋，宿于濮水之上，夜闻新声，召师涓告之曰：“为我听写之。”曰：“臣得之矣。”遂之晋。晋平公飨之，酒酣，灵公曰：“有新声，愿奏之。”乃令师涓鼓琴，未终，师旷止

① （清）汪荣宝撰，陈仲夫点校：《法言义疏》，中华书局1987年版，第543页。
② 同上书，第155页。
③ 同上书，第543页。

之曰："此亡国之声也。"①

成少伯工吹竽，见安昌侯张子夏，鼓琴谓曰："音不通千曲以上，不足以为知音。"②

桓谭论知音存在的现象，论知音存在的条件，他认为知音不出于天成而在于多闻。他在《新论・道赋》篇还有一段文字谈及文学批评，虽不提"知音"二字，实际上是说知音的练成离不开熟习：

杨子云工于赋，王君大晓习兵器，余欲从二子学。子云曰："能读千赋，则善赋。"君大曰："能观千剑，则晓剑。"谚曰："伏习象神，巧者不过习者之门。"③

仲长统《昌言》有佚文："疏濯胸臆，澡雪腹心，使之芬香皓洁，白不可污也。"④ 因为上下文遗失，影响对此段文字的准确解读。但是刘勰《文心雕龙・神思》篇有一句，无论大意还是句式都与此句非常相似："是以陶钧文思，贵在虚静，疏瀹五藏，澡雪精神"，⑤ 参照刘勰此文，可否认为仲长统也是在谈论文学创作时的文思问题呢？无独有偶，《昌言》佚文还有一句"英辞雨集，妙句云来"⑥，正是描述创作过程中灵感降临的状态，可证《昌言》中有论文学创作的言论，遗憾的是其内容亡佚不可复见。

王充《论衡》的文学批评思想主要体现在他对历代文人著作的批评中，具有一定的规模，已经形成了自己的文学批评体系。这一点前人论述非常详尽，笔者不一一赘述，只拈出他在《论衡・自纪》中对行文"易晓之美"的要求简单谈谈。他说："口则务在明言，笔则务在露文。高士之文雅，言无不可晓，指无不可睹"，⑦ "其文可晓，故其事可思"，⑧ 因

---

① （汉）桓谭撰，朱谦之校辑：《新辑本桓谭新论》，中华书局 2009 年版，第 66 页。

② 同上书，第 70—71 页。

③ 同上书，第 52 页。

④ 王天海、王韧：《意林校释》，中华书局 2014 年版，第 500 页。

⑤ （梁）刘勰著，范文澜注：《文心雕龙注》，人民文学出版社 1978 年版，第 493 页。

⑥ 王天海、王韧：《意林校释》，中华书局 2014 年版，第 501 页。

⑦ 黄晖：《论衡校释》（附刘盼遂集解），中华书局 1990 年版，第 1196 页。

⑧ 同上书，第 1197 页。

此“观读之者，晓然若盲之开目，聆然若聋之通耳”①。王充一改历来文学批评重雅轻俗的传统，从“俗人”的文化水平着眼，确定行文平易可晓的可行性。因此，不能根据行文雅俗与否判定著述水平高低。

吴人周昭在其《新论》中有一段品评吴国文人的文字，可以看出他欣赏的角度和方法：

> 薛莹、王蕃，器量绰异，弘博多通；楼玄清白节操，文理条畅；贺劭厉行贞洁，机理清要；韦曜笃学好古，博观群籍，有记述之才。胡冲以为玄、劭、蕃一时清妙，略无优劣；必不得已，玄宜在先，劭当次之。华核诗赋之才，有过于曜，典诰不及也。②

周昭认为：文人所擅长的文体各不相同，评价作者要依据文体差异分别衡量；文人的器量、节操、个性与学识都会反映到文章当中，因此形成不同风格的文章面貌。这就说明他要求文学鉴赏与批评既离不开对文体特点的认识也离不开对作者的学养与个性的了解。周昭的文学批评联系文体特征，这点和曹丕《论文》观点相似；文学批评联系作者的个性与学识则突破了扬雄“言为心声”说中偏重道德思想的考量，又不似曹丕把文章水平的差异纯粹归结为抽象、先天的“气”。

汉魏子书也有针对文学作品提出一些审美范畴，如桓谭的“象神”，仲长统的“虚静”“澡雪精神”，曹丕的“气”等，虽然他们不曾对这些范畴做出准确的界定与详尽的阐释，但是已经体现出他们对于文学思考的自觉意识，而且对后世文人的文学观产生了启示的作用。

从《淮南子》开始关注文学批评中的受众问题，到扬雄的“言为心声”说，再到桓谭的“知音”说和王充的“易晓”说、曹丕的“气”论，可以看出文学批评鉴赏理论在汉魏子书中走向成熟与自觉的大概趋势。

第四节　汉魏子书对各种文体的讨论与对“论”体文的树典垂范作用

汉魏子书中涉及诸多文体的探讨，促进了文体的规范意识，使文体分

---

①　黄晖：《论衡校释》（附刘盼遂集解），中华书局 1990 年版，第 1196 页。

②　（清）严可均校辑：《全上古三代秦汉三国六朝文》，中华书局 1958 年版，第 1437 页。

类更加细化。子书中的专论篇章也为“论”体文章的创作提供了文章典范。汉魏子书涉及的文章类别除经、传等沿袭传统的经学标准划分的文体外，还涉及赋、语、故志、任术、训典、论、书、铭、诔、赞象等文章类别，诸子对它们的探讨实际上可当作文体论看待。

(一) 汉魏子书对各种文体的讨论

子书中涉及的各种文体，依据被讨论的频次排列如下。

1. 论“赋”

汉赋对汉代文人的影响是久远而深刻的，很多文人年轻时都曾经历过一个诵赋、作赋的狂热阶段，诸子中尤以扬雄与桓谭为代表。因此考察二人对赋的评论，能非常真实地反映出赋对文人精神生活的作用以及赋的演变。

扬雄对赋的态度前、后两期形成鲜明对比，他前期创作的“四大赋”与后期在《法言》中对赋的批评否定，在赋体文学发展与赋的批评领域都具有显著影响。扬雄后期对赋的极端贬抑有失偏激，但这种偏激正是他后期在学术上理性追求知性启发的体现。即便如此，扬雄对赋的批评还是具有一定的文体参照价值。扬雄毫不否认赋的审美娱乐功能，但他更介意赋在知性启发上的低能，所以他在《法言》中一再表达自己的不满：

或问：“吾子少而好赋”。曰：“然。童子雕虫篆刻。”俄而，曰：“壮夫不为也。”或曰：“赋可以讽乎？”曰：“讽乎！讽则已，不已，吾恐不免于劝也。”或曰：“雾縠之组丽。”曰：“女工之蠹矣。”①(《吾子》)

或问：“景差、唐勒、宋玉、枚乘之赋也，益乎？”曰：“必也淫。”“淫，则奈何？”曰：“诗人之赋丽以则，辞人之赋丽以淫。如孔氏之门用赋也，则贾谊升堂，相如入室矣。如其不用何？”②(《吾子》)

或问：“屈原、相如之赋孰愈？”曰：“原也过以浮，如也过以虚。过浮者蹈云天，过虚者华无根。然原上援稽古，下引鸟兽，其著意子云，长卿亮不可及。”(《逸文》)③

① (清) 汪荣宝撰，陈仲夫点校：《法言义疏》，中华书局 1987 年版，第 45 页。

② 同上书，第 49—50 页。

③ 同上书，第 606 页。

扬雄虽然把赋比作“童子雕虫篆刻”，而且全盘否认它的讽谏作用，但他以“丽”称赋，也不否认司马相如用“雾縠”来比喻大赋，说明赋的形式美在当时是得到公认的。他比较屈原与司马相如作品，在对屈原以“上援稽古，下引鸟兽”的褒扬中显露他的求知追求，也真实再现了汉人眼中辞、赋不分的情况。

桓谭《新论》设专文谈赋的鉴赏与创作，可惜传世文献仅保留极少内容。桓谭在《道赋》等篇中以自己与扬雄作赋的经历说明作赋之不易：既要有丰富的经验积累，又要有充沛的精力，即便如此也不一定能产生高水平的赋作来。桓谭虽然也如扬雄一样对求知充满渴望，但他更清醒地认识到写赋的过程需要借助强烈的情感体验，这种情感体验虽然能深刻打动读者，但对作者的心力损耗比较严重，因此它也才能充分发挥对人事的或美或刺的功用。如他在文中所举自己“尝激一事而作小赋”① 的例子，“用精思太剧，而立感动致病”；② 扬雄跟随成帝上甘泉应诏作赋，“一首始成，卒暴倦卧”“大少气，病一年”③ 的经历，两例都说明作赋对于作者心力的极高要求。而刘勰《文心雕龙》转述的一段：“及相如之弔二世，全为赋体，桓谭以为其言恻怆，读者叹息，及平章要切断而能悲也。”④ 文中可见桓谭对于司马相如的《弔二世赋》做过鉴赏性评价，以及他注重赋作的悲剧情感宣泄作用。

曹丕的《典论·论文》说“诗赋欲丽”，他对赋的审美认识与扬雄、桓谭相近。在上节引用的周昭《新论》中，有“华核诗赋之才，有过于曜，典诰不及也”⑤，也涉及诗、赋二体，不过未能展开讨论。

虽然上述几位诗、赋并提，但论赋多而论诗少，而且《诗经》之外的诗歌作品几乎不受他们关注。

2. 论“论”

赋之外，汉魏诸子关注最多的是“文”，而“文”中，最为密切的讨论是“论”，依据余嘉锡的观点，此“论”多指子书。余嘉锡在《古书通例》中说：“论文之源，出于诸子，则知诸子之文，即后世之论矣。”⑥

---

① （汉）桓谭撰，朱谦之校辑：《新辑本桓谭新论》，中华书局 2009 年版，第 52 页。

② 同上。

③ 同上。

④ 同上书，第 53 页。

⑤ （清）严可均校辑：《全上古三代秦汉三国六朝文》，中华书局 1958 年版，第 1437 页。

⑥ 余嘉锡著：《古书通例》，上海古籍出版社 1985 年版，第 67 页。

桓谭《新论》说："予见新进丽文，美而无采，又见刘、扬言辞，常辄有得。"① 如果此处他所说的"丽文"指受谶纬思想影响较重的汉赋等著作，"刘、扬言辞"指的是刘歆与扬雄那些"蕴含着学术思想与精神追求"的文章，② 那么这些文章只能是"论"文。所谓"有得"强调其思想内涵与精神追求，区别于汉赋的"丽"与"美"两个形式上的审美指标。

对"论"体文的探讨以王充《论衡》最为详尽，他标榜桓谭《新论》为"论"文的最高典范，可知他书中指代文章的"论"确指子书。王充的"论"文观主要体现在他对于《新论》以及《论衡》的评价与期望言辞中。总结他的观点，可见他认为"论"文有以下几个方面的特点。

第一，辨真伪、疾虚妄。他推崇桓谭《新论》说："论世间事，辩照然否，虚妄之言，伪饰之辞，莫不证定。"③ 这也是他对己作《论衡》的设定目标，在书中他也分别针对虚、妄这两方面内容进行集中批判，比如《书虚》《变虚》《异虚》《感虚》与《语增》《儒增》《艺增》等两组篇章，都是他这一主旨的体现。辨真伪、疾虚妄的目的又在于求真、求实，因此他"论"文重实用。他说："陆贾造《新语》，高祖粗纳采。"④ 并且设言"韩蚤信公子非，国不倾危"，⑤ 就是"论"文在政治上具有实用价值的体现。

第二，"论"文贵"奇"。奇即独创，表现在两个方面：立意奇，文墨奇。"若夫陆贾、董仲舒，论说世事，由意而出，不假于外"（《超奇》），⑥ "文由胸中出，心以文为表"（《超奇》），⑦ 都是他重视"论"文独创性的体现。他又说："观见其文，奇伟俶傥，可谓得论也。"⑧ "夫射以矢中效巧，论以文墨验奇。奇巧俱发于心，其实一也。"⑨ "论"文因为独创，发前人所未发，因此才会"奇"。王充在心谋之奇与作文之奇间

---

① （汉）桓谭撰，朱谦之校辑：《新辑本桓谭新论》，中华书局 2009 年版，第 53 页。

② 详见孙少华《桓谭"不及丽文"与两汉之际文风的转变》，《南京大学学报》（哲学·人文科学·社会科学）2012 年第 5 期，第 125 页。

③ 黄晖：《论衡校释》（附刘盼遂集解），中华书局 1990 年版，第 609 页。

④ 同上书，第 1156 页。

⑤ 同上书，第 1157 页。

⑥ 同上书，第 608 页。

⑦ 同上书，第 609 页。

⑧ 同上。

⑨ 同上。

建立了紧密的联系，视纸谈等于实战，因此得出孔子为素王、桓谭为素相的结论。从这一点说，求奇和求实的追求是一体的。

王符《潜夫论·贤难》篇云：

> 观其论也，非能本闺阁之行迹，察臧否之虚实也；直以面誉我者为智，谄谀己者为仁，处奸利者为行，窃禄位者为贤尔。①

王符强调“论”文的立意应该高远，批评一些人不顾事实地建虚妄之论以沽名钓誉。他的观点与王充类似，说明“论”文在辨明事理、言论方面的思想指导作用相比其他文体具有绝对优势。

3. 论“铭”“诔”“赞”等

扬雄强调铭文重在使人“戒慎”，如《法言·修身》篇云：

> 或问“铭”。曰：“铭哉！铭哉！有意于慎也。”②

此处的“铭”虽然主要指“刻器”这一行为，但刻器必有铭文，扬雄对于铭文的要求也就隐含在了“戒慎”这一功用中。

曹丕《典论·论文》云：“铭诔尚实”。所谓“实”，当指符合事实或史实，即真实不虚伪，与“奏议宜雅”“诗赋欲丽”“书论宜理”对举，突出了它的简朴叙事性特点。

桓范《世要论》中有《铭诔》的文体专论，它们在文体学上的价值毫不逊色于曹丕的四字箴言。其文为：

> 而门生故吏，合集财货，刊石纪功，称述勋德，高邈伊、周，下陵管、晏，远追豹、产，近踰黄、邵，势重者称赞，财富者文丽。后人相踵，称以为义。外若赞善，内为己发，上下相效，竞以为荣。其流之弊，乃至于此。欺曜当时，疑误后世，罪莫大焉。③

桓范批判当时铭诔文章有攀权附贵的流弊，门生故吏执笔时又往往不

---

① （汉）王符著，（清）汪继培笺，彭铎校正：《潜夫论笺校正》，中华书局1979年版，第48页。

② （清）汪荣宝撰，陈仲夫点校：《法言义疏》，中华书局1987年版，第88页。

③ （清）严可均校辑：《全上古三代秦汉三国六朝文》，中华书局1958年版，第1263页。

是“虚美”就是“隐恶”，因此“戒慎”的功能弱化而褒颂的功能在加强。

《世要论》中还有《赞象》篇，其文为：

> 夫赞象之所作，所以昭述勋德，思咏政惠，此盖《诗》《颂》之末流矣。宜由上而兴，非专下而作也。世考之导之，实有勋绩，惠利加于百姓，遗爱留于民庶。宜请于国，当录于史官，载于竹帛。上章君将之德，下宣臣吏之忠。若言不足纪，事不足述，虚而为盈，亡而为有，此圣人之所疾，庶几之所耻也。①

桓范认为赞象这种文体的创作目的在于述勋德、咏政惠，但是执政者的勋德与惠政，是臣下眼能见而心所感的，这样才有做赞象的必要和动力，写出来的赞象也才能真正实现“上章君将之德，下宣臣吏之忠”的教化功能。如果执政者“言不足纪，事不足述”，而臣下生编硬造些假象来作文，则与赞象的主旨相悖离，淆乱了社会道德秩序。

4. 论“挽歌”

谯周《法训》云：

> 今有挽歌者，高皇帝召田横，至于尸乡自毙，从者晚至宫不敢哭，而不胜其哀，故作为此歌，以寄哀音焉。②

谯周云“今有挽歌”，可见挽歌是谯周当时所亲见。挽歌可追溯到田横之死，挽歌的作用是寄托“哀音”。这一观点也为后人所认同，如干宝《搜神记》也记载了“挽歌”的起源，原文为：

> 挽歌辞有《薤露》《蒿里》二章，汉田横门人作。横自杀，门人伤之，悲歌。言人如薤上露水，易稀灭。亦谓人死精魂归于蒿里。故有二章。③

干宝所述更为详尽，《薤露》《蒿里》的得名分析得也比较合理。从

---

① （唐）魏徵等撰，沈锡麟整理：《群书治要》，中华书局 2014 年版，第 581 页。

② （清）严可均校辑：《全上古三代秦汉三国六朝文》，中华书局 1958 年版，第 1862 页。

③ （晋）干宝撰：《搜神记》，中华书局 1979 年版，第 189 页。

这两个材料分析，挽歌在汉魏时期的存在是可信的。而且它的产生也非常符合先秦时期在音乐艺术上存在的一种以悲为美的审美追求。韩娥的歌哭、雍门周琴感孟尝君的故事，与挽歌的悲美追求相一致。

5. 论其他文体

贾谊《新书·傅职》篇云：

> 教之语，使明于上世而知先王之务明德于民也。教之故志，使知废兴者，而戒惧焉。教之任术，使能纪万官之职任，而知治化之仪。教之训典，使知族类疏戚，而隐比驯焉。此所谓学太子以圣人之德者也。①

此段文字中，贾谊罗列的著述都是“傅”用来教育太子的教材，其中除《春秋》《礼》《诗》《乐》外，还有语、故志、任术、训典四类。韦昭解释了这三类文献：语，治国之善语；故志，谓所记前世成败之书；训典，五帝之书也。任术，校注云“谓任人之术”。既然著述有不同的类别，而且教育太子的功用也有差异，因此可以视作不同文体。② 跃进师在他的《贾谊所见书蠡测》中也认为这是些具有文体意味的文章，他说：“我认为，‘语’‘故志’‘任术’‘训典’等也应加书名号。”并认为：“‘故志’‘任术’所指未详，但既然与《诗》《礼》等并论，应当是儒家修身之书。”③

贾谊不仅论及“语”这一文类，而且在《新书》中有意搜集与保存了先秦“语”类文献，这类文献集中在《修政语》《礼容语》两篇中。贾谊身为“太傅”，时时以上古“太傅之任”来要求自己，而据《新书·保傅》篇可知太傅之职在于“傅之德义”，这个目标与先秦之“语”教育目的相符，所以他在《修政语》《礼容语》两篇中汇编了先秦“语”类文献用作教育王子的教材。④《新书》其他篇中也时常引用先秦经典之外

① （汉）贾谊撰，阎振益、钟夏校注：《新书校注》，中华书局2000年版，第172页。

② 俞志慧在《古“语”有之：先秦思想的一种背景与资源·前言》（华东师范大学出版社2010年版）中把先秦文献中的“语”界定为“五经”之外的古老文类和教材，他的结论是可靠的。“语”的表现形式为“嘉言善语”，与韦昭注相符。所谓“文类”，没有文体的界定严格，但是已经接近文体了。

③ 刘跃进：《贾谊所见书蠡测》，《南京师范大学学报》（社会科学版）2008年第4期。

④ 《新书·礼容语下》中有一段详细解释《昊天有成命》一诗的内容，完全可以看作贾谊说《诗》的笔记。详见（汉）贾谊撰，阎振益，钟夏校注《新书校注》，中华书局2000年版，第379页。

的“语曰”作为论据，可以说明他对先秦“语”体文献的熟悉。只是他搜集整理先秦“语”体文献的意识很明确，但缺少对其进行理论总结的热情。这样的特点不仅体现在贾谊一人身上，刘向等人也有类似倾向。这种现象不能说明汉魏诸子的文体自觉意识不鲜明，可能更因为这些曾经在先秦非常流行的文体，到了汉魏时期已经少有人涉及，因此对其进行规范的意义不大。

结合韦昭注看，“故志”当为史书类文体，“训典”为政书类文体，均有文体区分的意义，只是“任术”语意不明，存疑。

曹丕在《典论·太子》篇的《序》中有论述家书的一段话为：“余蒙隆宠，忝当上嗣。忧惶踧踖，上书自陈。欲繁辞博称，则父子之间不文也；欲略言直说，则喜惧之心不达也。里语曰：‘汝无自誉，观汝作家书。’言其难也。”[①] 曹丕在文中坦白自己作家书时的矛盾态度，他说家书一体不同于其他文章，作文章不妨“繁辞博称”偏重文采，但是家书则以言“喜惧之心”为主，注重情感表达的真切，关键是情真与文采之间的关系如何拿捏才能恰到好处。这也充分表达了曹丕非常自觉的文体意识。

上节引用的周昭《新论》中，有“华核诗赋之才，有过于曜，典诰不及也”,[②] 涉及典诰这一文体，只是未能展开论述。但是他依据文体来评价文人成就，也说明分别文体在当时的文学批评界已是习惯使然。

（二）汉魏子书对“论”体文的树典与垂范

《新书》《昌言》等子书为贾谊、仲长统等所写论文的底稿，从酝酿之始至编订成书，有些即以单篇的形式开始传播。这一个个专题积累下来，不是为自己看，也没有机会上达高层、进谏君主，所以对民间文化与学术的影响渐深渐远。在上述理论之外，汉魏子书自身也为“论”文的写作提供了很好的典范，它们创造了继秦汉大赋、章、表、奏、记、赞、颂、铭之后的新文体——政论文。汉魏子书自身树立了论体文写作的典范，培养了文人学者著论的能力与习惯，推动了“论”体文章的大量创作，更适合魏晋之后诸多玄学与佛学等思辨性问题的探讨。把嵇康的《声无哀乐论》《养生论》等文章与孙绰等人的玄言诗相比照，就能看出“论”体文在义理辨析上的显著优势。

汉魏子书对“论”体文章树典与垂范的具体例证，主要体现在对其

---

① 王天海、王韧：《意林校释》，中华书局2014年版，第510页。

② （清）严可均校辑：《全上古三代秦汉三国六朝文》，中华书局1958年版，第1437页。

论辩话题的启发与论据资料的提供两方面。有时这两个方面的借鉴不能做出截然的区别，因为作论文者所引论据资料支撑的辩论主题往往与论据所出篇章主题相同或相近。比如曹植的《交友论》引用扬子《法言》曰："朋而不心，面朋也；友而不心，面友也。"（《法言·学行》）[①] 扬雄论交友，曹植也论交友。他的《辩道论》多次引用"君山"的言论都出自桓谭《新论》。[②] 桓谭论道，他也论道。他对子书的借鉴既有论据资料，也夹杂着论辩主题的启发。汉魏子书所关注的主题，比如过秦论、孝论、俸禄论、王霸论、君臣论、交友论、民风论、命运论、人品论和人才论等主题，在魏晋论文中都能找到后继者。

汉魏子书为论体文章提供的论据资料包括论点论据与史实论据。因为魏晋文人喜爱在书信中品评文人文章，所以魏晋人的书信很多可作为文论看待。曹植最擅长在议论性的书信中使用汉代子书的论点论据，他在《与吴季重书》中说："过屠门而大嚼，虽不得肉，贵且快意"，"夫君子而不知音乐，古之达论谓之通而蔽"[③]，这两处都是化用了桓谭《新论》的内容，但他使用得非常娴熟而不露痕迹。这些事例都说明他对《新论》是非常熟悉的，他对于桓谭的思想有批判、有认同。

刘孝标《广绝交论》云："凡斯五交，义同贾鬻，故桓谭譬之于阛阓，林回喻之于甘醴。"（《文选》卷五十五）[④]，也是使用桓谭《新论》中的论点作为论据。

借鉴汉魏子书中的史实论据者，如陆机《演连珠》中有"是以江汉之君，悲其坠屦"。[⑤] 根据张铣注可知，"演连珠"这一文体也重在陈义论理，可视为议论体的韵文。陆机在《演连珠》中使用了昭王坠屦这一事典，出自贾谊《新书·谕诚》篇：

> 昔楚昭王与吴人战，楚军败，昭王走，屦决背而行失之，行三十步，复旋取屦。及至于隋，左右问曰："王何曾惜一踦屦乎？"昭王曰："楚国虽贫，岂爱一踦屦哉？思与偕反也。"自是之后，楚国之

---

① 赵幼文：《曹植集校注》，人民文学出版社 1998 年版，第 330 页。

② 详见曹植《辨道论》，赵幼文：《曹植集校注》，人民文学出版社 1998 年版，第 187 页。

③ 赵幼文：《曹植集校注》，人民文学出版社 1998 年版，第 143 页。

④ （梁）萧统编，（唐）李善注：《文选》，中华书局 1977 年版，第 758 页。

⑤ 同上书，第 766 页。

俗无相弃者。[1]

故事由楚昭王对旧鞋子的珍惜，反映出他对本国人民的珍惜。陆机用这一事典来论证“达之所服，贵有或遗；穷之所接，贱而必寻”[2] 的道理，从其使用情况看，这一事典应为当时人所熟识。

李萧远《运命论》云：“则执杓而饮河者，不过满腹”[3]（《文选》卷五十三），吴质的《在元城与魏太子笺》中也说：“小器易盈。”[4] 二人表述虽不尽同，其实出自同一事典，见于《新论·启寤》篇：

子贡对齐景公曰：“臣事仲尼，譬如渴而操杯器就江海饮，满腹而去，又焉知江海之深也？”[5]

刘向《说苑·善说》也载录此典：

赵简子问子贡曰：“孔子为人何如？”子贡对曰：“赐不能识也。”简子不悦曰：“夫子事孔子数十年，终业而去之，寡人问子，子曰‘不能识’，何也？”子贡曰：“赐譬渴者之饮江海，知足而已。孔子犹江海也，赐则奚足以识之。”简子曰：“善哉！子贡之言也。”[6]

桓谭《新论》辑文是根据李善《文选注》辑录的，与刘向《说苑》记载有些出入。《韩诗外传》（卷八）亦载此事，文辞略异，说明其所据文献异源。[7] 无论出自《说苑》还是《新论》，都可见子书所载事典为后世论文所关注的情况。

至于汉魏子书在论辩模式与方法上给予魏晋论文的借鉴，应该是更为

---

① （汉）贾谊撰，阎振益，钟夏校注：《新书校注》，中华书局 2000 年版，第 280 页。

② （梁）萧统编，（唐）李善注：《文选》，中华书局 1977 年版，第 766 页。

③ 同上书，第 734 页。

④ 同上书，第 567 页。

⑤ （汉）桓谭撰，朱谦之校辑：《新辑本桓谭新论》，中华书局 2009 年版，第 26 页。

⑥ （汉）刘向撰，向宗鲁校证：《说苑校证》，中华书局 1987 年版，第 287—288 页。

⑦ 详见韩婴撰，许维遹校释：《韩诗外传集释》，中华书局 1980 年版，第 286 页。马总《意林》卷六，干令升《干子》有“执杓而饮河者，不过满腹”（《意林校释》，第 608 页）。同书卷五《傅子》有“人之学，如渴而饮江海。大饮则大盈，小饮则小盈；大观则大见，小观则小见”（《意林校释》，第 551 页）。

广泛而深远的。但其表现较为隐晦，所以不易一一对应分析。仅以某些子书中的篇章为例，来说明子书对后世论文的全面影响。萧统在《文选序》中说："老、庄之作，管、孟之流，盖以立意为宗，不以能文为本。今之所撰，又以略诸。……若其赞论之综缉辞采，序述之错比文华，事出于沈思，义归乎翰藻，故与夫篇什，杂而集之。"① 他肯定了子书的思想性，即"立意为高"，却否定了子书的结构与文彩，所谓"不以能文为本"。但《文选》在"论"中却选入了贾谊《新书》中的《过秦论》与曹丕《典论》中的《论文》，就说明这两篇论文符合他的"事出于沈思，义归乎翰藻"的文章标准。这是汉魏子书对于后世论文发生全面影响的一个例证。

《文心雕龙·论说》云："详观论体，条流多品：陈政，则与议说合契；释经，则与传注参体；辨史，则与赞评齐行；诠文，则与叙引共纪。……八名区分，一揆宗论。"② 刘勰谓"论"有八名，这八种"论"在汉魏子书中都是有例可循的。它们即使不能在每个领域里都树典垂范，但筚路蓝缕之功还是应予以肯定。钱锺书据项安世《项氏家说》（卷八）："贾谊之《过秦》、陆机之《辩亡》，皆赋体也。"增益刘勰"论"之"八名"为"十名"曰："敷陈则与词、赋通家。"③ 这既说明子书成篇手法的多样性，也说明子书对文章写作的典范作用是全面的。

章太炎在《国故论衡》中说："后汉诸子渐兴，讫魏初几百种，然其深达理要者，辨事不过《论衡》，议政不过《昌言》，方人不过《人物志》。"④ 章氏语中虽略含贬义，但至少承认了东汉这几部子书能在辨事、议政和方人三方面起到典范的作用。

在南北朝集部繁荣、文人尤其关注文章的情况下，文人对于"子书"区别于其他文体的意识很明确，萧统《文选序》所论"盖以立意为宗，不以能文为本"虽然是针对先秦诸子而发，应该也包括汉魏子书在内，这种认识可以代表当时的一部分文人。因此我们可以这么认为，子书在先秦时期作为讲学教材，在南北朝以后作为"立意"的主要载体，都不被作为"文章"看待，只有在汉魏之际，子书才被作为"立意"与"能

---

① （梁）萧统编，（唐）李善注：《文选》，中华书局1977年版，第2页。

② （梁）刘勰著，范文澜注：《文心雕龙注》，人民文学出版社1978年版，第326—327页。

③ 钱锺书：《管锥编》，生活·读书·新知三联书店2007年版，第1429页。

④ （清）章太炎撰，陈平原导读：《国故论衡》，上海古籍出版社2003年版，第82页。

文”结合的范本，因此分析汉魏子书的文章学价值就显得更有意义。孙少华在《桓谭“不及丽文”与两汉之际文风的转变》中说：“桓谭之后，这种‘博杂’‘长于讽论’的文风‘下开东京’，开创了一个独特的‘疾虚妄’学风，从而促成了两汉散文体例的产生，标志着汉代文学由以赋为主到以文为主的方向性转变。”① 他的结论非常大胆。“疾虚妄”的文风固然始自桓谭《新论》，但“汉代文学由以赋为主到以文为主的方向性转变”早在《新论》之前就已经在汉魏子书这一群体中悄然发生了。两汉散文，或曰两汉议论性散文体例的形成与固定，这一使命是由汉魏子书来承担的。从这个意义上来说，汉魏子书群就是孕育了诸多文体的母体，她受孕的早晚决定了文体的新旧与大小。

---

① 孙少华：《桓谭“不及丽文”与两汉之际文风的转变》，《南京大学学报》（社会科学版）2012 年第 5 期。

下　编

第一章　汉魏子书中的孝论

汉代以前，儒家的重要思想“孝”经过孔子、曾子、孟子等人的提倡与改造，已经走出“齐家”的门槛，与“忠”结合而迈进“治国”的大道。西汉初年，经过陆贾、贾谊等人的提倡，使“孝”与儒家一起进入汉朝政权，成为汉代重要的治国思想，“以孝治国”成为汉政的一枚显著标签。从惠帝起，汉代帝王除刘秀外谥号中均有一个“孝”字，这是当政者倡导“孝治”的表现。赵岐说：“孝文帝欲广游学之路，《论语》《孝经》《孟子》《尔雅》皆置博士。”（《孟子注疏・题辞》）[①]《孝经》虽然成书较晚，但因时政之需，便跻身“官学”行列，成为汉家“孝治”的主要理论依据，从而使“孝道”被汉朝当政者奉为治理天下的至德要道，成为普通百姓必须遵循的基本道德准则。“孝”成为上至天子、下至庶民都应遵循的“道”，在汉代不仅由礼仪制度进行规范，而且深入地塑造了人的伦理道德意识，成为一种所谓“权威主义良心”。[②] 据《后汉书・向栩传》记载，张角起义，向栩上便宜中建议不需用兵，只需对义兵读《孝经》则乱可解。向栩的进言虽含有激愤，但由此可见汉代文人对于以“孝”治国的信念，以及“孝道”对民众生活影响之一斑。

《孝经》的影响于汉魏子书中清晰可见，尤其是东汉子书，屡屡称引《孝经》中的语句作为立论依据，汉代“以孝治国”思想的产生与形成的过程也在汉代子书中有一个清晰的呈现。汉代以后，“孝治”不再为当政者所提倡，“孝道”不再被作为“至尊”的道德准则，但是“孝”依然是子书中一个不断被提及的话题，这既有汉代“孝治”思想的延续，也有对于“孝道”思想脱离权威以后的反思与突破。“孝道”从朝廷转入民间，摆脱了当权者设立的制度上的束缚，开始表现出了由“敬孝”向原

---

① （清）阮元校刻，赵岐著：《孟子注疏》，《十三经注疏》，中华书局 1980 年影印版，第 2663 页。

② 季乃礼：《论汉初的“孝治”》，《学术月刊》2000 年第 9 期。

始淳朴的“爱孝”的回归。这种转变，可能削弱了“孝道”对于普通民众的约束力，却被士人作为一种美好的道德理想，在精神层面逐渐沉淀成为影响整个汉民族的主要道德品质之一。

对于汉代的“孝”研究者颇多，但是多着眼于政治、法律制度层面，而且要么为分期的阶段研究，如《论汉初的“孝治”思想》[①]《论汉初的“孝治”》；[②] 要么论“孝”在其他领域的表现或影响，如《汉魏六朝道教的孝道》[③]《汉画中的孝亲伦理及其成因》[④]《孝文化词语与汉民族文化特征》[⑤]《从二年律令对不孝罪的规定看汉初的以孝入律》[⑥] 等。均未能反映出“孝观”在两汉至三国士人心中的动态发展过程，尤其没有揭示出汉代士人的“孝”观在“孝治”推行前后及其过程中的真实情态。所以笔者想通过纵向考察汉魏子书中有关“孝”的言论，进而考察汉魏时人，尤其在儒家独尊地位瓦解以后，在道教、佛教等新兴文化与外来文化的冲击下，“孝”如何从制度权威下挣脱出来而沉潜为主要的民族道德品质之一，并得以保存与流传至今的。

西汉至三国，不同时代背景下对于“孝”的讨论形式、关注内容均有不同。汉代子书设专篇论“孝”者，就现存文献看，有扬雄《法言·孝至》篇、贾谊《新书·问孝》篇，其他散佚子书是否有专篇论“孝”则不得而知。但是从残篇断句中依然可以窥见诸子对于“孝”的看法。总体来看，汉魏子书中关于“孝”的探讨，大概有这样几个不同的视角：第一，宏观与微观的角度；第二，理论与实践的角度；第三，对于“孝”与“不孝”的辨别与规定。

第一节　西汉子书论孝——从自由走向维护

西汉子书对“孝”的探讨可分成两期进行对比考察，以“孝治”的确立为中间点，之前诸子关于“孝”的探讨是自觉主动的，思想自由，

① 王会强：《论汉初的“孝治”思想》，《重庆三峡学院学报》2005年第7期。

② 季乃礼：《论汉初的“孝治”》，《学术月刊》2000年第9期。

③ 刘玲娣：《汉魏六朝道教的孝道》，《南都学刊》2007年第1期。

④ 刘建：《汉画中的孝亲伦理及其成因》，《理论学刊》2008年第6期。

⑤ 李婷婷：《孝文化词语与汉民族文化特征》，硕士学位论文，内蒙古大学，2008年。

⑥ 翟芳：《从二年律令对不孝罪的规定看汉初的以孝入律》，《理论界》2009年第11期。

形式活泼，目的也比较单纯；之后诸子对“孝”的探讨难以摆脱其制度影响，因此思想易受禁锢。总体来说，西汉时期诸子论“孝”呈现出一个由自由走向维护的立场转变过程。关于西汉子书对于“孝”的探讨，以下从陆贾《新语》、贾谊《新书》、刘安《淮南子》、桓宽《盐铁论》与扬雄《法言》中选取其主要观点进行综合考察。

根据现代学者的普遍认识，汉代的“孝治”始自惠帝，文、景时达到巅峰，那么陆贾上呈给汉高祖的《新语》中所提倡的“孝道”，不能不说具有首倡之功。《新语》中谈及“孝”的语句共有四处：

> 曾、闵以仁成大孝。（《道基》）①
>
> 在朝者忠于君，在家者孝于亲。（《至德》）②
>
> 夫法令所以诛暴也，故曾、闵之孝，夷、齐之廉，此宁畏法教而为之者哉？（《无为》）③
>
> 夫建大功于天下者必先修于闺门之内，垂大名于万世者必先行之于纤微之事。……曾子孝于父母，昏定晨省，调寒温，适轻重，勉之于糜粥之间，行之于衽席之上，而德美重于后世。此二者，修之于内，著之于外；行之于小，显之于大。（《慎微》）④

虽然现存《新语》文献论及“孝”者仅此四处，但足以窥见陆贾的“孝”观。第一，陆贾以为所谓“大孝”成于“仁”，一、二两句在本质上是相通的，都是强调由“孝亲”向“忠君”的转移。因为“仁”在陆贾《新语》中被看作“圣人居高处上”之“巢”，所谓“杖仁者霸”，是他给刘邦开出的避免重蹈亡秦覆辙的两大良药之一。第二，法令用以惩罚恶行，而孝、廉等美行只能依赖于君主的“中和”。所谓“墨子之门多勇士，仲尼之门多道德，文王之朝多贤良，秦王之庭多不详”（见《思务》篇）。⑤ 上行下效，只有行“仁政”才能多致贤良，稳定统治。第三，曾子的“大孝”并非普通人所不可企及的。所以陆贾详细描绘了“孝行”的具体内容：“昏定晨省，调寒温，适轻重，勉之于糜粥之间，行之于衽

---

① 王利器：《新语校注》，中华书局1986年版，第30页。

② 同上书，第118页。

③ 同上书，第65页。

④ 同上书，第89页。

⑤ 同上书，第173页。

席之上”。“孝道”于日常生活中如此简单容易操作，而且又具有“德美重于后世”的远大前景，对于普通人来说才更具有诱惑力与鼓动作用。只有使普通百姓清醒地认识到行“孝”，无论于己于人均有百利而无一害，才能促使“孝道”为民众所广泛接受，君主推行的“孝治”才更能显示出它对于国家长治久安的巨大作用。陆贾论孝，在君与民之间搭起了桥梁。

贾谊《新书》有《问孝》篇，今缺。可以借助《新书》其他篇目中论及“孝”的语句，以探讨贾谊的“孝观”：

> 臣窃以为建久安之势，成长治之业，以承祖庙，以奉六亲，至孝也；（《数宁》）①
>
> 明恭俭以道之孝……孝顺以内之。（《傅职》）②
>
> 古之王者，太子初生……过阙则下，过庙则趋，孝子之道也。……故咳㖷有识，三公三少固明孝仁礼义，以道习之，逐去邪人，不使见恶行。于是皆选天下之端士，孝悌博闻有道术者，以卫翼之，使与太子居处出入。……三代之礼：天子春朝朝日，秋暮夕月，所以明有敬也；春秋入学，坐国老，执酱而亲馈之，所以明有孝也；（《保傅》）③
>
> 素成，谨为子孙婚妻嫁女，必择孝悌世世有行义者。如是，则其子孙慈孝，不敢淫暴，党无不善，三族辅之。……成王生，仁者养之，孝者缀之，四贤傍之。（《胎教》）④
>
> 今有何如？进取之时去矣，并兼之势过矣。胡以孝弟循顺为？善书而为吏耳。（《时变》）⑤
>
> 君惠臣忠，父慈子孝，兄爱弟敬，夫和妻柔，姑慈妇听，礼之至也。君惠则不厉，臣忠则不贰，父慈则教，子孝则协，兄爱则友，弟敬则顺……（《礼》）⑥
>
> 曰：“请问品善之体何如?”对曰：“亲爱利子谓之慈，反慈为嚚；

---

① （汉）贾谊撰，阎振益、钟夏校注：《新书校注》，中华书局2000年版，第31页。

② 同上书，第172、173页。

③ 同上书，第183—185页。

④ 同上书，第390、391页。

⑤ 同上书，第97页。

⑥ 同上书，第215页。

子爱利亲谓之孝，反孝为孽。爱利出中谓之忠，反忠为倍。”(《道术》)①

可以看出贾谊的“孝”观包括以下几点：第一，贾谊所论的“至孝”是为“建久安之势，成长治之业”，是专为帝王之“孝”立标准，使帝王所遵的“孝道”跨出家门而区别于普通人，不同于《孝经》所规范的“天子之孝”强调推己及人的同化，与陆贾所云“大孝”亦有差异。《保傅》《傅职》《胎教》三篇是贾谊对梁孝王讲授的，因此是针对王国太子进行的“孝道”教育。这对于防止诸侯叛乱、稳固汉初政治尤其重要。所以贾谊论述详细，而且建议从胎儿时就应该作为培养教育的重要一项，这是贾谊“孝”观比较其他诸子更加深刻鲜明之处。汉代以《孝经》为蒙学教材之一，贾谊思想有导夫先路之用。他的主旨在遵“上行下效”之义，帝王能成就己之“至孝”，则民无不孝，国家才能长治久安。对于个体德行培养来讲，“孝治”实施得愈早，它作用于个体的效果才愈显著。第二，贾谊的“孝”观，强调“恭”“顺”“协”，均有助于维护家庭与国家统治的稳定与巩固。这不仅利于培养普通民众对于亲之“敬”，也利于教育诸侯王对于朝廷的“忠”。贾谊特别强调了“孝”对于“今”的重要作用，他分析说当今的国势是“进取之时去矣，并兼之势过矣”，所以国家缺少的不是勇于进取的将帅而是长于守成的吏卒，而推行孝悌等儒家道德是培养吏卒循顺品性的最好方法。第三，他界定了忠、孝的对立面“孽”“倍”为“不善”，使“不孝”的概念得到细化。相比陆贾，贾谊对孝义的阐发更加细致详尽，从强调胎教、保傅开始推行，已可以看出他维护“孝治”的努力。

晁错《言皇太子宜知术数》云：“知所以忠孝事上，则臣子之行备矣。”② 晁错思想虽主法家，但他也深知“孝”之大用，因此忠、孝并提，只是没有展开论证。

陆贾、贾谊、晁错诸人的“孝”观，代表了“孝治”思想的初级阶段，虽然仅仅是由萌芽向定型方向的发展，但是他们欲重建“孝”论的宏大气魄已经显露。

《淮南子》中论及“孝”的语句如下：

① （汉）贾谊撰，阎振益、钟夏校注：《新书校注》，中华书局2000年版，第303页。

② 《晁错集注释》组：《晁错集注释》，上海人民出版社1976年版，第1页。

古者上求薄而民用给，君施其德，臣尽其忠，父行其慈，子竭其孝，各致其爱而无憾恨其间。夫三年之丧，非强而致之，听乐不乐，食旨不甘，思慕之心未能绝也。(《本经训》)①

法能杀不孝者，而不能使人为孔、曾之行；法能刑窃盗者，而不能使人为伯夷之廉。孔子弟子七十，养徒三千人，皆入孝出悌，言为文章，行为仪表，教之所成也。(《泰族训》)②

入孝于亲，出忠于君，无愚智贤不肖皆知其为义也，使陈忠孝行而知所出者鲜矣。(《主术训》)③

故孝己之礼可为也，而莫能夺之名也，必不得其所怀也……故义胜君，仁胜父，则君尊而臣忠，父慈而子孝。(《缪称训》)④

尧立孝慈仁爱，使民如子弟。(《修务训》)⑤

不孝弟者或詈父母，生子者所不能任其必孝也，然犹养而长之……曾子立孝，不过胜母之闾；墨子非乐，不入朝歌之邑；曾子立廉，不饮盗泉；所谓养志者也。(《说山训》)⑥

是故忠之所在，礼不足以难之也。孝子之事亲，和颜卑体，奉带运履；至其溺也，则捽其发而拯，非敢骄侮，以救其死也。故溺则捽父，祝则名君，势不得不然也。此权之所设也。(《氾论训》)⑦

刘安等人的“孝”观与上述诸子的不同处在于：第一，强调“孝”最贵之处在于“养志”，孝之贵不仅仅是日常生活中种种的孝行，只有“志”才能更好更长久地保证“行”。这一认识似乎超越了西汉诸子的以“孝”治国的功利观，具有先秦儒家所提倡原始“孝”观的痕迹。第二，孝行的形式不一，孝与不孝的界定要根据具体情况而定，危急时表现必然与日常不同。遵守“孝道”也应灵活应变，所以“捽父”“名君”等看起来是逾礼的行为，有时也是“孝”的表现。这是应允“孝”可以不恪守于“礼”的思想，就是文中所说的“忠之所在，礼不足以难之也”。第三，认为当政者应该重视对于“不孝”的惩罚，但他同时指出法律只能

① 刘文典撰，冯逸、乔华点校：《淮南鸿烈集解》，中华书局 1989 年版，第 266—267 页。
② 同上书，第 681 页。
③ 同上书，第 315 页。
④ 同上书，第 336、325 页。
⑤ 同上书，第 630 页。
⑥ 同上书，第 533、542 页。
⑦ 同上书，第 444 页。

惩治“不孝”，它对于“孝”的美德激励则无能为力。因此在以法制裁“不孝”的同时应更重视“教”对于“孝”的培养，这也与他的“养志”观相一致。父母应该尽其抚养的义务，不能以“不孝”为借口而推脱责任，强调相对于子女的“孝”的遵守，父母对“养”的责任更为重大。第四，行“三年之丧”并非“孝道”所遵循的必要，如果名不副实不如不要。这也表现著书者对儒家原始“孝”义的回归。第五，文中举尧立孝、慈、仁、爱之例，说明美政可以通过“拟宗族化”的方式得以实现，即打通孝与忠。《淮南子》虽然没有设专篇论“孝”，但著者对于“孝治”与“孝道”的探讨相较陆、贾二人，从现存文献看更加全面细致。此时汉代“孝治”的推行已经历一段时间，在社会中暴露出了一些问题，《淮南子》都有针对性地探讨，并试图提供解决问题的方法，如孝行和孝义的关系、孝与礼的关系、对孝行鼓励与不孝惩戒的关系、孝与养的关系等问题。

《盐铁论·论诽》篇的最后一章与《孝养》全篇，再现了“丞相史”与“文学”就“孝道”展开激烈辩论的情景。双方对于“孝”的理解、“孝”的等级、“孝”的表现等方面都展开论战，显示出儒、法两家对于“孝”大相径庭的认识。其他篇中亦有双方谈“孝”的零星语句，以下分别摘抄双方主要观点，作一比较。

“贤良文学”的“孝”观：

> 以己之所有尽事其亲，孝之至也。……闺门之内尽孝焉，闺门之外尽悌焉，朋友之道尽信焉，三者，孝之至也。……上孝养志，其次养色，其次养体。……故礼菲而养丰，非孝也。掠困而以养，非孝也。……言而不诚，期而不信，临难不勇，事君不忠，不孝之大者也。(《孝养》)①
>
> 闻礼义行而刑罚中，未闻刑罚行而孝悌兴也。(《诏圣》)②
>
> 古有大丧者，君三年不呼其门，通其孝道，遂其哀戚之心也。(《未通》)③
>
> 古者，事生尽爱，送死尽哀。故圣人为制节，非虚加之。今生不能致其爱敬，死以奢侈相高；虽无哀戚之心，而厚葬重币者，则称以

---

① 王利器：《盐铁论校注》，中华书局 1992 年版，第 308—310 页。

② 同上书，第 595 页。

③ 同上书，第 192 页。

为孝，显名立于世，光荣著于俗。(《散不足》)①

教之以德，齐之以礼，则民徙义而从善，莫不入孝出悌，夫何奢侈暴慢之有？(《授时》)②

明者因时而变，知者随世而制。孔子曰："麻冕，礼也，今也纯，俭，吾从众。"故圣人上贤不离古，顺俗而不偏宜。鲁定公序昭穆，顺祖祢，昭公废卿士，以省事节用，不可谓变祖之所为，而改父之道也？二世充大阿房以崇绪，赵高增累秦法以广威，而未可谓忠臣孝子也。(《忧边》)③

《盐铁论》中"文学"与"贤良"的"孝"观，有以下几个特点：第一，拓宽了"孝"的内涵，把孝、悌、信等美行均归纳为"孝之至"的内容。同时在"不忠"之外，把不诚、不信、不勇也列入"不孝之大"的范围。第二，把"孝"分为三等：养志、养色、养体，体现出重精神轻物质的观点。相比刘安等人的"养志"观，他们划分出孝行的层次性，不仅利于理论建树，而且便于践行。第三，强调"礼"，包括两方面内容：首先，如果态度不敬，即使丰衣足食也不算孝。其次，所谓"君子爱财，取之有道"，如果用以养亲的财富取之不义，也是不孝。第四，不论是赞美君主对士人行"三年之丧"的维护，还是批评"厚葬"，他们都是在强调"送死尽哀"。第五，"忠孝"不能仅仅以是否因循君、父之业衡量，而应看因循继承之业对于国、家有益还是有害。变害为利者为忠、孝，因害不变甚至扩大加剧者也是不忠、不孝。第六，如果所有人均具备了"孝、悌"等美好品质，则可遏制奢侈、傲慢、暴乱等恶行。这也是贯彻"孝治"者所期望实现的社会理想。

"丞相史"的"孝"观：

故饭蔬粝者不可以言孝。(《论诽》)④

孝莫大以天下一国养，次禄养，下以力。故王公人君，上也，卿大夫，次也。夫以家人言之，有贤子当路于世者，高堂邃宇，安车大马，衣轻暖，食甘毳。无者，褐衣皮冠，穷居陋巷，有旦无暮，食蔬

---

① 王利器：《盐铁论校注》，中华书局1992年版，第354页。

② 同上书，第423页。

③ 同上书，第162—163页。

④ 同上书，第301页。

> 粝荤茹，膢腊而后见肉。老亲之腹非唐园，唯菜是盛。夫蔬粝，乞者所不取，而子以养亲，虽欲以礼，非其贵也。……上孝养色，其次安亲，其次全身。(《孝养》)①
>
> 大夫曰："吾闻为人臣者尽忠以顺职，为人子者致孝以承业。君有非，则臣覆盖之。父有非，则子匿逃之。故君薨，臣不变君之政，父没，则子不改父之道也。《春秋》讥毁泉台，为其隳先祖之所为，而扬君父之恶也。"(《忧边》)②

"丞相史"的"孝"观围绕"饭蔬粝者不可以言孝"而展开。因此，他们依据"为人子"的官爵又结合个人品行给"孝"分出四个等级：王公人君、卿大夫、庶人有贤子者、庶人无贤子者，认为侍亲不重"爱"也不重"礼"而只重"养"的物质享用，进而归纳出"孝"的上、中、下三等为养色、安亲、全身。"丞相史"们的观点与贤良文学截然相反，代表其群体所持有的庸俗势力的价值观。同时他们也认为所谓"忠孝之路"应体现于人子的"承业"与人臣的"顺职"，强调因循守旧，这点正是继承自《韩非子·忠孝篇》中的观点。可见，盐铁会议虽以盐铁为中心议题，其实也是儒、法两家思想的全面大论战。

《盐铁论》论"孝"的可贵之处并非在于揭示儒法"孝"观的争辩，而更在于显示了西汉法家在汉代"孝治"的背景下，对于先秦法家所持"孝"观所进行的强调与修正。"丞相史"回避韩非子中尖锐的观点："是舜出则臣其君，入则臣其父、妾其母、妻其主女也"(《韩非子·忠孝篇》)，③ 而发挥韩非子"父之所以欲有贤子者，家贫则富之，父苦则乐之；君之所以欲有贤臣者，国乱则治之，主卑则尊之"(《韩非子·忠孝篇》)④ 的观点，最终归纳为"富"以"养色"，从而既不否定"孝治"，又把"孝治"与官爵俸禄捆绑在一起，很好地维护了政治地位的等级尊严。

扬雄《法言》有《孝至》篇，其篇旨云："孝莫大于宁亲，宁亲莫大于宁神，宁神莫大于四表之欢心，撰《孝至》。"(《法言序》)⑤ 他很好

---

① 王利器：《盐铁论校注》，中华书局1992年版，第309页。
② 同上书，第162页。
③ 陈奇猷：《韩非子集释》，上海人民出版社1974年版，第1108—1109页。
④ 同上书，第1108页。
⑤ (清)汪荣宝撰，陈仲夫点校：《法言义疏》，中华书局1987年版，第573页。

地把“爱生”与“敬死”，“入孝”与“出忠”紧密联系了起来，是对贾谊“至孝”观的精练概括。他在篇中遵循孔子观点，把“孝”奉为至高无上的“德”：“孝，至矣乎！一言而该，圣人不加焉。”他还谈到孝亲要及时的问题：“不可得而久者，事亲之谓也。孝子爱日。”这样才能避免因出现“子欲养而亲不待”的情况而后悔。因为“宁亲莫大于宁神”，故而强调对于亡亲的祭祀：“孝子有祭乎？有齐乎？夫能存亡形，属荒绝者，惟齐也。故孝子之于齐，见父母之存也，是以祭不宾。人而不祭，豺獭乎！”（《孝至》）[①] 扬雄在《学行》篇中，批评法家强调以“富”治“孝”的观点，重申“孝道”之贵“贞”：“或曰：‘猗顿之富以为孝，不亦至乎？颜其馁矣！’曰：‘彼以其粗，颜以其精；彼以其回，颜以其贞。颜其劣乎？颜其劣乎？’”[②] 他认为颜回虽贫苦，但其孝在用心，在贞正，不输于首富猗顿。

扬雄的“孝”观基本不出于上述诸书所述儒者之言，在理论上也基本没有发展，至此可见西汉“孝治”已经完全成熟定型。他对于前人“孝”观的重审与强调，也在一定程度上显示出此时汉代“孝治”已有衰弱之势。

西汉诸子之所以强调“孝”，与汉代的“孝治”密不可分。当政者推行“孝治”的最大目的在于培育对于大一统政权所需的“忠”，上至王侯公卿下至普通百姓，如果均能以“孝”立身，则能保证汉家统治的长治久安，所以西汉诸子的“孝”观具有极其明显的政治功利色彩。西汉诸子在讨论法制对于“孝”等美行没有劝进作用时，同时也在暗示法制对于“不孝”也应该是无所作为，不提倡对于“不孝”进行制裁。而先秦时期对于“不孝”行为是有惩罚措施的，如《淮南子·时则训》所云：“求不孝不悌、戮暴傲悍而罚之，以助损气。”[③] 其书《泰族训》亦云：“法能杀不孝者”，都在陈述先秦对于“不孝”制裁与惩罚的事实。桓谭《新论·王霸》也谈到魏国用峻法惩治“不孝”者，“魏之令，不孝弟者，流之东荒”[④]。诸子表面上是例举先秦以法惩治“不孝”的事实，其实是对于汉朝当政者以“不孝”入律的反思。

---

① 以上所引出于《孝至》篇者不一一注释，俱见《法言义疏》，中华书局 1987 年版，第 546—564 页。

② （清）汪荣宝撰，陈仲夫点校：《法言义疏》，中华书局 1987 年版，第 40 页。

③ 刘文典撰，冯逸、乔华点校：《淮南鸿烈集解》，中华书局 1989 年版，第 174 页。

④ （汉）桓谭撰，朱谦之校辑：《新辑本桓谭新论》，中华书局 2009 年版，第 5 页。

还有一个值得注意的现象：汉初诸子（按：如陆贾、贾谊、晁错、刘安等）文章中不见言称“汉家”，子书中称大汉政权为“汉家”者始于扬雄《法言》。刘邦等贵为天子而称“家”（按：此处的“家”不同于先秦诸子言语中的“大夫”），这也是“孝”治对现实发生作用的体现之一。

“汉家”称谓渊源有自，受战国遗风所渐，刘邦在打天下之初，他与陆贾、郦生等追随者虽然为主客关系，但是因为他个人出身以及学识等关系，他豢养门客没能发扬战国君子养士的遗风。所以刘邦常以“乃公”（而公）自居，视从者、下属为“家人”。汉武帝时，经董仲舒改造后的“新儒学”，正是为刘氏政权“家天下”的思想量身定做的，与孔孟理想远非一回事。所以，汉宣帝在批评太子进言时也称“汉家自有制度，本以霸王道杂之，奈何纯任德教，用周政乎！”① 所以，“家天下”的理念在汉代是根深蒂固的，这个政权定位与以孔子所尊崇的周天子美政的差距不可以道里计。司马迁对此深有体会，所以对自身地位才会发出“固主上所戏弄”（《报任少卿书》）的悲慨。君子曾为“帝王师”的时代一去不复返了，他在《史记》中也常常以“汉家”称呼刘氏政权。这也是后来王莽等怀抱上古美政理想的儒士，因为“狭小汉家制度，以为疏阔”（《汉书·食货志》）② 而意欲推翻汉家的原始动力。

扬雄《法言》云：“龙堆以西，大漠以北，鸟夷、兽夷，郡劳王师，汉家不为也。”（《孝至》）③ 他在此处称大汉为“汉家”，是相对其他民族而做的内外之别。“今匈奴不当汉家之巨郡，非有六国之用，贤士之谋。由此观难易，察然可见也。”（《盐铁论·论功》）④ 此句中的“大夫”言称“汉家”，也是强调内外。这些都可看作孝治风气影响的结果。

汉初陆贾、贾谊、晁错与刘安等人，或者怀抱“帝王师”的理想，或者受战国纵横风习的浸染，不曾为“家天下”的理念所钳制，对“家人”身份并未认同，因此无论做人或作文尚能高蹈宏阔。但汉一开国即奠定的品格基调，后经宣、元两世的强调与遵奉，深入文人内心，他们认同了自己与君主的依附关系，丧失了汉初文人的独立个性。

---

① （汉）班固撰，（唐）颜师古注：《汉书》，中华书局 1962 年版，第 277 页。

② 同上书，第 1143 页。

③ （清）汪荣宝撰，陈仲夫点校：《法言义疏》，中华书局 1987 年版，第 554 页。

④ 王利器：《盐铁论校注》，中华书局 1992 年版，第 544 页。

第二节 东汉子书论孝——台上的捍卫与抵制

东汉子书论“孝”，完全是笼罩在“孝治”这一大帷幕下进行的，除去一些较为明显的单纯针对“孝义”的德性探讨外，大多为表达对于“孝治”的态度，不外乎捍卫与抵制两种。本节从两方面观察东汉子书对于“孝”的认识：第一，东汉子书对“孝”的理论探讨。第二，东汉子书中对于“汉家”这一称谓的习用，所体现出来的对刘氏政权建立于“家天下”理念下、大力推行“孝”治的认同。

一 东汉子书对“孝”的理论探讨

东汉的孝治，表面看相较西汉有加强的趋势，汉明帝曾下诏：“自期门羽林之士，悉令通《孝经》章句”（《后汉书·儒林传上》），[①] 东汉士子学习《孝经章句》的习惯至汉末依然保持，如《东观汉记》载孝顺帝“始入小学，诵《孝经章句》”。[②] 据《后汉书》记载，“夏五月辛酉，初举孝廉、郎中宽博有谋任典城者，以补长相”，“奉承明德太后，尽心孝道”（俱见《后汉书·章帝纪》）。[③] 从汉章帝颁布的“举孝廉”制度以及他本人侍奉母亲的行为来看，东汉的“以孝治国”确实得到了贯彻。

但是，不能仅仅根据“举孝廉”制度的设立就肯定“孝治”在东汉被一以贯之地彻底执行了。因为据钱穆的考察，“举孝廉”政策在执行过程中，并不名副其实：“汉武帝元光元年，初令郡国举孝廉各一人，是为汉室令举孝廉之始。……至东汉初，则‘孝廉’‘茂材’定为岁举。”“其先……以孝子廉吏奖风俗。及孝廉渐成例举，郎官虽无员，亦自有限，郡国各举孝廉一人，岁已二百许人。自是孝廉独行，诸科渐废。又社会文风日开，郡县吏亦多彬彬儒雅，虽孝廉之选，其实无异于茂材，人竞趋之，惟求出路耳，不问其为孝廉、茂材也。遂至有请托舞弊，而朝廷亦以种种条件限之，亦惟求人才耳，不限于得孝廉也。”[④] 钱氏文中所举东

---

① （南朝宋）范晔撰，（唐）李贤，等注：《后汉书》，中华书局 1965 年版，第 2546 页。

② （东汉）刘珍等撰，吴树平校注：《东观汉记校注》，中华书局 2008 年版，第 111 页。

③ （南朝宋）范晔撰，（唐）李贤，等注：《后汉书》，中华书局 1965 年版，第 134、159 页。

④ 钱穆：《国史大纲》，商务印书馆 1996 年版，第 173—174 页。

汉选拔的“孝廉”逐渐为“茂材”所取代的现象，说明“孝治”在东汉的逐渐衰弱。所以徐幹才会有“孝”不及“才”的观点。从东汉政府表面上求“孝”而实际求“才”的举措，可见“孝治”思想的贯彻，至东汉中期已经推行得不彻底而流于形式，勿论动荡腐败的东汉末年。

东汉中晚期的子书有很多谈论孝治的内容，其面貌与西汉已大大不同。一方面是因为“孝治”思想推行数百年，呈现的不仅仅是初时的大利，所引发的种种现实矛盾与其不利于社会与时政的一面也开始显现。尤其是“举孝廉”政策徒有虚名，不但不能起到孝治推行的作用，反而亵渎了立孝的良好愿望，在社会各阶层激发了社会矛盾。比如向栩在上便宜中建议对起义兵读《孝经》的进言，不是说明他对于孝治推行的迷信，而是他对孝治推行名不副实的激愤之举。他的举措代表了一部分士人对执政者冒“孝廉”之名选“茂材”的不满。这个问题也引起了一些不喜盲从、善于独立思考的学者反省与质疑。

因为文人意见有分歧，所以东汉子书中的“孝”观也可分为两类来考察，一类人的态度是维护延续西汉传统，他们多称引《孝经》之文，或对其思想做阐发、论证，或针对其思想所引发的现实矛盾做具体辨析；另一类人持反省、质疑的态度，把“孝”从“至德”的高处拉下，进而对于“孝治”的负面影响进行深刻剖析。

第一类，如王符《潜夫论》、应劭《风俗通义》与崔寔《政论》等。《潜夫论·务本》篇云：“得义则忠……列士者，以孝悌为本，以交游为末；孝悌者，以致养为本，以华观为末；人臣者，以忠正为本，以媚爱为末……尽孝悌于父母，正操行于闺门，所以为列士也。……养生顺志，所以为孝也。今多违志俭养，约生以待终，终没之后，乃崇饰丧纪以言孝，盛飨宾旅以求名，诬善之徒，从而称之，此乱孝悌之真行，而误后生之痛者也。”① 王符只是对于前代“孝治”观念进行阐释，辨别孝行真伪。应劭所说的“不孝莫大于无后”（《风俗通义·正失》篇“彭城相袁元服”条），② 可谓对于西汉“孝道”的发展，其思想对于后世汉族民众的影响非常深远。

亦有延续前代法家“孝”观者，如崔寔《政论》云：“每其令曰：‘荡涤旧恶，将与士大夫更始。’是褒己薄先，且违无改之义，非所以明

---

① （汉）王符著，（清）汪继培笺，彭铎校正：《潜夫论笺校正》，中华书局1985年版，第14、16、20页。

② （汉）应劭撰，王利器校注：《风俗通义校注》，中华书局1981年版，第127页。

孝抑邪之道也。”[①] 他所论者是法家“孝”观的体现，其本意不在论“孝”，而深寓现实批判性，是对于西汉天人感应说“革命论”的严厉批评。

第二类，有王充《论衡》、仲长统《昌言》与徐幹《中论》等。王充似乎并不关注“孝”本身，两处言及“孝”者皆为论证其他观点。一处为论“薄葬”，否定以葬之丰厚区别孝与不孝的世俗观点。另一处为《定贤》篇所论：“以孝于父、弟于兄，为贤乎？则夫孝弟之人，有父兄者也，父兄不慈，孝弟乃章。舜有瞽瞍，参有曾皙，孝立名成，众人称之。如无父兄，父兄慈良，无章显之效，孝弟之名，无所见矣。忠于君者，亦与此同。”[②] 王充质疑以“孝”定“贤”的合理性，也反映出他的思想中“孝”与“才”的分离意识，为徐幹等人导夫先路。他认为“孝”与“不孝”不是绝对的，需要有一定的客观条件，很多人之所以忠孝之名不显，是因为不遇暴父、悖主。王充此论也是发前人所未发，《论衡》的批判色彩于此显露无遗。

钱穆在《国史大纲》中说过：“因东汉诸帝多童年即位、夭折，及绝嗣，遂多母后临朝，而外戚、宦官藉之用事。”[③] 外戚与宦官的更迭为祸成为东汉政权一大特色。仲长统以为君王拘于“孝道”是造成外戚乱政的主要原因之一，他非常无奈地说道：

> 夫母之于我尊且亲，于其私亲，亦若我父之欲厚其父兄子弟也。妻之于我爱且媟，于其私亲，亦若我之欲厚我父兄子弟也。我之欲尽孝顺于慈母，无所择事矣。我之欲效恩情于爱妻妾，亦无所择力矣。而所求于我者，使非我有四体之劳苦、肌肤之疾病也。夫以此欬唾盼睇之间，至易也，谁能违此者乎？(《昌言下》)[④]

仲长统眼见现实“孝道”实行的状况与《孝经·天子章》所云“爱敬尽于事亲，而德教加于百姓，刑于四海”[⑤] 的理想正好相反。因为天子特殊的地位，他对于母亲的孝非但不能帮助实现国家之治，反而易致其

① (汉) 崔寔撰，孙启治校注：《政论校注》，中华书局 2012 年版，第 164 页。

② 北京大学历史系《论衡》注释小组：《论衡注释》，中华书局 1979 年版，第 1552 页。

③ 钱穆：《国史大纲》，商务印书馆 1996 年版，第 157—158 页。

④ (汉) 仲长统撰，孙启治校注：《昌言校注》，中华书局 2012 年版，第 337 页。

⑤ 胡平生：《孝经译注》，中华书局 1999 年版，第 4 页。

乱。因于孝、爱的“私亲”之举势必造成外戚乱政而影响国家的公利。“公”与“私”之间利益抉择的困难，这正是“孝治”对于政治的负面影响，而矛盾集中于君主一身，所以成为难以治愈的痼疾。联系东汉政治现状，仲长统从君王受孝道约束一端说明幼主对外戚势力的倚赖，是颇有道理的。

那么孝治在民间的推行是否比较顺利呢？从其所引发的现实问题来看，似乎也是矛盾重重。究其原因，还是在于儒者所设想的由“孝”向“忠”的过渡环节出了问题，让普通家庭中的“孝”升华为朝廷上的“忠”并不如儒家圣人们设想的那般水到渠成。再加上“孝”的提倡多在道义层面上，较少生活实践中的具体指导，因此正面引导的效果不明显。

> 父母怨咎人不以正，已审其不然，可违而不报也。父母欲与人以官位爵禄，而才实不可，可违而不从也。父母欲为奢泰侈靡，以适心快意，可违而不许也。父母不好学问，疾子孙之为之，可违而学也。父母不好善士，恶子孙交之，可违而友也。士友有患，故待已而济，父母不欲其行，可违而往也。故不可违而违，非孝也；可违而不违，亦非孝也；好不违，非孝也；好违，亦非孝也。其得义而已也。(《昌言》中)①

西汉“孝道”尤其强调“顺”，但是究竟如何才算“顺”，怎样“顺”，哪些该“顺”，哪些不该“顺”？《孝经》皆未能做出具体规定，因此执行起来也没有固定标准，导致争议与混乱。仲长统首先认为“违”也是“孝”，只是要根据具体情境，可见“孝”不但不能涵盖其他道德规范，而且不能独立地作为判断是非的道德标准，其本身仍需其他标准予以辅助。这是西汉“孝治”理论的局限。仲长统犀利地剖析了这一弊端，但是他对症所开的药方过于复杂，不是普通人容易服用的。

在徐幹《中论》中，“孝”只不过作为应该施教的“六行”之一，“教以六行，曰孝友睦姻任恤”（《中论·治学》），② 孝不再具有包揽一切的巨大能量。同书《智行》篇云：“人之行莫大于孝，莫显于清。曾参之孝，有虞不能易；原宪之清，伯夷不能间。然不得与游夏列在四行之

① （汉）仲长统撰，孙启治校注：《昌言校注》，中华书局 2012 年版，第 386 页。

② （汉）徐幹原著，徐湘霖校注：《中论校注》，巴蜀书社 2000 年版，第 1 页。

科，以其才不如也。"[①] 徐幹把"孝""清"等美德与"才"相比，"孝"显然稍逊一筹。徐幹的"孝"观，不似儒者在西汉初年"孝治"推行初期对于"孝"的狂热与夸大，而是逐渐冷静后的审视与反思。

综合上述内容，东汉子书中所论之"孝"与西汉相比具有以下几个特点：第一，理论上的空谈较少，联系生活实际界定何为"孝"，何为"不孝"者多，表现为对于西汉诸子"孝道"思想的具体化。第二，对于"不孝"行为的关注较"孝"行更多。而且东汉诸子偏重于纠正不良，这与西汉诸子着重于提倡良善不同。第三，关于"伪孝"的讨论更多，这与东汉中晚期诸多为求孝名而矫饰的士风有关。第四，在西汉诸子一味强调"孝治"的优点之外，注意到了"孝治"对于政治的负面影响，这是东汉诸子论"孝"的主要贡献。

二 东汉子书中习用"汉家"称谓的意义

东汉子书中习用"汉家"这一称谓，显示出东汉诸子对于刘氏政权建立在"家天下"理念下，以"孝"治国理念的深刻认同。"汉家"称谓在今辑本桓谭《新论》中出现四次，分别为："王翁嘉慕前圣之治，而简薄汉家法令，故多所变更，欲事事效古。"（《言体》）"其后匈奴内乱，分为五单于，甘延寿得承其弊，以深德呼韩邪单于，故肯委质称臣，来入朝见汉家。汉家得以宣德广之隆，而威示四海，莫不率服，历世无寇。"（《谴非》）"兴起六艺，广进儒术，自开辟以来，惟汉家最为盛焉，故显为世宗，可谓卓尔绝世之主矣。"（《识通》）[②]

王充在《论衡》中言称"汉家"达八次之多，而且语带自豪："或曰：'固然。法令，汉家之经，吏议决焉。事定于法，诚为明矣。'曰：夫五经亦汉家之所立，儒生善政，大义皆出其中。"（《程材》）[③]"文章之人，滋茂汉朝者，乃夫汉家炽盛之瑞也。"（《超奇》）[④]"且孔子所谓一世，三十年也。汉家三百岁，十帝耀德，未平如何？"（《宣汉》）[⑤]"如审《论衡》之言，生禀自然，此亦汉家所禀厚也。"（《恢国》）[⑥]"汉

---

① （汉）徐幹原著，徐湘霖校注：《中论校注》，巴蜀书社2000年版，第123页。

② 朱谦之：《新辑本桓谭新论》，中华书局2009年版，第43页。

③ 黄晖：《论衡校释》（附刘盼遂集解），中华书局1990年版，第542页。

④ 同上书，第616页。

⑤ 同上书，第818页。

⑥ 同上书，第831页。

家著书，多上及殷、周，诸子并作，皆论他事，无褒颂之言，《论衡》有之。……世见五帝、三王为经书，汉事不载，则谓五、三优于汉矣。或以论为镬锸，损三、五，少丰满汉家之下，并为平哉？”（《须颂》）[①]“杨子云录宣帝以至哀、平。陈平仲纪光武。班孟坚颂孝明。汉家功德，颇可观见。”（《须颂》）[②]“汉家极笔墨之林。书论之造，汉家尤多。”[③]（《对作》）

应劭《风俗通义》言称“汉家”者有五处：“孝成皇帝好《诗》《书》，通览古今，闲习朝廷仪礼，尤善汉家法度故事。”（《正失》）[④]“文帝遵汉家，基业初定，重承军旅之后，百姓新免于干戈之难，故文帝宜因修秦余政教，轻刑事少，与之休息，以俭约节欲自持，初开籍田，躬劝农耕桑，务民之本，即位十余年，时五谷丰熟，百姓足，仓廪实，蓄积有余。”（《正失》）“汉家火行衰于戌，故曰腊也。”（《祀典》）[⑤]“汉家盛于午，故以午祖也。”（《祀典》）[⑥]“汉家因秦，大率十里一亭。”（《佚文》）[⑦]

王符《潜夫论》、荀悦《申鉴》与仲长统《昌言》文中无“汉家”称谓，或许说明他们对“汉家制度”的批判与抵制。但即便如此，也并未能影响后世执政者，刘氏政权所开创的“家天下”理念已根深蒂固，它在魏晋南北朝世代延续，已不再作为问题被士人关注。

第三节　三国子书论孝——反思、总结与回归

三国时期，“孝义”走下政坛，其原因是什么？这对于国家社会与个人会产生怎样的影响？对于“孝义”推行的影响又是怎样的？诸子自觉地承担起反思、总结这些问题的义务。这些文化精英的努力，在一定程度上促进了“孝义”的回归，从而使之逐渐沉淀为“权威主义良心”。以“家天下”的理念来看，“三国”即可看成“三家”：曹魏、蜀汉与孙吴，

① 黄晖：《论衡校释》（附刘盼遂集解），中华书局 1990 年版，第 851、851—852 页。
② 同上书，第 854 页。
③ 同上书，第 1182 页。
④ （汉）应劭撰，王利器校注：《风俗通义校注》，中华书局 1981 年版，第 93 页。
⑤ 同上书，第 379 页。
⑥ 同上书，第 381 页。
⑦ 同上书，第 493 页。

之后的魏、晋易代不过是曹与司马两家族（或云两大姓氏）的权力更替罢了。家氏凌驾于天下的格局已经得到巩固，家、国一体，帝王之“家”已无特别强调的必要，因此三国子书中很少出现帝王“家”之一说。

三国以后，当政者已不再提倡“孝治”。但是不论官方提倡与否，民众内心业已形成孝的“权威主义良心”不可能在短时期消失殆尽，惯性依然延续，只不过更多地由表面化而转入潜意识，它作用的人群也发生了转变。汉以后子书论“孝”者比较两汉明显减少，就现存文献考察，大致可分成两类：一类沿袭西汉儒家的“孝”观；另一类继承东汉士人的反思与质疑一派。尤其值得注意的是，三国以后诸子对于“孝”的探索，由两汉诸子的重工具理性转为向先秦儒家“孝”观的重道德理性的追溯。三国诸子把“孝”作为人性善的一项重要内容，而不谈什么“齐家”，更勿论所以“治国”。这与魏晋之际“贱名教贵自然”的风尚有关。如杜恕在其《体论·自叙》中这样描述自己：“恕性疏惰，但饱食而已。家有书传，颇尝涉历。父忧行丧，在礼多愆，孝声不闻。”[①] 杜恕文中所言的“多愆”只是针对西汉人所重视的“礼”而已，“孝声不闻”，表层意思是说旁人不曾听闻他的孝行，深意实指他不为外界“孝”或“不孝”的评价挂心。那么事实上此时士人内心对于“孝”的实质是否也不甚挂心了呢？

> 或曰，昔有人母有疾，使其妻为母作粥者，妻不肯，乃以刀击之，伤夷其面，此可以为孝乎？曰：以刀击妻，其亲必骇，而有忧及之，何有于孝？……夫孝，百行之本；替本而求末者，未见有得之者也。如或得之，君子不贵矣。乌鸟犹有反哺之心，况人而无孝心者乎？（谯周《法训》）[②]
>
> 人性苟有一孝则无所不包，犹树根一植，百枝生焉。（唐滂《唐子》）[③]
>
> 应玚云：“人生固有仁心。”答云：“在亲曰孝，施物曰仁。仁者有事之实名，非无事之虚称。善者道之母、群行之主。”（曹丕《典论》）[④]

---

① （清）严可均校辑：《全上古三代秦汉三国六朝文》，中华书局 1958 年版，第 1292 页。
② 同上书，第 1863 页。
③ （清）马国翰：《玉函山房辑佚书》，上海古籍出版社 1990 年版，第 2637 页。
④ 王天海、王韧：《意林校释》，中华书局 2014 年版，第 504 页。

谯周把“孝”夸大为“无所不包”，表面上看似乎与扬雄所谓的“孝，至矣乎！一言而该，圣人不加焉”并无区别。谯周为蜀人，他的思想与曹魏诸子不尽相同，带有些儒家的保守。事实上三国诸子对于“孝”的念念不忘，更多是反对普通人对于遵守“孝道”的迷信及孝治的强制推行，转而强调“孝心”，注重“孝”对于“人性善”的培养。因为有“孝心”，于是人性变得善良，因为善良所以才能表现对于万物的“仁”。由“孝”而“仁”，不是由“孝”而“忠”的过渡与提升；由“孝”而“仁”的提升是指向他人与万物，而非仅仅指向君主。从这个角度讲“孝”具有“无所不包”的宽阔胸怀，还是可以成立的。这就完全脱离了汉代政治功利的“孝”观，具有了普世情怀。这是一种至高至纯的“孝”境，为三国诸子所发明。

遗憾的是，三国以后，民众内心孝的“权威主义良心”越来越弱，一旦“良心”没有了权威予以规范，它在“趋利如水走下”的中下层民众心中的影响力便所剩无几了。“孝道”因为升华而变得抽象化，“孝”或“不孝”存于“人心”，因外人不可见而无法评说，所以没有标准、无法规范、难以把握。这就使“孝”在士人心目中地位提升的同时，它在普通民众身上的约束力反而在大大减弱。诸子强调“孝”之实，鄙视“孝”之名，他们的理想是远大、纯洁和美好的，但是他们似乎忘记了把“孝”说得愈是崇高、纯粹，其可操作性就愈弱，对于普通人的影响就愈小，距离其理想社会的实现就愈是遥远。现实就是如此矛盾！像阮籍一样吃酒啖肉却拿血与性命悼母的淳性之士，底层民众中能有几人？

第二章　汉魏子书中“过秦”话语的演变及其时代思潮

秦朝作为经战国纷争以后兀然耸立的第一个大一统王朝，又迅速地在几十年之后土崩瓦解，它对于后世的警戒作用与震撼力是持久而深远的。正如《诗经·大雅·荡》篇所说的“殷鉴不远，在夏后之世”,① 它的灭亡对于紧随其后的西汉，警戒作用尤其显著。汉人面对秦朝灭亡的心理是复杂的，掺杂着取而代之的庆幸和重蹈覆辙的担忧。“汉承秦制”是历史必然，汉代诸子对此无可厚非，但是让他们担忧的是“汉承秦弊”。所以他们认为对于秦朝速亡教训的总结，关系到大汉王朝的生死存亡，于是“亡秦”就成为西汉乍兴时炙手可热的话题。开国之初，刘邦即命陆贾：“试为我著秦所以失天下，吾所以得之者何，及古成败之国。”②　（《史记·陆贾传》）《新语》十二篇揭开了汉人对于亡秦教训的反省与总结的序幕。此后的汉代士人前赴后继，言秦以戒汉，使“言秦”成为一个躲不过的历史使命。

不仅西汉士人对秦朝的灭亡反思不已，东汉乃至三国士人在其著作中也念念不忘秦朝二世而亡的教训。不过因为不同的社会现实，不同的政治状况让他们看见的秦所以亡的惨痛教训不尽相同，所以他们汲取的教训也各有侧重。并且随着时代渐远，秦亡的震撼力在递减，士人对其反思的感性色彩愈淡，理性愈强，角度也越多越全面。正因为反思亡秦对于现实的借鉴作用，所以通过诸子对其反思的角度能看到其时政治所关注的焦点，进而揭示当时士人心态及世态。

---

① 程俊英：《诗经译注》，上海古籍出版社 1985 年版，第 562 页。

② （汉）司马迁撰，（宋）裴骃集解，（唐）司马贞索隐，（唐）张守节正义：《史记》，中华书局 1959 年版，第 2699 页。

第一节　西汉子书言秦多批判

孔子说过“择其善者而从之，其不善而改之”[①]（《论语·述而》）的话以教人做人，治国也如此。但是西汉诸子言秦却紧紧揪住嬴秦的“不善”，而忽略对其“善”的认识，这不是理性地总结历史兴衰者所应持有的态度。原因何在呢？正如贾谊所说：“鄙谚曰：‘前事之不忘，后之师也。’是以君子为国，观之上古，验之当世，参之人事，察盛衰之理，审权势之宜，去就有序，变化应时，故旷日长久，而社稷安矣。”[②]（《过秦论》）西汉士人总结秦亡的行为是带有迫切的政治功利愿望的，他们唯一目的就在于“戒汉”，惩戒大汉之治不要重蹈覆辙，所以谈秦时难免情绪激动。

汉元年（前 206 年）十一月，刘邦攻入咸阳，为安抚关中百姓，与民约法三章，他在告示中说：“父老苦秦苛法久矣，诽谤者族，耦语者弃市。吾与诸侯约，先入关者王之，吾当王关中。与父老约，法三章耳：杀人者死，伤人及盗抵罪。余悉除去秦法。吏民皆按堵如故。凡吾所以来，为父兄除害，非有所侵暴，毋恐！且吾所以军霸上，待诸侯至而定要束耳。”[③]（《汉书·高帝纪》）这是对嬴秦统治进行反思的开始，他指出秦之弊在于“苛法”，汉之“约法三章”是对其纠正。但此时对于亡秦的反思是迫于项、刘争霸的紧张局势，是张良等人在权衡利弊之后做出的旨在收买人心之举。之后几年，刘邦一方面忙于战争，无暇继续思考；另一方面他也并未从心理上加以重视，所以汉兴后的他还沉浸于“马上得之”的洋洋自得之中。此时，陆贾及时提醒他，要总结历史的教训，尤其是秦亡的教训。《汉书·陆贾传》载：“贾时时前说称《诗》《书》。高帝骂之曰：‘乃公居马上得之，安事《诗》《书》！’贾曰：‘马上得之，宁可以马上治乎？且汤武逆取而以顺守之，文武并用，长久之术也。昔者吴王夫差、智伯极武而亡；秦任刑法不变，卒灭赵氏。乡使秦以并天下，行仁义，法先圣，陛下安得而有之？’”[④] 陆贾切中要害的话，使刘邦认识到，

① 程树德撰，程俊英、蒋见元点校：《论语集释》，中华书局 1990 年版，第 482 页。

② （汉）贾谊撰，阎振益、钟夏校注：《新书校注》，中华书局 2000 年版，第 17 页。

③ （汉）班固撰，（唐）颜师古注：《汉书》，中华书局 1962 年版，第 23 页。

④ 同上书，第 2113 页。

天下可“逆取”而不可不“顺守”的道理，认识到要守住江山，除了“马上”的武力之外，还必须“事《诗》《书》”“行仁义”“法先圣”，即文武并用。幡然醒悟了的刘邦此时才真正认识到总结亡秦教训的重要性，他命陆贾造书：“著秦所以失天下，吾所以得之者，及古成败之国。”[①] 因此可以说陆贾《新语》的写作，才标志着西汉士人自觉反思秦亡教训的真正开始。

《新语》共十二篇，提供了足够的空间给陆贾一一剖析秦亡之训以示刘邦。陆贾对亡秦的剖析集中于以下几个方面：第一，指出秦之尚刑、任法，这是先秦时期得到公认的一项西秦之“过”，陆贾继承前人陈说，以为这是导致嬴秦灭亡的主要原因。他在书中多次予以申明，如他在《道基》篇说：“秦二世尚刑而亡”；[②] 又在《辅政》篇说：“秦以刑罚为巢，故有覆巢破卵之患”；[③]《无为》篇所说更加详尽：“秦始皇设刑罚，为车裂之诛，以敛奸邪，筑长城于戎境，以备胡、越，征大吞小，威震天下，将帅横行，以服外国，蒙恬讨乱于外，李斯治法于内，事逾烦天下逾乱，法逾滋而天下逾炽，兵马益设而敌人逾多。秦非不欲治也，然失之者，乃举措太众、刑罚太极故也。”[④] 陆贾如此痛陈繁刑酷法之弊，怎能不令刘邦警醒呢？陆贾总结的亡秦尚刑的教训与汉初实行的“与民休息”的治国之策，存在一定的因果关系。第二，他指出秦朝的用人不正，秦廷任用的人非奸即邪。如《辨惑》篇所说：“秦二世之时，赵高驾鹿而从行……秦王不能自信其直目，而从邪臣之言。”[⑤] 又《辅政》篇所说：“以李斯、赵高为杖，故有顿仆跌伤之祸，何者？所任者非也。故杖圣者帝，杖贤者王，杖仁者霸，杖义者强，杖谗者灭，杖贼者亡。”[⑥] 那么秦廷为何不用贤人、仁人、义人呢？陆贾以为这源于秦朝君主的不仁不义。如其《思务》篇所云：“故仁者在位而仁人来，义者在朝而义士至。是以墨子之门多勇士，仲尼之门多道德，文王之朝多贤良，秦王之庭多不详。”[⑦] 他的言下之意是，告诫刘邦己身端正的重要。第三，他指出因为秦始皇的骄奢淫逸，导致上下礼制混乱。《无为》篇说：“秦始皇骄奢靡丽，好作高台

---

① （汉）班固撰，（唐）颜师古注：《汉书》，中华书局 1962 年版，第 2113 页。

② 王利器：《新语校注》，中华书局 1986 年版，第 29 页。

③ 同上书，第 51 页。

④ 同上书，第 62 页。

⑤ 同上书，第 75、76 页。

⑥ 同上书，第 51 页。

⑦ 同上书，第 173 页。

榭，广宫室，则天下豪富制屋宅者，莫不仿之，设房闼，备厩库，缮雕琢刻画之好，博玄黄琦玮之色，以乱制度。”[①] 礼制混乱，因此君臣上下不分，给臣子犯上作乱以条件和借口。

陆贾对于亡秦教训的总结，给予汉初政治极大影响，他针对秦之“弊”给刘邦开出两味良药：“仁政”“德治”，即“治以道德为上，行以仁义为本”（《本行》），[②] 为汉初统治定下基调，其著作《新语》是汉初自觉总结亡秦教训的代表成果。但在陆贾总结秦亡教训之时，大汉刚刚蹒跚学步，它从秦朝所承之各项制度才开始施行，不能提供足够的实践成果给陆贾做参照。所以陆贾对于亡秦教训的总结，多针对亡秦自身弊端和他所见的刘邦“重武轻文”的偏见而发。一部分是继承战国时“过秦”的思想，另一部分是自己的经验和想象，不能很准确地判断究竟是哪一方面的经验与教训才有助于汉朝统治的借鉴，哪一条经验在解决实际问题时能发挥最大作用。所以，陆贾总结的教训只能从大政方针上予以方向性的指引，而不能做到直指汉初统治之“的”而后放矢。

随着“汉承秦制”在汉代的推行日久，一些制度的弊端愈加明显，如贾谊在《新书·时变》中所说：“曩之为秦者，今转而为汉矣。”[③] 这使贾谊的“过秦”可以做到有的放矢，更加切合汉朝统治实况。所以贾谊在《新书》中要一再告诫：“秦之亟绝者，其轨迹可见也，然而不避，是后车又覆也。”（《保傅》）[④] 他对于亡秦的批判言辞也就更为激烈，铺展的面也愈宽广。

他在《过秦论》[⑤] 中围绕以下四个方面，对于秦朝统治予以一一否定。首先，贾谊关注的仍然是秦朝的苛法酷刑。对此贾谊在文中不禁三致其意，他指责秦始皇：“焚文书而酷刑法，先诈力而后仁义，以暴虐为天下始”，又指责二世：“重以无道，坏宗庙，与民更始作阿房之宫，繁刑严诛，吏治刻深，赏罚不当，赋敛无度。天下多事，吏不能纪，百姓困穷，而主不收恤。”他指责二世不仅不知收敛，反而变本加厉。“堕名城，杀豪俊”“繁法严刑”“仁心不施”，二世可谓无恶不作。《保傅》篇说：“固非贵礼让也，所上者刑罚也。使赵高傅胡亥而教之狱，所习者非斩劓

① 王利器：《新语校注》，中华书局1986年版，第67页。
② 同上书，第142页。
③ （汉）贾谊撰，阎振益、钟夏校注：《新书校注》，中华书局2000年版，第96页。
④ 同上书，第185—186页。
⑤ 同上书，第1—16页。

人，则夷人之三族也。”[①] 他指出二世尚刑的渊源所自，表面是怪罪赵高，实则指出尚刑是秦国的传统，所以才会培养出“其视杀人如艾草菅然”[②]的胡亥（《保傅》）。其次，批判秦朝扼断言路。“于是废先王之道，燔百家之言，以愚黔首”，“当此时也，世非无深谋远虑知化之士也，然所以不敢尽忠拂过者，秦俗多忌讳之禁也，忠言未卒于口，而身糜没矣。故使天下之士倾耳而听，重足而立，阖口而不言。是以三主失道，而忠臣不谏，智士不谋也。天下已乱，奸臣不上闻，岂不悲哉！”再次，指出秦王不信任群臣。“群臣之不相信，可见于此矣”，“秦王足己而不问，遂过而不变。二世受之，因而不改，暴虐以重祸”。《保傅》篇说：“其俗固非贵辞让也，所上者告讦也”，“忠谏者谓之诽谤，深为之计者谓之妖言”[③]，也谈及二世对于臣属的不信任，而使告讦之风盛行，这与陆贾所云秦王“不能自信其直目”的论断截然不同。之所以有这样的区别，联系当时实际“绛、灌、东阳侯、冯敬之属尽害之，乃毁谊”，[④] 应该是贾谊鉴于自身遭遇进行反思的结果。最后，批评秦之贪婪与残民以逞。如《属远》篇：“秦不能分尺寸之地，欲尽自有之耳。输将起海上而来，一钱之赋耳，十钱之费，弗轻能致也。上之所得者甚少，而民毒苦之甚深。”[⑤] 贾谊借此，告诫君主不能逞贪欲以夺民利。

《过秦论》是贾谊对于秦亡教训的集中批判，《新书》的其他篇章中亦有零星语句涉及亡秦，多是对于上述四个方面的补充与细化。《保傅》篇大多内容已如上述，又有《时变》篇所言：“秦国失理”[⑥] 与《保傅》所言秦之“无道之暴”，[⑦] 即是对《过秦论》中“二世不行此术，而重以无道”以指责亡秦不行仁义的补充。

与陆贾在汉高祖时对“秦所以失”的总结相比，贾谊在文帝时的“过秦”言辞更趋激烈，批判色彩更强，这根源于两人“过秦”目的的差异。汉高祖言“秦所以失天下，吾所以得之者，及古成败之国”的重点在于总结，总结出一套成败兴亡的带有普遍意义的道理供他借鉴。陆贾的目的只着重于转变刘邦“重武轻文”的态度，至于他态度转变以后如何

① （汉）贾谊撰，阎振益、钟夏校注：《新书校注》，中华书局 2000 年版，第 185 页。

② 同上。

③ 同上。

④ （汉）班固撰，（唐）颜师古注：《汉书》，中华书局 1962 年版，第 2222 页。

⑤ （汉）贾谊撰，阎振益、钟夏校注：《新书校注》，中华书局 2000 年版，第 116 页。

⑥ 同上书，第 96 页。

⑦ 同上书，第 183 页。

贯彻实施，则是下一步甚至下下步的事。贾谊的“过秦”不重总结成败经验或规律，而是着重“戒汉”，解决大汉从建国至文帝这二十余年来的统治所暴露出来的问题与困难，是“治”的具体问题，所以贾谊对于亡秦之过的批判，也变得更加急切尖锐。当然，也不能排除贾谊的年少气盛加剧了文章的批判语调。

晁错与贾谊同时而稍后，所面临的现实状况基本相似，所以他对于亡秦的批判不出贾谊的范围，但是因为其政治地位及其思想与个性差异使他的“言秦”更加具体详细。比如他在《守边劝农疏》中说道：“秦之戍卒不能其水土，戍者死于边，输者偾于道。秦民见行，如往弃市。因以谪发之，名曰‘谪戍’。……今秦之发卒也，有万死之害，而亡铢两之报。”① 他在此谈论的是亡秦征发戍卒制度的弊端；他又在“臣闻秦时北攻胡貉，筑塞河上，南攻杨粤，置戍卒焉。其起兵而攻胡、粤者，非以卫边地而救死也，贪戾而欲广大也，故攻未立而天下乱。且夫起兵而不知其势，战则为人禽，屯则卒积死”② 一段文中谈亡秦用兵之非义及不懂兵法。晁错批秦的视角不同于陆贾和贾谊，与他们相比较，晁错多就事论事，不做大而空的指责。“今秦之发卒也，有万死之害，而亡铢两之报，死事之后不得一算之复，天下明知祸烈及己也。陈胜行戍，至于大泽，为天下先倡，天下从之如流水者，秦以威劫而行之之敝也。”③ 他总结秦末农民起义的直接原因，分析得有理有据。晁错在其《贤良对策》中以嬴秦应对“吏之不平，政之不宣，民之不宁”，④ 从“地形便、山川利、民用足，民利战”这些客观方面肯定其统治之功，他对于亡秦“武功”的肯定同于贾谊。进而谈论秦的“末涂之衰”，他从用人、嗜欲、自贤等方面一一剖析，“任不肖而信谗贼。宫室过度，嗜欲无极，民力罢尽，赋敛不节。矜奋自贤，群臣恐谀，骄溢纵恣”，最终总结秦因“文治”不利导致其覆亡。晁错的“过秦”也是针对汉兴以来的社会矛盾，但在现实问题的处理上更具指导作用。他的《论贵粟疏》《言兵事疏》《劝农守边疏》《举贤良对策》及《削藩策》等文，都是针对文、景时因继承秦制而显现出来的国政四大隐患：匈奴的威胁、诸侯王的骄纵不法、豪强与游侠势力的活跃与富商阶层垄断财富与兼并土地等问题，而开出的药方。

---

① 《晁错集注释》组：《晁错集注释》，上海人民出版社 1976 年版，第 16 页。

② 同上书，第 15 页。

③ 同上书，第 16 页。

④ 李正辉：《〈晁错集〉辑校》，《河南图书馆学刊》2017 年第 2 期。

紧接晁错，继承“过秦以戒汉”使命的，还有桓宽《盐铁论》与西汉末年的扬雄《法言》。桓宽《盐铁论》全书共六十篇，其中三十二篇谈及秦政之失，或以秦为败亡之典型予以援引者，占全书一半以上。《盐铁论》分别从任严刑、用峻法、施苛政、崇奢侈、逆天道、逞野心、自纵恣、得志而骄、大臣贪功、尚武力、轻用兵、信禨祥、君臣不相得等方面论述秦政之失，批判得全面而彻底。尤其是贤良、文学的“过秦”态度极为坚决，他们给予秦政全盘批判，分析其原因：一方面是源于此时汉朝所承秦制的弊端表现得更加突出；另一方面是论者所处辩论现场，辩论双方所持思想尖锐对立，辩论异常激烈，所以言辞犀利。贤良文学对于秦王“信禨祥”的揭露，是之前子书所没有涉及的：“及秦始皇览怪迂，信禨祥，使卢生求羡门高，徐市等入海求不死之药。”其不良后果是导致“小者亡逃，大者藏匿；吏捕索掣顿，不以道理。名宫之旁，庐舍丘落，无生苗立树；百姓离心，怨思者十有半”（《散不足》）[①]。《盐铁论》中《诛秦》《周秦》《非鞅》《险固》等篇，专论秦之地广不足赖与商鞅以法治秦的弊端，批判商鞅只重坚城池、固边塞而不施善政之害，给予秦政重法之失以深刻而集中的否定。诚如《世务篇》中文学所云：“诚上观三王之所以昌，下论秦之所以亡，中述齐桓所以兴，去武行文，废力尚德，罢关梁，除障塞，以仁义导之，则北垂无寇虏之忧，中国无干戈之事矣。”[②]贤良文学在此处借言秦而批判以桑弘羊为首的官僚，进一步捍卫与巩固了儒术独尊的地位，同时也从侧面反映了申、韩之术的拥护者在独尊儒术之后，政治上的地位依然非常强盛。

《淮南子》的言秦却另辟蹊径，它“过秦”的色彩不甚强烈，“戒汉”的目的也不是很鲜明，而是借秦为喻，以秦说理。它的这一倾向，开启了东汉及以后政论文中“借秦为喻”的风气，使谈论“亡秦”话题逐渐成为一个政论文中最普遍的传统。如其《人间训》所云：“秦之设备也，乌鹊之智也”，[③]《泰族训》所云：“然商鞅之法亡秦，察于刀笔之迹，而不知治乱之本也。”[④]作者以秦为喻，是要说明从政者当知远、知本；《道应训》所云：“秦皇帝得天下，恐不能守，发边戍，筑长城，修

① 王利器：《盐铁论校注》，中华书局1992年版，第355—356页。

② 同上书，第507页。

③ 刘文典撰，冯逸、乔华点校：《淮南鸿烈集解》，中华书局1989年版，第618页。

④ 同上书，第696页。

关梁，设障塞，具传车，置边吏。然刘氏夺之，若转闭锤”，[①] 此文举秦为喻是想说明重武功而不修文治的无用；《氾论训》所云：“秦之时高为台榭，大为苑囿，远为驰道，铸金人，发适戍，入刍稾，头会箕赋，输于少府，丁壮丈夫西至临洮、狄道，东至会稽、浮石，南至豫章、桂林，北至飞狐、阳原，道路死人以沟量。当此之时，忠谏者谓之不祥，而道仁义者谓之狂”，[②] 以秦为喻，说明暴虐为不祥之兆；《泰族训》所云：“秦任李斯、赵高而亡”，[③] 借用秦史以告诫君主警惕用奸邪之人而致败亡的可怕后果；《兵略训》所云：“二世皇帝势为天子，富有天下，人迹所至，舟楫所通，莫不为郡县。然纵耳目之欲，穷侈靡之变，不顾百姓之饥寒穷匮也。兴万乘之驾而作阿房之宫，发闾左之戍，收太半之赋，百姓之随逮肆刑，挽辂首路死者”，[④] 是要说明奢侈腐败与严刑酷法对于为政之害。

在其后的《法言》中，“戒汉”色彩日益褪去，扬雄也多借秦言治，亡秦只是作为历史上一个不重礼仪制度与尊尚严刑酷法的标志性符号罢了。

总体来看，西汉初期诸子对于亡秦的谈论不甚理性，因为历时不久，心怀惴惴，常有激愤之情，总结时多看重其反面例证，这是西汉子书“言秦”特征之一；第二，西汉子书言及亡秦多着重强调其严刑峻法，这是对于六国“过秦”思想的继承；第三，西汉诸子“言秦”的用意多倾向于借秦戒汉，应西汉统治现实之需。第四，“过秦”在西汉，尤其是汉初形成一股潮流，朝野上下有识之士无一不在思考这一问题，所得出的结论也大同小异。

秦朝吞并六国的功绩与它迅速灭亡的惨重，都与它崇尚法家思想和严刑峻法有关，但法家思想并非秦帝国所秉持的唯一治国依据。它对于儒家思想中一些有利于统治的因素并不完全排斥，这可以从秦始皇巡行时期留下的几篇刻石文中得到印证。秦对于其他各家思想也并不完全抵制，否则对于秦不但不焚百家书还设有诸子博士的做法，就很难理解了。西汉诸子的“过秦”虽然失之偏颇，但还是有其历史作用的，表现在两个方面：第一，“过秦”论，客观上为统治者提供了历史借鉴，对于汉代若干政策的制定与调整，起了重要的作用。汉初的轻刑安民之政、抑奢尚俭之风，

---

① 刘文典撰，冯逸、乔华点校：《淮南鸿烈集解》，中华书局 1989 年版，第 412 页。

② 同上书，第 437—438 页。

③ 同上书，第 683 页。

④ 同上书，第 499 页。

都与士人所言的亡秦教训有关。第二，以秦为喻，广开言路，成为汉代一切开明议政的源头。正如班固在《贾山传》中所揭示的："言治乱之道，借秦为谕，名曰《至言》。"① 灭亡的秦朝是悬挂于汉代统治者头上的一座随时会被撞响的警钟，论政者以"秦"为喻，这对于"承秦制"的汉廷来说不啻戳其痛处，汉人批评时政的直言不讳，不能不说与"借秦为喻"有着直接关系。这对于后世议政也是一个很好的借鉴。

第二节　东汉子书言秦多借喻

虽然已时过境迁，过秦以戒汉的作用日益弱化，而"借秦为喻"、拿秦说事却发展成为一个议政传统，嬴秦已经成为一个议论朝政兴亡、统治盛衰的不朽话题，在历代士人口中被一再重复。东汉士人对于西汉灭亡的总结，三国时人对于两汉灭亡教训的总结，用意同于西汉对亡秦，不过其取愈近于时，其训愈切于事。

首先，东汉子书言秦，不再纠缠于对其"严刑酷法"的批判，而多从制度溯源的角度进行考察。东汉诸子从俸禄制、井田制、封建制、赦法、礼仪制度、诗书文献等角度，关注上古所谓"美政"在秦朝的被改造或者被破坏。诸子立足于汉代弊政现实的考察，上溯到秦，多强调亡秦对传统的破坏以及给后世造成的负面影响。

如谈及"俸禄"问题时，王符的《潜夫论》指责亡秦于"薄禄"上给予汉代的恶劣影响："及周室微而五伯作，六国弊而暴秦兴，背义理而尚威力，灭典礼而行贪叨，重赋敛以厚己，强臣下以弱枝，文德不获封爵，列侯不获治民。是以贤者不能行礼以从道，品臣不能无枉以从利。君又骤赦以纵贼，民无耻而多盗窃。"（《班禄》）② 他指出汉代官吏俸禄微薄的源头来自亡秦。崔寔《政论》云："昔在暴秦，反道违圣，厚自封宠，而虏遇臣下。汉兴，因循未改其制。……昔周之衰也，大夫无禄，诗人刺之。暴秦之政，始建薄奉。亡新之乱，不与吏除。三亡之失，异世同术，我无所鉴。"③ 他也认为薄奉制度定于亡秦，并指责其对于汉朝的不

---

① （汉）班固撰，（唐）颜师古注：《汉书》，中华书局 1962 年版，第 2327 页。

② （汉）王符著，清汪继培笺，彭铎校正：《潜夫论笺校正》，中华书局 1979 年版，第 169—170 页。

③ （汉）崔寔撰，孙启治校注：《政论校注》，中华书局 2012 年版，第 149、155 页。

良影响。仲长统《昌言·损益》篇亦云：“夫薄吏禄以丰军用，缘于秦征诸侯，续以四夷，汉承其业，遂不改更，危国乱家，此之由也。”[①] 他分析了亡秦制定“薄禄”制度的原因，及其所遗留给后世的严重后果。

封建制是上古传统，秦始皇统一全国后“罢侯置县”，以加强中央政府对于地方的领导作用。东汉诸子对封建制表现出褒贬不一的态度，如崔寔《政论》云：“秦兼天下，罢侯置县，于是君臣始有不亲之衅矣。”[②] 他批评废除分封是对君王手足亲情的破坏。而仲长统《昌言·法诫》篇所称道的：“秦兼天下，则置丞相，而贰之以御史大夫。自高帝逮于孝成，因而不改，多终其身。汉之隆盛，是惟在焉。”[③] 他认为“郡县制”是汉代从秦朝继承的好制度，遵而不改所以能致“隆盛”。但他是从御史大夫与丞相分权从而可以互相制衡的角度立论，对于分封制没有从正面直接肯定。从正面直接肯定分封制的是班彪，他在回应隗嚣的提问中说：“汉家承秦之制，并立郡县，主有专己之威，臣无百年之柄。”（《汉书·叙传上》）[④] 诸子以上的两种观点相比较，可以看出仲长统与班彪均站在加强中央集权、预防大臣专权的实用立场，而崔寔则从人情角度。他们的衡量标准不同，意见必然会有分歧。崔寔也不是一味地反对“郡县制”，他所反对的是地方官吏任期太短，根本来不及做出政绩。仲长统对于秦朝设御史大夫一职的肯定，是汉魏诸子书中第一次发出的肯定嬴秦“文治”的声音。

关于赦法，崔寔在《政论》中追溯其源头时说：“大赦之造，乃圣王受命而兴，讨乱除残，诛其鲸鲵，赦其臣民，渐染化者耳。及战国之时，犯罪者辄亡奔邻国，遂赦之以诱还其逋逃之民。汉承秦制，遵而不越。”[⑤] 他陈述亡秦的赦法，但未置褒贬，只是认为行赦间隔的时间要长短适宜。王符《潜夫论·班禄》篇也谈到秦之赦法：“君又骤赦以纵贼”，可以看出王符对赦法是持批判态度的。

井田制一直是儒者心中借以触摸上古美政的理想凭借，但是被秦破坏了，因此诸子对此一直心怀耿耿，如崔寔《政论》中说：“昔者，圣王立

① （汉）仲长统撰，孙启治校注：《昌言校注》，中华书局 2012 年版，第 301 页。

② （汉）崔寔撰，孙启治校注：《政论校注》，中华书局 2012 年版，第 118 页。

③ （汉）仲长统撰，孙启治校注：《昌言校注》，中华书局 2012 年版，第 307 页。

④ （汉）班固撰，（唐）颜师古注：《汉书》，中华书局 1962 年版，第 4207 页。

⑤ （汉）崔寔撰，孙启治校注：《政论校注》，中华书局 2012 年版，第 157 页。

井田之制……始暴秦隳坏法度，制人之财既无纲纪，而乃尊奖并兼之人。”[①] 他把毁坏井田制的首犯也指认为亡秦。当然汉魏诸子中，也有人反对恢复井田制，但其中未涉及秦廷，因此不论。

“秦朝不文”的说法，更是对嬴秦破坏上古礼仪制度、仇视与焚毁诗书文献的揭露与指控。应劭《风俗通义·皇霸》篇记载：“始皇自以关中之固，金城千里，子孙帝王万世之业也，遂恣睢旧习，矫任其私知，坑儒燔书，以愚其黔首，穷奢肆欲，力役无厌，毒流诸夏，乱延蛮、貊；由是二世绝祀，以成大汉之资。”[②] 他指出秦朝因为礼仪制度遭到破坏，诗书文献不被尊重，所以使秦王失去道德约束力而导致嗜欲无度，造成秦朝二世而亡的悲剧命运。荀悦也有类似说法：“秦之灭学也，书藏于屋壁，义绝于朝野”（《申鉴·时事》）、[③] “若秦二世之申欲而非笑唐虞”（《杂言上》）、[④] “周秦之弊，不鉴于民下也”（《杂言上》）。[⑤] 王符《潜夫论·贤难》篇所云：“故德薄者恶闻美行，正乱者恶闻治言，此亡秦之所以诛偶语而坑术士也。”[⑥] 这些言论都是对嬴秦不重文教、闭塞言路的揭露。

其次，东汉子书言秦多关注其用人之弊，强调贤、佞之辨。王符《潜夫论》全书有七处皆针对亡秦的“黜贤进奸”进行批判，如《本政》篇所云：“二世所以共亡天下者，丞相、御史也。”[⑦] 他以秦始皇任用赵高、李斯为用奸佞之人的典型例证。徐幹也说：“二世从赵高而危。”（《中论·慎所从》）[⑧] 从王充《论衡》专设《答佞》《觉佞》二篇来看，东汉时关于“贤”“佞”之争非常激烈，诸子主张通过“任人唯贤”来改革现状的愿望非常强烈，所以在挖掘亡秦教训时尤其强调用佞的恶果，这与东汉“任人唯亲”导致外戚、宦官轮流执政从而造成政治上极端混乱的局面有关。

最后，东汉诸子言秦时批判的色彩减弱了，他们多侧重于对“借秦

---

① （汉）崔寔撰，孙启治校注：《政论校注》，中华书局2012年版，第167、169页。

② （汉）应劭撰，王利器校注：《风俗通义校注》，中华书局1981年版，第49页。

③ （汉）荀悦撰，（明）黄省曾注，孙启治校补：《申鉴注校补》，中华书局2012年版，第95页。

④ 同上书，第160页。

⑤ 同上书，第141页。

⑥ （汉）王符著，（清）汪继培笺，彭铎校正：《潜夫论笺校正》，中华书局1979年版，第40页。

⑦ 同上书，第91页。

⑧ （汉）徐幹原著，徐湘霖校注：《中论校注》，巴蜀书社2000年版，第254页。

为喻”这个传统的继承与改造，这在王充《论衡》中表现得尤其明显。关于嬴秦，王充几乎未置褒贬，书中所言及的秦政全部是作为历史资料加以引用的，他即使谈及秦始皇焚书、坑儒，白起坑赵卒，也无明显批评之意。《论衡》一书中对于亡秦的史事反复引用，并非借秦做什么政治上的暗喻，而是为了证明自己论点，从而达到“疾虚妄”的目的。他所引用的秦事范围很广，其中燔烧诗书、坑儒（按：不少于四次，见《正说》《书解》）、始皇封泰山、荆轲刺秦王、秦时三山亡、秦坑赵卒、秦始皇叹韩非之书等事件被引用的频率最高，称引时对之均不做是非的评判，说明过秦的重心已发生偏离。

需要指出的是，桓宽的《盐铁论》中谈到秦始皇因为“求不死之药”而导致的劳民伤财之祸，所云简略。但到了东汉，应劭在《风俗通义·正失》篇中记载：“秦始皇欺于徐市之属，求三山于海中，通同道，隐形体，弦诗想蓬莱，而不免沙丘之祸。”① 相比桓宽，应劭的评论则详尽了许多，这或与东汉末期道教的盛行有关。

综览东汉子书的言秦，即使是持批评否定态度，批评时的情绪化色彩相比西汉也在减弱，甚至只是客观地援引秦事以证明自己的论点。最为难得的是，出现了一些对于嬴秦“文治”方面的肯定评价，不再如西汉诸子只肯定其“武功”。汉宣帝只是说汉家“霸王道杂之”，并未说明其“霸”的部分主要是承秦而来，东汉时士人才认识到“汉承秦制”的真正内涵。

第三节　三国子书言秦多理性

陆贾为刘邦所论的“古成败之国”过于遥远，而且距离最近的战国也只是割据的诸侯，那时的诸多成败教训对于大一统的汉代已经失去其借鉴意义。三国诸子则在目睹了嬴秦、西汉、东汉、新莽四个大一统政权的覆亡之后进行反思，所谓“观千曲则晓声”，视野上相比西汉诸子必然要稍胜一筹。三国子书言秦，关注的不仅仅是历史现象、经验教训，而且在考察过嬴秦、西汉、东汉、新莽的种种兴衰成败的历史事变后，把经验教训之谈上升到历史发展的理论高度，也不单单是为当政者开药方，而且从认识论的角度把历史看得更清晰、更透彻。随着时间的推移和思考的深

① （汉）应劭撰，王利器校注：《风俗通义校注》，中华书局 1981 年版，第 120 页。

入，感性认识升华成为理论，这是事物发展的必然。

但是，这种理论的升华只能体现于三国时的一部分子书中，另一部分子书中对于嬴秦的议论则显示出一种倒退的倾向，诸子言秦时的义愤再一次溢于言表，似乎重新回到秦朝初亡的西汉初年，不免令人费解。上述两种倾向交织，构成了三国子书言秦的复杂景象。

就现存文献看，三国时期的子书对于亡秦评价上大有突破的要数周生烈。他在《周生子要论》中说："御马失节，其车是碎。御天下失节，四海失坠。桀纣是汤武之梯，秦项是大汉之阶，四逆不兴，则四顺不升。"[①]他对于亡秦乃至桀纣的批评已经完全跳出借古戒今的狭小圈子，对历代君王不做是非成败的评价，而是运用因果辩证的眼光对于各朝代的兴衰成败予以理论性的归纳总结。周生烈这样的视角与思索深度是两汉诸子所不具备的，他的兴亡认识在同时代诸子中也更为通达。

与周生烈不同，曹魏其他诸子与东吴诸子在"言秦"时更为接近汉初诸子，如蒋济《万机论·用奇》篇说：

> 昔秦穆公近纳英儒，招致智辩，知富国强兵。至于始皇，乘历世余业（威），灭吞六国，建帝号，而坑儒任刑。疏扶苏之谏，外蒙恬之直，受胡亥之曲，信赵高之谀，身没三岁，秦无噍类矣。前史书二世之祸，始皇所起也。[②]

蒋济历数秦始皇的五大罪状，认为主要是他导致了秦朝的灭亡。秦始皇唯一值得他肯定的一点就是凭借武力"灭吞六国"的战功，这点看法类似西汉诸子，同时也反映出桓范对于大一统的认同。最后他总结"推计之，始皇任刑，祸近及身；宣帝好刑，短丧天下。不同于秦，祸少者耳"。他甚至把汉宣帝同于秦始皇，在"任刑"上他们二人是同道者，只是导致的后果有轻重之分罢了。与他持有相同观点的，还有陆景。他在《典语》中说：

> 昔秦杖威用武，卒成王业，吞灭六国，帝有天下；而不斟酌唐虞，以美其治，损益三代，以御其世，尔乃废先圣之教，任残酷之

① （清）马国翰辑：《玉函山房辑佚书》，上海古籍出版社 1990 年版，第 2505 页

② （清）严可均校辑：《全上古三代秦汉三国六朝文》，中华书局 1958 年版，第 1239—1240 页。

政，阻兵行威，暴虐海内，故百姓怨毒，雄桀奋起。至于二世，社稷湮灭，非武不能取，而所守之者非也。《传》曰：“夫兵犹火也。不戢将自焚。”秦无戢兵之虑，故有自焚之祸，好战必亡，此之谓也。……秦、汉俱杖兵用武，以取天下，汉何以昌？秦何以亡？秦知取而不知守，汉取守之具备矣乎！[①]

陆景比较秦、汉两朝的成败，肯定了秦始皇武力征服天下而形成的大一统局面的功绩，承认他“武取”之长，但是导致秦与汉截然不同命运的关键是“文守”之具不备。

综览三国子书对于亡秦的关注，多围绕以下几个方面：首先，批评其尚法任刑，这一认识为继承战国及西汉的“过秦”传统，没有突破。如杜恕云：“至于始皇，兼吞六国，遂灭礼义之官，专任刑罚，而奸邪并生，天下叛之”（《体论·法第六》）；[②] 蒋济云：“始皇任刑，祸近及身”（《万机论·用奇》）；[③] 桓范分析得更为详尽：“故任德多，用刑少者，五帝也；刑德相半者，三王也；杖刑多，任德少者，五霸也；纯用刑而亡者，秦也。”（《世要论·治本》）[④] 其次，批评亡秦的自闭与信谗。如杜恕云：“夫徇名好术之主，又有惑焉。皆曰为君之道，凡事当密，人主苟密，则群臣无所容其巧，而不敢怠于职，此即赵高之教二世不当听朝之类也，是好乘高履危而笑先僵者也。”（《体论·君第一》）“孰与秦二世悬石程书，愈密愈乱，为之愈勤，而天下愈叛，至于弑死？”[⑤] 又桓范云：“而秦二世独甚，赵高见二世好淫游之乐，遗于政，因曰：‘帝王贵有天下者，贵得纵欲恣意，尊严若神，固可得闻，而不可得睹。’高遂专权欺罔。二世见杀望夷，临死乃知见之祸，悔复无及，岂不哀哉？”（《世要论·决壅》）[⑥] 桓范、杜恕与蒋济等对于秦二世的“自闭”尤其关注，这一点是前人所未道的，这或许与齐王芳执政时因为曹爽与司马懿的明争暗斗而架空了君主之权的政治现状有关。

在对亡秦的认识上，之所以会有些许倒退，与三国时期分合不定、动

---

① （清）严可均校辑：《全上古三代秦汉三国六朝文》，中华书局 1958 年版，第 1433 页。
② 同上书，第 1291 页。
③ 同上书，第 1240 页。
④ 同上书，第 1260 页。
⑤ 同上书，第 1287、1288 页。
⑥ 同上书，第 1263 页。

荡不安的政治现实紧密联系。三国鼎立的局势，与战国后期七国分裂局势相似，而曹魏集团在三国中的地位有如西秦之于六国，同样面临天下统一的艰巨任务。吴、蜀两国虽然无论是政治武力还是文治上均处于劣势，但是这不妨碍两国君主有包举天下的野心与抱负。尤其是蜀国，打着汉氏皇叔的旗号，以恢复汉姓宗室为己任。东吴孙权，欲隔江而治却不得，也只能以攻为守。所以，此时的言秦话题上被赋予了现实的紧迫感，诸子企望能于亡秦教训的探索中为现实的困境找到答案。

秦朝的灭亡，有陆贾为刘邦言“秦之所以亡”；新莽失败，有桓谭为刘秀言“莽之所以败”。然而泱泱大汉整个覆灭了，却无人为曹丕言“大汉之所以灭亡”，岂不悲哉？“七子”著述中，被曹丕再三称赞的徐幹《中论》，也仅被肯定了它可以使徐幹本人“不朽”于后世的扬名之用，真看不出曹丕所宣扬的“文章经国之大业”的根据何在！

第三章　汉魏子书中的“重禄养清”思想

先秦儒家提倡的“俭以养德”是就士人修身而言，他们在“利、义”之辨中，多强调舍“利”就“义”。对于利、义的追求不同，成为划分人品高下的绝对标准。孔子即说过“君子喻于义，小人喻于利”（《论语·里仁》），[①] 但是孔子也说过“吾岂匏瓜也哉？焉能系而不食？”（《论语·阳货》）[②] 这是否说明孔子是个口是心非的人呢？从义、利的划分看，俸禄绝对算是“利”而非“义”的东西，只是这种“利”比较特殊。在儒家的理想中，这种“利”并非儒家君子所应追求的终极目标，而是他们在功德的追求过程中，在自己信仰之“道”推广实施的过程中，应得的来自受益者的报酬。所以这种特殊的“利”，在理论上是应该与个体所建之功业成正比的，久而久之便成为个体能力与功业的象征。儒家对于这种“利”的追求，是值得肯定与提倡的，所以孔子才会有不能“系而不食”的感慨。

但是从当政者的角度考虑爵禄分配及其激励作用时，先秦诸子似乎重视得不够，甚至还有些消极的言论。如《荀子·性恶》曰：“尧问于舜曰：‘人情何如？’舜对曰：‘人情甚不美，又何问焉？妻子具而孝衰于亲，嗜欲得而信衰于友，爵禄盈而忠衰于君。人之情乎！人之情乎！甚不美，又何问焉？’”[③] 荀子“爵禄盈而忠衰于君”的说法是建立于“人性本恶”的基础上，其理论基础有失片面，所以不能正确反映爵禄“盈”所能达到的正面效应。《荀子·大略》云：“故古者，列地建国，非以贵诸侯而已；列官职，差爵禄，非以尊大夫而已。”[④] 虽然是从“民本”的角度论“差爵禄”的目的，也可以看出荀子并没有认识到“差爵禄”对

---

① 程树德撰，程俊英、蒋见元点校：《论语集释》，中华书局1990年版，第267页。

② 同上书，第1206页。

③（清）王先谦撰，沈啸寰、王星贤点校：《荀子集解》，中华书局1988年版，第525页。

④ 同上书，第595页。

于激励“大夫”辅政的重要意义。儒家诸子尚且如此，道家更不必论。庄子提倡“爵禄不入于心”“世之爵禄不足以为劝”，那是道家超然物外的思想体现。其理想是在当政者的教育下使民“不羡爵禄”“不求爵禄”，而不是以爵禄的高低轻重为荣辱。徐幹《中论·爵禄》也谈到了先秦诸子“贱爵禄”的问题，他说“诸子之书，称爵禄非贵也；资财非富也”。[①] 徐幹以为“古之君子”是“贵爵禄”的，在先秦诸子中之所以屡屡出现“贱爵禄”的言论，是因为“处之者不宜也，贱其人斯贱其位矣”。[②] 徐幹认为，“贱爵禄”是先秦诸子针对现实官位授受不公而发的激愤之词。

轻视禄利，从个人修养讲固然是一种美德，但是个人如真心鄙弃“禄利”，那么当政者对爵禄进行的等级区分就变得毫无必要，因为当爵禄对于士人政治上的进取心无激励作用时，它就形同虚设。“衣食足然后知礼节”虽是就底层民众所讲，但如果连“辅政”的官吏都不能“衣食足”，如何能用心于使民“衣食足”呢？很显然先秦儒家设想的个人修养最高境界，与他们所向往的至美之政是矛盾的。要维持等级社会的稳定，使君主无为而臣下有为，必得有官俸、爵禄作为激励与劝进之具，那么教育民众轻贱、鄙弃爵禄显然不是当政者认可的明智之策。

汉魏士人意识到了这两者之间的矛盾，以及先秦“贱爵禄”理论在现实政治中的影响和不良后果，试图解决俸禄的授受与治政的冲突。他们探索出的最好方法就是“重禄”，即提高官吏的俸禄。“重禄”推行的最低境界可使官吏“与民不争”，即杜绝了“官营二业”的需求；最高境界是既能发挥臣子辅政的积极性，又能最大限度地杜绝“贪污”“贿赂”而养其“清”，进而教育与影响民众。

爵与禄本不相同，但是在汉魏子书中，往往两者不做区分，只是视具体语境而有所侧重。统观汉魏诸子所论“厚禄”思想的推行仅限于在职官吏的俸禄，与爵无关，所以用“重禄”来概括更为恰当。“重禄”之“重”有两种含义：一为重视之“重”；二为加重之“重”，“重禄”即是“高薪”。现代治理理念的所谓“高薪养廉”，其合理性早在汉魏时期已经为诸子意识到了。汉魏子书中“重禄”思想的形成，大概可分以下几个阶段。

---

① （汉）徐幹原著，徐湘霖校注：《中论校注》，巴蜀书社 2000 年版，第 137 页。

② 同上书，第 141 页。

第一节　“禄过其功”的警告

汉魏诸子强调禄与所建功业相符，对禄的看重表现为警告人主避免臣下“禄过其功”。持此观点者以刘安与晁错等人为代表。《淮南子》论及“禄”者有如下语句：

> 权势者，人主之车舆；爵禄者，人臣之辔衔也。是故人主处权势之要，而持爵禄之柄，审缓急之度，而适取予之节，是以天下尽力而不倦。（《主术训》）①
>
> 是故禄过其功者损，名过其实者蔽。（《缪称训》）②
>
> 天下有三危：……身无大功而受厚禄，三危也。（《人间训》）③

第一句强调权势、爵禄的“度”与“节”，为平实之论，而后两句分别从人主与臣下两个方面发出警告，“禄过其功”对于两者都是有百害而无一利。晁错在《贤良对策》中也说：“受禄不过其量，不以亡能居尊显之位。”④（《汉书·晁错传》）刘安与晁错之所以会如此强调“重”爵禄的负面影响，是与西汉初分封刘氏及功臣为诸侯王的现实政治紧密相关的。“汉兴，大封诸侯王，连城数十。文帝即位，贾谊等以为违古制度，必将叛逆。”（《汉书·五行志上》）⑤“帝分齐地，立悼惠王庶子六人皆为王。贾谊、晁错谏，以为违古制，恐为乱。”（《汉书·五行志下之上》）⑥“天下初定，制度疏阔。诸侯王僭拟，地过古制。”（《汉书·贾谊传》）⑦汉朝初建，很多大臣凭靠战功封王以致“功高盖主”“尾大不掉”，大臣“逾礼”现象也非常严重。“天下之势方病大尰，一胫之大几如要，一指之大几如股，臣闻‘尾大不掉，末大必折’……”（《新书·

① 刘文典撰，冯逸、乔华点校：《淮南鸿烈集解》，中华书局1989年版，第289页。

② 同上书，第340页。

③ 同上书，第588页。

④ （汉）班固撰，（唐）颜师古注：《汉书》，中华书局1962年版，第2294页。

⑤ 同上书，第1331页。

⑥ 同上书，第1457页。

⑦ 同上书，第2230页。

大都》)[1] 贾谊在此发出警告。最终也证明了他判断的准确:"高皇帝瓜分天下,以王功臣,反者如猬毛而起。"(《新书·益壤》)[2] 所以晁错多次对诸侯发难,"错又言宜削诸侯事""请诸侯之罪过,削其支郡"(《汉书·晁错传》),[3] 他与贾谊诸人极力提倡"削藩""分功"。

贾谊说:"窃迹前事,大抵强者先反。淮阴王楚最强,则最先反;韩王信倚胡,则又反;贯高因赵资,则又反;陈豨兵精强,则又反;彭越用梁,则又反;黥布用淮南,则又反;卢绾国北最弱,则最后反。长沙乃才二万五千户耳,力不足以行逆,则少功而最完,势疏而最忠。全骨肉时长沙无故者,非独性异人也,其形势然矣。"[4](《新书·藩强》)贾谊《新书》中如《权重》《藩伤》《藩强》《大都》《等齐》等篇都表达了对于诸侯王"逾制"而威胁中央政权的种种担忧。"禄过其功"的警惕思想,产生于汉初诸侯分封过制的政治土壤之中。

徐幹的《中论》,虽成于汉末魏初,与贾谊、晁错二人所处时代大不同,但受其淡薄个性的影响,他对于爵禄的认识,与《淮南子》《新书》的差别并不大。《中论·爵禄》是专门针对先秦诸子"贱爵禄"问题而做的分析,以下仅摘取一些能代表其主要观点的语句:

> 爵以居有德,禄以养有功。功大者其禄厚,德远者其爵尊;功小者其禄薄,德近者其爵卑。是故观其爵,则别其人之德也;见其禄,则知其人之功也。不待问之……黻衣绣裳,君子之所服也。爱其德,故美其服也……当此之时,孰谓富贵不为荣宠者乎?……身不尊则施不光,居不高则化不博。[5]

徐幹对于爵禄的看法,与汉初诸子的爵禄思想相比无较大发展,只是没有了对于"禄过其功"的隐忧,也不在讨论爵禄分配问题时掺入所谓"重义轻利"的修身观。值得注意的是,他在文中有意识地对爵禄进行了区分,以"德"与"爵"相对,而和"禄"相对应的则是"功"。

诸侯王的分封,关系最为紧密的是汉代的爵制,因此虽然汉初诸子"爵

① (汉)贾谊撰,阎振益、钟夏校注:《新书校注》,中华书局2000年版,第43页。
② 同上书,第57页。
③ (汉)班固撰,(唐)颜师古注:《汉书》,中华书局1962年版,第2299、2300页。
④ (汉)贾谊撰,阎振益、钟夏校注:《新书校注》,中华书局2000年版,第39页。
⑤ (汉)徐幹原著,徐湘霖校注:《中论校注》,巴蜀书社2000年版,第137—146页。

禄”并提，其所论重点在爵，而非在职官吏的俸禄。他们所批评的“禄过其功”，其实指的是封“爵”之过。汉末的徐幹，所面对的现实不是“禄过其功”，反而更多的是官吏的“薄禄”，所以徐幹只是强调爵、禄与功德的相称，并赞美追随功、德而来的富贵与荣宠。在对前世的向往中，隐含着对于现实的不满。更令人沮丧的现实是东汉末年，卖官鬻爵成为皇室一项治富产业，爵者非有德，禄者非有功，封爵之滥且不论，俸禄之厚薄又从何谈起呢？所以徐幹只有一再慨叹“岂一世哉！岂一世哉！”（《中论·班禄》）

汉魏子书中与徐幹《中论》思想相近，强调禄与“功”相符者，还有陆景《典语》：

> 爵禄赏罚，人主之威柄，帝王之所以为尊者也。故爵禄不可不重：重之则居之者贵，轻之则处之者贱。居之者贵，则君子慕义；取之者贱，则小人觊觎。君子慕义，治道之兆；小人觊觎，乱政之渐也。《易》曰：“圣人之大宝曰位，何以守位曰人。”故先王重于爵位，慎于官人；制爵必俟有德，班禄必施有功。是以见其爵者昭其德，闻其禄者知其功。……俗以货成，位失其守。[①]
>
> 君之任臣，如身之信手；臣之事君，亦宜如手之系身。安则共乐，痛则同忧。……宠之以爵级，而天下莫不尊其位；任之以重器，天下莫不敬其人；显之以车服，天下莫不瞻其荣者，以其荷光景于辰耀，登泰阶于天路也。[②]

陆景的观点基本同于徐幹，但他所揭露的“俗以货成”，则比起徐幹的“遇”与“不遇”的命运观来更具积极批判色彩。

桓范的《世要论》也谈到爵禄的分配应重视与功、德相符问题，他在《治本》篇中说：“位必使当其德，禄必使当其功，官必使当其能：此三者，治乱之本也。位当其德，则贤者居上，不肖者居下；禄当其功，则有劳者劝，无劳者慕（有脱文。）未之有也。”[③] 桓范在理论上也没有什么新的发明。对于爵禄分配问题他比徐幹更重视，把位、禄、官与德、功、能的相符作为“治乱之本”，这也与当时混乱的爵禄分配现状有关。关于当时混乱的现状，他在《铭诔》篇也有所揭露：“夫渝世富贵，乘时要

---

① （清）严可均校辑：《全上古三代秦汉三国六朝文》，中华书局1958年版，第1431页。

② 同上书，第1432页。

③ 同上书，第1260页。

世，爵以赂至，官以贿成。视常侍黄门，宾客假其气势，以致公卿牧守，所在宰莅，无清惠之政，而有饕餮之害；为臣无忠诚之行，而有奸欺之罪。背正向邪，附下罔下，此乃绳墨之所加，流放之所弃。”[①] 他的《世要论》佚文有：“灵帝置西园之邸，卖爵号曰礼钱。钱积如屋，封涂漆书。”[②] 可见，他对于卖官鬻爵行为可谓深恶痛绝。自上而下，原本为“有德”之体现的爵位皆缘贿赂而来，这是对于儒家政治理想的严重藐视与践踏，这也在一定程度上造成有德能之君子不遇于时的悲剧命运，所以连“有箕山之志”的徐幹亦不免义愤。

桓范所揭露的现实比起《盐铁论·刺复》所云“富者买爵贩官，免刑除罪”[③] 不知要严峻了多少倍，比较曹丕所云：“桓灵之际，阉寺专命于上，布衣横议于下。干禄者殚货以奉贵，要名者倾身以事势”（《典论》佚文），[④] 和陆景所谓“俗以货成”（《典语》），亦要尖刻许多。其实“爵”的买卖，在法家眼中不失为一种较好的激励措施。与儒家爵、禄尚德、功的观点不同，晁错在《守边劝农疏》中所说的：“然令远方之卒守塞，一岁而更，不知胡人之能，不如选常居者，家室田作，且以备之。……募以丁奴婢欲以拜爵者……皆赐高爵，复其家……郡县之民得买其爵，以自增至卿。”[⑤] 晁错文中所言观点是赐爵以牟“利”的代表，这种做法在短期内可能收效明显，但长期看则因其具有买办性而衍生一些于政不利而又难以根治的弊端。晁错在《论贵粟疏》中建议的“入粟以受爵”的功利主义观也同上。

这一阶段，诸子着眼点多落于“爵”的分封，对于“禄”与“官”的联系谈论得比较少。汉初子书多关注“爵过其功”，汉末子书多关注官、爵买卖。

第二节 “薄禄”现象的批评

爵位的分封即使非常混乱，但因为它多是以浮名虚誉的形式表现的，

---

① （清）严可均校辑：《全上古三代秦汉三国六朝文》，中华书局 1958 年版，第 1263 页。

② 同上书，第 1264 页。

③ 王利器：《盐铁论校注》，中华书局 1992 年版，第 132 页。

④ 王天海、王韧：《意林校释》，中华书局 2014 年版，第 505 页。

⑤ 《晁错集注释》组：《晁错集注释》，上海人民出版社 1976 年版，第 21 页。

所以还不至于严重影响现实生活。但是在职官吏的俸禄问题，朝廷如果处理不好，则不仅会直接影响政务，而且会震动社会中下层，给普通民众生活带来不良后果。所以，汉魏诸子中对于官吏“薄禄”现象更为关注。汉代的“薄禄”制度在桓宽《盐铁论》、荀悦《申鉴》、崔寔《政论》诸书中都有反映。

> 古之制爵禄也，卿大夫足以润贤厚士，士足以优身及党，庶人为官者，足以代其耕而食其禄。今小吏禄薄，郡国繇役，远至三辅，粟米贵，不足相赡。常居则匮于衣食，有故则卖畜粥业。（《盐铁论·疾贪》）①

贤良谈的仅仅是“小吏”的薄禄，是因为“大夫”把小吏的“侵渔百姓”归结为“贪而无厌”，贤良为之辩护。当时没有谈及中高级官吏的俸禄，大概是因为其薄禄问题不比小吏更严重，至少不会少到让人把其“贪鄙”的原因归结为俸禄的单薄。因为小吏才是最直接也最频繁地与下层百姓接触的人，所以他们俸禄的厚薄也会最显著地反映于下层民众生活中。“贪鄙”表现为小吏对于百姓的盘剥，他们把俸禄之薄的代价向下做了转移，原本属于政府的财政压力也就变相地由百姓承担了。到了东汉，薄禄的面有扩大化的迹象，不仅限于乡一级的“小吏”了，所以引起诸子们更多的关注，而情绪上也更激愤。

> 今所使分威权、御民人、理讼狱、干府库者，皆群臣之所为，而其奉禄甚薄，仰不足以养父母，俯不足以活妻子。……昔在暴秦，反道违圣，厚自封宠，而虏遇臣下。汉兴，因循未改其制。夫百里长吏，荷诸侯之任，而食监门之禄。请举一隅，以率其余。一月之禄，得粟二十斛，钱二千。长吏虽欲崇约，犹当有从者一人，假令无奴，当复取客。客庸一月千，刍膏肉五百，薪炭盐菜又五百，二人食粟六斛，其余财足给马，岂能供冬夏衣被、四时祠祀、宾客斗酒之费乎？况复迎父母、致妻子哉？不迎父母，则违定省；不致妻子，则继嗣绝。迎之不足相赡，自非夷、齐，孰能饿死？于是则有卖官鬻狱、盗贼主守之奸生矣。……孝宣皇帝悼其如此，乃诏曰：“吏不廉平则治道衰，今小吏皆勤事，而奉禄薄，欲其不侵渔百姓，难矣。其益吏奉

① 王利器：《盐铁论校注》，中华书局1992年版，第415页。

百石以下什五。”（崔寔《政论》）①

或问禄。曰：“古之禄也备，汉之禄也轻。”（《申鉴·时事》）②

而横江既亡，卫尉应其选，自以才非将帅，深辞固让，终于不就。后徙九列，迁典八座，荣不足以自曜，禄不足以自奉。（周昭《新论》）③

崔寔不仅泛泛地批评官吏的俸禄单薄，而且以“百里长吏”为例，详举其俸禄之薄导致生活上入不敷出的窘迫。正因为在职官吏俸禄的单薄，在一定程度上导致了其“卖官鬻狱，盗贼主守”以摆脱生活窘境，是迫于生计的不得已举措，绝非其本性贪婪。官职愈重，其危害就愈大，而这一切大都是迫于生计。仲长统《昌言》说得更是一针见血：“夫选用必取善士，善士富者少而贫者多，禄不足以供养，安能不少营私门乎？从而罪之，是设机置阱以待天下之君子也。”（《昌言·损益》）④ 陷“天下君子”以机、阱者，正是当今君主。现实政治中苛薄的俸禄政策与君王以材辅政的理想背道而驰，当政者不思其咎，却一味地追究臣子之责，岂不令有识之士痛心哉！

第三节 “重禄”以养“清”的共识

诸子认识到爵禄对于君人之术的重要意义，又看清了现实俸禄之薄及其恶劣后果，“重禄”思想的形成也就水到渠成。汉魏子书中强调“重禄”为施政之要务者比比皆是。

君子非自农桑以求衣食者也，蓄积非横赋敛以取优饶者也。奉禄诚厚，则割剥贸易之罪乃可绝也。（《昌言·损益》）⑤

“公禄贬则私利生，私利生则廉者匮而贪者丰也。夫丰贪、生

---

① （汉）崔寔撰，孙启治校注：《政论校注》，中华书局 2012 年版，第 146、149—150、153 页。

② （汉）荀悦撰，（明）黄省曾注，孙启治校补：《申鉴注校补》，中华书局 2012 年版，第 76 页。

③ （清）严可均校辑：《全上古三代秦汉三国六朝文》，中华书局 1958 年版，第 1437 页。

④ （汉）仲长统撰，孙启治校注：《昌言校注》，中华书局 2012 年版，第 297 页。

⑤ 同上书，第 297 页。

私，匮廉、贬公，是乱也。先王重之。”曰：“禄可增乎?”曰：“民家财愆，增之宜矣。”（《申鉴·时事》）①

圣王知其如此，故重其禄以防其贪欲，使之取足于奉，不与百姓争利……古赋禄虽不可悉遵，宜少增益，以赒其匮，使足代耕自供，以绝其内顾念奸之心。然后重其受取之罚，则吏内足于财，外惮严刑，人怀羔羊之洁，民无侵枉之性矣。（崔寔《政论》）②

崔寔的理想显然更加高远，做官为吏者能够养其清誉还是较低境界的追求，“人怀羔羊之洁，民无侵枉之性”，民心得以净化才是他的最高追求。如果所有近民之吏都能够清正廉明，那么韩非与嬴秦的“以吏为师”则不失其合理性。

相比较其他诸子多做理论上的阐发，王符整理了一套可以为当政者操作的俸禄标准：

当此之时也，九州之内，合三千里，尔八百国。其班禄也，以上农为正，始于庶人在官者，禄足以代耕，盖食九人。诸侯下士亦然。中士倍下士，食十八人。上士倍中士，食三十六人。大夫倍之，食七十二人。小国之卿，二于大夫。次国之卿，三于大夫。大国之卿，四于大夫，食二百八十八人。君各什其卿。天子三公采视公侯，盖方百里。卿采视伯，方七十里。大夫视子男，方五十里。元士视附庸，方三十里。功成者封。（《潜夫论·班禄》）③

王符在此列举“先圣”的俸禄分配标准，显然不只是为了比较现实俸禄的单薄，还有让当政者拟准以遵照之意。他的“重禄”理想与崔寔比较接近，“是故官政专公，不虑私家；子弟事学，不干财利，闭门自守，不与民交争，而无饥寒之道，而不陷；臣养优而不隘，吏爱官而不贪，民安静而强力，此则太平之基立矣”④。他在文中描绘出一幅“重禄”

① （汉）荀悦撰，（明）黄省曾注，孙启治校补：《申鉴注校补》，中华书局 2012 年版，第 76 页。

② （汉）崔寔撰，孙启治校注：《政论校注》，中华书局 2012 年版，第 148、153 页。

③ （汉）王符著，（清）汪继培笺，彭铎校正：《潜夫论笺校正》，中华书局 1985 年版，第 166 页。

④ 同上。

所带来的整个社会和平与安宁的美好图画。

刘廙对于“重禄”思想阐释得最为详尽：

> 夫为政者，莫善于清其吏也。故选托于由夷，而又威之以笃罚，欲其贪之必惩，令之必从也。而奸益多，巧弥大，何也？知清之为清，而不知所以清之，故免而无耻也。日欲其清，而薄其禄，禄薄所以不得成其清。夫饥寒切于肌肤，固人情之所难也。其甚又将使其父不父，子不子，兄不兄，弟不弟，夫不夫，妇不妇矣。贫则仁义之事狭，而怨望之心笃。从政者捐私门，而委身于公朝，荣不足以光室族，禄不足以代其身；骨肉饥寒，离怨于内；朋友离叛，衰（疑作弃）捐于外，亏仁孝，损名誉。能守之而不易者，万无一也。不能原其所以然，又将佐其室族之不和，合门之不登也。疑其名，必将忘其实，因而下之。不移之士，虽苦身于内，冒谤于外，捐私门之患，毕死力于国，然犹未获见信之衷，不免黜放之罪。故守清者，死于沟壑，而犹有遗谤于世也。为之至难，其罚至重，谁能为之哉？人知守清之必困于终也，违清而又惧卒罚之及其身也，故不为昭昭之行，而咸思暗昧之利；奸巧机于内，而虚名逸于外。人主贵其虚名，而不知贱其所以为名也。虚名彰于世，奸实隐于身。人主眩其虚，必有以暗其实矣，故因而贵之，敬而用之，此所谓恶贪而罚于由夷，好清而赏于盗跖也。名实相违，好恶相错，此欲清而不知重其禄之故也。不知重其禄，非徒失于清也，又将使清分于私，而知周于欺。推此一失，以至于欺；苟欺之行，何事而不乱哉！故知清而不知所以重其禄者，则欺而浊；知重其禄，而不知所以少其吏者，则竭而不足；知少其吏，则不知所以尽其力者，则事繁而职阙。（刘廙《政论·备政》）①

不同于崔寔着眼于论述“重禄”的正面影响，刘廙多述薄禄的负面影响，指出“重其禄”“清其吏”“尽其力”与“少其吏”四者的因果关系。只有重禄才能清吏，清吏则能保证官吏职能的最大化，官吏职能最大化才能裁减机构与官吏，从而更好地保证“重禄”制度的实现。

汉魏诸子的“重禄养清”思想就是这样逐渐发展与成熟起来的，它反映于子书著述中，不仅有原因剖析，而且有正面理想与负面后果相映

---

① （清）严可均校辑：《全上古三代秦汉三国六朝文》，中华书局1958年版，第1244页。

照；不仅有理论阐述与总结，还有实践标准供参考。可惜，诸子的理论如同其人一样不遇于时，只代表了那个时代一种理想政治的蓝图。

本章分成这几个发展阶段来谈，不是因为三种思想的形成有着严格的时间断限。汉初人的思想不都同于刘安、晁错诸人，《盐铁论》之后的诸子也不都能认识到俸禄之薄，而晚于崔寔的人也不全都认同了“重禄养清”的思想。本章分成三节来讲，只是更利于清晰地呈现“重禄养清”思想的发展与进步，说明这一思想的形成与成熟有一个对于时政的观察、反思与探索的大概过程。

第四章　汉魏子书中的王、霸之辨

从汉魏子书中有关王、霸的内容可以看出，汉代诸子对王、霸之辨的关注从西汉开国始，一直持续到东汉末年。王、霸之辨并非汉代才出现的新题目，它早已为春秋时期的诸子所热烈讨论，对此罗根泽先生曾撰写《古代政治学中之“皇”“帝”“王”“霸”》一文予以专门考辨。在文中，罗根泽总结先秦诸子的“王霸”思想道：“春秋以至战国之初，霸字只谓势为诸侯之长。及孟子始用为政治名词，以王表仁，以霸表力。荀子继之，无大差异。惟孟则是王非霸，荀仅大王小霸。韩非、吕子以法与势言霸王，而王霸之政无殊。后有作者，无以轶于四家之说矣。”① 文中罗列王、霸之辨的四家代表，可见先秦诸子们讨论的热烈，后世于理论上不会再有新发明。既然如此，汉代诸子为何又要旧话重提呢？从它在某一时期出现的频率可见，诸子对这一老话题所表现出的热情不亚于任何一个新话题，这大概不单出于学术探讨的目的，而是另有原因。

第一节　汉魏子书中有关“王、霸之辨”的记录

关于王霸之辨的观点，从理论上说汉代诸子确实没有逾越孟、荀、韩、吕诸人，但是他们对此关注的热情与划分的细致无疑超越了前人。上述四子对于王、霸的观点，从王、霸的区别上可以划分为两类：第一，王、霸同，如韩非、吕子；第二，王、霸异，如孟、荀，只不过前者以是、非别，后者别以大、小。从王、霸的内涵上也可划分为两类：第一，王表仁、霸表力，如孟、荀；第二，无论王、霸，皆恃法与势，如韩、吕。所以说，王、霸之辨，先秦诸子虽然众说纷纭，但就其对现实政治的借鉴作用讲，其实并未解决，这也就为两汉诸子留下很大的探索空间。如

---

① 罗根泽：《诸子考索》，人民出版社 1958 年版，第 123 页。

桓谭《新论·王霸》篇中举了一个例子："魏文侯师李悝，著《法经》。以为王者之政，莫急于盗贼，故其律始于《盗贼》……卫鞅受之，入相于秦。是以秦、魏二国，深文峻法相近。"① "王政"在秦、魏两国实行，却导致两国"深文峻法"的政治局面，这一结果实在与孟、荀等儒家所倡导的王者之政相去甚远。可见，对于王、霸内涵的理解有澄清的必要，以便为当政者所取法。为了把握王、霸问题在汉魏时期的发展脉络，我们不妨按照时间顺序，把汉魏子书中但凡涉及王、霸的重要文字一一罗列并做简要分析。

西汉陆贾说："故杖圣者帝，杖贤者王，杖仁者霸，仗义者强，仗谗者灭，仗贼者亡。"（《新语·辅政》）② 据考，《新语》中对于圣、贤、仁、义并无区别之意，所以此处对于帝、王与霸也不刻意分别。他又在《道基》篇说："齐桓公尚德以霸，秦二世尚刑而亡。"③ 可见陆贾眼中的"霸"，既不同于孟、荀所谓以"力"称，也不含韩非的"法与势"。文中，"霸"同"王"一样，皆需以"德"才能致治，陆贾是无意做出辨别的。

晁错在其《贤良对策》中，分别于五帝、三王、五伯中抽取用以说明"明于国家大体""通于人事终始"与"直言极谏"的典范，对于帝、王、伯三者也不做优劣大小的区分。他对于"霸"的观点，基本同于陆贾，与"王"比，也无尚仁与尚力的差别。④

综览贾谊《新书》，也无辨别王、霸之意。因此可以得出这样一个结论：西汉初年，直至文、景之时汉人并无辨别区分王、霸的意识。虽然此前，孟、荀、韩、吕诸人已于学术上开辟了"王、霸之辩"的先路，也不足以引起汉初诸子的注意。所以可以推想，后来诸子之所以对王、霸之辨开始关注，也一定与先秦学术传统无关。

汉代子书中，对于王、霸之辨的关注始于《淮南子》。《淮南子·本经训》中有大段文字用于辨别与区分王、霸："帝者体太一，王者法阴阳，霸者则四时，君者用六律。"⑤ "体太一者，明于天地之情，通于道德之伦，聪明耀于日月，精神通于万物，动静调于阴阳，喜怒和于四时，德

① （汉）桓谭撰，朱谦之校辑：《新辑本桓谭新论》，中华书局2009年版，第5页。

② 王利器：《新语校注》，中华书局1986年版，第51页。

③ 同上书，第29页。

④ 《晁错集注释》组：《晁错集注释》，上海人民出版社1976年版，第46—50页。

⑤ 刘文典撰，冯逸、乔华点校：《淮南鸿烈集解》，中华书局1989年版，第258页。

泽施于方外，名声传于后世。法阴阳者，德与天地参，明与日月并，精与鬼神总，戴圆履方，抱表怀绳，内能治身，外能得人，发号施令，天下莫不从风。则四时者，柔而不脆，刚而不鞼，宽而不肆，肃而不悖，优柔委从，以养群类，其德含愚而容不肖，无所私爱。用六律者，伐乱禁暴，进贤而退不肖，扶拨以为正，壤险以为平，矫枉以为直，明于禁舍开闭之道，乘时因势以服役人心也。帝者体阴阳则侵，王者法四时则削，霸者节六律则辱，君者失准绳则废。故小而行大，则滔窕而不亲；大而行小，则陿隘而不容。贵贱不失其体，而天下治矣。"① 此文分别就帝、王、霸、君四个等级，做出大小、贵贱之别，四个等级间不可逾越，不仅小不能行大，大也不能行小，如此才能"天下治"。

同书《泰族训》中有："故同气者帝，同义者王，同力者霸，无一焉者亡。"②《缪称训》称："故粹者王，驳者霸，无一焉者亡。"③《人间训》称："古者，五帝贵德，三王用义，五霸任力。今取帝王之道，而施之五霸之世，是由乘骥逐人于榛薄，而蓑笠盘旋也。"④《诠言训》称："唯不求利者为无害，唯不求福者为无祸。侯而求霸者必失其侯，霸而求王者必丧其霸。"⑤ 从上述内容可见，《淮南子》一书除了一再强调对于《本经训》中所设定级的严格遵守外，对于"霸"的界定离不开"力"，"德"与"义"不是"霸"所主要奉行的准则。

罗根泽在其文中也摘抄了《本经训》中的文字，并给予评价说："而帝王霸君之政，遂如划鸿沟，不得相踰也。"⑥ 也就是说，刘安时已不再同汉初的陆贾、晁错诸人一样持王、霸混同观点，而是大力辨别之，在王、霸之间划出了一条不可逾越的鸿沟。而汉代自此开始的王、霸之辨，之后就一直发展持续下去，这从以后诸子著作中可以得到印证。

罗根泽显然注意到了这样的变化，他在文中说："以政治言皇，以政治分别皇帝王霸，盖在西汉。"⑦ 并且列举了很多纬书中的例子予以证明。罗根泽又举《白虎通德论·号》篇与应劭《风俗通义·皇霸》篇，用以说明东汉时对于皇帝王霸的分别"更显切著明"，所言极是。其实汉代子

① 刘文典撰，冯逸、乔华点校：《淮南鸿烈集解》，中华书局 1989 年版，第 259—260 页。

② 同上书，第 679 页。

③ 同上书，第 341 页。

④ 同上书，第 620 页。

⑤ 同上书，第 479 页。

⑥ 罗根泽：《诸子考索》，人民出版社 1958 年版，第 126 页。

⑦ 同上书，第 128 页。

书中还有更多的例子可以印证王、霸分别的“显切著明”。

扬雄《法言·先知》称：“或曰：‘齐得夷吾而霸，仲尼曰小器。请问大器。’曰：‘大器其犹规矩准绳乎？先自治而后治人之谓大器。’”此句下汪荣宝引惠栋语：“尧、舜，性之也；汤、武，身之也。此先自治而后治人者也。五霸，假之也，故器小。此王、霸之辨也。”[①] 惠栋阐明扬雄此处的大器、小器之分也是源于他的王、霸之辨的思想。

东汉初年的桓谭专门区别王、霸（《新论·王霸》），他对“王”的界定包括：“赏善诛恶，诸侯朝事，谓之王”；“王者，往也，言其惠泽优游，天下归往也”。“夫王道之治，先除人害，而足其衣食，然后教以礼仪，而威以刑诛，使知好恶去就，是故大化四凑，天下安乐，此王者之术。”“夫王道之主，其德能载，包含以统干元也。”“三王由仁义”。论“霸”的观点有：“兴兵众，约盟誓，以信义矫世，谓之伯。”“霸功之大者，尊君卑臣，权统由一，政不二门，赏罚必信，法令著明，百官修理，威令必行，此霸者之术。”“五伯以权智”；总论王、霸曰：“王道纯粹，其德如彼；霸道驳杂，其功如此。俱有天下，而君万民，垂统子孙，其实一也。”“儒者或曰：图王不成，其弊可以霸。此言未是也。传曰：‘孔氏门人，五尺童子，不言五霸事者，恶其违仁义而尚权诈也。’”[②] 他又在《求辅》篇云：“王者易辅，霸者难佐。”[③] 桓谭的王、霸观与孟、荀相近，但他强调的是王、霸之“法”不同，而他们“俱有天下，而君万民，垂统子孙”的“功”则相似，不做疆域大小的划分。因为“法”不同，王者“纯粹”，霸者“驳杂”，所以辅佐王者比较容易，辅佐霸者比较困难。所谓“驳杂”，同于《淮南子》中的“驳者霸”，“驳”指的是不纯任“德”或任“义”，而是以“力”为主，杂以“德”或“义”。

王充《论衡·气寿》称：“语曰：‘图王不成，其弊可以霸。’霸者，王之弊也。霸本当至于王，犹寿当至于百也。不能成王，退而为霸；不能至百，消而为夭。王霸同一业，优劣异名；寿夭或一气，长短殊数。”[④] 王充的王、霸观与桓谭不同，所论较为肤浅，但是也强调其差别。《论衡》中另外两处谈及王、霸思想者则纯粹借鉴桓谭思想，如《论衡·逢遇》称：“商鞅三说秦孝公，前二说不听，后一说用者，前二，帝王之

① （清）汪荣宝撰，陈仲夫点校：《法言义疏》，中华书局 1987 年版，第 297—298 页。

② （汉）桓谭撰，朱谦之校辑：《新辑本桓谭新论》，中华书局 2009 年版，第 3—4 页。

③ 同上书，第 8 页。

④ 黄晖：《论衡校释》（附刘盼遂集解），中华书局 1990 年版，第 30 页。

论，后一，霸者之议也。夫持帝王之论，说霸者之主，虽精见距；更调霸说，虽粗见受。”[①]《论衡·效力》称：“故夫商鞅三说孝公，后说者用，前二难用，后一易行也。”[②] 王充以精粗、难易区别王、霸，正是从刘安、桓谭那里继承来的“纯、驳”区分的演化。《气寿》篇是以“王、霸”做比喻，虽然失之肤浅，比喻也不是很恰当，但是反映出当时的人对于王、霸之辨已是共识，否则行文上追求“形露易观”的王充就不会拿它进行比喻了。

崔寔《政论》有“图王不成，弊犹足霸；图霸不成，弊将如何？”[③]他质疑“霸”不是“王”治之“弊”等而下之的追求，强调两者追求各异。他说：“今既不能纯法八世，故宜参以霸政，则宜重赏深罚以御之，明著法术以检之。”[④] 可以看出他对于“霸政”的理解是“重赏深罚”“明著法术”，同于孟子的“霸”观。“纯法八世”，同于桓谭所论“王”之“纯粹”；而“参以霸政”，则显示出他对于现行政治不必追求“纯粹”，而应是“驳杂”，即不主张纯粹仁德或是任义，而是强调德、义、力兼而有之。

崔寔批判的靶子为：“图王不成，弊犹足霸”，与桓谭所引“儒者曰”的“图王不成，其弊可以霸”，几乎没有差别。从徐乐《上武帝书言世务》所云的：“臣闻图王不成，其敝足以安。安则陛下何求而不得，何为而不成，何征而不服乎哉！”（《史记·平津侯主父列传》）[⑤] 可见，两人批判的观点在当时颇为流行。很多人因为认识水平问题，未能清楚地界定王、霸之辨，如同《论衡·气寿》篇与徐乐上书中的理解一样，失之肤浅，所以桓谭、崔寔等人以为有重申之必要。

正是东汉时期弥漫于整个社会的王、霸之辨的风气，促成了汉末的应劭对王、霸之辩的谈论成果做出一个完善的大总结，《风俗通义》的《皇霸篇》就是这一成果的体现，它可以说是汉人对于王、霸之辨思想的终结者。此篇小序中也透露出王、霸之辩流行的盛况，以及他承担总结使命的自觉意识：“然而立谈者人异，缀文者家舛，斯乃杨朱哭于歧路，墨翟

---

① 黄晖：《论衡校释》（附刘盼遂集解），中华书局 1990 年版，第 4 页。

② 同上书，第 586 页。

③ （汉）崔寔撰，孙启治校注：《政论校注》，中华书局 2012 年版，第 57 页。

④ 同上书，第 57 页。

⑤ （汉）司马迁撰，（宋）裴骃集解，（唐）司马贞索隐，（唐）张守节正义：《史记》，中华书局 1959 年版，第 2957 页。

悲于练素者也。”[①] 此篇分成“三皇”“五帝”“五伯”“六国”四个部分逐一阐述，可谓条分缕析。总其大概，所云：“擅国之谓王，能制割之谓王，制杀生之威之谓王，王者，往也，为天下所归往也”，[②] “伯者，长也，白也，言其咸建五长，功实明白也”，“霸者，把也，驳也，言把持天子政令，纠率同盟也”，[③] “所谓王道废而霸业兴者也”[④]。应劭认为王、霸殊途，王者因“威”而为天下之中心，霸者因“功”而为同盟之首领，王道不行霸业乃继。

应劭对于王、霸的本义追根究底，以还原其本来面目，对当时流行观点一一澄清，结束了时人对此问题的纠缠不休。罗根泽在排列了应劭对于皇、帝、王、霸的观点后，评价说：“至此而皇帝王霸之政治上的区别，厘然较著，此后虽尚有论者，无有出其范围者矣，故略不述焉。”[⑤] 他显然也是注意到了《皇霸》篇集汉代王、霸辨论之大成的特点。

第二节 汉魏诸子关注“王、霸之辨”的原因

诸子对于王、霸之辨的探讨，历来受到学者关注，如罗根泽先生在《古代政治学中之“皇”“帝”“王”“霸”》一文中，对于先秦至东汉以来的王霸观做了非常详细认真的考辨，尤其注意到西汉是王、霸区别的转折点，以及东汉对此问题的热衷直到终结。但遗憾的是未能探求其原因，笔者想对此问题继续追问。孟、荀、韩、吕诸人对于王、霸的兴趣是对于正在经历或刚刚过去的诸侯争霸历史的总结，大多是限于学术范围的探究，顺便给所说之君有所借鉴。而自西汉开始的在政治上区分的王、霸之辨，则不是出于学术需要上的讨论，这从罗根泽先生所举的一些纬书之中对于王、霸之辨的内容即可得到印证。因为纬书产生初因是源于时政所需，而非学术。那么，两汉出现的王、霸之辨，是否确是出于时政之需呢？

汉代子书中首先关注王、霸之辨的为《淮南子》，因此我们不妨从此

---

① （汉）应劭撰，王利器校注：《风俗通义校注》，中华书局 1981 年版，第 1 页。

② 同上书，第 15 页。

③ 同上书，第 19—20 页。

④ 同上书，第 19 页。

⑤ 罗根泽：《诸子考索》，人民出版社 1958 年版，第 129 页。

书所处的政治环境中进行探求，为何王、霸之辨的问题会在此时引发关注，贾谊、晁错诸人与刘安几乎处于同一时期，为何王、霸问题未能进入他们二人的视野？因此这个疑问可以归结为：王霸问题在文、景之时并未引发世人关注，为何会首先出现于刘安的《淮南子》之中呢？

由上文可见，《淮南子》从政治上划出了帝、王、霸、君四个等级，并且为这四个等级之间划出了一道不可逾越的鸿沟。又其《诠言训》中有云："唯不求利者为无害，唯不求福者为无祸。侯而求霸者必失其侯，霸而求王者必丧其霸。"身为诸侯王的刘安如果从内心真正认同了这个观点，他也就不会有后来的谋反。用此说明他的言行不一似乎也通，但是因为此书不全出刘安之手，很多篇章为门客所作，所以有些观点也只是作者所持有，不能代表刘安本人。此篇中所云观点与刘安所行如此背道而驰，我们不妨可以理解为门客所作。那么门客为何会在书中关注王、霸之辨，并一再强调它们之间的不可逾越呢？或是因为他们洞察到了，作为淮南王的刘安那颗按耐不住的"谋反"之心，《诠言训》中那句话明显就是对刘安的警示与告诫？刘安不听其劝，所以其言不幸应验。

纬书的出现多在西汉末年，与扬雄同时。扬雄《法言》对王、霸以"大器""小器"的划分，显然也是受风气所渐。那么此时为何会重新关注起王、霸问题呢，必然是源于现实政治有王、霸的冲突而引起的争议。《汉书·元帝纪》载：

> （元帝）柔仁好儒。见宣帝所用多文法吏，以刑名绳下，……尝侍燕从容言："陛下持刑太深，宜用儒生"。宣帝作色曰："汉家自有制度，本以霸王道杂之，奈何纯〔任〕德教，用周政乎！且俗儒不达时宜，好是古非今，使人眩于名实，不知所守，何足委任。"乃叹曰："乱我家者，太子也！"繇是疏太子而爱淮阳王，曰："淮阳王明察好法，宜为吾子。"①

宣帝与元帝的分歧，也正是王、霸冲突的体现，此时王、霸的各自内涵基本已定，"王道"指"纯任德教，用周政"，而"持刑"则指"霸道"。争辩时元帝的身份是太子，还未真正进入统治者的角色，他的统治思想还是纸上谈兵，又因为自小在"独尊儒术"的环境里熏陶，所以认

① （汉）班固撰，（唐）颜师古注：《汉书》，中华书局1962年版，第277页。

为行“王道”就得用儒生。而宣帝则是统治的执行者，他的思想多是从实践中得到检验的，他所说的话“霸王道杂之”才是当时执政的真实反映。而他所说的“汉家自有制度”其实也非虚言，这种制度并非始自汉武帝，因为刘邦在开国之初的诏书里就曾说过：“盖闻王者莫高于周文，伯者莫高于齐桓，皆待贤人而成名。今天下贤者智能岂特古之人乎？患在人主不交故也，士奚由进！”（《汉书・高祖纪》）① 只不过，刘邦所理解的“王”“霸”与宣、元二帝所理解的“王”“霸”有差异。刘邦诏书中所说“王”与“霸”的成就全赖于“贤人”，足见他对于王、霸是不做德、刑区分的。这种“霸王道杂之”的现象自汉初至今，一直没有引起时人争议，也是源于王、霸混同观。

但是至西汉中晚期，这个问题却重新浮出水面了，原因何在呢？主要原因就是汉武帝在“罢黜百家，独尊儒术”的政策上所表现出的言行不一。经过董仲舒改造过的“儒术”已经不纯粹，而汉武帝口号喊得响亮，真正实行起来又不彻底，表面称“王”，实际行“霸”。因为“儒术”独尊的理想已经作用于汉人思想，重新唤起了儒者对于“王”道的企慕，而现实政治远不尽如人意，所以此时引起争议是势所必然。

对此，成其圣在其《论西汉“独尊儒术”后的王霸之争》中做了很详尽的分析。他在文中说：

> 儒家定于一尊，其儒家思想中本已掺杂了非儒的成分。而西汉中期以后已经厕身于庙堂，成为官僚群体中一员的儒生，对此是不满意的。这就造成了统治阶级内部学术思想上长期不绝的王霸之争。……（董仲舒）这种刑德兼顾的理论（即所谓的“霸王道杂之”）客观上为武帝实行思想统治提供了可操作性的强有力的思想武器，而这些理论落实到具体实践，不可能按照董仲舒所预设的“德先刑后”的模式推行。实事上，以教化为本的德治需要时间和过程，而法治则很容易见效，这样，纳入了董仲舒“王道”思想体系中的法术势的霸道思想，在社会实践中很快就凸现了出来，德为虚，刑为实，儒术成了汉武帝及以后的宣帝缘饰吏事的调料，这种现实情况与已经厕身于庙堂的儒者的“王道”理想有了很大的距离。这就为西汉中期后期

---

① （汉）班固撰，（唐）颜师古注：《汉书》，中华书局1962年版，第71页。

儒生呼唤德治，主张教化和“王道”，反对刑治和“霸术”埋下了伏笔。①

成文的阐释非常清楚。钱穆对于这个问题也曾做过总结：“按汉武、宣用儒生，仅重文学，事粉饰。元、成以下，乃言礼制，追古昔”，“汉自元、成以下，乃纯用儒术，与武、宣之政不同。不达时宜，是古非今，其风至于莽、歆而极，正其篡汉自败之本也。宣帝时学者已有此风，故能预言之如此”。②

儒生对武、宣之政“霸王道杂之”的不满，最终将王莽推上了历史的舞台，而王莽的垮台，挫败了儒者纯用“王道”的信心，似乎同时也意识到宣帝所说“俗儒不达时宜，好是古非今，使人眩于名实，不知所守，何足委任”的话也不无道理。于是原本没有解决的矛盾变得愈加复杂，士人中再次掀起对于王、霸之辨的浪潮。桓谭《新论·王霸》篇的一句话，透露出了他要区别王、霸的原因，“五帝以上久远，经传无事，唯王霸二盛之美，以定古今之理焉”③。道出因为王、霸之事经传多有记载，因此可以用于现实的借鉴，达到“定古今之理”的目的。其实桓谭之所以在《新论》中专设《王霸》篇，他最鲜明的现实针对性就在于总结王莽的新政。桓谭以为王莽失败的原因并非王、霸不辨，而是没有认清王、霸之辨的关键，在于取治之“法”不同。可惜的是，因为原文散佚，对于桓谭认为应该如何应用王、霸之“法”以达治政，已不得而知。

王莽的失败，检验出之前孟、荀等人的理想在现实是行不通的，这对于坚持纯任“王道”的儒者是一个沉重打击，对于东汉执政者来说也是一个惨痛教训。此后的“汉家”统治无不遵循“霸王道”杂之的传统，究竟是否还是董仲舒所设想的“德先刑后”，抑或其他模式，均不得而知。但是诸子心目中对于以周政为代表的“王道”理想的追求却始终难以释怀，所以永不放弃对它在现实出路的探索与努力，王、霸之辨的讨论也就不绝如缕。

---

① 成其圣：《论西汉“独尊儒术”后的王霸之争》，《河南大学学报》（社会科学版）1998年第1期。

② 钱穆：《刘向歆父子年谱》，见《古史辨》第五册，上海古籍出版社1982年版，第122页、144页。

③ （汉）桓谭撰，朱谦之校辑：《新辑本桓谭新论》，中华书局2009年版，第3页。

汉代诸子对王、霸之辨的探究，是现实政治前途直接作用于子书的反映，也是汉代诸子积极辅政意识的显现，虽然理想与现实之间的差距是无法以里程计算的，但正是这份关注的热情，最终为王、霸之辨在学术上画上了一个完满的句号。

第五章　汉魏子书杂记

本章以杂记的形式对桓谭《新论》、王充《论衡》和曹丕《典论》三部子书中的一些引起广泛关注却又悬而未决的问题进行尝试性的探究，发表一点管见以效一砖之用，求教于方家。

第一节　桓谭《新论》杂记

一　《琴道》篇与桓谭墓的挖掘和桓谭读书台

“琴道”之名最早出现于《后汉书》桓谭本传：“初谭著书言当世行事二十九篇，号曰《新论》，上书献之，世祖善焉。《琴道》一篇未成，肃宗使班固续成之。”① 后来李贤注《后汉书》与李善注《文选》中都使用了《琴道》这一篇名。但是李善注《文选》引用的《琴道》文字，除两处称“桓子新论琴道”外，其他皆只引“琴道”篇名，前面并无“新论”书名。在李善注引用《新论》其他篇目内容时，他只注明出自《新论》并不指称篇名。而且《文选注》中也偶见引用内容与《琴道》篇相似但是只称出自《新论》而不云《琴道》者。总之，李善注引《新论》只指称篇名者唯《琴道》一篇。李善注引用《新论》篇目的现象，除了因为《新论》在唐时已经散佚以外，应该还有其他原因。

《三国志·郤正传》，裴松之于《释讥》“雍门援琴而挟说”一句下征引桓谭《新论》文本曰：

> 雍门周以琴见，孟尝君曰：“先生鼓琴，亦能令文悲乎？”对曰：“臣之所能令悲者，先贵而后贱，昔富而今贫，摈压穷巷，不交四

① （南朝宋）范晔撰，（唐）李贤，等注：《后汉书》，中华书局1965年版，第961页。

邻；不若身材高妙，怀质抱真，逢谗罹谤，怨结而不得信；不若交欢而结爱，无怨而生离，远赴绝国，无相见期；不若幼无父母，壮无妻儿，出以野泽为邻，入用堀穴为家，困于朝夕，无所假贷：若此人者，但闻飞鸟之号，秋风鸣条，则伤心矣，臣一为之援琴而长太息，未有不凄恻而涕泣者也。今若足下，居则广厦高堂，连闼洞房，下罗帷，来清风；倡优在前，谄谀侍侧，扬激楚，舞郑妾，流声以娱耳，练色以淫目；水戏则舫龙舟，建羽旗，鼓钓乎不测之渊；野游则登平原，驰广囿，强弩下高鸟，勇士格猛兽；置酒娱乐，沈醉忘归。方此之时，视天地曾不若一指，虽有善鼓琴，未能动足下也。”孟尝君曰：“固然！”雍门周曰：“然臣窃为足下有所常悲。夫角帝而困秦者君也，连五国而伐楚者又君也。天下未尝无事，不纵即衡；纵成则楚王，衡成则秦帝。夫以秦、楚之强而报弱薛，犹磨萧斧而伐朝菌也，有识之士，莫不为足下寒心。天道不常盛，寒暑更进退，千秋万岁之后，宗庙必不血食；高台既已倾，曲池又已平，坟墓生荆棘，狐狸穴其中，游儿牧竖踯躅其足而歌其上曰：‘孟尝君之尊贵，亦犹若是乎？’”于是孟尝君喟然太息，涕泪承睫而未下。雍门周引琴而鼓之，徐动宫徵，叩角羽，终而成曲。孟尝君遂歔欷而就之曰：“先生鼓琴，令文立若亡国之人也。”①

这是现存最早记录桓谭《新论》中论琴乐的文献，讲述的是一个比较完整的故事，即雍门周讽谏孟尝君，先是以言语触动他，最后以琴声征服了他的心。如果给这段文字拟定一个恰当的主题，那么“琴讽”比“琴道”或者“琴操”都更合适。联系明代归有光的《诸子汇函》中在题名为《荆山子》部分，收录了今本《新论·琴道》的一些段落，在正文中题名《琴讽》，而目录中又题名为《琴说》，虽然两处异名是编者粗心所致，但“讽”与“说”只是同一含义的不同说法，错得合理。值得注意的是，归有光没有沿用自唐人以来不断为各家所称引的《琴道》这一篇名，不能不说事出有因。归有光在《荆山子·序》中介绍桓谭说：“姓桓，名谭，字君山，汉光武时人。因当时辅佐不明，论失时宜，举多过事，作《新论》。谭怀远人。怀远荆山，卞和采玉处，谭尝隐此，故名

① （晋）陈寿撰，（南朝宋）裴松之注：《三国志》，中华书局1998年版，第1040页。

荆山子。”[①] 他所叙述的桓谭行事也不见于史书。桓谭隐居之事及其《新论》中有《琴讽》或者《琴说》篇，如果不是出于归有光的有意改造，那么或有新证据令他视前人成说于不顾而毅然别出新说。

关于新证据，苏诚鉴在《桓谭·前言》中也谈道：“不过，从所接触到的一些资料来看，我综合得到一个印象，就是元、明间人很注意《新论》这部书，而且对桓谭的生平事迹出现新的说法。元人陶宗仪在所辑《说郛》中录有《新论》二十七条，孙冯翼认为‘其书不足据，故未采录’。明人除董说《七国考》引用《新论》十四条外，归有光辑有《诸子汇函》一书，其中在题名为《荆山子》部分，收录了《新论·琴道》的一些段落，改名《琴讽》（卷二十一），内容与孙冯翼本同。值得注意的是他所写的《荆山子·序》，其书说：‘谭怀远人。怀远荆山，卞和采玉处，谭尝隐此，故名荆山子。’这段事迹不见于史籍，不知它的所本。宋始置怀远军，元改军为县。归有光说他是怀远人，显系错误。1975 年初，安徽大学一些师生曾在淮北市相山发掘得‘桓君山藏书处’石碑一方，上题‘明崇祯癸酉冬月’，下署‘□居士任少石立’，又提供了一些出土文物资料。”[②] 虽然不敢据此贸然断定桓谭曾经把《新论》藏于荆山至元、明时期得以重见天日，但是元、明时期一定有唐人所未见的桓谭《新论》版本出现，这使围绕《琴道》的谜团得以揭示。

两唐书《艺文（经籍）志》经部均有桓谭《琴操》二卷，另有《乐元起》二卷，皆为音乐方面的专著。考桓谭生平，《后汉书》本传云：“父成帝时为太乐令。谭以父任为郎，因好音律，善鼓琴。”[③] 桓谭出身音乐世家，本人又酷爱音乐，虽然偏爱俗乐，但是他的音乐素养是毋庸置疑的。他在《新论》中也谈到自己对于音乐的痴迷：“余兄弟颇好音，尝至洛，听音终日而心足。”[④] 桓谭兄弟几个对音乐都很酷爱，说明家庭熏陶的影响甚深。同时，从史书对于班固的记载看，他既没有音乐的家学渊源，也没有音乐方面的天赋，肃宗之所以让班固“续成”《琴道》篇，大概是看重他作为史家所擅长的“编纂”功夫吧。而桓谭原本《新论》中有论琴乐的专文，加上他所作的专文《琴操》，顺理成章地成为供班固编

---

① （明）归有光辑：《诸子汇函》，辽宁省图书馆藏明天启五年刻本，四库全书存目丛书编纂委员会编《四库全书存目丛书》，齐鲁书社 1995 年版，子部 126—746。

② 苏诚鉴：《桓谭》，黄山书社 1986 年版，第 4 页。

③ （南朝宋）范晔撰，（唐）李贤，等注：《后汉书》，中华书局 1965 年版，第 955 页。

④ （汉）桓谭撰，朱谦之校辑：《新辑本桓谭新论》，中华书局 2009 年版，第 71 页。

纂的底本，帮助班固编成《琴道》一篇。也就是说经班固续成的这篇名为《琴道》的琴乐文章，是桓谭原本《新论》之《琴讽》篇与《琴操》单篇的综合成果。按其题名，今本《琴道》中论舜操、禹操等“六操”者为原本《琴操》内容，而雍门周讽谏孟尝君故事，则为原本属《新论》中的《琴讽》或《琴说》内容。经过班固的重新组合，为之定名为《琴道》而置于桓谭《新论》之中，这是他对于桓谭《新论》及其音乐知识的改编。

至于班固“续成”《琴道》的原因，学界一般据《后汉书》等史料认为是桓谭原书未能完成，笔者认为并非如此。据李贤《后汉书注》云，《新论》十六篇，其中“《本造》《述策》《闵友》《琴道》各一篇，余并有上下”，他所见的篇目只有二十八。比较他所引用《东观汉记》记载：“光武读之，敕言卷大，令皆别为上下，凡二十九篇”，[①] 已少一篇。李贤注中没有说明篇目差距的原因，此处定有讹误。而从《东观汉记》的记载看，光武帝评价《新论》时它已是完本，但后面又说“琴道未毕，但有发首一章”。如果把这段文字放置在光武帝时期的话，就与前一条记录矛盾了。《后汉书》的两处记载：“初，谭著书言当世行事二十九篇，号曰《新论》，上书献之，世祖善焉。”“《琴道》一篇未成，肃宗使班固续成之。”[②] 明确地把光武帝评书与“《琴道》未成”两事分别置于光武帝和孝章帝两朝。但是他说“未成”，好像是说当初《新论》这一篇就没能做完。这样的矛盾记载是让后人疑惑的主要根源。据跃进师《秦汉文学编年史》，《后汉书·桓谭传》中说他“道病卒”实不可信，桓谭卒于刘秀建武二十二年至二十六年。[③] 从桓谭被黜为六安郡丞至其卒，这些年中他很可能隐居家乡，而《新论》一书也才有可能藏于淮北相山。他隐居家乡读书数年，完全有时间完善《新论》。

笔者推测《东观汉记》所说的“未毕”应不是未完成，而是不全，即缺佚。桓谭《新论》著成在西汉晚期，距离孝章帝已逾五十年，流传到此时有缺佚也是符合情理的。再联系桓谭的身世，他因为被光武帝冷落，明帝朝也一直声名不著，谁会传抄他的论著！直至孝章帝才为他平反，不仅派使者去他的家乡祭他，还令班固续成缺佚了的《新论》。此后，桓谭和《新论》因为受到帝王的抬举而重新进入文人的视野。

---

① （南朝宋）范晔撰，（唐）李贤，等注：《后汉书》，中华书局 1965 年版，第 961 页。

② 同上。

③ 刘跃进：《秦汉文学编年史》，商务印书馆 2006 年版，第 372—374 页。

因为班固的名气，经他续成的《琴道》以单篇的形式广为流播。所以尽管《新论》在唐代已经散佚不全了，但《琴道》却保存得比较完整，这也是李善等人注《文选》时只称引《琴道》名称而不及其他十五篇名的主要原因。

二 "王翁"之辩

桓谭在《新论》中但凡提及王莽，大多以"王翁"称之。（按：全书二十四处称王翁，仅有两处称"王莽"，可能为后人篡改，已不得而知。观桓谭《新论》书中孔子有三称：孔子、仲尼、孔丘，因为文献缺佚，无法得知三种称呼是否皆出自桓谭之口而不是他所批驳的论敌所云。）"翁"在汉代是对长辈的尊称，有时指自己父亲，比如刘邦对项羽称刘太公为"吾翁""若翁"，对陆贾、郦食其等自称"乃公"（"公"与"翁"同义）。桓谭称王莽"王翁"，显然带有尊敬的意味。联系桓谭所处时代，恰巧是西汉与东汉两个朝代的更迭期，如同陆贾生活于秦、汉更迭期一般。陆贾《新论》的创作旨在领刘邦之命，总结"秦所以失天下，吾所以得之者何，及古成败之国"①（《史记·陆贾传》）的教训，桓谭著《新论》也隐约暗含为光武帝刘秀总结"新莽所以失天下"的使命。桓谭在《新论·本造》篇也说："谭见刘向《新序》、陆贾《新语》，乃为《新论》。"② 可见，桓谭自比于陆贾这一结论能够成立。所以"王翁"这一称谓应该带有政治色彩。

桓谭在《本造》篇又说："余为《新论》，术辨古今，亦欲兴治也，何异《春秋》褒贬邪！"③ 可见他对于《春秋》褒贬政治功能的自觉继承，而汉儒认为《春秋》使用的褒贬手法之一就在用字上。桓谭著书不称"王莽"，而称"王翁"，应是经过深思熟虑的。

桓谭在《求辅》篇陈述历代君主汲取前朝灭亡教训时，对光武帝之前的几个帝王的排序为：高帝、王翁、更始帝。他把王莽、刘玄与汉高祖刘邦相提并论，可见他对于新朝与更始的政权合法性毫无偏见。他本人经历了西汉、新朝与更始政权的瓦解，因此他想效法陆贾，把自己与刘秀之间的关系视为陆贾与刘邦。桓谭与王莽年龄相差不了几岁，却尊称他为

---

① （汉）司马迁撰，（宋）裴骃集解，（唐）司马贞索隐，（唐）张守节正义：《史记》，中华书局1959年版，第2699页。

② （汉）桓谭撰，朱谦之校辑：《新辑本桓谭新论》，中华书局2009年版，第1页。

③ 同上。

“翁”，这不是明显在刺激光武帝刘秀吗？

为桓谭所敬重的“王翁”迷信图谶终至覆灭，桓谭强烈抨击：“王翁好卜筮，信时日，而笃于事鬼神，多作庙兆，洁斋祀祭，牺牲殽膳之费，吏卒辨治之苦，不可称道，为政不善，见叛天下。及难作兵起，无权策以自救解，乃驰之南郊告祷，搏心言冤，号兴流涕，叩头请命，幸天哀助之也。当兵入宫日，矢射交集，燔火大起，逃渐台下，尚抱其符命书，及所作威斗，可谓蔽惑至甚矣。”他的批评之词王莽已不可见，而光武可读，欲警示光武帝不要迷信谶纬、重蹈王莽覆辙，但怎奈，光武帝不但未能有所觉悟，反而心生恚怒！

第二节 王充《论衡》杂记

一 王充《论衡》“宣汉说”与《对作》篇的解读

学者历来对《论衡》一书中“疾虚妄”的主旨与其“宣汉”诸篇的矛盾一直争执不休，最终不是走向这个极端，就是另一个极端。尤其是视王充为“疾虚妄”的批判思想家者，更难理解《论衡》中“宣汉”诸篇与“疾虚妄”主题的矛盾，为此找出种种弥缝的办法（见《论衡研究》）。[①]

直至今日，对这个矛盾的思考，仍然是《论衡》与王充思想研究的热点。邓红的《王充新八论》对于王充“批判思想家者”的身份予以全盘否定，对于他所宣称的“疾虚妄”也做了全新的解释：“直接地歌功颂德是以‘立’来颂汉；而‘疾’的‘虚妄’是不歌颂圣朝的人的‘虚妄’，是以‘疾虚妄’之‘破’论，来‘立’颂汉之论，这就是‘疾虚妄’的真相。”[②] 这样解释的确消弭了“疾虚妄”的主旨与“宣汉”的实际之间的对立与冲突。此论非常新颖，而且其层层推论很有说服力，但是正因其“新”，所以未免让人心理上有点难以接受，学术界颇少认同，甚至被漠视了。如出版于 2009 年的《论衡研究》，在肯定王充“疾虚妄”的批判性格的基础上，依然用“避难”说来为王充“宣汉”辩解。[③] 书

① 邵毅平：《论衡研究》，复旦大学出版社 2009 年版，第 69—71 页。

② 邓红：《王充新八论》，中国社会科学出版社 2003 年版，第 147 页。

③ 邵毅平：《论衡研究》，复旦大学出版社 2009 年版，第 79—83 页。

中说："从《齐世》到《佚文》这组颂汉之文显示出较大的独立性，与《论衡》其他各组文章有着明显的差异。之所以会出现这一现象，与王充写作颂汉诸篇时所处的政治环境有关。在当时的文坛上，由于明帝和章帝的政治压力，弥漫着一股歌功颂德之风，《论衡》颂汉诸篇，便是当时这股歌功颂德之风的产物。"① 这股歌功颂德之风对于王充的影响究竟有多大？邵毅平以为最主要的证据在《论衡·对作》篇的一段话中显露了出来。此段话为：

> 古有命使采诗，欲观风俗，知下情也。诗作民间，圣王可云："汝民也，何发作！"囚罪其身，殁灭其诗乎？今已不然，故《诗》传至今。《论衡》《政务》，其犹诗也，冀望见采，而云有过。斯盖《论衡》之书所以兴也。且凡造作之过，意其言妄而谤诽也。《论衡》实事疾妄，《齐世》《宣汉》《恢国》《验符》《盛褒》《须颂》之言，无诽谤之辞，造作如此，可以免于罪矣！②

如果割裂全文孤立来看这段文字，确实可以看作"书写有罪"的证据，而且后面列举"宣汉"诸篇，仿佛"书写之罪"的判定与其是否歌功颂德直接关联。但是综览《对作》全文后，可以看出"有罪"论实是对于全篇主旨的误读。如此看来，《对作》篇全文的正确解读，有助于弄清借"宣汉"以"避难"的必要与否。

《对作》篇主题为王充应对旁人（按：此旁人或实有或假设，无关紧要）指责《论衡》《政务》为"作"的辩解之词。汉人对于著作的"作"与"述"的区分是很严格的，这种认识源于孔子。孔子认为只有圣人才能"作"，孔子本人秉持的"述而不作"的谦逊态度，至汉代发展成教条，为汉代文人思想套上了禁锢的枷锁。扬雄写作《太玄》时即被指责为"作"，扬雄对此指责的回应是："其事则述，其书则作。"（《法言·问神》）③ 道理还是圣人的，自己只是"作"文辞把它表述出来罢了。扬雄把自己安放在"述"的位置上，以此为自己开脱。

同样，在王充的写作过程中，这种质疑的声音也不绝如缕，作为全书"大序"的《对作》篇，它的主要任务就是用来对付此质疑，可见针对王

① 邵毅平：《论衡研究》，复旦大学出版社 2009 年版，第 69 页。

② 黄晖：《论衡校释》（附刘盼遂集解），中华书局 1990 年版，第 1185 页。

③ （清）汪荣宝撰，陈仲夫点校：《法言义疏》，中华书局 1987 年版，第 164 页。

充著书的非议还是比较多的。《对作》全文以两个“或曰”引领，第一个“或问曰”：“贤圣不空生，必有以用其心。上自孔、墨之党，下至荀、孟之徒，教训必作垂文，何也?”① 王充的回答是，无论是“圣人作经”，还是“贤者传记”，皆为“匡济薄俗，驱民使之归实诚也”,② 是一种迫于现实之需的“不得已”。孔子作《春秋》如此，自己“造”《论衡》《政务》也是迫于现实的“不得已”。《论衡》写得如此浅显易懂，“实俗间之凡人所能见”,③ 目的也是“匡济薄俗，驱民使之归实诚”。从这个角度出发，《论衡》好像与圣人所作之书没有差别。

第二个“或曰”：“圣人作，贤者述，以贤而作者，非也。《论衡》《政务》，可谓作者。”虽然肯定了王充的“贤者”身份，但还是指责王充作《论衡》《政务》有冒犯“圣人”之嫌，因为只有圣人才有“作”的资格与权力，而王充最多只是“贤”人罢了。王充为了摆脱对方的严厉指责，不仅否定了自己的“作”者身份，连“述”者也不敢担当了：“非作也，亦非述也，论也。”至于“论”的地位，显然最低，“论者，述之次也”。为了强调自己的观点，连被他一向奉为最高榜样的《新论》也并受牵连而被“贬入”“论”的行列，虽然它在“论”中为水平最高者。王充为《论衡》定性为“论”的理由是：“就世俗之书，订其真伪，辩其实虚，非造始更为，无本于前也。”④ 他认为《论衡》是依据“世俗之书”的，不是“造始更为”，因此不能算“作”。他为撇清其书“作”之嫌疑，甚至拿所“论”之书与前面自己所批评的“儒生”“文吏”相比，“儒生就先师之说，诘而难之；文吏就狱卿之事，覆而考之，谓《论衡》为作，儒生、文吏谓作乎?”⑤ 王充对于旁人的质疑，回应得非常充分。

由此看来，写作《论衡》《政务》等即使“有罪”，也与它们不歌颂当朝无关，而只是关系到对世俗所持“圣人作”教条思想的反动。至此，王充批驳旁人“作”之指责的任务似已终结。但是下文中，王充又说：“且凡造作之过，意其言妄而谤诽也。”意思是即使“作”，只要不存在“妄”和“诽谤”，也是“无罪”的。只要“作”得好，“作有益于时”则不仅作者无罪，而且其书“冀望见采”。经王充如此充分的辩解之后，

---

① 黄晖：《论衡校释》（附刘盼遂集解），中华书局1990年版，第1177页。

② 同上。

③ 同上书，第1180页。

④ 同上书，第1181页。

⑤ 同上。

著书不仅无罪，还可能有功。最后他以《诗》的流传为例，说明著书“有益于时”的结果。[1]（按：以上俱见《对作》）

说来说去，王充无非是想借世俗的“有罪”指责危言耸听，夸大其词，借此夸耀自己所著之书“有益于时”的作用，即使其他文章的现实作用并不显著，至少所作“宣汉”系列于当朝执政者大大有益。此为写作中欲扬先抑之术，旨在突出自己《论衡》对于现实的重要作用，实在与“政治避难”扯不上关系。至于王充会有“宣汉”诸篇的写作冲动，必然是源于王充想向当朝“邀功”的念头，又加上受到当时一些“歌功颂德”之文的启发。考虑到《论衡》一书篇幅之巨，写作成书过程之长，而著作者本人思想的成熟与定型也有一个漫长的过程，并且可能不断反复，所以表现于著作中，即使前后有矛盾也是很自然的事。

二 王充以《论衡》授徒刍议

关于王充屏居时是否曾经有过授徒讲学的经历，现代学者看法不一。反对者根据王充《论衡·书解》中“弟子门徒，不见一人”[2]之语，认为以文儒自居的王充并没有授徒讲学的可能与经历。如徐复观在《两汉思想史》中说：“这不是很清楚说明他不曾‘屏居教授’吗？”[3]谢朝清也认为，王充“即以‘著书’寄托其晚年心境，并未有‘教授’之事也”[4]。同样根据《书解》中的这句话，周桂钿却认为，这是比较世儒与文儒的一般情况表述，不能证明王充自己就没有弟子。周桂钿坚持没有证据不能轻易否定史书的观点，他认为：“从《论衡》中，我们查不到王充教学的痕迹，也没有什么出名的学生，但也没有他从未教授的例证……史书上记载的内容，如果没有明确的反证资料，就不能轻易否定。”[5]他的态度较为谨慎。

徐斌在《论衡之人：王充传》中联系当时私学发达的风气，以及王充出身太学的背景与在当地的名气，肯定了王充“屏居教授”的可能，所言颇有说服力。但是紧接着说《论衡》为王充授徒的讲义，这一结论则失之武断。原文为：“不少学者都议论过《论衡》的体例与风格，认为

---

① 黄晖：《论衡校释》（附刘盼遂集解），中华书局 1990 年版，第 1177—1185 页。

② 同上书，第 1151 页。

③ 徐复观：《两汉思想史》卷二《王充论考》，华东师范大学出版社 2001 年版，第348 页。

④ 谢朝清：《王充治学方法研究》，文津出版社 1986 年版，第 7 页。

⑤ 周桂钿：《王充评传》，南京大学出版社 1993 年版，第 106—107 页。

不像一部体系严谨、体例精致的著作，行文也比较随便，随意发挥之处很多，故而得出王充学说博而杂的看法。其实这正是《论衡》的许多篇章起初乃为讲义的印痕。”①

其实关于《论衡》所表现出来的不严谨、不精致的特点，王充有自知之明。他自己在书中是以“不能纯美”与“文重”予以概括的，并对之所以如此做了解释。他在《自纪》篇中说：“夫养实者不育华，调行者不饰辞。丰草多华英，茂林多枯枝。为文欲显白其为，安能令文而无谴毁？救火拯溺，义不得好；辩论是非，言不得巧。入泽随龟，不暇调足；深渊捕蛟，不暇定手。言奸辞简，指趋妙远；语甘文峭，务意浅小。稻（舀）谷千钟，糠皮太半；阅钱满亿，穿决出万。大羹必有澹味，至宝必有瑕秽，大简必有大好，良工必有不巧。”② “盖实言无多；而华文无寡。为世用者，百篇无害；不为用者，一章无补。如皆为用，则多者为上，少者为下。累积千金，比于一百，孰为富者？盖文多胜寡，财富愈贫。世无一卷，吾有百篇；人无一字，吾有万言，孰者为贤？”③ 从他的辩解全为“作”书这一点看，这样的行文风格的确不为应讲学之需。

也许借助《法言》《太玄》作为授徒教材的经历，可以帮助我们更加清楚地认识子书在当时被排除在“利禄”之外的尴尬处境与《论衡》作为王充讲义的不可能。从现有史料看，汉魏诸子中，唯一确定有以自己所作子书授徒的人就是扬雄。

根据《汉书·扬雄传》赞：“雄以病免，复召为大夫。家素贫，耆酒，人希至其门。时有好事者载酒肴从游学，而钜鹿侯芭常从雄居，受其《太玄》《法言》焉。刘歆亦尝观之，谓雄曰：‘空自苦！今学者有禄利，然尚不能明《易》，又如《玄》何？吾恐后人用覆酱瓿也。’”④ 扬雄弟子见诸本传的有两人，侯芭之外还有刘歆之子刘棻。但从刘歆对于《太玄》的评价看，刘棻跟从扬雄断然不为研习其《太玄》《法言》，而只是学习“作奇字”。同样是跟从扬雄学习，刘棻学“作奇字”就很正常，而跟从其“游学”的人被班固讥为“好事者”，那么侯芭从雄“居”而受《太玄》《法言》就更是不可理喻了。究其原因，不在于师从何人，而在于所学内容不同。刘棻所学为小学功夫，是为经学服务的，也迎合了当时

① 徐斌：《论衡之人：王充传》，浙江人民出版社 2005 年版，第 116 页。

② 黄晖：《论衡校释》（附刘盼遂集解），中华书局 1990 年版，第 1199—1200 页。

③ 同上书，第 1202 页。

④ （汉）班固撰，（唐）颜师古注：《汉书》，中华书局 1962 年版，第 3585 页。

宣汉主题的、赋颂类文章需求，也就是说是有利于通向“利禄之途”的。而侯芭所学之《太玄》《法言》，在世俗眼里一无所用，只能拿来“覆酱瓿”，所以侯芭此举被当作极不寻常的。这是见诸史书的，以子书为讲义或曰课本的唯一个案。而且这两部子书又不是普通的子书，因为它们是模仿《易》与《论语》的，所以不被其著作者当作子书看待，尤其是《太玄》，在汉代前锐学者眼中都可作为“经”的。即使如此，《法言》《太玄》成为“讲义”也是在其业已成书之后，并且是出自声名卓著的“通材”扬雄之手。王充比扬雄虽晚了一辈，但二人所处的学术环境则非常相似，王充之所以为时人所关注也是在《论衡》问世并在东吴的小范围内流传并有了些影响之后。在此之前，以王充在当时的地位与影响，无论如何也无法与扬雄相提并论。所以认为《论衡》一书为授徒讲义，并且因此成书的想象是不现实的。

又《论衡·量知》中有：“不入师门，无经传之教”,① 也说明当时儒生从学的目的在于学习“经传”。王充本人的从师问学又何尝不为经传呢？他在太学期间师事班彪就是证明。个体再特殊，也不能完全挣脱掉现实主流风气的影响，所以以《论衡》为讲义来解释其体例的芜杂不是言之有据的结论。

第三节 曹丕《典论》杂记

一 作书时间

曹丕在被立为太子时已著有《典论》，且《典论》之名当时已定。这一点卞兰的《赞述太子赋》可证，其《上赋表》云：“窃见所作《典论》，及诸赋颂，逸句烂然，沈思泉涌，华藻云浮，听之忘味，奉读无倦。”② 曹丕于建安二十二年（217 年）立为太子，《典论》始作不会晚于建安二十二年。又由《终制序》“黄初三年冬十月，表首阳山东为寿陵，作《终制》”③，可见《典论》的写作一直持续到黄初三年（222 年）。《典论》一书究竟何时完稿呢？

---

① 黄晖：《论衡校释》（附刘盼遂集解），中华书局 1990 年版，第 552 页。

② （清）严可均校辑：《全上古三代秦汉三国六朝文》，中华书局 1958 年版，第 1223 页。

③ 同上书，第 1099 页。

根据《三国志·吴志》卷二记载："黄武元年（222年）春正月，陆逊部将军宋谦等攻蜀五屯，皆破之，斩其将。三月，鄱阳言黄龙见，蜀军分据险地，前后五十余营，逊随轻重以兵应拒。自正月至闰月，大破之，临阵所斩及投兵降首数万人。刘备奔走，仅以身免。"裴注引《吴历》曰："权以使聘魏，具上破备获印绶及首级、所得土地，并表将吏功勤宜加爵赏之意。文帝报使，致鼲子裘、明光铠、騑马，又以素书所作《典论》及诗赋与权。"① 和《三国志·魏志》卷二裴注引胡冲《吴历》曰："帝以素书所著《典论》及诗赋饷孙权，又以纸写一通与张昭。"②

既然赠《典论》给孙权与张昭，可知此时书已完稿。赠书之年为吴黄武元年（222年），与《终制》作年不矛盾。《终制》为《典论》最后收录的篇目，然后《典论》方告杀青，所以一并赠予孙、张二人。因此可以确定，《典论》写作开始的时间不晚于217年，止笔不早于222年，历时达5年之多，跨越曹丕立太子、登帝位两个阶段。

二　作品数量的疑问

曹丕在《与王朗书》（建安二十二年冬，217年）说："生有七尺之形，死惟一棺之土，惟立德扬名，可以不朽；其次莫如著篇籍。疫疠数起，士人凋落，余独何人，能全其寿？故论撰所著《典论》、诗、赋，盖百余篇。集诸儒于肃城门内，讲论大义，侃侃无倦。"③ 他在此书信中谈及自己所作篇籍数字为"百余篇"；根据上文考证，此时《典论》尚未完稿，至222年结束，曹丕增撰篇目当不止《终制》一篇。《魏文帝本纪》亦云"所勒成垂百篇"，"垂"有"将近"意，已经比曹丕信中所说的少了，但相差不是很大。④ 曹丕在其《典论》一书所附的《自叙》中又说："余是以少诵诗论，及长而备历五经四部，史汉诸子百家之言，靡不毕览。所著书论、诗、赋，凡六十篇。至若智而能愚，勇而知怯，仁以接物，恕以及下，以付后之良史。"⑤ 所言"六十余篇"与《与王朗书》与《本纪》所言篇数悬殊。

① （晋）陈寿撰，（南朝宋）裴松之注：《三国志》，中华书局1998年版，第1125页。

② 同上书，第89页。

③ （清）严可均校辑：《全上古三代秦汉三国六朝文》，中华书局1958年版，第1090页。

④ （晋）陈寿撰，（南朝宋）裴松之注：《三国志》，中华书局1998年版，第129页。

⑤ （清）严可均校辑：《全上古三代秦汉三国六朝文》，中华书局1958年版，第1097页。

汉人叙传的写作一般皆在晚年，作为自己一生的总结，曹丕所言“以付后之良史”即可反映出它对于人生总结的用意。因此，叙传中所言文章篇数应该比之前书信中所说的多，而不是少。为何会有这样的差异呢？或许曹丕这篇《自叙》写作时间较早，在收入《典论》时未经修订？笔者不得其解，有待于方家指教。

三 开创与树典，《典论》的命名

曹丕《典论》，以“典”名书并非偶然，显示出了他与汉人“喜新”完全不同的风尚。卞兰在《赞述太子赋》中称赞曹丕“著典宪之高论”，[①] 虽有吹捧之嫌，但还是传达了《典论》一书的题旨。刘勰在其《文心雕龙·诸子篇》中称陆贾的著作为《典语》，应该并非笔误，至少梁时即有《典语》之称。为何刘勰会如此称呼陆贾之书？联系魏文帝之书称《典论》，陆景之书称《典语》，史书如鱼豢之《典略》，可以得出这样的结论：魏晋时期爱以“典”名书，反映出时人对于典范与规矩的强调意识。

考之先秦，只有经书才有称“典”者，如《五典》、“六典”，《尚书》中之“尧典”“舜典”，“先圣”为后世的立言之书才堪称为“典”。许慎《说文解字》云：“典，五帝之书也。”段玉裁注云“《三坟》《五典》”，[②] 许、段二人的释义都透露出圣人树典思想的反映。

魏人专注于树“典”之精神，不同于汉人的“标新立异”，魏人立言更多留意于后世，而汉人则准于前代，唯求开创之功。汉、魏兴趣的分野，鲜明地体现在曹氏父子身上。鲁迅说曹操是“改造文章的祖师爷”，其实未必妥当。曹操崛起于乱世，靠自己不同于流俗的气魄，发动了前所未有的政治改革，他在文学上虽然也对旧乐府进行改造，但他以旧题写时事，装酒的旧瓶子还舍不得扔掉。而且从他坚持写四言诗的喜好，也可看出曹操的恋旧情结。曹操的兵书新作也是继承汉人传统，称之曰“新书”，但求开创之功。上述可见，曹操身上体现的更多是汉人习气。

但是魏文帝则更加着眼于后世，在完成自己的《典论》以后，即抄

---

① （清）严可均校辑：《全上古三代秦汉三国六朝文》，中华书局1958年版，第1223页。

② （汉）许慎撰，（清）段玉裁注：《说文解字注》，上海古籍出版社1988年版，第200页。

写送与孙权与张昭。[①] 其子魏明帝更进而“诏太傅、三公：以文帝《典论》刻石，立于庙门之外”[②]。并下诏曰：“先帝昔著《典论》，不朽之格言，其刊石于庙门之外及太学，与石经并，以永示来世。”[③] 可以看出丕、睿父子两代具有的树典立范的强烈自觉，不仅希望供时人学习与模仿，而且希望后人以之为榜样。从这个角度着眼，曹操可谓旧风气的终结者，曹丕才是新风尚的引领者。以“典”自名其书，曹丕开了个头，东吴的陆景怕是不服气，紧随其后，名自著为《典语》，也替曾被曹丕傲视下压抑的吴人长舒了一口闷气。所以《史通·自叙篇》说：“夫开国、承家、立身、立事，一文一武，或出或处，虽贤愚壤隔，善恶区分，苟无品藻，则理难铨综，故陆景《典语》生焉。”[④] 他的话用于解释《典论》也正合适。

四　“文章”与“经国”的关系

曹丕在《典论·论文》中标榜“文章，经国之大业”，[⑤] 多被学者看成前无古人的创举。其实，参看同时代人的文章，“文章”与“经国”之间的关系问题是属于那个时代的共同话题，文人学者对此话题曾有过激烈而深刻的辩论与思考。曹丕的观点既不是同时代人中独有的，也不是最早的，只不过借助他太子与皇帝的地位而扩大凸显，其他人的声音则隐退成了背景。

应璩的《百一诗》其一中就有“文章不经国，筐箧无尺书”。[⑥] 应璩说“文章不经国”为自嘲之词，言下之意是自己才能笨拙，在做经国之文章方面没有建树。[⑦]

从杨修《答临淄侯笺》可知，有人认为文章可分成经国与不经国两

---

① （晋）陈寿撰，（南朝宋）裴松之注：《三国志·文帝纪》卷二，注引胡冲《吴历》曰：“帝以素书所著《典论》及诗赋饷孙权，又以纸写一通与张昭。”中华书局 1998 年版，第 89 页。

② 同上书，第 97 页。

③ （晋）陈寿撰，（南朝宋）裴松之注：《三国志·三少帝纪》卷四注引《搜神记》，中华书局 1998 年版，第 118 页。

④ （唐）刘知幾撰，（清）浦起龙释：《史通通释》，上海古籍出版社 1978 年版。

⑤ （梁）萧统编，（唐）李善注：《文选》，中华书局 1977 年版，第 720 页。

⑥ 同上书，第 503 页。

⑦ 应璩《百一诗》其一有“问我何功德，三入承明庐”。可知其写作年代晚于曹丕写作《典论》。因此，此处“文章不经国”可能有针对曹丕主张之意。

类。扬雄认为辞赋小道，壮夫不为，就是认为辞赋“不经国”。但是他的《太玄》《法言》因为具有知性启发作用而可承“经国”大任。认扬雄为本家的杨修则不以为然，他认为辞赋诗文均能经国：“今之赋颂，古诗之流，不更孔公，风雅无别耳。”“若乃不忘经国之大美，流千载之英声，铭功景钟，书名竹帛。斯自雅量，素所畜也。岂与文章相妨害哉?”① 杨修认为，文章与功名同样可以“经国”和不朽，不能厚此薄彼。正因为文章与经国之间的关系密切，因此他才劝曹植不要轻视文章，不要轻视自己的文才，而要用心经营，并且认为著述与事功可相安无事。

曹丕在《论文》篇中标榜完“文章经国”之后，仅举西伯演《易》与周公制礼两个例子点到为止，无暇仔细展开论述文章经国之途径。他用更多的笔墨，不厌其烦地论述他的文章“不朽论”。可见，《论文》那段话的重心正在“不朽论”而非“经国论”。我们后人的兴趣点显然与曹丕所论重点不一致。因此，不能过高估计曹丕“经国论”的文学价值。

---

① （梁）萧统编，（唐）李善注：《文选》，中华书局 1977 年版，第 564 页。

第六章　刘向对《汉志》“小说家”文献的搜集整理

关于《汉志》记载“小说家”的考察，成果比较丰富，如王齐洲发表的系列文章《〈汉书·艺文志〉著录之〈虞初周说〉探佚》《〈汉志〉著录之小说家〈青史子〉〈师旷〉考辨》《〈汉志〉著录之小说家〈伊尹说〉〈鬻子说〉考辨》《〈汉志〉著录之小说家〈封禅方说〉等四家考辨》《〈汉书·艺文志〉著录之小说家〈务成子〉等四家考辨》与《中国小说家之祖师旷探论》等文，伏俊琏《师旷与小说〈师旷〉》等。这些作品对《汉志》著录小说家的文献和著录情况考辨得非常详尽，基本呈现了《汉志》小说家的概貌。但有关《汉志》小说家的问题，还有很大的讨论空间。本章拟主要解决两个问题：第一，刘向《新序》《说苑》与《汉志》“小说家”的关系；第二，通过《新序》《说苑》收录的文献材料探讨《汉志》“小说家”的标准。

第一节　《新序》《说苑》中所能见到的《汉志》“小说家”文献

《汉志》著录的小说家著作有《伊尹说》《鬻子说》《周考》《青史子》《师旷》《务成子》《宋子》《天乙》《黄帝说》《封禅方说》《待诏臣饶心术》《待诏臣安成未央术》《臣寿周纪》《虞初周说》《百家》共十五部。因为书籍亡佚，仅仅根据《汉志》著录的书名以及书后简注的内容也不能很清楚地认识“小说家”的真实面貌。所以笔者在当代学者辑佚与研究成果的基础上，自己稍做增广与分析，并与《新序》《说苑》两书记载进行比较，以便窥探“小说家”的概貌。

《伊尹说》，颜师古注：“其语浅薄，似依托也”。伊尹所做文章，司马迁在《殷本纪》中载有《女鸠》《女房》《咸有一德》《伊训》《肆命》

《徂后》等数篇，可见司马迁记载伊尹事迹重视其“言”。《伊尹书》现有马国翰辑本，共辑录十一则佚文，其中五则出自刘向著述，出《说苑》者四。[①] 马氏漏辑了《韩诗外传》记载的一则、《新序》记载的一则与《史记·司马相如列传》司马贞索隐引应劭语一则，其文如下：

有殷之时，谷生汤之廷，三日而大拱。汤问伊尹曰：“何物也？”对曰：“谷树也。”汤问：“何为而生于此？”伊尹曰：“谷之出泽野物也，今生天子之庭，殆不吉也。”汤曰：“奈何？”伊尹曰：“臣闻妖者祸之先，祥者福之先。见妖而为善，则祸不至，见祥而为不善，则福不臻。”汤乃斋戒静处，夙兴夜寐，吊死问疾，赦过赈穷，七日而谷亡。妖孽不见，国家其昌。(《韩诗外传》卷三)[②]

桀作瑶台，罢民力，殚民财。为酒池糟隄，纵靡靡之乐，一鼓而牛饮者三千人。群臣相持歌曰：“江水沛沛兮，舟楫败兮，我王废兮，趣归薄兮，薄亦大兮。”又曰：“乐兮乐兮，四牡蹻兮，六辔沃兮，去不善而从善，何不乐兮。”伊尹知天命之去，举觞而告桀曰：“君王不听臣之言，亡无日矣。”桀拍然而作，哑然而笑曰：“子何妖言，吾有天下，如天之有日也。日有亡乎，日亡吾亦亡矣。”于是伊尹接履而趣，遂适汤，汤立为相。故伊尹去夏入殷，殷王而夏亡。(《新序·刺奢》)[③]

《伊尹书》：“果之美者，箕山之东，青鸟之所，有卢橘，夏熟。”(《史记·司马相如列传》)[④]

以上三则加上马氏辑文共十四则文献，据王齐洲考证出自《吕氏春秋》《史记索隐》与《说苑》者均为“小说家”《伊尹说》的文献。《汉志》著录伊尹著作，道家书称《伊尹》，小说家书称《伊尹说》，可见两者的区别在于“说”。因此，马国翰辑文应不都是《伊尹说》内容，其中《四方令》《九主》《区田》三篇重事不重言，或为道家《伊尹》书内容。

---

① 详见（清）马国翰辑《玉函山房辑佚书》，上海古籍出版社 1990 年版，第 2615—2619 页。

② （汉）韩婴撰，许维遹校释：《韩诗外传集释》，中华书局 1980 年版，第 80—81 页。

③ （汉）刘向撰，石光瑛校释：《新序校释》，中华书局 2001 年版，第 789—797 页。

④ （汉）司马迁撰，（宋）裴松之集解，（唐）司马贞索隐，（唐）张守节正义：《史记》，中华书局 1959 年版，第 3029 页。

那么，《伊尹说》的存世文献共十一则，其中五则出自刘向《说苑》《新序》二书。

《鬻子说》，颜师古注：“后世所加”。鬻子著述《汉志》也著录二书：一为道家之《鬻子》，二为小说家之《鬻子说》。王齐洲认为：今传本《鬻子》是《汉志》著录道家《鬻子》二十二篇的残篇断简，而小说家之《鬻子说》在魏晋南北朝时散佚，佚文不存。值得注意的是《新序》中有一则“楚丘先生”的故事，与今传本《鬻子》记载鬻子一事情节雷同，原文如下：

> 昔者楚丘先生，行年七十，披裘带索，往见孟尝君，欲趋，不能进。孟尝君曰：“先生老矣，春秋高矣，何以教之?”楚丘先生曰：“噫，将我而老乎！噫将使我追车而赴马乎，投石而超距乎，逐麋鹿而搏虎豹乎。吾已死矣，何暇老哉，噫将使我出正辞而当诸侯乎，决嫌疑而定犹豫乎，吾始壮矣，何老之有。”孟尝君逡巡避席，面有愧色。《诗》曰：“老夫灌灌，小子蹻蹻。”言老夫欲尽其谋，而少者骄而不受也。秦穆公所以败其师，殷纣所以亡天下也。故《书》曰：“黄发之言，则无所愆。”《诗》曰：“寿胥与试。”美用老人之言以安国也。(《新序·杂事》)①
>
> 昔文王见鬻子年九十，文王曰：“嘻，老矣!”鬻子曰：“若使臣捕虎逐麋，则臣已老矣。使臣坐策国事，则臣年尚少。”因立为师。(《鬻子校理》)②

楚丘先生身世不详，其事迹仅见于《新序》。两段文字相比较，前者“说”甚详，后者“说”甚简；前者描述生动，言辞激切，议论精警，重言不重事；后者言辞精简，叙事首尾完整。“楚丘先生”故事与鬻子故事的相似，虽然不能作为《新序》保存小说家《鬻子说》的直接证据，但至少有此一故事类型。

从两段文本表述的差异，似乎可以看出“小说”记载人与事虽有所本，但它擅长生发渲染，对于人物形象重视描摹其声、色、动、静的特点。正是这一点使“小说家”区别于其他九流诸子。

《周考》，颜师古注：“考周事也。”全书亡佚不可考，颜师古注语可

---

① （汉）刘向撰，石光瑛校释：《新序校释》，中华书局2001年版，第769—773页。

② 钟肇鹏：《鬻子校理》，中华书局2010年版，第40—41页。

能为望文生义。

《新序》《说苑》两书记载“周事”重言且偏向描摹声、色、动、静者有九则之多，分别见于《说苑》卷三、五（“武王克殷”）、八、十（“周公戒伯禽”）、十五（“武王将伐纣”）与《新序·杂事》篇。择其要者罗列于下：

周威公问于宁子曰：“取士有道乎？”对曰：“有。穷者达之，亡者存之，废者起之，四方之士则四面而至矣。穷者不达，亡者不存，废者不起，四方之士则四面而畔矣。夫城固不能自守，兵利不能自保，得士而失之，必有其间。夫士存则君尊，士亡则君卑。”周威公曰：“士壹至如此乎！”对曰：“君不闻夫楚乎？王有士曰楚傒胥、丘负客，王将杀之，出亡之晋，晋人用之，是为城濮之战；又有士曰苗贲皇。王将杀之，出亡走晋，晋人用之，是为鄢陵之战；又有士曰上解于。王将杀之，出亡走晋，晋人用之，是为两棠之战；又有士曰伍子胥，王杀其父兄，出亡走吴，阖闾用之，于是兴师而袭郢。故楚之大得罪于梁、郑、宋、卫之君，犹未遽至于此也；此四得罪于其士，三暴其民骨，一亡其国。由是观之，士存则国存，士亡则国亡；子胥怒而亡之，申包胥怒而存之，士胡可无贵乎？”（《说苑·尊贤》）①

伯禽与康叔封朝于成王，见周公，三见而三笞。康叔有骇色，谓伯禽曰：“有商子者，贤人也，与子见之。”康叔封与伯禽见商子，曰：“某某也，日吾二子者朝乎成王，见周公，三见而三笞，其说何也？”商子曰：“二子盍相与观乎南山之阳？有木焉名曰桥。”二子者往观乎南山之阳，见桥竦焉实而仰，反以告乎商子，商子曰：“桥者父道也。”商子曰：“二子盍相与观乎南山之阴？有木焉名曰梓。”二子者往观乎南山之阴，见梓勃焉实而俯，反以告商子，商子曰：“梓者子道也。”二子者明日见乎周公，入门而趋，登堂而跪。周公拂其首，劳而食之，曰：“安见君子？”二子对曰：“见商子。”周公曰：“君子哉商子也。”（《说苑·建本》）②

晋太史屠余，见晋国之乱，见晋平公之骄而无德义也，以其图法归周。周威公见而问焉，曰：“天下之国，其孰先亡？”对曰：“晋先亡！”威公问其说。对曰：“臣不敢直言，示晋公以天妖、日月星辰

① （汉）刘向撰，向宗鲁校证：《说苑校证》，中华书局 1987 年版，第 184—185 页。

② 同上书，第 59—60 页。

之行多不当。曰：‘是何能然。’示以人事多不义，百姓多怨。曰：‘是何伤。’示以邻国不服，贤良不兴。曰：‘是何害。’是不知所以存、所以亡，故臣曰晋先亡。”居三年，晋果亡。威公又见屠余而问焉，曰：“孰次之？”对曰：“中山次之。”威公问其故。对曰：“天生民，令有辨。有辨，人之义也：所以异于禽兽麋鹿也，君臣上下所以立也。中山之俗，以昼为夜，以夜继日，男女切踦，固无休息。淫昏康乐，歌讴好悲。其主弗知恶。此亡国之风也。臣故曰中山次之。”居二年，中山果亡。威公又见屠余而问曰：“孰次之？”屠余不对。威公固请。屠余曰：“君次之。”威公惧，求国之长者，得锜畴、田邑而礼之，又得史理、赵巽以为谏臣，去苛令三十九物。以告屠余。屠余曰：“其尚终君之身。臣闻国之兴也，天遗之贤人，与之极谏之士；国之亡也，天与之乱人与善谀者。”威公薨，九月不得葬，周乃分而为二。故有道者言，不可不重也。（《说苑·权谋》）①

齐人王满生见周公，周公出见之，曰：“先生远辱，何以教之？”王满生曰：“言内事者于内，言外事者于外。今言内事乎？言外事乎？”周公导入，王满生曰：“敬从布席。”周公不导坐，王满生曰：“言大事者坐，言小事者倚。今言大事乎？言小事乎？”周公导坐，王满生坐。周公曰：“先生何以教之？”王满生曰：“臣闻圣人不言而知，非圣人者，虽言不知。今欲言乎？无言乎？”周公俛念有顷不对，王满生藉笔牍书之曰：“社稷且危。”傅之于膺，周公仰视见书，曰：“唯唯，谨闻命矣。”明日诛管、蔡。（《说苑·指武》）②

周文王作灵台及为池沼，掘地得死人之骨，吏以闻于文王。文王曰：“更葬之。”吏曰：“此无主矣。”文王曰：“有天下者，天下之主也；有一国者，一国之主也。寡人固其主，又安求主。”遂令吏以衣棺更葬之。天下闻之，皆曰：“文王贤矣，泽及朽骨，又况于人乎。”或得宝以危国，文王得朽骨以喻其意，而天下归心焉。（《新序·杂事第五》）③

这九则故事中关于周公的就有五则，原因是周公“善说”。据《说苑·君道》记载：

---

① （汉）刘向撰，向宗鲁校证：《说苑校证》，中华书局1987年版，第316—318页。

② 同上书，第381—382页。

③ （汉）刘向撰，石光瑛校释：《新序校释》，中华书局2001年版，第664—666页。

成王与唐叔虞燕居，剪梧桐叶以为珪而授唐叔虞曰："余以此封汝。"唐叔虞喜，以告周公。周公以请，曰："天子封虞耶?"成王曰："余一与虞戏也。"周公对曰："臣闻之，天子无戏言，言则史书之，工诵之，士称之。"于是遂封唐叔虞于晋。周公旦可谓善说矣，一称而成王益重言，明爱弟之义，有辅王室之固。①

其他四则记载的"善说"者还有：宁子（宁越）、王满生（《吕氏春秋》作"胜书"）与商子（商高或商容）。唯"文王葬枯骨"故事重叙事，但其中有文王与吏卒二人对话的生动描写。假如《周考》内容为"考周事"而又列入"小说家"，则《说苑》《新序》二书所载九则周之故事与之正好符合。

《青史子》，颜师古注："古史官记事也"。马国翰《玉函山房辑佚书》据贾谊《新书》和《大戴礼》辑录了《青史子》佚文两则，并评说："据辑校录书中言胎教之法、悬弧之礼、巾车之道，具有典则。班固列入小说家，必有所见。然不可考。"② 鲁迅《古小说钩沉》又从应劭《风俗通义》中辑得一条，其文为："鸡者，东方之牲也。岁终更始，辨秩东作，万物触户而出，故以鸡祀祭也。"③ 王齐洲认为"青史子"是传说人物，"《青史子》所谈礼义，却并不规范，有道听途说之内容"。④

如果《青史子》内容的确如颜师古注所云为"古史官记事"的话，则断为"小说家"似乎不够稳妥。其书内容或为王齐洲所说为谈礼义但多不出史传，抑或记载与史官记事相关故事，如此才被刘向划入"小说家"。比如《新序》中就记载一则史官记事的故事，颇具传奇色彩。

齐崔杼者，齐之相也，弑庄公，止太史无书君弑及贼。太史不听，遂书贼，曰："崔杼弑其君。"崔子杀之，其弟又嗣书之，崔子又杀之，死者二人，其弟又嗣复书之，乃舍之。南史氏是其族也，闻太史尽死，执简以往，将复书之，闻既书矣，乃还。君子曰："古之良史。"(《新序·节士》第七)⑤

---

① （汉）刘向撰，向宗鲁校证：《说苑校证》，中华书局 1987 年版，第 9 页。

② （清）马国翰辑：《玉函山房辑佚书》，上海古籍出版社 1990 年版，第 2795 页。

③ 鲁迅：《鲁迅辑录古籍丛编》第 2 卷，人民文学出版社 1999 年版，第 7 页。

④ 王齐洲：《〈汉志〉著录之小说家〈青史子〉〈师旷〉考辨》，《中国文学研究》第八辑。

⑤ （汉）刘向撰，石光瑛校释：《新序校释》，中华书局 2001 年版，第 903—908 页。

故事中齐国太史兄弟三人为秉笔直书“崔杼弑庄公”一事而视死如归，千载之后读之还令人感慨震撼。这则故事为刘向所记“史官之事”，猜想小说家之《青史子》中记载“史官所记之事”的风格大致类此。只可惜内容散佚，即使《新序》《说苑》二书保存了很多，也无法一一辨别。

《师旷》，颜师古注：“见《春秋》，其言浅薄，本与此同，似因托之”。伏俊琏认为卢文晖辑本《师旷》书三十三则中，仅有五条称得上“小说”，它们是：《师旷见太子晋》（见于《逸周书》），《师旷援琴而鼓》（见于《韩非子·十过》），《师旷论学》（见于《说苑·建本》），《师旷论晋平公出畋》（见于《说苑·辨物》），《师旷论天下有五墨墨》（见于《新序·杂事第一》）。加上见于《说苑·正谏》的《咎犯谏平公》一段，共六篇，就是《汉志》小说家《师旷》的内容。①

伏俊琏把它们分为两类，并分别归纳其写作特点。他认为《师旷见太子晋》《师旷论学》《咎犯谏平公》（按：向宗鲁认为“咎犯”为“师旷”之讹）②、《师旷论天下有五墨墨》四篇为一类，它们体制上的特点是“由客主双方展开论辩，论辩的过程并不推进故事情节的发展，只是展示双方的才智；辩词语言通俗并且押韵。大量的歌谣韵语夹杂在散文之中，说明本篇是以声音传播为主要形式的大众文艺。我姑且称此类为杂赋体小说”③。第二类《师旷援琴而鼓》《师旷论晋平公出畋》两篇的特点是以散文的形式层层递进，进行叙事。④

师旷故事见于《新序》《说苑》二书的就有八则，除去上述四则外还载有《师旷论卫人出君》《师旷以“五味”说平公》《师旷对平公“为君之道”》《师旷解释“石说话”》四事，因为不似那六篇“体制上保存着讲诵的技艺特征”而被伏俊琏排除在“小说”之外。其文为：

> 卫国逐献公，晋悼公谓师旷曰：“卫人出其君，不亦甚乎。”对曰：“或者其君实甚也。夫天生民而立之君，使司牧之，无使失性。良君将赏善而除民患，爱民如子，盖之如天，容之若地。民奉其君，爱之如父母，仰之如日月，敬之如神明，畏之如雷霆。夫君，神之主

① 伏俊琏：《先秦文献与文学考论》，上海古籍出版社 2011 年版，第 197—198 页。

② 同上。

③ 同上书，第 198 页。

④ 同上书，第 203 页。

也，而民之望也。天之爱民甚矣，岂使一人肆于民上，以纵其淫，而弃天地之性乎，必不然矣。若困民之性，乏神之祀，百姓绝望，社稷无主，将焉用之，不去为何？”公曰：“善。”（《新序·杂事第一》）①

晋平公问于叔向曰：“昔者，齐桓公九合诸侯，一匡天下，不识其君之力乎，其臣之力乎？”叔向对曰：“管仲善制割，隰朋善削缝，宾胥无善纯缘，桓公知衣而已。亦其臣之力也。”师旷侍，曰：“臣请譬之以五味，管仲善断割之，隰朋善煎熬之，宾胥无善齐和之。羹以熟矣，奉而进之，而君不食，谁能强之。亦君之力也。”（《新序·杂事第四》）②

晋平公问于师旷曰：“人君之道如何？”对曰：“人君之道，清净无为，务在博爱，趋在任贤，广开耳目，以察万方，不固溺于流俗，不拘系于左右，廓然远见，踔然独立，屡省考绩，以临臣下。此人君之操也。”平公曰：“善！”（《说苑·君道》）③

晋平公筑虒祁之室，石有言者。平公问于师旷曰：“石何故言？”对曰：“石不能言，有神凭焉。不然，民听之滥也。臣闻之，作事不时，怨讟动于民，则有非言之物而言。今宫室崇侈，民力屈尽，百姓疾怨，莫安其性。石言不亦可乎？”（《说苑·辨物》）④

其中《师旷以“五味”说平公》如果以王齐洲在《中国小说家之祖师旷探论》⑤一文中总结的，先秦小说家喜用“排偶语”这一标准来衡量的话，还是非常符合的。

王齐洲总结的先秦小说家喜用的“排偶语”，他解释为“古人所谓偶语多指鄙俗浅薄之偶俗语”这一结论是可以成立的。先秦诸子关于言说的鄙俗浅薄的必要已经多有阐述，如《庄子·天下篇》中说：“以天下为沈浊，不可与庄语；以卮言为曼衍，以重言为真，以寓言为广。”⑥郭庆藩对于“庄语”的解释为“犹正论”。而《荀子·正论》一篇，就是引

① （汉）刘向撰，石光瑛校释：《新序校释》，中华书局2001年版，第62—66页。

② 同上书，第486—491页。

③ （汉）刘向撰，向宗鲁校证：《说苑校证》，中华书局1987年版，第1—2页。

④ 同上书，第467页。

⑤ 王齐洲：《中国小说家之祖师旷探论》，《澳门理工学报》2015年第2期，第73页。

⑥ 郭庆藩：《庄子集释》，中华书局2012年版，第1091页。

用了很多“世俗之为说”为靶子，以树立自己的“正论”。他在《非相》篇也指出“譬称以谕之”为“谈说之术”之一，此言为刘向《说苑·善说》引用，刘向又在同篇举一故事说明用“譬”对于谈说的重要作用：

> 客谓梁王曰：“惠子之言事也善譬，王使无譬，则不能言矣。”王曰：“诺！”明日见，谓惠子曰：“愿先生言事则直言耳，无譬也。”惠子曰：“今有人于此而不知弹者，曰：‘弹之状何若？’应曰：‘弹之状如弹。’则谕乎？”王曰：“未谕也。”“于是，更应曰：‘弹之状如弓，而以竹为弦。’则知乎？”王曰：“可知矣。”惠子曰：“夫说者，固以其所知谕其所不知，而使人知之。今王曰‘无譬’，则不可矣。”王曰：“善！”①

惠施善“譬”与庄子“不可与庄语”的论点如出一辙。恐怕诸子用“譬”这一特点在“小说家”文中被进一步发扬光大，形成它自身的言说特色，从而使“小说家”出身诸子而又渐行渐远。

上述可见，刘向对小说家善“譬”这一特色认识得非常清楚，他在《说苑》中有意识地进行了强调与总结。而《师旷解释“石说话”》一则，记述“石说话”这一怪怪奇奇的内容，也符合小说家的言说特点。

那么现存得到公认的小说家《师旷》文献共八则（按：“则”与“篇”不是一一对应的关系。《吕氏春秋·长见篇》有“师旷请更铸钟”一则，袁行霈、侯忠义《中国文言小说书目》以为“或采自小说家言”。存疑不计）。其中六则出自《新序》《说苑》二书。

《务成子》，颜师古注：“称尧问，非古语”。王齐洲在《〈汉书·艺文志〉著录之小说家〈务成子〉等四家考辨》一文中称：“务成子本为传说人物，《务成子》一书也不过集合各类传说而成，自‘非古语’，也无统续，故《汉志》著录入小说家。东汉后未见它书著录，则《务成子》失传矣。”

遍捡《新序》《说苑》两书也不见务成子言行事迹，刘向大约也未见《务成子》一书，仅据传闻称“舜学乎务成跗”（《新序·杂事》），或者两书记载内容亡佚也未可知。

《宋子》，班固注：“孙卿道宋子，其言黄、老意”。《宋子》，马国翰《玉函山房辑佚书》辑得佚文五则，全为据《庄子·天下》篇引宋钘语，

---

① （汉）刘向撰，向宗鲁校证：《说苑校证》，中华书局 1987 年版，第 272 页。

因为其文能代表宋钘主要思想，但非必为小说家之《宋子》内容。班固注语是根据《荀子·正论》篇内容所下，虽然此篇只称“宋子”，不辨宋钘或宋玉，但联系《荀子·非十二子》篇语境看此“宋子”所指当与《庄子》同。

如果根据宋钘存世言论看，列《宋子》十八篇人“小说家”不甚妥。张舜徽在《汉书艺文志通释》中已表示怀疑，他只能推测为后人托名宋钘所作，而且称“其言浅薄杂乱，不主一家”也是臆测之语。王齐洲在《〈汉书·艺文志〉著录之小说家〈务成子〉等四家考辨》一文中认同张舜徽观点，笔者以为失考。

《汉志》小说家《宋子》，即梁阮孝绪《七录·子兵录·小说部》中的《宋玉子》，据阮孝绪记载为“宋玉子一卷、录一卷，楚大夫宋玉撰，亡”①。这样就理所当然地把小说家之《宋子》与庄子、荀卿批评之“宋子”区别开。《汉志》著录之小说十五家，无一家是处于先秦学术争鸣先锋论坛上的诸子，据此也可证明小说家之《宋子》定非宋钘著作。

《汉志》小说十五家，一一考察其作者，除去汉代几家，其他伊尹、师旷、青史，不是史家就是颇具传奇色彩的人物，以这些人物为对象附会出来的“小说”在民间流传，更易为市井所津津乐道。宋玉就非常符合这类人物特征，宋钘（宋荣子）的身份不具有传奇性，也就是说他是一个不容易“有故事”的人。张舜徽在《汉书艺文志通释》中的质疑不是没有道理的。

《宋子》佚文见于《新序·杂事》者有三则，分别为：

> 楚威王问于宋玉曰：“先生其有遗行耶，何士民众庶不誉之甚也?”宋玉对曰：“唯，然，有之。愿大王宽其罪，使得毕其辞。客有歌于郢中者，其始曰下里巴人，国中属而和者数千人；其为阳陵采薇，国中属而和者数百人；其为阳春白雪，国中属而和者，数十人而已也；引商刻角，杂以流徵，国中属而和者，不过数人。是其曲弥高者，其和弥寡。故鸟有凤，而鱼有鲸。凤鸟，上击于九千里，绝浮云，负苍天，翱翔乎窈冥之上，夫卤田之鷃，岂能与之断天地之高哉？鲸鱼，朝发昆仑之墟，暴鬐于碣石，暮宿于孟诸；夫尺泽之鲵，岂能与之量江海之大哉。故非独鸟有凤而鱼有鲸也，士亦有之。夫圣

---

① 任莉莉：《七录辑证》，上海古籍出版社 2011 年版，第 196 页。

人瑰意奇行，超然独处，世俗之民，又安知臣之所为哉。”（卷一）①

宋玉因其友以见于楚襄王，襄王待之无以异，宋玉让其友。其友曰：“夫姜桂因地而生，不因地而辛；妇人因媒而嫁，不因媒而亲。子之事王未耳，何怨于我。”宋玉曰：“不然。昔者齐有良兔曰东郭䨲，盖一旦而走五百里；于是齐有良狗曰韩卢，亦一旦而走五百里。使之遥见而指属，则虽韩卢不及众兔之尘；若蹑迹而纵緤，则虽东郭䨲亦不能离。今子之属臣也，蹑迹而纵緤与，遥见而指属与？《诗》曰：将安将乐，弃我如遗。此之谓也。”其友人曰：“仆人有过，仆人有过。”（卷五）②

宋玉事楚襄王，而不见察，意气不得，形于颜色。或谓曰：“先生何谈说之不扬，计画之疑也。”宋玉曰：“不然。子独不见夫玄蝯乎，当其居桂林之中，峻叶之上，从容游戏，超腾往来，龙兴而鸟集，悲啸长吟，当此之时，虽羿、逢蒙，不得正目而视也。及其在枳棘之中也，恐惧而悼慄，危视而蹟行，众人皆得意焉。此皮筋非加急，而体益短也。处势不便故也。夫处势不便，岂可以量功校能哉。《诗》不云乎：驾彼四牡，四牡项领。夫久驾而长不得行，项领不亦宜乎。《易》曰：臀无肤，其行趑且。此之谓也。”（卷五）③

这三则故事中，宋玉的语言渲染铺陈，无一不用“譬”的方式来说理，文中的宋玉形象与上述小说家无异。其中“宋玉对楚王问”故事，为李善《文选注》与李贤《后汉书注》引用，在后世流传甚广。

《天乙》，班固注：“天乙谓汤，其言非殷时者，皆依托也。”王齐洲在《〈汉书·艺文志〉著录之小说家〈务成子〉等四家考辨》文中，先是引用了先秦及汉代诸子文献中记载的成汤故事，然后总结说：“虽不能说此类传说即是《天乙》之内容，但以民间可理解之内容和形式解说成汤，大概是《天乙》的基本特点。”

诸子书记载的成汤故事中，“网开三面”一事见于贾谊《新书》与刘向《说苑》两书，文辞略异。

汤见设网者四面张，祝曰：“自天下者，自地出者，自四方至

① （汉）刘向撰，石光瑛校释：《新序校释》，中华书局2001年版，第126—140页。

② 同上书，第747—751页。

③ 同上书，第751—758页。

者，皆罗我网。”汤曰：“嘻，尽之矣！非桀其孰能如此?”令去三面，舍一面，而教之祝曰：“蛛蝥作网，今之人修绪，欲左者左，欲右者右，欲高者高，欲下者下，吾请受其犯命者。”士民闻之，曰：“汤之德及于禽兽矣，而况我乎!”于是下亲其上。(《新书·谕诚》)①

汤见祝网者，置四面，其祝曰：“从天坠者，从地出者，从四方来者，皆离吾网。”汤曰：“嘻，尽之矣，非桀其孰为此。”汤乃解其三面，置其一面，更教之祝曰：“昔蛛蝥作网，今之人循序，欲左者左，欲右者右，欲高者高，欲下者下，吾取其犯命者。”汉南之国闻之曰：“汤之德及鸟兽矣。”四十国归之。人置四面未必得鸟，汤去三面，置其一面，以网四十国，非徒网鸟也。(《新序·杂事第五》)②

贾谊与刘向记事所据文本当大致相同，或许就是小说家之《天乙》中故事，但是二者作书之旨不同，造成表述方式上的差异。《新序》云“汉南之国闻之”，又云“四十国归之”显然有夸张渲染的成分，不如贾谊所述“士民闻之”老实稳妥。联系贾谊的思想倾向，再联系上古神话传说为儒家改造的事实，可推知先秦小说家文献在为诸子引用时必定经历了一番改造。因此，对于“小说家言”，诸子文献可以保存“其事”，而掩盖了“其实”。只有珍视小说家文献价值的人才能相对完整地“实录”其文，身兼文献学家的刘向在这一点上超越了同时代诸子。

《黄帝说》，班固注：“迂诞依托”。袁行霈与王齐洲都认为此书为方士依托黄帝之名所作。当不误。

凡《六经》帝王之所著，莫不致四灵焉。德盛则以为畜，治平则时气至矣。故麒麟麢身牛尾，圆顶一角。含仁怀义，音中律吕。行步中规，折旋中矩。择土而践，位平然后处。不群居，不旅行。纷兮其有质文也。幽闲则循循如也，动则有容仪。黄帝即位，惟圣恩承天，明道一修，惟仁是行，宇内和平。未见凤凰，维思影像，夙夜晨兴。于是乃问天老曰：“凤像何如?”天老曰：“夫凤鸿前麟后，蛇颈鱼尾，鹤植鸳鸯思，丽化枯折所志，龙文龟身，燕喙鸡噣，骈翼而中

---

① （汉）贾谊撰，阎振益、钟夏校注：《新书校注》，中华书局 2000 年版，第 279 页。

② （汉）刘向撰，石光瑛校释：《新序校释》，中华书局 2001 年版，第 661—664 页。

注。首戴德，顶揭义，背负仁，心信智。食则有质，饮则有仪。往则有文，来则有嘉。晨鸣曰发明，昼鸣曰保长。飞鸣曰上翔，集鸣曰归昌。翼挟义，衷抱忠，足履正，尾系武。小声合金，大声合鼓。延颈奋翼，五光备举。光兴八风，气降时雨。此谓凤像。夫惟凤为能究万物，通天祉，象百状，达于道。去则有灾，见则有福。览九州，观八极，备文武，正王国。严照四方，仁圣皆伏。故得凤像之一者凤过之，得二者凤下之，得三者则春秋下之，得四者则四时下之，得五者则终身居之。”黄帝曰：“於戏，盛哉！”于是乃备黄冕，带黄绅，斋于中宫。凤乃蔽日而降。黄帝降自东阶，西面启首曰：“皇天降兹，敢不承命。”于是凤乃遂集东囿，食帝竹实，栖帝梧树，终身不去。《诗》云：“凤皇鸣矣，于彼高冈。梧桐生矣，于彼朝阳。菶菶萋萋，雍雍喈喈。”此之谓也。(《说苑·辨物》)①

这则故事记载黄帝召凤，与《风俗通义·祀典》所引荼与郁垒捉鬼故事同属怪、力、乱、神一系，不同的是《说苑》所述更富于文辞的审美趣味，而至应劭则浓缩为干巴巴的事典。从这个角度审视“小说家言”，与可供吟诵的俗赋的确有相似之处，可印证伏俊琏之说（见上文）。

《封禅方说》，注云：“武帝时”。王齐洲在《〈汉志〉著录之小说家〈封禅方说〉等四家考辨》文中称：“《封禅方说》虽未完整保存下来，但其基本内容仍然可以通过《史记·封禅书》知其大概。”从上文我们可以得知，“小说家言”的审美价值正在于其“言说”的方式，而不仅在于其内容，更不在于其思想，因此无论是从“内容”还是从“思想”去探寻“小说家言”的人，都是真心不懂得它的魅力所在。

非常遗憾的是，《封禅方说》的文字已消失殆尽，《新序》《说苑》中是否有此书遗文，已不可考。

《待诏臣饶心术》，注云：“武帝时。……刘向《别录》云：‘饶，齐人也，不知其姓，武帝时待诏，作书，名曰《心术》也。’”王齐洲在《〈汉志〉著录之小说家〈封禅方说〉等四家考辨》文中说：“该书不应是接近儒家的君道之论，而应是合于黄老道家之旨而又被方士通俗化了的修心养心之寓言”，这个结论可以成立。

其书亡佚，《新序》《说苑》二书载录情况也不可考察。

《待诏臣安成未央术》，注云：“应劭曰，道家也，好养生事，为未央

---

① （汉）刘向撰，向宗鲁校证：《说苑校证》，中华书局 1987 年版，第 454—457 页。

之术。”王齐洲在《〈汉志〉著录之小说家〈封禅方说〉等四家考辨》文中认同袁行霈的结论：“未央术就是求长生的方术”，笔者以为未必可信。因为马国翰在《玉函山房辑佚书》中诸子“天文类”中辑录有无名氏《未央术》遗文十二条，所论为十二国星的分野。① 可惜此书原文不得见，不敢妄下断语。《新序》《说苑》中是否有此书遗文，已不可考。

《臣寿周纪》，注云：“项国圉人，宣帝时。”圉，为淮阳国圉县。据《汉书》记载，汉昭帝有幸臣姓寿，名西长，“寿周纪”者，寿当为姓，周纪为名。此仅备一说。全书亡佚，《新序》《说苑》中是否有此书遗文，已不可考。

《虞初周说》，注云：“河南人，武帝时以方士侍郎，号黄车使者。应劭曰：‘其说以《周书》为本。’……《史记》云：‘虞初，洛阳人。’即张衡《西京赋》‘小说九百，本自虞初’者也。”根据王齐洲在《〈汉书·艺文志〉著录之〈虞初周说〉探佚》文中考辑的成果，(案：也有学者怀疑现存遗文不可靠，认为全书均佚。)② 则《新序》中至少保存其中两则，原文如下：

> 靖郭君欲城薛，而客多以谏，君告谒者，无为客通事。于是有一齐人曰：“臣愿一言，过一言，臣请烹。”谒者赞客。客曰：“海大鱼。”因反走。靖郭君曰：“请少进。”客曰：“否，臣不敢以死戏。”靖郭君曰：“嘻，寡人毋得已，试复道之。”客曰：“君独不闻海大鱼乎，网弗能止，缴不能牵，砀而失水陆居，则蝼蚁得意焉。且夫齐，亦君之水也，君长有齐，奚以薛为；君若无齐，虽隆薛之城到天，犹且无益也。”靖郭君大悦，罢民弗城薛也。(《新序·杂事》)③
>
> 魏王将起中天台，令曰：“敢谏者死。”许绾负蔂操锸入曰：“闻大王将起中天台，臣愿加一力。”王曰：“子何力有加?”绾曰：“虽无力，能商台。”王曰：“若何?”曰：“臣闻天与地相去万五千里，今王因而半之，当起七千五百里之台。高既如是，其趾须方八千里，

① （清）马国翰辑：《玉函山房辑佚书》，上海古籍出版社 1990 年版，第 2855 页。

② 孔德明：《〈虞初周说〉原本形态探考》，《琼州学院学报》2013 年第 6 期。孔文认定《虞初周说》是一部“医巫厌祝”性质的小说祕书。笔者不否认他为此书定性的结论，但是对于他在文中断言其书“整体性流失”而导致片言不存，因而认定现存所有遗文皆不可考的结论则表示怀疑。关于《虞初周说》的考辑文章还有陈自力的《〈虞初周说〉考辨三则》，《广西大学学报》（哲学社会科学版）1988 年第 2 期。

③ （汉）刘向撰，石光瑛校释：《新序校释》，中华书局 2001 年版，第 276—281 页。

尽王之地，不足以为台趾。古者尧舜建诸侯，地方五千里，王必起此台，先伐诸侯，尽有其地，犹不足，又伐四夷，得方八千里，乃足以为台趾。材木之积，人徒之众，仓廪之储，数以万亿。度八千里以外，当定农亩之地，足以奉给王之台者。台具以备，乃可以作。”魏王默然无以应，乃罢起台。(《新序·刺奢》)[①]

这两则故事中，前一则齐人以“海大鱼”这一隐语引起靖郭君的好奇，从而得以进一步劝谏并令其放弃“城薛”的打算。其实齐人也是以“海大鱼”为“譬”，只不过手段更为隐蔽一些。司马迁把“隐语”与“俳优”并称（按：见《报任少卿书》），可见也不是一门高雅的艺术，而是在中下层人群中流行的游戏。从上引咎犯以隐语说晋平公可见，隐语也经常被进言者使用，而且对于“喜隐”“好隐”的君主特别管用。“隐士”是专攻“隐”术的技术型人才。从《新序》所载“无盐女”故事可见（《新序·杂事第二》），先秦还有专门的“隐书”供学习者揣摩。因此，我们可以推断“隐语”也可算作小说用“譬”的一种方式。

后一则故事中许绾的言辞可谓铺陈夸张之极，而他一开始“操锸”的举动也是非常的新奇，引发了魏王的强烈好奇心，从这点上说“操锸”的功用与这则故事中的“隐语”可谓异曲同工。

这样两个故事，置于有“小说”鼻祖（按：见张衡《西京赋》）[②]之称的《虞初周说》中，一点也不会损害它的美誉。两文相较，发现张衡的“小说”观与刘向非常一致。

《百家》，对于《百家》考辨最为详尽的有庞礴的文章《〈汉书·艺文志〉小说家之〈百家〉辨疑》。[③] 该文得出的结论为：《百家》是刘向的别集，就是《说苑叙录》中所说的“别集以为百家”的“百家”，它记载的内容多为民间传说、历史逸闻、神异故事等。庞文还根据《艺文类聚》记载，提供了两篇《百家》遗文：

《风俗通》曰：城门失火，殃及池鱼。按《百家书》：宋城门失火，自汲池中水以沃之，鱼悉露见，但就把之。

---

① （汉）刘向撰，石光瑛校释：《新序校释》，中华书局 2001 年版，第 802—806 页。

② （梁）萧统编，（唐）李善注：《文选》，中华书局 1977 年版，第 45 页。

③ 庞礴：《〈汉书·艺文志〉小说家之〈百家〉辨疑》，《四川师范大学学报》（社会科学版）2013 年第 6 期。

《风俗通》曰：门户铺首。谨按《百家书》云：公输班之水，见蠡曰："见汝形。"蠡适出头，般以足画图之，蠡引闭其户，终不可得开。般遂施之门户，云："人闭藏如是，固周密矣。"

这两个故事的内容正如作者所说"一是讲民间俗语的由来，一是民用饰物传说"，因为符合《风俗通义》的内容，因此为应劭引用。对于这两条遗文，笔者不敢确认就是小说家《百家》中的佚文，暂且存疑。

综上所述，《新序》《说苑》与《汉志》"小说家"的联系是非常密切的，《汉志》十五部"小说"著作中，除去六部汉人著作，（按：《虞初周说》与《百家》除外。《百家》如为刘向本人别集则无必要再在《新序》《说苑》中重复摘引；《虞初周说》的编纂者虽为汉人，但从其遗文看所记也是先秦人事，刘向所录可能有与《虞初周说》内容重复者，不一定是摘引《虞初周说》一书。或者因为《虞初周说》的"医巫厌祝"秘书身份，外人不很容易见到，刘向认为有援引之必要。）其余九部都能从《说苑》《新序》中找到遗文或者与遗文类似的故事，这个现象不仅说明刘向在《说苑》《新序》两书中有意识地搜集整理后来为《汉志》著录的"小说家"文献，而且因为汉代新出小说家著作在刘向序书时比较常见，因此他在编选二书时侧重著录先秦小说家文献而较少汉人新著。

第二节　基于遗文艺术风格解读基础上的《汉志》"小说家"标准

从笔者此章开始构思到最终成文，其间又有学者陆续就《汉志》小说家和先秦"小说家"概念进行探讨。① 虽然一些观点与笔者不谋而合，但是因为看问题的角度与论证所据的材料不同，主要观点上有些出入，所以还是有继续探讨的必要。

其实《汉志》"小说家"的遗文一经编排，"小说家"的形貌也就清晰可见了。概括一下我们对它的初步印象主要有以下两个：首先，"小说家"属于诸子，但又不同于诸子，他们不以学术思想的发明为务，行文

① 比如高华平《先秦的"小说家"与楚国的"小说"》，《文学评论》2016 年第 1 期；王齐洲、刘伏玲《小说家出于稗官新说》，《湖北大学学报》（社会科学版）2015 年第 6 期。

重视言辞的形式美；其次，《汉志》中的“小说家”既不同于其他九家诸子，也不同于纯供娱乐消遣之用的“俳优”唱本。它“叙事”而指向治身理家的说教，不同于俳优唱本“叙事”而指向娱乐；它“说”理而寄托于传闻、逸事，不同于九家“说理”而可议论抒情、直抒胸臆；它写人而偏好历史人物，不同于俳优偏重无名的市井小人、神怪动物，其他九家诸子则兼而有之；它虽注重形式美，但多供案头阅读，这点与九家类似，却不同于俳优唱本的供说唱。因此可以说，“小说家”是诸子中的另类。

鲁迅《中国小说史略》（按：以下简称《史略》）说：“右所录十五家，梁时已仅存《青史子》一卷，至隋亦佚；惟据班固注，则诸书大抵或托古人，或记古事，托人者似子而浅薄，记事者近史而悠谬者也。”① 鲁迅的评价虽语含褒贬，但“似子而浅薄”“近史而悠谬”也清楚地指出了“小说家”作为诸子中的另类特征。同时概括其主要内容——古人、古事，所以和“史”接近。鲁迅在《史略》中也说过《汉志》“小说家”不似《诗经·国风》采自民间，应是文人创作的。观蒲松龄撰写《聊斋异志》可知，他的神仙妖狐故事素材很多都源自民间“采风”。“小说家”所述多史事，只需依赖文献，无须采风。

因为“小说家”的特殊性，刘向、刘歆的《七略》置“小说”于“诸子略”之末，《汉志》谓其“不入流”。刘向的《新序》《说苑》，一方面着力于保存先秦“小说家”文献，以书目的形式呈现其概貌；另一方面出于政教之需，选择其中一些内容进行整理编排，筛汰其中“浅薄不中义理”者编撰成《新序》《说苑》和《百家》三书，以突出其“治身理家”的功效。不幸的是，《新序》《说苑》等书流行之后，也可能反而加速了“小说家”原始文献的亡佚。

汉人尊崇研习“五经”，但诸子对“五经”精华所取不尽相同。司马迁说：“《书》记先王之事，故长于政”（《自序》），又说“《书》以道事”（《自序》），扬雄也说：“说事者莫辨乎《书》”（《寡见》）。依此，刘向的《说苑》《新序》两书的叙事依准《尚书》，与汉魏其他诸子模范《春秋》不同，从而形成了两书独特的“说理”风格。其他诸子重“言”，刘向两书重“事”，“言”只起到点睛之用。

“小说家”居于先秦诸子“九流十家”的末尾，因为其“说”与“道”之“小”而不入流，为人所轻视，因此班固《汉志》虽然著录其

① 鲁迅：《中国小说史略》，人民文学出版社 1973 年版，第 3 页。

目，亲见其书，但评价不高（按：从班固自作注文可知）。《汉志》是班固借鉴刘向、刘歆父子的成果《别录》《七略》完成的，他对于九流十家的划分可视为刘向、刘歆父子的意旨。《汉志》对于小说家的评论为："小说家者流，盖出于稗官。街谈巷语，道听涂说者之所造也。孔子曰：'虽小道，必有可观者焉，致远恐泥，是以君子弗为也。'然亦弗灭也。闾里小知者之所及，亦使缀而不忘。如或一言可采，此亦刍荛狂夫之议也。"[①] 这也许有刘向父子的认识。但所谓"街谈巷语，道听涂说"，指其信息来源之不可靠，无经传史籍的支撑，这个评价则非常符合班固这个史学家的身份。从班固对于"小说家"的贬低态度可见，他并未真正理解刘向对"小说家"教谕功能的寄托。因为《说苑》《新序》就是刘向向世人证明"小说家"功能的成果。

桓谭在《新论》中对于"小说家"的定义，较少带有某一种固定身份的禁锢，他的定义可能最符合《汉志》"小说家"的真貌："若其小说家，合丛残小语，近取譬论，以作短书。治身治家，有可观之辞。"[②] 具体分析其意："合丛残小语"，说明素材来源之淆杂不经；"近取譬喻"，意为表义方式为以古喻今，不专讲古；其作用和目的在于"治身治家"，比较经国、治天下的大道、周行当然只能谦称"小"。桓谭的定义与我们根据遗文解读的结果相符。

上文中我们说到汉魏诸子在引用"小说家"文献时进行了改造。有趣的是，学界也注意到后人曾对一些具有传奇经历的"子"进行"小说化"的改造。罗焌在他的《诸子学述》之《儒家诸子》一章中评《晏子春秋》曰："今以诸子十家衡之，当属俳优小说一流（俳优即古之稗官，说详后）。非晏子为小说家也，辑是书者小说家数也。兹姑仍《汉志》附之儒家，其学说亦互见焉，不具述也。"[③] 罗焌提出《晏子春秋》一书当属"小说家"，但晏子本人当属儒家，因此推断编排《晏子春秋》者为"小说家"。可见，九流诸子文献与"小说家"文献在流传过程中存在互动，互动的原因是后人对二者的认识与文化趣味有差异。

根据吴则虞在《晏子春秋集释》附录一《晏子春秋佚文》一文中的统计，《新序》与《说苑》两书中记载的《晏子春秋》佚文多达 48 条之多。而关于《晏子春秋》一书的文体历来众说纷纭，主要分歧就在于此

---

① （汉）班固撰，（唐）颜师古注：《汉书》，中华书局 1962 年版，第 1745 页。

② （汉）桓谭撰，朱谦之校辑：《新辑本桓谭新论》，中华书局 2009 年版，第 1 页。

③ 罗焌：《诸子学述》，商务印书馆 1935 年版，第 250 页。

书在《七略》中置于《诸子略》中，而且晏子本人属于儒家，但是其书叙事写人又多虚构。如果比较《汉志》小说家特征，《晏子春秋》一书则与之非常符合。据上引罗焌的话，后人对《晏子春秋》进行了“小说化”的改造后，正好符合被刘氏父子的“小说家”概念。这样，有关《晏子春秋》的归属问题就迎刃而解了。即，班固《汉志》置于诸子之“儒家”的书名为《晏子》，不是“小说家”之《晏子春秋》。

综上所述，《汉志·小说家》的主要特点约有下列几个：第一，“小说家”一类的划分与思想流派无关，所以不能列入“九流”中任何一家；第二，“小说家”偏重治身理家的说教性，但叙事多于议论，相比九流诸子之书，其表达更浅显、通俗、形象、生动；第三，“小说家”讲故事主要以说教为目的，旨在点拨与启发听者，这点区别于俳优唱本重故事的娱乐性；第四，“小说家”多以诸子（多具有传奇色彩者）传闻、逸事为素材，不同于九流诸子中思想义理的阐发；第五，“小说家”以历史人物与事件为本，区别于俳优唱本多演绎无名的市井小人与神怪动物；第六，“小说家”所叙传闻、逸事虽有捕风捉影之嫌，但多有迹可循，不同于俳优唱本的艺术性夸大与虚构；第七，“小说家”行文多不押韵，不适合说唱，更不适合表演，是供阅读的案头著作，不似俳优唱本供说唱表演。

至此，我们对《汉志》小说家的认识才真正清晰起来。

我们追溯“小说”最早起源时，总是会提及《庄子·外物》篇的那句话：“饰小说以干县令，其于大达亦远矣。”① 说明先秦时期根本没有作为一种文学样式的“小说”概念。其实，直到《吕氏春秋》里，使用“小说”这个语词时也不会让人对它与文学样式之间产生任何联想。《吕氏春秋·疑似》篇在讲述了褒姒的故事之后，总结说：“褒姒之败，乃令幽王好小说以致大灭。”② 此处的“小说”意为私语，类似于枕边风。从《吕氏春秋》这则文献可见，至秦代人们对“小说”的认识相比庄子时代也不曾进步，而到了《汉志》中就专门列出“小说家”一类著述来。从吕不韦到班固，他们之间的这个时期应该就是“小说”流布的黄金时期，而刘向敏锐地观察到这一现象，并通过自己的文献工作予以搜集整理使之得以保存，他在其中发挥了承前启后的作用，他的工作以及《汉志》的传播一起用力，促进了“小说”概念在汉代的初步定型。

---

① （清）郭庆藩撰，王孝鱼点校：《庄子集释》，中华书局1961年版，第925页。

② 许维遹：《吕氏春秋集释》，中华书局2009年版，第608页。

第三节　刘向在建言思想指导下以《新序》《说苑》两书保存《汉志》“小说家”文献

建言，指的是刘向的《新序》《说苑》《列女传》这三部著作的编撰都带有他本人强烈的政治使命感，即作为帝王师，有责任和义务教育提升帝王和妃嫔修养，三部著作都可视作他的谏书。据《汉书·楚元王（附刘向）传》：“向睹俗弥奢淫，而赵、卫之属起微贱，逾礼制。向……及采传记行事，著《新序》《说苑》凡五十篇奏之。”[①] 班固对于刘向著书的目的可谓一语中的。作为一位文献学家，在整齐图书之余，刘向煞费苦心地搜集历代列女故事编撰成书，目的也在于教育后宫，从而稳定朝纲。从东汉外戚专政的乱象来看，刘向不能不说有先见之明。

保存，既有搜集整理，也有编排撰写。刘向编著《新序》《说苑》二书时，在保存先秦小说家文献的同时，其实也有自己的编纂，他也在《说苑序奏》中坦言：

> 所校中书《说苑杂事》，及臣向书、民间书、诬校雠，其事类众多，章句相混，或上下谬乱，难分别次序。除去与《新序》复重者，其余者浅薄，不中义理，别集以为百家，后令以类相从，一一条别篇目，更以造新事十万言以上，凡二十篇，七百八十四章，号曰《新苑》，皆可观。[②]

刘向在《序奏》中主要言明这样几点：今传本《说苑》原名《新苑》，其内容的主要来源为中书所藏、经刘向校对的《说苑杂事》，以及刘向从其他渠道搜集到的书籍，最后刘向根据搜集到的文献编排整理成两部著作，最先是把一些“浅薄，不中义理”的部分集为《百家》，剩下的部分“以类相从，一一条别篇目”和自己“更以造新事”的内容编纂成《新苑》。因为《新序》一书早出，他在两书的编排时尽量避免与《新序》“复重”。最后补充说“皆可观”，显然是出自孔子所云“必有可观者”之语。借此，我们明确了刘向编纂《新序》《说苑》等书的自觉性与

---

① （汉）班固撰，（唐）颜师古注：《汉书》，中华书局 1962 年版，第 1958 页。

② （汉）刘向撰，向宗鲁校证：《说苑校证》，中华书局 1987 年版，第 1 页。

主观意愿。

先秦子书中也有些先秦"小说"的史料，比如《庄子·杂篇·外物》记载的任公子钓大鱼的故事就非常精彩，但这类故事在诸子书中非常少，它们混杂在诸子的行文中发挥着说理的义务，不似刘向著作中这么集中，而且独立成章。

刘向著书的目的在于"建言"，因此所选故事多寓启发教育意，描述语言简洁紧凑，主题鲜明。也因为"建言"，他删汰了一些连"小道"都算不上的文献，保存文献的价值打了折扣，这正是刘向身兼谏臣与文献学家的矛盾体现。但相比同时期其他著作，《新序》《说苑》中保存的"小说家"文献不仅范围宽，而且数量多。刘向以前不见有"小说家"一名，刘向单单列出"小说家"这一门类附于"诸子略"之末，说明他对"小说家"独特价值的认识，超越前人。

下面我们重点说说他对"小说"的改造之力。即使是摘引自先秦小说家的文献，一些文本也多少经过了刘向本人的改造与润色，这样做当然更能体现刘向所认识的"小说"风格，从这一点看，他对"小说家"文献的改造和司马迁所做的"整齐百家杂语"有着异曲同工之妙。至于改造得成功与否，则论说各有不同。但很明显，《汉志》"小说家"不同于近代以来的"小说"概念，刘向的《新序》《说苑》二书中保存的先秦"小说"文献，也不能视作近代概念的小说滥觞。

刘向在建言思想指导下对于先秦小说文献编纂整理之时，也做了修正处理，有些是局部的、细节的，有些则比较大胆，主要人物和事件都是有据可依而不是他凭虚杜撰的。关于刘向《说苑》《新序》二书对于先秦古籍文献的搜集整理或改编等问题，现有成果也非常丰富，比如谢明仁的《刘向〈说苑〉研究》，王启敏的《刘向〈新序〉〈说苑〉研究》，姚娟的《〈新序〉〈说苑〉文献研究》等著作和叶博的硕士学位论文《〈新序〉〈说苑〉研究——在事语类古书的视野下》都已做了非常详尽的考察，笔者只就"小说"类文献举几个非常具有代表性的例子来揭示刘向的改造成绩。

刘向对原始文献的改造之一：有些故事，他在叙事之后，习惯于加上点评以晓义理。刘向《新序》《说苑》中的故事取材范围非常广泛，但文字皆经过刘向本人的润色改造，因为编纂两书的目的在于"建言"，因此他每每在故事之后，喜欢加上自己的评价之词，以晓义理。如"曾子耘瓜"一事同见于《孔子家语》与《说苑》，两处材料比对，明显可见刘向的加工改造之功。

《家语·六本》：

曾子耘瓜，误斩其根。曾皙怒，建大杖以击其背，曾子仆地而不知人，久之。有顷，乃苏，欣然而起，进于曾皙曰："向也，得罪于大人，大人用力教参，得无疾乎。"退而就房，援琴而歌，欲令曾皙闻之，知其体康也。孔子闻之而怒，告门弟子曰："参来，勿内。"曾皙自以为无罪，使人请于孔子。子曰："汝不闻乎，昔瞽瞍有子曰舜。舜之事瞽瞍，欲使之，未尝不在于侧；索而杀之，未尝可得。小棰则待过，大杖则逃走，故瞽瞍不犯不父之罪，而舜不失烝烝之孝。今参事父，委身以待暴怒，殪而不避，既身死而陷父于不义，其不孝孰大焉？汝非天子之民也？杀天子之民，其罪奚若？"曾参闻之曰："参罪大矣。"遂造孔子而谢过。①

《说苑·建本》：

曾子耘瓜而误斩其根。曾皙怒，援大杖击之，曾子仆地，有顷，乃苏，蹶然而起，进曰："曩者，参得罪于大人，大人用力教参，得无疾乎？"退屏鼓琴而歌，欲令曾皙听其歌声，令知其平也。孔子闻之，告门人曰："参来勿内也。"曾皙自以无罪，使人谢孔子。孔子曰："汝闻瞽瞍有子名曰舜？舜之事父也，索而使之，未尝不在侧，求而杀之，未尝可得，小棰则待，大棰则走，以逃暴怒也。今子委身以待暴怒，立体而不去，杀身以陷父不义，不孝孰是大乎？汝非天子之民邪？杀天子之民罪奚如？"以曾子之材，又居孔子之门，有罪不自知，处义难乎！②

相比《家语》所载，《说苑》叙事文字更俭省，描述也不过多追求夸张效果，且不似《家语》叙述完故事即止，而是结尾处予以点评，以明晓借此事件欲阐明之义理，这点正是子书区别于杂史之处。

刘向对原始文献的改造之二：叙事语言更为俭省，描述也不过多追求夸张效果，使得事件主题更为突出。如孔子受鱼一事，同见于《孔子家语》与《新序》《说苑》。《家语·致思》记载为：

---

① （魏）王肃注，陈士轲辑：《孔子家语疏证》，上海书店1987年影印版，第101页。

② （汉）刘向撰，向宗鲁校证：《说苑校证》，中华书局1987年版，第61页。

孔子之楚，而有渔者而献鱼焉，孔子不受。渔者曰：“天暑市远，无所鬻也，思虑弃之粪壤，不如献之君子，故敢以进焉。”于是夫子再拜受之，使弟子扫地，将以享祭。门人曰：“彼将弃之，而夫子以祭之，何也？”孔子曰：“吾闻之，惜其腐餘而欲以务施者，仁人之偶也。恶有受仁人之馈而无祭者乎？”①

《说苑·贵德》记载为：

孔子之楚，有渔者而献鱼甚强，孔子不受。献鱼者曰：“天暑市远，卖之不售，思欲弃之，不若献之君子。”孔子再拜受，使弟子扫除，将祭之。弟子曰：“夫人将弃之，今吾子将祭之，何也？”孔子曰：“吾闻之，务施而不腐余财者，圣人也。今受圣人之赐，可无祭乎？”②

《新序·杂事》：

楚人有献鱼楚王者，曰：“今日渔获，食之不尽，卖之不售，弃之又惜，故来献也。”左右曰：“鄙哉辞也。”楚王曰：“子不知渔者，仁人也。盖闻囷仓粟有余者，国有饿民；后宫有幽女者，下民多旷夫；余衍之蓄，聚于府库者，境内多贫困之民：皆失君人之道。故庖有肥鱼，厩有肥马，民有饿色，是以亡国之君，藏于府库。寡人闻之久矣，未能行也。渔者知之，其以此谕寡人也，且今行之。”于是乃遣使恤鳏寡，而存孤独；出仓粟，发币帛，而振不足；罢去后宫不御者，出以妻鳏夫。楚民欣欣大悦，邻国归之。故渔者一献余鱼，而楚国赖之，可谓仁智矣。③

《说苑》文字俭省精练，《家语》中诩渔者为“仁人”，《说苑》中诩其为“圣人”，这些都显示出刘向改造的目的，在于突出故事所蕴含之义理，而非如后世小说津津乐道于故事本身，这点使《说苑》区别于汉魏之小说。但是同为刘向著作，《新序》与《说苑》的记载为何也有出入

① （魏）王肃注，陈士轲辑：《孔子家语疏证》，上海书店 1987 年影印版，第 41 页。
② （汉）刘向撰，向宗鲁校证：《说苑校证》，中华书局 1987 年版，第 107 页。
③ （汉）刘向撰，石光瑛校释：《新序校释》，中华书局 2001 年版，第 198—201 页。

呢？两相比较，《说苑》所录与《家语》相类，它与《新序》所录故事应为两个版本，因为刘向在《序奏》说过尽量避免与《新序》内容复重，因此两书中同一故事的不同叙述或为刘向的自觉安排。

晏子赠言予曾子一事，见载于《晏子·内篇杂上》《荀子·大略》《家语·六本》，《晏子》本记述最为详尽，不仅有良匠煣轮与良工修和氏之璧两例以说明君子需慎隐煣、慎所修，而且仅举兰一例以比较所湛于苦酒与縻醢之不同结果，说明君子必求所湛之重要；《荀子》本字最少，但杂以晏子家贫与泰山之木等内容，显得支离；《家语》本字数稍多，添“仕必择君”一语与“居必择处”重复，且后附有孔子评语，重点突出孔子对于晏子为人的定性；《说苑·杂言》所载则甚简略，原文如下：

> 曾子从孔子于齐，齐景公以下卿礼聘曾子，曾子固辞。将行，晏子送之，曰：“吾闻君子赠人以财，不若以言。今夫兰本三年，湛之以鹿醢，既成，则易以匹马。非兰本美也，愿子详其所湛，既得所湛，亦求所湛。吾闻君子居必择处，游必择士。居必择处，所以求士；游必择士，所以修道也。吾闻反常移性者欲也，故不可不慎也。”①

相比其他三个文本，刘向加工的痕迹很明显，具体表现在突出晏子赠言就是义理所在，不仅肯定了曾子从师于孔子是“既得所湛”，而且要继续“亦求所湛”，很好地处理了修道与择处、择士之间的体用关系。晏子亲送曾子一事，据杨倞的考证，实为“好事者”所杜撰，以刘向校订群书之功，不加辨别而取用之，一方面为保存文献，另一方面也为效“虽小道，必有可观者”之功用。

刘向对原始文献的改造之三：刘向随意地改变原叙事的幅度：有些故事重视言说，而轻视事件发展的完整性与连贯性；有些故事的叙述非常详尽，人物鲜明，情节曲折。② 这点又使《说苑》区别于杂史与俳优小说。

如《孔子家语》中有“子路初见”一章，以“子路将行”为中心记载了子路与孔子之间的两次对话，但在《说苑》中这两次对话分别出现于《杂言》第三十四章与第三十五章，两章以“子路行”或“子路将

---

① （汉）刘向撰，向宗鲁校证：《说苑校证》，中华书局1987年版，第431页。

② 详见王启敏《刘向〈新序〉〈说苑〉研究》，安徽大学出版社2011年版，第125—135页。

行”开头，孔安国从叙事之完整与连贯性考虑合二为一，刘向仅取其言，所以不妨分作两章。又如《孔子家语·六本》之“吾死之后”一章在《说苑》中分别见于《杂言》之第三十二章与第四十六章，《孔子家语·致思》之“孔子谓伯鱼曰”一章分别见于《说苑·建本》之第十四章与第十五章，《孔子家语·六本》之“回有君子之道四焉”一章分别见于《说苑·杂言》之第二十九章、第三十章与第三十一章。《孔子家语》作为一部“大夫家史”①，着重叙事之完整与连贯；而《说苑》重“说”则重言轻事，目的不同，所以材料处理也不同。

刘向对于先秦小说文献的改变不是绝对的，也有一些文献他几乎保存了原貌，如今本《晏子春秋》所载《柏常骞禳枭死将为景公请寿晏子识其妄第四》（《晏子春秋集释》卷第六内篇杂下第六）一事与《说苑》（卷第十八）所载为同一故事，而且文辞几乎一样。

又如“海大鱼”故事，在《新序》中的文本如上引。它在《韩非子·说林下》中文本是这样的：

> 靖郭君将城薛，客多以谏者。靖郭君谓谒者曰：“毋为客通。”齐人有请见者曰：“臣请三言而已，过三言，臣请烹。”靖郭君因见之。客趋进曰：“海大鱼。”因反走。靖郭君曰：“请闻其说。”客曰：“臣不敢以死为戏。”靖郭君曰：“愿为寡人言之。”答曰：“君闻大鱼乎？网不能止，缴不能絓也，荡而失水，蝼蚁得意焉。今夫齐亦君之海也，君长有齐，奚以薛为？君失齐，虽隆薛城至于天，犹无益也。”靖郭君曰：“善。”乃辍，不城薛。②

它在《淮南子·人间训》中文本是这样的：

> 靖郭君将城薛，宾客多止之，弗听。靖郭君谓谒者曰：“无为宾通言。”齐人有请见者曰：“臣请道三言而已。过三言，请烹。”靖郭

① 说出于蒙文通：“诸侯国史称《春秋》，大夫家史也称《春秋》。诸侯国史称《国语》，则大夫家史自可称为《家语》。《孔子家语》便是显例。……就《孔子家语》一书的内容分析，显然是介于《晏子春秋》与《吕氏春秋》之间的作品。换句话说，也就是介于家史与诸子之间的作品。”参见蒙文通《先秦诸子与理学》，广西师范大学出版社2006年版，第268页。

② （清）王先慎：《韩非子集解》，中华书局1998年版，第195页。

君闻而见之，宾趋而进，再拜而兴，因称曰：“海大鱼。”则反走。靖郭君止之曰：“愿闻其说。”宾曰：“臣不敢以死为熙。”靖郭君曰：“先生不远道而至此，为寡人称之！”宾曰：“海大鱼，网弗能止也，钓弗能牵也。荡而失水，则蝼蚁皆得志焉。今夫齐，君之渊也。君失齐，则薛能自存乎？”靖郭君曰：“善。”乃止不城薛。此所谓亏于耳、忤于心而得事实者也。夫以“无城薛”止城薛，其于以行说，乃不若“海大鱼”。[①]

三个文本篇幅仅差几字，文字出入不大，《新序》最简，其次《韩非子》，《淮南子》多一处动作细节，结尾有议论。

因为这样的保存与改造，使《新序》《说苑》（尤其是《说苑》）带上了浓郁的“小说”意味，受到一些人的诟病。上述刘知幾是一例，又有宋人叶大庆，他在《考古质疑》中先是考证《新序》所载“秦欲伐楚使使者往观楚之宝器”一事中昭奚恤、尹子西与叶公子高三人不同时，然后说：

虽然，诸子固非同时人也，然以意逆志，而有得其说。盖数子皆楚名臣，奚恤姑欲以此夸示秦使，故历举诸人，谓理民、富国、守境、治兵，皆有其人，乃寓言也，而何必其时之同。正如东方朔对武帝“诚得天下贤士，公卿在位皆得其人矣，若以周、召为丞相，孔子为御史大夫，太公为将军，卞庄子为卫尉，皋陶为大理，后稷为司农，鲁班将作，史鱼司直”云云，诸公固非同时人，亦姑以是寓言之尔。知此，则知《新序》奚恤之言矣。[②]

其后又指出《新序》两处与史实不符：“孟子对好色好勇之事，与齐宣王问答也，而《新序》乃以为梁惠王，岂非误乎！又《节士篇》所言《黍离》诗，乃周诗也，《诗序》非不明白，《新序》乃云‘卫宣公之子寿，闵其兄且见害，而作是诗’亦误也。”[③] 在卷四中更是指出《说苑》中许多与史实不符之处，具体为：“赵襄子善赏士”不能出自孔子等十多

① 刘文典撰，冯逸、乔华点校：《淮南鸿烈集解》，中华书局 1989 年版，第 600 页。

② （宋）叶大庆：《考古质疑》，宋元笔记丛书，上海古籍出版社 1985 年版，第 15 页。

③ 同上。

事为误。[①] 说明叶大庆对于两书的体例也是不甚明了，他依旧用经、史的框框套在《新序》的头上，难免会生出诸多误解。

今人对于《说苑》的小说属性已经完全认同并学会品味和赏析，类似观点不胜枚举。如屈守元在《说苑校证》序言中说：“从《说苑》的写作形式看，颇具故事性，多为对话体，甚至还有些情节出于虚构，可以认为其中有些作品属于古代短篇小说。”[②] 但，反对之声也不能忽视。如叶博在其论文中认为《新序》《说苑》均为事语类故事集，同时否认《说苑》的小说意味。但最后她又承认：“《新序》《说苑》与后世小说的关系，或许在小说观念上、篇幅形制上的联系更为紧密，影响也更直接。”[③] 前后所云都未准确把握《汉志》“小说家”的实质。

当今学者，在相当开阔的文献与文学视野下看待《说苑》的“小说”属性或意味，当然是轻而易举的，但也未能辨清刘氏的“小说”与后世小说的区别。笔者突然想起一个现象：李善注《文选》对同一材料为何偏偏引用桓谭的《新论》或《琴道》而不引用《说苑》呢？《说苑》散佚在宋代，李善注《文选》时当有原本，而且《说苑》的年代比《新论》早了三十多年，李善注却不选用它说明什么？这是否也能从侧面说明《说苑》与《汉志》“小说家”的亲密联系在唐代即已为人所熟知？

---

① （宋）叶大庆：《考古质疑》，宋元笔记丛书，上海古籍出版社 1985 年版，第 31—35 页。

② （汉）刘向撰，向宗鲁校证：《说苑校证》，中华书局 1987 年版，第 4 页。

③ 叶博：《〈新序〉〈说苑〉研究——在事语类古书的视野下》，硕士学位论文，北京大学，2009 年。

第七章　徐幹《中论》引《诗》与汉魏之际的《诗经》学

徐幹作为“建安七子”之一，他的辞赋创作堪与王粲媲美，曹丕认为他们的《初征》《登楼》《元猿》《漏卮》等赋作“虽张蔡不过也”。他的为人在“七子”中号称最为淡泊，因为淡泊所以能摆脱“目前之务”，全心投入不朽的《中论》著述中。曹丕对于徐幹《中论》的赞美向来不吝笔墨，笔者原以为这仅出于曹丕本人借书传名的价值认同，因为以《中论》与《新论》《论衡》《潜夫论》等批判锋芒犀利的子书相比，《中论》的风格可谓中庸平和，毫无张扬的个性。在仔细揣摩《中论》引诗之后，笔者才体会到其中的“微言大义”，也明白了徐幹在《中论》文本中寄托的良苦用心。孙启治在《中论解诂·前言》中的话“《中论》的议论大多在述古讽今，依托论古以反衬当今”,①道出了徐幹的心声。

相比王粲、陈琳等人与曹氏政权的亲近，徐幹算是高蹈者，但他的高蹈迥异于岩穴之士。他把经世致用的理想倾注到《中论》中，高举儒家的德教大旗，希望借助它来挽大厦于将倾。关注其《诗》学思想的清代学者，认为徐幹本习《鲁》诗，因此以《中论》引诗的例子来补充三家诗说。这种做法的武断性已逐渐暴露，因此笔者也希望通过对《中论》引《诗》、用《诗》情况的考察，阐明徐幹的用《诗》态度和方法，并借此了解汉魏之际的《诗》学传授情况。

---

①（魏）徐幹撰，孙启治解诂：《中论解诂》，中华书局 2014 年版，第 9 页。按：文中《中论》文本一般参照徐湘霖注本，只有徐注本与孙注本有异文，或徐注本标点不合理时才引孙注本。

第一节　《中论》引《诗》特点

据笔者统计，《中论》引用《诗经》约47次，包括引用诗句30次，单引诗旨17次。其中引用《周颂》2篇2次，在《周颂》中所占比率为6.5%；引用《鲁颂》2篇2次，在《鲁颂》中所占比率为50%；引用《大雅》7篇15次，在《大雅》中所占比率为22%；引用《小雅》13篇14次，在《小雅》中所占比率为18%；引用《国风》15篇15次，在《国风》中所占比率为9.4%。统计数据表明，《中论》引用《雅》《颂》的比率超过了《国风》。跃进师曾说过："凡是涉及一些重大社会问题或严肃的事，他们（先秦说诗者）往往引用'雅''颂'以明理。……说诗者引用这类诗说明一些政治上的问题，不会有歧义，容易起到'正得失'的社会作用。"[①] 根据跃进师的观点，徐幹引《雅》《颂》的目的与先秦说诗者无异。

春秋及前人的说《诗》引《诗》，一般存在"以《诗》为史"和"以《诗》为教"两种不同的学术传统。[②] 就文献著述论，前者以《左传》《国语》为代表，后者以《荀子》等战国时期的儒家为代表。《中论》引诗也采用以上两种方法，但"以《诗》为史"的例子较少，它主要继承了儒家诸子"以《诗》为教"的传统。

"以《诗》为史"的例子在《中论》中仅有2例，如《爵禄》篇云："太公亮武王克商宁乱"，[③] 使用的就是《大雅·大明》篇所叙述的姜尚辅佐周武王伐纣的史实和表述方式；《审大臣》篇云："帝者昧旦而视朝廷"[④]，使用的史实陈述就是根据《郑风·女曰鸡鸣》："女曰鸡鸣，士曰昧旦"[⑤] 的诗句而来。昧旦，天将明而未明之时。

所谓"以《诗》为教"或曰"正得失"就在于《诗》的美刺作用，徐幹有欲借儒家的德教传统以澄清社会混沌的美好愿望，所以《中论》引诗主要在修身处世之道和治国为政之方这两方面发挥其指引作用。

---

① 刘跃进：《古典文学文献学丛稿》，学苑出版社1999年版，第176页。

② 此处参考郑杰文《上博藏战国楚竹书〈诗论〉作者试测》，《文学遗产》2002年第4期。

③ （汉）徐幹原著，徐湘霖校注：《中论校注》，巴蜀书社2000年版，第141页。

④ 同上书，第237页。

⑤ （清）阮元校刻：《十三经注疏》，中华书局1980年版，第340页。

《中论》引诗中的绝大部分为指明修身处世之道的，它们为徐幹所重视的两类人群服务：一类为执政者，另一类为“君子”。这既展示出徐幹的精英社会思想，又能体现徐幹对儒家修、齐、治、平美好理想的汲汲追求。这类“以《诗》为教”的方法也可分为正面褒扬、鼓励和负面批评、警戒两种。

《中论》中引诗以教谕执政者的例子约有 12 个，分别见于《虚道》《艺纪》《审大臣》《亡国》《赏罚》《复三年丧》等篇。《虚道》篇引诗有 5 次之多，最能体现徐幹借古讽今的用意。如他引《鄘风·干旄》：“彼姝者子，何以告之”，[①] 旨在告诫君主如能“谦虚恭顺，则人皆感应而乐告良言”。[②] 紧接着又引《大雅·桑柔》：“匪言不能，胡斯畏忌。”[③] 这是站在进谏者角度，说他们不言不是不能，而是惧怕得罪君主而获罪。徐幹以换位思考来提高执政者的认识，提醒他们想听真话、有用的话必须谦虚。行文至此似乎言有未尽，于是他又引卫武公为执政者树立典范，赞美他能虚以待人，并作《大雅·抑》以自我警示，因此卫国人民作《卫风·淇澳》歌颂他的德行。[④] 徐幹希望以卫武公声名随《诗经》传唱而流芳百世的故事打动君主，引其谦虚上进，可谓用心良苦。但他还是放心不下，最后又引《大雅·抑》“诲尔谆谆，听之藐藐，匪用为教，覆用为虐”[⑤] 的诗句，以恐吓、威胁的口吻告诫执政者千万不要无视君子们苦口婆心的劝诫而一意孤行，这样只能为自己带来亡国灭种的灾难。徐幹在教谕君主虚心纳谏时，通过引用不同类型的《诗经》篇章以取得“甜枣加棍棒”的综合效果，真可谓苦心孤诣。

《艺纪》篇两次引诗，表面是谈论君子的修养，其实暗寓教谕执政者之意。如引《小雅·菁菁者莪》：“菁菁者莪，在彼中阿。既见君子，乐且有仪”，说明“美育人材”[⑥] 的重要，显然是对执政者的期许；再引《小雅·鹿鸣》：“我有嘉宾，德音孔昭。视民不恌，君子是则是效。我有旨酒，嘉宾式宴以敖。”以说明“此礼乐之所贵也”，[⑦] 还是提醒君主要承

---

① （汉）徐幹原著，徐湘霖校注：《中论校注》，巴蜀书社 2000 年版，第 55 页。

② （魏）徐幹撰，孙启治解诂：《中论解诂》，中华书局 2014 年版，第 64 页。

③ （汉）徐幹原著，徐湘霖校注：《中论校注》，巴蜀书社 2000 年版，第 59 页。

④ 同上书，第 62 页。

⑤ 同上。

⑥ （魏）徐幹撰，孙启治解诂：《中论解诂》，中华书局 2014 年版，第 115 页。按：徐湘霖校本作“美育群材”（第 97 页），孙启治考辨诸本后以为作“人”。

⑦ （汉）徐幹原著，徐湘霖校注：《中论校注》，巴蜀书社 2000 年版，第 102 页。

担起对“君子”型人才礼乐教化的使命。

又如他在《审大臣》篇说：“故《诗》曰：‘山有扶苏，隰有荷华，不见子都，乃见狂且。’言所谓好者非好，丑者非丑，亦由乱之所致也。治世则不然矣。”[①] 引诗以说明在乱世，流俗的褒贬很容易失实，告诫君主选拔与考量大臣不能听信流俗之言，而要亲自考察，并且验之以行事。他又在《亡国》篇说：“今不务明其义，而徒设其禄，可以获小人，难以得君子。君子者，行不媮合，立不易方，不以天下枉道，不以乐生害仁，安可以禄诱哉？虽强搏执之而不获已，亦杜口佯愚，苟免不暇，国之安危将何赖焉？故《诗》曰：‘威仪卒迷，善人载尸。’此之谓也。”[②] 此段引《大雅·板》的诗句作比，以神像的沉默不语，比喻君子缄口。他告诫执政者如果没有求贤的真心并付诸行动，即使拥有贤人也得不到其相助。《赏罚》篇引《郑风·大叔于田》：“执辔如组，两骖如舞”，[③] 以善御车比喻执政者长于使用赏罚以治国。

徐幹引诗方式比较灵活，能够把诗句与篇旨穿插使用，而且注意诗篇情感表达的对比效果，这样行文不拖沓，而且批评效果显著。如《复三年丧》篇云：“《诗》曰：‘尔之教矣，民胥放矣。’圣主若以游宴之间，超然远思，览周公之旧章，咨显宗之故事，感《蓼莪》之高行，恶《素冠》之所刺，发复古之德音，改太宗之权令。事行之后，永为典式，传示万代不刊之道也。”[④] 他先是引《小雅·角弓》的诗句言上行下效，执政者需身为世范的宗旨。又引《蓼莪》以正面树典，引《素冠》以负面警示，反复告诫君主不能重蹈幽王覆辙。

《中论》“引《诗》以教”君子者多达二十几例，分布的篇目也较广泛，以《法象》篇最具代表性。徐幹在篇中四次引用诗句，意在从正面为君子指引修身的方向，如引《大雅·抑》“敬尔威仪，维民之则”[⑤] 强调君子形象对于民众的典范作用；引《周南·兔罝》“肃肃兔罝，施于中林”，[⑥] 说明独处时也要谨慎；引《邶风·谷风》“就其深矣，方之舟之；

① （汉）徐幹原著，徐湘霖校注：《中论校注》，巴蜀书社2000年版，第244页。

② （魏）徐幹撰，孙启治解诂：《中论解诂》，中华书局2014年版，第350页。按：“媮”，徐注本作“偷”。

③ 同上书，第358页。

④ 同上书，第379页。

⑤ 同上书，第21页。

⑥ （汉）徐幹原著，徐湘霖校注：《中论校注》，巴蜀书社2000年版，第23页。

就其浅矣，泳之游之”,[1] 说明“君子处境无论险易吉凶，必重仪容”;[2] 引《小雅·小明》“靖恭尔位，正直是与，神之听之，式谷以汝”,[3] 说明君子假如具备了谦、让、庄、敬这“四德”，就能受神鬼庇护而“福禄从之”。徐幹引用诗旨擅以褒贬对比，增强其说服力。如：“子围以《大明》昭乱，薳罢以《既醉》保禄；良霄以《鹑奔》丧家，子展以《草虫》昌族”,[4] 把这四篇诗旨穿插组合以示褒贬，强调“吉凶历史之事以证君子处世作事，应以先王圣人的威仪为法象”这一结论，实现他劝慰君子行善弃恶的目的。

其他如：《修本》篇引《大雅·棫朴》“追琢其章，金玉其相。勉勉我王，纲纪四方”[5] 以总结君子在言行上要“时时改过迁善，以求仁德之纯粹而归于本真”；再引《小雅·谷风》“习习谷风，惟山崔巍，何木不死，何草不萎”[6]，以说明人生可能会遭遇贫穷的境遇，但君子要保持“善道”而不变；最后以《大雅·卷阿》“颙颙卬卬，如珪如璋，令闻令望，恺悌君子，四方为纲”，释义曰：“举珪璋以喻其德，贵不变也”,[7] 再次印证自己主张。

《治学》篇引诗两次，一为阐明篇旨大义——君子须“好学”，而在文章前段引《小雅·车舝》“高山仰止，景行行止”;[8] 二为总结志于学而能“总群道”之后可以抵达洞达世事、穿越古今的光明境界，在文章结尾处引用《周颂·敬之》“学有缉熙于光明”。[9] 这两处用诗，都能根据诗句大意，引用比较贴切。

《智行》篇：“故《大雅》贵‘既明且哲，以保其身’”[10]，是借用《大雅·烝民》诗句，以印证自己重视权智的观点：一味地向善可能会遭遇灾祸，善于运用权智的人才能化解灾祸。完美的君子，应是蹈善而多智的人。《考伪》篇罗列出种种虚伪狡诈的假象，其中一种“卑屈其体，辑

---

① （汉）徐幹原著，徐湘霖校注：《中论校注》，巴蜀书社 2000 年版，第 23 页。

② （魏）徐幹撰，孙启治解诂：《中论解诂》，中华书局 2014 年版，第 28 页。

③ 同上书，第 32 页。

④ 同上书，第 36 页。

⑤ 同上书，第 48 页。

⑥ （汉）徐幹原著，徐湘霖校注：《中论校注》，巴蜀书社 2000 年版，第 51 页。

⑦ （魏）徐幹撰，孙启治解诂：《中论解诂》，中华书局 2014 年版，第 59 页。

⑧ （汉）徐幹原著，徐湘霖校注：《中论校注》，巴蜀书社 2000 年版，第 5 页。

⑨ 同上书，第 10 页。

⑩ （魏）徐幹撰，孙启治解诂：《中论解诂》，中华书局 2014 年版，第 157 页。

柔其颜，托之乎煴恭”[①]，为化用《大雅·抑》篇的“视尔友君子，辑柔尔颜，不遐有愆”[②]。但徐幹改变了原诗中的褒扬之义，提醒君子要透过一些人温和友善的外表看清其掩藏的诈心。

《谴交》篇云：“且夫交游者出也，或身殁于他邦，或长幼而不归，父母怀茕独之思，室人抱《东山》之哀，亲戚隔绝，闺门分离，无罪无辜，而亡命是效。古者行役过时不反，犹作诗刺怨，故《四月》之篇称‘先祖匪人，胡宁忍予’，又况无君命而自为之者乎？以此论之，则交游乎外、久而不归者，非仁人之情也。”[③] 这是从所交之“友”因为长久离家无法行孝和亲而发的感慨。借用《豳风·东山》与《小雅·四月》两诗说明交游给予分离双方的痛苦，来谴责桓、灵衰世中以交游为贤的不良风习。

《夭寿》篇云：“《诗》云：‘万有千岁，眉寿无有害。’人岂有万寿千岁者？皆令德之谓也。”[④] 旨在引申孟子“舍生取义”，说明人当重义轻死。强调追求道德精神上的不朽，而不是肉体的长生。举《鲁颂·閟宫》的例子澄清人们对于肉体不朽的误解。后又举《小雅·蓼萧》中的“其德不爽，寿考不忘”，[⑤] 作为他总结的“声闻之寿”。《艺纪》篇还有一处化用《大雅·既醉》的“威仪孔时，君子有孝子”[⑥] 句而改为“威仪孔时，艺之饰也”，[⑦] 说明艺纪对于君子威仪具有不可替代的装饰作用。

《贵验》三次引诗，既可用于教化君子，亦寓教化执政者之意。如引《小雅·小宛》“相彼脊令，载飞载鸣。我日斯迈，而月斯征”，徐幹解释为“迁善不懈”，[⑧] 用以说明道德追求的无止境；引《小雅·伐木》“伐木丁丁，鸟鸣嘤嘤，出自幽谷，迁于乔木”，徐幹用此说明作为朋友“务在切直，以升于善道”；[⑨] 引《小雅·正月》“无弃尔辅，员于尔辐，屡顾尔仆，不输尔载”，[⑩] 说明“亲贤求助”是对君子的砥砺，更是君主治

---

① （汉）徐幹原著，徐湘霖校注：《中论校注》，巴蜀书社 2000 年版，第 156 页。
② （清）阮元校刻：《十三经注疏》，中华书局 1980 年版，第 555 页。
③ （魏）徐幹撰，孙启治解诂：《中论解诂》，中华书局 2014 年版，第 240 页。
④ 同上书，第 265 页。
⑤ （汉）徐幹原著，徐湘霖校注：《中论校注》，巴蜀书社 2000 年版，第 210—211 页。
⑥ （清）阮元校刻：《十三经注疏》，中华书局 1980 年版，第 536 页。
⑦ （汉）徐幹原著，徐湘霖校注：《中论校注》，巴蜀书社 2000 年版，第 105 页。
⑧ （魏）徐幹撰，孙启治解诂：《中论解诂》，中华书局 2014 年版，第 84 页。
⑨ 同上书，第 88 页。
⑩ （汉）徐幹原著，徐湘霖校注：《中论校注》，巴蜀书社 2000 年版，第 78 页。

国的支柱，修身尚需如此，何况治国！以上数十处引诗，表面上看全是针对“君子”修身进德而提的要求，但是联系“修、齐、治、平”这一思想体系，前者是后者的必要准备，徐幹的德教理想是隐含且深邃的。

从引诗多寡看，徐幹对于执政者进德的要求似乎不如对“君子”那么细致详尽，但是他在教谕执政者时引诗多举反面例证，虽是借诗说话，但暗含讥刺，说明他希冀执政者提升德智的愿望是比较迫切的，这点多少暴露出他的不“淡泊”。

《中论》引诗以指明治国为政之方的例子较少，少数联系时政的表达也比较隐晦，这与徐幹喜好谈经说理、重视道德提升且后期与政治较为疏远有关。具体来说，正面颂扬以引导者共有三例，分别见于《爵禄》《务本》两篇。《爵禄》篇三次引诗以论证，两处均为正面引导。如引《周颂·赉》曰：“‘文王既勤止，我应受之。敷时绎思，我徂维求定。时周之命，于绎思。’由此观之，爵禄者，先王之所重也，非所轻也。”[①] 就是从正面引导当政者由尊士而贵位，由贵位而重爵禄。然后再引《秦风·终南》“君子至止，黻衣绣裳。佩玉锵锵，寿考不忘”，[②] 以民美君子之服，反映出君子之位尊贵。这应该是徐幹对于汉魏之际文人地位低下，得不到执政者尊重的间接揭示。《务本》篇云：“又《诗》陈文王之德曰：‘惟此文王，帝度其心。貊其德音，其德克明。克明克类，克长克君。王此大邦，克顺克比。比于文王，其德靡悔。既受帝祉，施于孙子。’心能制义曰度，德政应和曰貊，照监四方曰明，施勤无私曰类，教诲不倦曰长，赏庆刑威曰君，慈和遍服曰顺，择善而从曰比，经纬天地曰文。如此则为九德之美，何技艺之尚哉？”[③] 他引诗并以“九德”解诗，以此告诉君主当以周文王为典范，以提炼道德为本，以学习技艺为末。联系汉魏之际的历史状况，徐幹所说的“技艺”包括文学、书画、乐舞和杂技等，暗含着对自汉灵帝以来社会上层兴起的文艺热潮的指责。

还有两例为从负面指责以示警戒。如《爵禄》篇结尾处引《小雅·节南山》：“驾彼四牡，四牡项领。我瞻四方，蹙蹙靡所骋。”[④] 借诗句描述了一个不遇于时的人凄凉无依的情景，抒发了士不遇的悲哀。这应该是对当时执政者不能用贤的委婉批评，诗中人的境况与曹操《短歌行》中

---

① （魏）徐幹撰，孙启治解诂：《中论解诂》，中华书局 2014 年版，第 167 页。

② （汉）徐幹原著，徐湘霖校注：《中论校注》，巴蜀书社 2000 年版，第 141 页。

③ （魏）徐幹撰，孙启治解诂：《中论解诂》，中华书局 2014 年版，第 293—294 页。

④ （汉）徐幹原著，徐湘霖校注：《中论校注》，巴蜀书社 2000 年版，第 150 页。

“绕树三匝，何枝可依”的乌鹊境况何其相似！只是曹操说得坦率，徐幹说得含蓄罢了。《务本》篇云：“鲁庄公容貌美丽，且多技艺，然而无君才大智，不能以礼防正其母，使与齐侯淫乱不绝，驱驰道路，故《诗》刺之曰：‘猗嗟名兮，美目清兮，仪既成兮，终日射侯，不出正兮，展我甥兮。’”[①] 举鲁庄公这个反面典型，再次暗示以君主为首的上层社会脱离社会现实的审美追求。

值得一提的是徐幹还喜欢使用《诗经》中的一些说法或称谓，这些说法或称谓在文中仅指向其字面意思。上文以“昧旦”指天明算一例，还有比较典型的例子如：《赏罚》云：“天生烝民，其性一也”[②]，借用《大雅·烝民》语。烝民，即众人，百姓。同篇还有：“则为恶者轻其国法，而怙其所守”[③]，为借用《小雅·蓼莪》的“无父何怙，无母何恃”，以“怙其所守”指代父母亲人。《谴交》篇云：“自矜以下士，星言夙驾，送往迎来”，[④] 借用《鄘风·定之方中》的“命彼倌人，星言夙驾”，描绘出一种奔波忙碌的情形。有的习用带点比喻意味，如《核辩》篇的“何异鵙之好鸣”[⑤] 出自《豳风·七月》的“七月鸣鵙”，借好鸣之鵙喻好辩之人。这些用诗方法只是追求表达上的一点趣味，或曰《诗》味，无助于内容和思想。

这可能是徐幹发明的第三种引诗方法。陶渊明的诗中也有一些模仿《诗经》中的常用句式或习惯称谓，同样不蕴含什么特殊深意。这样的用《诗》非常随意，游戏一样地信手拈来，既能表明文人的雅趣，也能说明《诗经》文本在当时的普及是相当广泛和深厚的。

第二节　《中论》引《诗》与汉魏之际的《诗》学传统

清人著述多好据诸子学统以判别其书所引《诗》说，如陈乔枞《三家诗遗说考》[⑥] 和王先谦《诗三家义集疏》，[⑦] 皆以《中论》证《鲁诗》说；

---

① （魏）徐幹撰，孙启治解诂：《中论解诂》，中华书局 2014 年版，第 293 页。
② （汉）徐幹原著，徐湘霖校注：《中论校注》，巴蜀书社 2000 年版，第 290 页。
③ 同上书，第 290 页。
④ 同上书，第 186 页。
⑤ 同上书，第 112 页。
⑥ （清）陈寿祺撰，陈乔枞述：《三家诗遗说考》，续修四库 76 册。
⑦ （清）王先谦：《诗三家义集疏》（十三经清人注疏），中华书局 1987 年版。

马瑞辰《毛诗传笺通释》却以为《中论》引《韩诗》。但是据笔者对《中论》引诗情况的分析，发现书中引用的《诗经》材料却不限于一家之说。

首先，从《中论》引诗的文字看。《中论》引诗有 11 处与今本《毛诗》稍异，其中有的据陈、王两人观点，初步推断为《鲁诗》。如《法象》篇引《大雅·抑》："敬尔威仪，维民之则"，[①]《毛诗》曰："敬慎威仪，维民之则"。[②] 陈乔枞《三家诗遗说考》称："徐幹引《诗》'敬慎'作'敬尔'，文义小异，当缘下文有'慎尔出话''敬尔威仪'句致误耳。"(《鲁说考》)[③] 但王先谦《诗三家义集疏》称："三家经文与毛皆同，惟'维'作'惟'"，[④] 则与《中论》所引又不尽相同。又如《修本》篇引《小雅·谷风》："习习谷风，惟山崔巍，何木不死，何草不萎"[⑤]，《毛诗》曰："习习谷风，维山崔嵬，无草不死，无木不萎"。[⑥] 陈乔枞与王先谦都认为《中论》此诗为《鲁诗》，并说："《中论》引《诗》木、草字当互换，亦后人转写误倒之。"[⑦]《贵验》引《小雅·小宛》："相彼脊令，载飞载鸣。我日斯迈，而月斯征。"[⑧] 相，《毛诗》作"题"。陈乔枞、王先谦都以为此条出自《鲁诗》。[⑨]《爵禄》篇引《秦风·终南》："君子至止，黻衣绣裳。佩玉锵锵，寿考不忘。"[⑩] 锵锵，《毛诗》作"将将"；不忘，《毛诗》作"不亡"。王先谦云："'《鲁》将作锵、亡作忘者'，《中论·艺纪篇》引《诗》'佩玉锵锵，寿考不忘'，徐幹用《鲁诗》也"；[⑪] 他又云："《韩诗》曰：'君子至止，绋衣绣裳。'"[⑫] 他与陈乔枞两人皆据《中论》以证《鲁诗》，却没有《鲁诗》文本可证是否相符。

有的可以推断为《韩诗》。如《爵禄》篇云："太公亮武王克商宁

---

① （魏）徐幹撰，孙启治解诂：《中论解诂》，中华书局 2014 年版，第 21 页。

② （清）阮元校刻：《十三经注疏》，中华书局 1980 年版，第 554 页。

③ （清）陈寿祺撰，陈乔枞述：《三家诗遗说考》，续修四库 76 册，第 275 页。

④ （清）王先谦：《诗三家义集疏》（十三经清人注疏），中华书局 1987 年版，第 931 页。

⑤ （汉）徐幹原著，徐湘霖校注：《中论校注》，巴蜀书社 2000 年版，第 51 页。

⑥ （清）阮元校刻：《十三经注疏》，中华书局 1980 年版，第 459 页。

⑦ （清）陈寿祺撰，陈乔枞述：《三家诗遗说考》，续修四库 76 册，第 220 页。

⑧ （魏）徐幹撰，孙启治解诂：《中论解诂》，中华书局 2014 年版，第 84 页。

⑨ 详见陈寿祺撰，陈乔枞述《三家诗遗说考》，第 211 页；王先谦撰《诗三家义集疏》，第 695 页。

⑩ （汉）徐幹原著，徐湘霖校注：《中论校注》，巴蜀书社 2000 年版，第 141 页。

⑪ （清）王先谦：《诗三家义集疏》（十三经清人注疏），中华书局 1987 年版，第 452 页。

⑫ 同上。

乱"[1]，为化用《大雅·大明》篇"维师尚父，时维鹰扬，凉彼武王，肆伐大商"[2] 的语句。亮，《毛诗》作"凉"。马瑞辰说："《释文》：'凉，本亦作谅。《韩诗》作亮，云：相也。'……是《韩诗》作亮为正字，《毛诗》作凉，《释文》引'本亦作谅'者，皆假借字。"[3] 又如《务本》篇云："惟此文王，帝度其心。"[4]《毛诗》作"维此王季"。孔颖达《疏》："此云'维此王季'，彼言'维此文王'者，经涉乱离，师有异读，后人因即存之，不敢追改。今王肃注及《韩诗》亦作'文王'，是异读之验。"[5] 马瑞辰说："昭二十八年《左传》引《诗》作'维此文王'，……又《乐记》引《诗》'莫其德音'十句，郑注：'言文王之德皆能如此。'又徐幹《中论·务本》篇云：《诗》陈文王之德，曰'维此文王'。其说盖皆本《韩诗》。"[6] 据孔颖达和马瑞辰说，知《中论》云"文王"与《韩诗》同。但是，这篇所引《皇矣》的诗句"貊其德音"，却与《毛诗》同，而与《韩诗》异。据陆德明《音义》云："《左传》作'莫'，音同。《韩诗》同，云：'莫，定也。'"[7] 孔颖达《疏》云："《左传》《乐记》《韩诗》'貊'皆作'莫'。"[8] 马国翰《玉函山房辑佚书》所辑《韩诗故》亦引《释文》以证《韩诗》作"莫"。[9] 而马国翰据《楚辞章句》引诗所辑《鲁诗故》又作"维师尚父，时维鹰扬"，[10] 文本同《韩诗》。徐幹此处引诗，一句之中即掺杂了韩、毛或鲁两家诗说，说明了他酷爱杂取众家，还是后人改写了文本所致呢？

《中论》中更多的引诗不易判别属于哪一家诗说。如《法象》篇引《小雅·小明》："靖恭尔位，正直是与，神之听之，式谷以汝。"[11]《毛诗》曰："靖共尔位，正直是与，神之听之，式谷以女。"[12]《韩诗外传》

① （汉）徐幹原著，徐湘霖校注：《中论校注》，巴蜀书社 2000 年版，第 141 页。
② （清）阮元校刻：《十三经注疏》，中华书局 1980 年版，第 508 页。
③ （清）马瑞辰：《毛诗传笺通释》，中华书局 1989 年版，第 811 页。
④ （魏）徐幹撰，孙启治解诂：《中论解诂》，中华书局 2014 年版，第 293—294 页。
⑤ （清）阮元校刻：《十三经注疏》，中华书局 1980 年版，第 520 页。
⑥ （清）马瑞辰：《毛诗传笺通释》，中华书局 1989 年版，第 846 页。
⑦ （唐）陆德明：《经典释文》，中华书局 1983 年版，第 92 页。
⑧ （清）阮元校刻：《十三经注疏》，中华书局 1980 年版，第 520 页。
⑨ （清）马国翰辑：《玉函山房辑佚书》，上海古籍出版社 1990 年版，第 523 页。
⑩ 同上书，第 483 页。
⑪ （魏）徐幹撰，孙启治解诂：《中论解诂》，中华书局 2014 年版，第 32 页。
⑫ （清）阮元校刻：《十三经注疏》，中华书局 1980 年版，第 464 页。

云："《诗》曰：'静恭尔位，正直是与。神之听之，式谷以女。'"[①] 此处徐幹引诗也含有韩、毛两家，但他所引诗句用"汝"不用"女"不知出自哪一家，抑或后人更改？又如《艺纪》篇引《小雅·鹿鸣》："我有嘉宾，德音孔昭。视民不佻，君子是则是效。我有旨酒，嘉宾式宴以敖。"[②]"佻"，《毛诗》作"恌"；"效"，《毛诗》作"傚"；"宴"，《毛诗》作"燕"。《虚道》篇云卫国人民作《卫风·淇澳》歌颂卫武公德行，[③]《毛诗》此篇名作《淇奥》，孙注本、徐注本均无注以解释异文原因。《佚篇》一（按：孙启治以为应是《复三年丧》逸文）引《小雅·角弓》云："尔之教矣，民胥放矣。"[④] 放，《毛诗》作"傚"。《修本》篇《大雅·卷阿》："颙颙卬卬，如珪如璋，令闻令望，愷悌君子，四方为纲。"[⑤] 愷悌，《毛诗》作"豈弟"。颙颙卬卬，据阮元《三家诗补遗》云："《韩诗外传》作'颙颙盎盎'"。[⑥] 颙，据陈乔枞云《尔雅·释训》、蔡邕《蔡邕集·与群臣上寿表》、徐幹《中论·修本篇》引《诗》作"禺禺"，[⑦]（《鲁诗遗说考》）与今本《中论》引诗文本不同。而马国翰《玉函山房辑佚书》所辑的《薛君韩诗章句》却又作"颙颙卬卬"。[⑧] 以上几处引诗只能判别其与今本《毛诗》异，三家诗文本不得而知，少数诗句三家有文本却也不相符，不能轻断其引文所属家法。但是《中论》引诗除去上述11处与今本《毛诗》稍异，其余20处引用的诗句与《毛诗》完全一致。也就是说在《中论》引诗文本中，至少能看到鲁、韩、毛三家诗的影响。至于其中的原因，笔者认为与《盐铁论》《潜夫论》等书中的情况差不多。[⑨]

其次，从《中论》引诗体现的《诗经》解读情况看。

---

① （汉）韩婴撰，许维遹校释：《韩诗外传集释》，中华书局1980年版，第137页。

② （汉）徐幹原著，徐湘霖校注：《中论校注》，巴蜀书社2000年版，第102页。

③ 同上书，第62页。

④ （魏）徐幹撰，孙启治解诂：《中论解诂》，中华书局2014年版，第379、307页。

⑤ 同上书，第59页。

⑥ （清）阮元撰：《三家诗补遗》，续修四库76册，第38页。

⑦ 详见（清）陈寿祺撰，陈乔枞述《三家诗遗说考》，续修四库76册，第268页。

⑧ （清）马国翰辑：《玉函山房辑佚书》，上海古籍出版社1990年版，第539页下。

⑨ 详见龙文玲在《〈盐铁论〉引诗用诗与西汉昭宣时期〈诗经〉学》中总结其原因为："这有可能因四家诗均传自先秦，故《盐铁论》引诗文字即使主要为三家诗，也多与《毛诗》同；也可能因《盐铁论》在流传过程中文字遭后人据《毛诗》校改；亦有可能因为其中就有《毛诗》。"笔者以为，这三个原因概括得非常全面，也能够解释《潜夫论》《中论》等书中诸家诗并存的现象。

有的据《韩诗》。如《赏罚》篇云："赏罚之不明也，则非徒治乱之分也，至于灭国而丧身，可不慎乎！可不慎乎！故《诗》云：'执辔如组，两骖如舞。'言善御之可以为国也。"[①] 申《鲁诗故》云："织组者，动之于此而成文于彼；善御者，亦动于手而尽马力也。"[②] 毛《传》云："骖之与服，和谐中节。"[③] 毛、鲁两家都只就驾车的本义而言。《韩诗外传》云："故御马有法矣，御民有道矣。法得则马和而欢，道得则民安而集。《诗》曰：'执辔如组，两骖如舞。'此之谓也。"[④] 引此诗而推衍至御民治国，和徐幹的理解一致。又如《法象》篇引《周南·兔罝》"肃肃兔罝，施于中林"，[⑤] 陈乔枞云："乔枞谨案：徐幹说《兔罝》诗，亦本《鲁诗》之义。"[⑥] 王先谦观点同陈。孙启治亦认为徐幹此处用《韩诗》说，理由是："以兔罝喻贤人，用《韩诗》说，与幹说略同。"[⑦] 徐湘霖则以为毛《传》的解释也就是徐幹的"慎独"之意。存疑。又如《谴交》篇云："古者行役过时不反，犹作诗刺怨，故《四月》之篇称'先祖匪人，胡宁忍予'，又况无君命而自为之者乎？"[⑧]《毛诗》所云《四月》的诗旨为："大夫刺幽王。在位贪残，下国构祸，怨乱并兴焉"，[⑨] 与《中论》所用不符。而韩婴的《韩诗故》所言诗旨："叹征役也"，却与徐幹相近。[⑩]

对引诗的使用方法上，也可以看出《中论》与《韩诗》的联系。如徐幹在《治学》篇引《周颂·敬之》"学有缉熙于光明"[⑪] 谈学习的境界，而《韩诗外传》也引这句来谈学习境界。[⑫]

有的据《鲁诗》。如《爵禄》篇结尾处引《小雅·节南山》："驾彼四牡，四牡项领。我瞻四方，蹙蹙靡所骋。"[⑬] 借诗句描述了一个不遇于

---

① （魏）徐幹撰，孙启治解诂：《中论解诂》，中华书局 2014 年版，第 358 页。
② （清）马国翰辑：《玉函山房辑佚书》，上海古籍出版社 1990 年版，第 466 页。
③ （清）阮元校刻：《十三经注疏》，中华书局 1980 年版，第 337 页。
④ （汉）韩婴撰，许维遹校释：《韩诗外传集释》，中华书局 1980 年版，第 43 页。
⑤ （汉）徐幹原著，徐湘霖校注：《中论校注》，巴蜀书社 2000 年版，第 23 页。
⑥ （清）陈寿祺撰，陈乔枞述：《三家诗遗说考》，续修四库 76 册，第 65 页。
⑦ （魏）徐幹撰，孙启治解诂：《中论解诂》，中华书局 2014 年版，第 27 页。
⑧ 同上书，第 240 页。
⑨ （清）阮元校刻：《十三经注疏》，中华书局 1980 年版，第 462 页。
⑩ （清）马国翰辑：《玉函山房辑佚书》，上海古籍出版社 1990 年版，第 521 页上。
⑪ （汉）徐幹原著，徐湘霖校注：《中论校注》，巴蜀书社 2000 年版，第 10 页。
⑫ （汉）韩婴撰，许维遹校释：《韩诗外传集释》，中华书局 1980 年版，第 99 页。
⑬ （汉）徐幹原著，徐湘霖校注：《中论校注》，巴蜀书社 2000 年版，第 150 页。

时的人凄凉无依的情景，抒发了士不遇的悲哀。陈乔枞云：“《中论》语意与《新序》同，皆本《鲁诗》之义。”（《鲁说考》）[①] 刘向所治确为《鲁诗》，但《新序》《说苑》二书是刘向根据所见史料文献编撰的，其书引诗来源比较复杂，不能见二书收录就断为《鲁诗》义。因此以《中论》引诗与《新序》引诗是否相符，来判定是否出《鲁诗》不甚可靠。陈、王两书中，举《中论》引诗以证《鲁诗》的例子太多，就不一一枚举了。

有的与《毛诗》一致。如《艺纪》篇引《小雅·菁菁者莪》：“菁菁者莪，在彼中阿。既见君子，乐且有仪”，说明“美育人材”。[②] 毛《序》曰：“菁菁者莪，乐育材也。”[③] 徐幹对这首诗的解读同毛《序》。但王先谦在《诗三家义集疏》中引徐幹此文，并以为徐幹用《鲁诗》说。[④] 又如《艺纪》篇引《小雅·鹿鸣》：“我有嘉宾，德音孔昭。视民不佻，君子是则是效。我有旨酒，嘉宾式宴以敖”，以说明“此礼乐之所贵也”。[⑤] 毛《序》曰：“燕群臣嘉宾也。”[⑥] 孙启治以为徐幹引《鹿鸣》之意与毛《序》同。[⑦]《审大臣》篇引《郑风·山有扶苏》：“山有扶苏，隰有荷华，不见子都，乃见狂且。”后云：“叔世之君生乎乱，求大臣，置宰相，而信流俗之说，故不免乎《国风》之讥也。”[⑧] 毛《序》云：“《山有扶苏》，刺忽也。所美非美然。”[⑨] 无论是诗句大意还是篇旨，徐幹的理解都和《毛诗》一致。又如《佚篇》一云：“感《蓼莪》之高行，恶《素冠》之所刺，发复古之德音，改太宗之权令。”[⑩] 徐幹以为《蓼莪》篇记载了孝子敦厚之德，故谓之“高行”；《素冠》篇旨在“刺”。如果此篇确为《中论·复三年丧》的佚文，那么徐幹对这首诗意的理解与毛《序》所云：“刺不能三年也”[⑪] 的说法非常相符。《谴交》篇云：“且夫交游者出

---

① （清）陈寿祺撰，陈乔枞述：《三家诗遗说考》，续修四库 76 册，第 198 页。

② （魏）徐幹撰，孙启治解诂：《中论解诂》，中华书局 2014 年版，第 115 页。

③ （清）阮元校刻：《十三经注疏》，中华书局 1980 年版，第 422 页。

④ （清）王先谦：《诗三家义集疏》（十三经清人注疏），中华书局 1987 年版，第 605 页。

⑤ （汉）徐幹原著，徐湘霖校注：《中论校注》，巴蜀书社 2000 年版，第 102 页。

⑥ （清）阮元校刻：《十三经注疏》，中华书局 1980 年版，第 405 页。

⑦ 详见（魏）徐幹撰，孙启治解诂《中论解诂》，中华书局 2014 年版，第 129 页。

⑧ （魏）徐幹撰，孙启治解诂：《中论解诂》，中华书局 2014 年版，第 312 页。

⑨ （清）阮元校刻：《十三经注疏》，中华书局 1980 年版，第 341 页。

⑩ （魏）徐幹撰，孙启治解诂：《中论解诂》，中华书局 2014 年版，第 379、307 页。

⑪ （清）阮元校刻：《十三经注疏》，中华书局 1980 年版，第 382 页。

也，或身殁于他邦，或长幼而不归，父母怀茕独之思，室人抱《东山》之哀，亲戚隔绝，闺门分离，无罪无辜，而亡命是效。”①《毛诗》论《东山》曰：“周公东征也。”又云：“序其情而悯其劳”，②与徐幹引诗大意相似，只不过叙述的角度不同。《务本》篇云：“鲁庄公容貌美丽，且多技艺，然而无君才大智，不能以礼防正其母，使与齐侯淫乱不绝，驱驰道路，故《诗》刺之曰：‘猗嗟名兮，美目清兮，仪既成兮，终日射侯，不出正兮，展我甥兮。’”③徐幹举鲁庄公这个反面典型，警戒君主不要娴熟于末技而招来祸患。毛《序》曰：“刺鲁庄公也。齐人伤鲁庄公有威仪技艺，然而不能以礼防闲其母，失子之道，人以为齐侯之子焉。”④他虽没有毛《序》说得那么具体，但大意是一致的。《虚道》篇记载卫国人民作《卫风·淇澳》歌颂卫武公德行，⑤毛《序》云：“《淇奥》，美武公之德也。有文章，又能听其规谏，以礼自防，故能入相于周，美而作是诗也。”⑥此处《中论》引诗题旨与毛《序》完全一致。

还有的和《毛诗》理解不一致，却也不知出自哪一家。如《贵验》篇引《小雅·伐木》：“伐木丁丁，鸟鸣嘤嘤，出自幽谷，迁于乔木”，徐幹用此句说明作为朋友“务在切直，以升于善道”。⑦毛《序》云：“燕朋友故旧也。”⑧申培《鲁诗故》云：“周德始衰，颂声既寝，《伐木》有鸟鸣之刺。”⑨韩婴《韩诗故》云：“《伐木》废，朋友之道缺。劳者歌其事，诗人伐木自苦，故以为文。”⑩徐幹解读与鲁、韩、毛都不同。《爵禄》篇引《秦风·终南》“君子至止，黻衣绣裳。佩玉锵锵，寿考不忘”，⑪以民美君子之服，说明君子之位尊贵。与毛《序》所云：“戒襄公也”⑫的题旨也不一致。三家诗此篇无考，不知是否相符。

---

① （魏）徐幹撰，孙启治解诂：《中论解诂》，中华书局2014年版，第240页。
② （清）阮元校刻：《十三经注疏》，中华书局1980年版，第395页。
③ （魏）徐幹撰，孙启治解诂：《中论解诂》，中华书局2014年版，第293页。
④ （清）阮元校刻：《十三经注疏》，中华书局1980年版，第354页。
⑤ （汉）徐幹原著，徐湘霖校注：《中论校注》，巴蜀书社2000年版，第62页。
⑥ （清）阮元校刻：《十三经注疏》，中华书局1980年版，第320页。
⑦ （魏）徐幹撰，孙启治解诂：《中论解诂》，中华书局2014年版，第88页。
⑧ （清）阮元校刻：《十三经注疏》，中华书局1980年版，第410页。
⑨ （清）马国翰辑：《玉函山房辑佚书》，上海古籍出版社1990年版，第475页下。
⑩ 同上书，第519页上。
⑪ （汉）徐幹原著，徐湘霖校注：《中论校注》，巴蜀书社2000年版，第141页。
⑫ （清）阮元校刻：《十三经注疏》，中华书局1980年版，第372页。

《中论》中除了没有找到依据《齐诗》的确证，其他三家都有，（按：《鲁诗》例证仅据陈乔枞、王先谦说法，也不能算确证；有的《齐诗》文本同《毛诗》，也无法判定《中论》所引是齐耶？毛耶？如《智行》篇："故《大雅》贵'既明且哲，以保其身。'"[①] 马国翰据《汉书·司马迁传赞》引《诗》所辑后苍《齐诗传》亦作"既明且哲，以保其身。"[②]）且以《毛诗》最多。但陈乔枞、王先谦却认为徐幹习《鲁诗》，所以《中论》引诗理当出自《鲁诗》说，但凡与《鲁诗》不吻合的文字都为后人更改或是文献传播中发生了讹误。如《修本》篇引《大雅·棫朴》："追琢其章，金玉其相。勉勉我王，纲纪四方"，[③] 陈乔枞曰："诸所引皆《鲁诗》。追琢作雕琢，勉勉作亹亹。文并与《毛诗》异。……《中论·修本》篇引《诗》与毛氏文同，疑后人顺毛改之。"[④] 他所说的文献更改现象的确存在，但是如果这里他所认定的"徐幹治《鲁诗》，《中论》引诗必出《鲁诗》"这一前提都值得怀疑的话，其结论也就要大打折扣了。

《中论》引诗能够综合诸家诗说还有一些旁证。如无名氏《中论序》赞美徐幹"学五经悉载于口"，后又说"君子之达也，学无常师"，"学无常师"[⑤] 的意思当指他能学《五经》且不拘于一家经说。又如徐幹在《中论》中称《左传》为"其《传》"，"其"指《春秋》；称《国语》为《春秋外传》，且对两传内容均有援引，也可见出徐幹取用《春秋》思想的融会态度。

《白虎通义》与《盐铁论》的引诗用诗横跨四家诗说，[⑥] 因为两书所记录的都是群体论辩的会议，与会者人数众多，其《诗》说传承不同，援引的资料也不同。《中论》引诗只代表著者本人思想，说明徐幹本人不阈于某一家诗说。龙文玲在《〈盐铁论〉引诗用诗与西汉昭宣时期〈诗经〉学》一文中指出"《盐铁论》所据诗说以齐、鲁、韩三家为主，可能兼有《毛诗》"，并对王先谦以《盐铁论》证《齐诗》义，阮元以《盐

---

① （魏）徐幹撰；孙启治解诂：《中论解诂》，中华书局 2014 年版，第 157 页。

② （清）马国翰辑：《玉函山房辑佚书》，上海古籍出版社 1990 年版，第 507 页。

③ （魏）徐幹撰，孙启治解诂：《中论解诂》，中华书局 2014 年版，第 48 页。

④ （清）陈寿祺撰，陈乔枞述：《三家诗遗说考》，续修四库 76 册，第 250 页。

⑤ （魏）徐幹撰，孙启治解诂：《中论解诂》，中华书局 2014 年版，第 393 页。

⑥ 详见龙文玲《〈盐铁论〉引诗用诗与西汉昭宣时期〈诗经〉学》和关小彬《〈白虎通义〉引〈诗〉说〈诗〉考》。

铁论》证《鲁诗》义的做法表示异议。[①] 白云娇在《〈潜夫论〉引〈诗〉考》[②] 一文中，考证出王符《诗》学思想“突破四家《诗》说”。参照本文对于徐幹引诗的分析解读，既可以看出《毛诗》影响在汉魏之际的扩大，也可以看出诸子引《诗》、用《诗》不阈于某一家诗学，其态度开放、方法灵活。因为诸子学术思想上的融会百家，必然会影响其对经学成果的取用态度，这是汉魏之际的学术潮流。作为社会公知，汉魏诸子对于经学持开放的取用态度，其影响必然会波及经学领域内。因此王肃在此时进行经学上的改造与创新不可看作他个人的主观意愿，也是他对时代思潮的响应。

① 龙文玲：《〈盐铁论〉引诗用诗与西汉昭宣时期〈诗经〉学》，《河北师范大学学报》（哲学社会科学版）2011 年第 5 期。

② 白云娇：《〈潜夫论〉引〈诗〉考》，《江汉大学学报》（社会科学版）2013 年第 3 期。

结语　宏观综合研究在汉魏子书研究中的指导作用

宏观研究与综合研究是两种不同的研究方法，但两者又常常难分彼此。石家宜和高小康在《古典文学宏观研究再议》[①] 一文中为“宏观研究”归纳了三个基本内容：第一，研究的目的，在于对历史真实的“理解”而不只是“认识”；第二，研究的方法，是“在一般历史规律意识引导下，把文艺现象放回待定的环境，以描述的形式显示其历史、文化的规定性和有机特征（即在特定文化系统中的关系、功能及其内部机制）”；第三，研究的价值，“它的意义在于‘居今探古’，即站在今天的立场上同古人‘对话’，将当代的视界同历史的视界融合在一起，从而产生新的、更广大的视界，使我们对过去、对自身，因而也就对未来具有更为深刻的认识”。他们的这一理论的提出是在20世纪80年代，但对于笔者的汉魏子书研究还是颇有启发的。徐公持在《关于古典文学的宏观研究及其现状》一文中，提倡“超越个别作家作品的外向型”的综合研究方法，[②] 他认为宏观研究与综合研究是密不可分的。本书以汉魏子书为研究对象，就是试图超越个别作家、个别作品的研究，是在一般历史规律意识引导下，把子书放回汉魏那个特定的环境中，揭示它们的历史、文化的规定性和有机特征。

子书在汉魏时期的复兴是一个值得重视的文化现象，对于这一现象的准确理解牵涉很多问题，如笔者在《绪论》中所提出的。对于这些问题的探索，仅仅依靠子书作品的个案研究，或者只局限于对个别作家、作品的考察，都不能很好地解决。距离本文的研究目的，即试图为这一现象打造一部“活”的历史，也是相差太远。所以，在汉魏子书研究中，只有做到既立足于具体作家、作品又能超越他们，把对

---

① 石家宜、高小康：《古典文学宏观研究再议》，《文学评论》1988年第2期。

② 徐公持：《关于古典文学的宏观研究及其现状》，《文学遗产》1987年第4期。

汉魏子书这一群体的综合研究与具体作品的个案研究结合起来，并且以宏观的综合研究成果来指导中、微观和个案的研究，才能更加接近历史的真相。这样才算完成高小康提出的第二个任务，然后再尽可能地实现宏观研究的最高理想——“据今探古”，用今天的研究与过去的成果去影响未来。这个理想太高远，以笔者目前的研究状态看，不只差之千里，因此只能就此成果对当下子书研究的影响谈谈自己的心得。

在对汉魏子书进行宏观综合研究的过程中，笔者发现针对汉魏子书进行的宏观研究成果不仅有利于解释个案研究中遇到的疑难问题，还有助于对文本研究中的错误结论给予纠正。下面就举出一些例证。

1. 贾谊、晁错著作的题名《新书》

如本书上编第六章，在考察贾谊著作《新书》得名问题时，不仅局限于贾谊及其《新书》个案这个小范围内，而是着眼子书撰写、编订和传播的历史进行考察，借助这一宏观研究所得出的结论，澄清了有关贾谊《新书》命名与刘向校书的种种疑惑。揭示了汉魏子书泛称“新书”这一历史实况，厘清了“新书”之泛称与刘向校订“新书”的因果关系，让人理解了汉代学者投注于子书中的愿望。

2. 《淮南子》《晏子》的思想归属

借助考察诸子思想至汉魏时期的流变规律，认识到先秦百家思想于汉代开国时即已出现了相互融合的现象，这种融合直接导致了大多数汉魏子书思想上的“杂家”特色。具备上述认识以后，就不必为确定《淮南子》的思想归属问题而争论不休。再比如，通过对《汉志》“小说家”文献的综合梳理和考察，解释了《晏子春秋》与晏子本人思想的矛盾，不再为《晏子》一书的定性问题所纠结。

3. 《盐铁论》的著作权

汉魏子书有一个逐渐发展的过程，汉魏诸子对其创作体例的规范也经历了由松到严的过程，《盐铁论》所处阶段正是汉魏子书体例异常宽泛的时期，所以桓宽把会议内容改编成子书当作自己著作，这是很正常的现象。因此把《盐铁论》视作改编者桓宽的著作，是符合子书发展初级阶段对于子书的规定的。相反，因为文中出现桑弘羊言论，于是就把《盐铁论》著作权归于他的名下，这是缺乏综合研究背景所导致的认识上的错误。

4. 桓谭《新论》中一条佚文的确定

朱谦之辑本桓谭《新论》中有一条佚文：“昔二人评玉，一人曰好，一人曰丑，久不能辨。客曰：‘尔朱入吾目中，则好丑分矣。’夫玉有定形，而察之不同，非好相反，瞳睛殊也。”（《新辑本桓谭新论·辨惑》）[①] 与蒋济《万机论》佚文重合，如果孤立地只从两部书的文本去辨析，根本毫无头绪。但是在把不同时期的几部子书做一综合考察之后，再联系当时政治背景，就可以确定这条佚文确实应该归于桓谭《新论》，这一结论经得起检验。

5. 王充以《论衡》授徒的可能

如果从东汉时私人讲学之风的盛行，加上王充具有的在太学受业的背景，以及其文本看似“杂乱”的表象，推断《论衡》是王充授徒讲学的讲义，似乎很有说服力。但是，当我们跳出专注于个案的狭小视野，进入汉魏子书的群体世界以后，就会发现，这个推论是多么的不可思议。历史上的确有很多例外和偶然，但它们的存在也一定能在其所处的历史现实中找到原因。笔者在宏观考察时，借助了稍早于他的扬雄著作的现实境遇，综合大多数子书在时人心目中的地位与评价，最终推翻了这一推论。

6. 桓谭《新论》所载“东方朔署名太史公曰”

桓谭《新论·本造》有一句话：“太史公造书，书成示东方朔。朔为平定，因署其下。太史公者，皆东方朔所加之也。”[②] 此句被唐代司马贞理解为桓谭本人意见，他在《史记·孝武本纪索隐》中引用此句：“而桓谭《新论》以为太史公造书，书成示东方朔，朔为平定，因署其下。‘太史公’者，皆朔所加之者也。”[③] 本书通过宏观研究的方法，把桓谭作为一个具有独立思考与批判精神的个体来考察，发现他对于司马迁以及东方朔的褒贬态度是始终一致的；《新论》作为一部有明确主旨的子书，它身上的辩难性特点只有在考察汉魏子书群体时才能得到突出显现，这一特点揭示出来以后，我们才清楚《新论》以及其他汉魏子书的文本中有很多观点都是诸子论辩时树立的靶子。因此才认识到，《新论》记载这一说法并非为桓谭本人所有，而是他的批判对象所持的观点。这样就解释了司马贞等诸多学者对于桓谭和司马迁的误解与非议。

---

① （汉）桓谭撰，朱谦之校辑：《新辑本桓谭新论》，中华书局2009年版，第55页。

② 同上书，第2页。

③ （汉）司马迁撰，（宋）裴松之集解，（唐）司马贞索隐，（唐）张守节正义：《史记》，中华书局1959年版，第461页。

仅仅上述几个例子就可以发现，在汉魏子书的研究中，只有充分重视与加强宏观综合研究对于子书个案与中、微观研究的指导作用，使两方面的研究相得益彰，才能把汉魏子书的研究工作引向一条坦途。

附录一　汉魏子书叙录

本叙录共包括汉魏时期的58部子书，笔者拟从时间、作者、卷数、留存情况、主要内容、主要价值以及参考文献等方面对它们做一粗略介绍。因为汉魏子书的存世文献有三种情况：整书留存者，整书散佚经后人辑佚者（多为残本），还有全部散佚片字不存者，所以笔者在对各部子书做上述几方面介绍时会根据其存佚情况有所侧重。对于第一类子书的主要内容和价值因为评家所持标准不同而褒贬不一，笔者尽量综合前说或选取有代表性观点。第二类子书因为所存文献有限，笔者评论也只能紧扣现有文献并结合本人的宏观研究成果做一有限度的绍评。其书全佚的，仅录书名作者及其他相关资料以备忘。这个叙录多处参考、采用孙启治、陈建华两位先生编撰的《中国古佚书辑本目录解题》① 和姚振宗《隋书经籍志考证》② 中的成果，文中就不一一说明了。

1.《世子》

（时代未定）世硕撰。硕，生平不详，暂置此。《汉书·艺文志·诸子略》儒家有："世子二十一篇。"本注："名硕，陈人也，七十子之弟子。"《风俗通义·姓氏篇》"佚文二"云："世氏，战国时有秦大夫世钧，汉有世宠，又世硕著子书。"案：王充《论衡·本性篇》有："周人世硕以为人性有善有恶，举人之善性，养而致之，则善长；恶性，养而致之，则恶长：如此，则性各有阴阳善恶，在所养焉。故《世子》作《养书》一篇。"可知世硕的《世子》中有一篇名《养书》，为性善、恶调和之论。全书今佚，无辑本。

2.《新语》

（西汉）陆贾撰。贾，楚人，《史记》《汉书》均有传。《汉书》本传云："粗述存亡之征，凡著十二篇。每奏一篇，高帝未尝不称善，左右呼

---

① 孙启治、陈建华编撰：《中国古佚书辑本目录解题》，上海古籍出版社2009年版。

② （清）姚振宗：《隋书经籍志考证》，清华大学出版社2012年版。

万岁，号其书曰‘新语’。”[①]《新语》是陆贾应汉高祖之命而作，他的著书目的在于叙述前世成败，以为劝诫。《汉志》儒家载“陆贾二十三篇”，包括《新语》十二篇在内。《隋志》《唐志》，皆列儒家。上下二卷。十二篇今皆存。余嘉锡《四库提要辩证》云：“王充谓其言君臣政治得失，论说世事，与今本体裁亦复相合，知《新语》确为敷陈治道之书，非记事之书。”又曰：“则其崇王道，黜霸术，援据《春秋》《论语》，以孔氏为宗正。”又曰：“要之，贾在汉初，粹然儒者，于诗、书煨烬之余，独能诵法孔氏，开有汉数百年文学之先，较之董为尤难，其功不在浮邱伯、伏生以下。……汉初之拨乱反正，贾有力焉。……然贾实具内圣外王之学，非叔孙通辈陋儒所敢望，惜乎未竟其用，否则经术之兴，不待汉武时也。”[②] 他对于陆贾及其《新语》的评价很高。张舜徽云：“汉初天下甫定，以儒学匡弼高帝而有所述者，以陆贾为最先。实于开国弘规，大有关系。”[③] 他也肯定了陆贾思想对汉初治国理念的影响。严可均《叙》云：“子书，《新语》最纯最早，贵仁义，贱刑威，述《诗》《书》《春秋》《论语》，绍孟荀而开董贾，卓然儒者之言。”汉代政权中的第一颗儒家的“种子”，应该是陆贾播种的。近人王利器《新语校注》（中华书局 2008 年版），为较好的本子。

3.《聊子》

（西汉）聊苍撰。苍，生平不详，暂置此。《汉书·艺文志》纵横家有：“待诏金马聊苍三篇。其书今佚。”《风俗通义·姓氏篇》的“佚文一”云：“聊氏，聊苍，为汉侍中，著子书。”根据王利器的按语：“《通志》《类稿》云：‘著书号聊子。’”说明《聊子》为聊苍所著子书，其书思想主纵横权术。全书今佚，无辑本。

4.《新书》（又名《贾谊》或《贾子》或《贾谊新书》或《贾谊书》或《贾子新书》）

（西汉）贾谊撰。谊，《史记》《汉书》均有传。《汉志》儒家载“《贾谊》五十八篇”，《隋志》子部儒家载：“《贾子》十卷，《录》一卷”，《新唐志》子部儒家、《宋志》子部杂家载：“《贾谊新书》十卷”，《旧唐志》子部儒家载：“《贾子》九卷”。清《四库全书》子部儒家载《新书》十卷。全书分为“事势”“连语”“杂事”三部分。原书 58 篇，

① （汉）班固撰，（唐）颜师古注：《汉书》，中华书局 1962 年版，第 2113 页。

② 余嘉锡：《四库提要辩证》，中华书局 2007 年版，第 534 页。

③ 张舜徽：《广校雠略》；《汉书艺文志通释》，华中师范大学出版社 2004 年版，第270 页。

少量散佚，南宋时已无善本。今书缺《问孝》一篇，《礼容语上》一篇，存56篇。刘师培著《贾子新书校补》，辑得佚文三节："神农"节为《修政语上》篇脱文；"天子二十而冠带剑""天子黑方履"，为《等齐》诸篇脱文；"沸唇投塞垣之下"，疑为《匈奴篇》脱文。余嘉锡以为其本传所载《治安策》中有《大戴礼·礼察篇》，或许是所缺之《礼容语》，汪中校《新书》据《汉书》补入。近人阎振益、钟夏《新书校注》（中华书局2000年版），为较好的本子。

5.《蒯子》（又名《隽永》）

（西汉）蒯通撰。通，范阳人，本名彻，史书避武帝讳，改为通，《汉书》有传，亦见《史记·淮阴侯列传》。书亡已久，今存一卷。本传称："通论战国说士权变，亦自序其说，凡八十一首，号曰《隽永》。"《汉志》纵横家载"《蒯子》五篇"，注云："名通。"周寿昌《汉书注校补》："通著书名《隽永》，凡八十一首。通传有之，而《艺文志》不载，载《蒯子》五篇，而传又未及之。"他对于传与志的矛盾提出疑问。其书《隋志》《唐志》不载，诸书亦无征引者。考《汉志》兵权谋十三家云"省《蒯通》"，知《七略》兵权谋家载《蒯通》，其亦有兵书。马国翰《蒯子序》云："其奇谋雄辩，亦足与《国策》同传。"（《玉函山房辑佚书》）马国翰据《汉书》本传辑得《说徐公》《说韩信》三篇和《说曹相国》，凡五篇，均为游说之词，颇具纵横家风范。

6.《新书》（又名《晁错》或《晁氏新书》）

（西汉）晁错（亦作鼂，或作朝，古字通）撰。错，颍川人，学申、商之术，官至御史大夫，《史记》《汉书》均有传。《汉书》本传云："错又言宜削诸侯事，及法令可更定者，书凡三十篇。"《汉志》法家载"《鼂错》三十一篇"。《隋志》子部法家云："梁有《韩氏新书》三卷，汉御史大夫晁错撰，亡。"《旧唐志》复载为三卷，《新唐志》则作《晁氏新书》七卷。马国翰辑文一卷，其篇目为：《上书言太子事》《上（书）言兵事》《言守边备塞、劝农力本当时急务二事》《言募民》《对策》五篇，《杂篇》八条："高皇帝不用同姓为亲""善为政者""号令不时""工商游食之民""齐地僻远""臣闻帝王之道""历山农者""阴阳不和"，其中"历山农者"（见附录二《汉魏子书辑佚》）条为误辑。严可均辑文前五篇同马国翰，篇名稍异。严氏又从《汉书·食货志》《吴王濞传》采得《说文帝令民入粟受爵》《复奏勿收农民租》《说景帝削吴》《请诛楚王》四篇，未采马氏归入《杂篇》的八条。严氏未云所辑九篇是否为《新书》佚文。《新书》的存世文献被收入《晁错集》中，可参看《晁错集注释》组注的《晁错集注释》（上海人民出版社 1976 年版）。

7.《淮南子》（又名《鸿烈》）

（西汉）刘安撰。安，淮南王长之子，高帝之孙，《史记》《汉书》均有传。《汉书》本传云："招致宾客方术之士数千人，作为《内书》二十一篇，《外书》甚众，又有《中篇》八卷，言神仙黄白之术，亦二十余万言。"其初自名书曰"鸿烈"，见高诱《淮南子叙》，经刘向校订之后，《七略》《别录》始名曰《淮南》。《汉志》杂家载"《淮南内》二十一篇"，注云"存"；"《淮南外》三十三篇"，注云"亡"。《隋志》子部杂家载"《淮南子》二十一卷"，注者有许慎、高诱二家，两《唐志》并载之。唐颜师古曰："内篇论道，外篇杂说。"清《四库提要》云："此二十一卷，内篇也。大旨本道德，而纵横曼衍，多所旁涉，故《汉志》列之杂家。"一卷为一篇，今存 21 篇，《要略》算一篇。比较好的本子是《新编诸子集成》（第一辑）所收刘文典撰《淮南鸿烈集解》（中华书局 1989 年版）与何宁撰《淮南子集释》（中华书局 1998 年版）。

8.《盐铁论》

（西汉）桓宽撰。宽，字次公，汝南人，宽事及所著《盐铁论》见《汉书・公孙贺刘屈氂传赞》。汉昭帝时，诏郡国举贤良文学之士，问以民所疾苦，皆谓宜罢盐铁、榷酤，与御史大夫桑弘羊等互相诘难。后榷酤虽罢，而盐铁如旧。宣帝时，桓宽整理记录当日两方辩论之语，加以推广以成此书，即以"盐铁"标题。《汉书》云："至宣帝时，推衍盐铁之议，增广条目，极其论难，著数万言，亦欲以究治乱，成一家之法焉。"《汉志》儒家载桓宽《盐铁论》六十篇，《隋志》《唐志》儒家均载《盐铁论》十卷。清《四库全书》子部儒家载《盐铁论》十二卷。《简目》云："记始元六年，郡国所举贤良文学之士，与桑弘羊等议盐铁榷酤事，凡六十篇。所论者食货之政，而诸史皆列之儒家。盖古之儒者，主于诵法先王，以适实用，不必言心言性而后谓之问道也。"此语虽暗含对明儒心性之学的嘲讽，但也说出此书蕴含的汉儒初衷。今本十卷，60 篇，无遗失。较好的本子有王利器撰《盐铁论校注》（中华书局 1992 年版）。

9.《说苑》（又名《新苑》）

（西汉）刘向撰。向，原名更生，字子政，沛县人，楚元王刘交四世孙，《汉书》有传。《汉志》儒家著录："刘向所序六十七篇。"注曰："《新序》《说苑》《世说》《列女传》《颂图》也。"《汉书・刘向传》称："向领校中五经秘书，……又睹俗奢淫，序次为《列女传》以戒天子。及采传记、行事，著《新序》《说苑》凡五十篇奏之。"《隋书・经籍志》

载《说苑》二十卷，两《唐志》皆作三十卷。至宋《崇文总目》只载五卷，称："《说苑》二十篇，今存者五卷，余皆亡。"曾巩《校书序》云："得十五篇于士大夫之家，与旧为二十篇。"马总《意林》录三十一条。比较好的本子有向宗鲁撰《说苑校证》（中华书局 1987 年版）。

10.《新序》

（西汉）刘向撰。马总《意林》曰："《新序》三十卷，河平四年（前二五）都水使者谏议大夫刘向上言。"四库馆校刊曰："《新序》总一百八十三章，阳朔元年二月癸卯上。"（见王氏《汉书·艺文志考证》）《汉书·楚元王附传》称："向领校中五经秘书……又睹俗奢淫，序次为《列女传》以戒天子。及采传记、行事，著《新序》《说苑》凡五十篇奏之以助观览。"两《唐志》均载三十卷。《宋史·艺文志·杂家》载："刘向《新序》十卷。"《崇文总目》载："《新序》十卷，汉刘向撰，向为（按：此据姚振宗《考证》补）成帝典校秘书，因采载战国秦汉间事为三十卷，上之。其二十卷今亡。"晁公武《郡斋读书志》载："《新序》十卷，刘向撰。向典校秘书，因采传记行事百家之言，删取正辞美义可劝戒者，为《新序》《说苑》共五十篇。《新序》阳朔元年上，世传本多亡阙，皇朝曾子固在馆中日，校正其讹舛而缀辑其放逸，久之，《新序》始复全。"宋高似孙《子略》曰："先秦古书，甫脱烬劫，一入向笔，采携不遗，至其正纲纪、迪教化、辨邪正、黜异端，以为汉规监者，尽在此书。诚切矣！"陈振孙《书录解题》曰："《新序》十卷，汉护都水使者光禄大夫刘向子政撰。舜禹以来迄于周，（按：《四库馆》辑录疑有脱误）嘉言善行往往在焉。其书最为近古。"《四库提要》曰："《隋志》《新序》三十卷，《唐志》同。曾巩《校书序》云：'今可见者十篇。'盖巩所校录宋初残阙之本也。晁公武谓曾子固缀辑散佚，《新序》始复全者，误矣。……以今考之，春秋时事尤多，汉事不过数条。大抵采百家传记，以类相从，故颇与《春秋内外传》《战国策》《太史公书》互相出入。要其推明古训，衷之于道德仁义，在诸子之中犹不失为儒者之言。"《四库简明目录》曰："所录皆春秋至汉初轶事，可为法戒者。虽传闻异词，姓名时代或有牴牾，要其大旨主于正纪纲、迪教化，不失为儒者之言。"比较好的本子有石光瑛撰《新序校释》（中华书局 2001 年版）。

11.《法言》（又名《扬子法言》）

（西汉）扬雄撰。雄，字子云，西汉末期蜀郡成都人，《汉书》有传。《汉志》儒家载扬雄所序 38 篇，中有《法言》13 篇。《汉书》本传云："故人时有问雄者，常用法应之，撰以为十三卷，象《论语》，号曰《法言》。……传莫大于《论语》，作《法言》。"《本传》并载其篇目。《隋志》载《扬子法言》李轨、宋衷、侯芭注，分别为十五卷、十三卷、六卷。《新唐志》载柳宗元注《杨子法言》十三卷。清《四库全书》子部儒家载《法言集注》十卷，宋司马光集注。全书今存。刘师培从《文选》李善注、《太平御览》各采得佚文一节（《刘申叔遗书·扬子法言校补附》）。较好的本子有汪荣宝撰《法言义疏》（中华书局 1987 年版）。

12. 《太玄》

（西汉）扬雄撰。《汉志》儒家载扬雄所序 38 篇，中有《太玄》19 篇。《汉书》本传云："哀帝时，丁、傅、董贤用事，诸附离之者或起家至二千石。时雄方草《太玄》，有以自守，泊如也。……以为经莫大于《易》，故作《太玄》"。《隋志》与两《唐志》所载注本、卷次各异，然虞翻注本皆作十四卷。宋以后史志书目皆载作十卷。较好的本子有（宋）司马光撰《太玄集注》（中华书局 2013 年版）与郑万耕撰《太玄校释》（北京师范大学出版社 1989 年版）。

13. 《新论》（又名《桓子新论》）

（东汉）桓谭撰。谭，字君山，沛国相人。有《桓子新论》十七卷。《后汉书》本传云："初谭著书言当世行事二十九篇，号曰《新论》，上书献之，世祖善焉。《琴道》一篇未成，肃宗使班固续成之。"李贤注俱引篇名，自《本造》至《琴道》凡 16 篇，中有分为上下篇者，故为 29 篇。《隋志》《唐志》子部儒家并载《新论》十七卷，盖 16 篇，篇为一卷，并序目为十七卷。其书亡佚，史注、《文选》李善注、《意林》及唐、宋类书等多引之，唯除《琴道》篇外，皆泛引而不标篇名。《新论》辑本非常丰富，每个辑本各有优劣。（按：详见附录四《桓谭〈新论〉辑本文献综述》）严可均将泛引诸文以意归类，分隶于 16 篇旧题之下，有未妥处。朱谦之辑校的《新辑本桓谭新论》在总结了清人的经验教训基础上，做了一个全新的校辑本，内容更全，编排更合理，按照原书篇目厘为十六卷，并附有参考资料，是迄今为止较好的辑本。

14. 《论衡》

（东汉）王充撰。充，字仲任，会稽上虞人，《后汉书》有传。本传云："以为俗儒守文，多失其真，乃闭门潜思，绝庆吊之礼，户牖墙壁，各置刀笔。著《论衡》八十五篇、二十余万言。释物类同异，正时俗嫌疑。"《隋志》杂家载《论衡》二十九卷，两《唐志》均载三十卷。清《四库全书》杂家载《论衡》三十卷，《提要》云："盖内伤时命之坎坷，外疾俗之虚伪，故发愤著书，其言多激。"今本 85 篇，三十卷，偶有缺佚。近人黄晖从《意林》《文选》李善注、史注及唐宋类书等辑得佚文三十一节。王仁俊据蒋光熙《东湖丛记》从元刻录出四百字补充于今本《累害》篇“污为江河”之下，《四部丛刊》本已据宋刻补入此脱文。较好的本子有黄晖撰《论衡校释》（中华书局1990年版）。

15.《风俗通义》（又名《风俗通》）

（东汉）应劭。劭，字仲瑗（又作仲远、仲援），汝南南顿人，博览多闻，东汉司隶校尉应奉子。《后汉书》有传。《后汉书》本传云：“撰《风俗通》，以辩物类名号，释时俗嫌疑。文虽不典，后世服其洽闻。”《隋志》子部杂家载《风俗通义》三十一卷，注云：“《录》一卷。梁三十卷。”两《唐志》并三十卷。《宋志》仅十卷，即今本之10篇也。清《四库提要》云：“其书因事立论，文词清辩，可资博洽。大致如王充《论衡》，而叙述简明则胜充书之冗漫多矣。”较好的本子有王利器撰《风俗通义校注》（中华书局1981年版）与吴树平撰《风俗通义校释》（天津人民出版社1980年版）。两书皆附辑佚文，采摭之备，引据之详，皆胜前人。

16.《政论》（又名《正论》）

（东汉）崔寔撰。寔，字子真，一名台，字符始，东汉大儒崔瑗子，崔骃孙。《后汉书》本传云：“明于政体，吏才有余，论当世便事数十条，名曰《政论》。指切时要，言辩而确，当世称之。仲长统曰：‘凡为人主，宜写一通，置之坐侧。’”范晔论曰：“寔之《政论》，言当世理乱，虽晁错之徒不能过也。”（《后汉书·崔骃传》）《隋志》子部法家载《正论》六卷，注云：“汉大尚书崔寔撰。”两《唐志》作《政论》，《旧唐志》作五卷，《新唐志》作六卷（按：正、政通，依《崔骃传》作“政”是）。严可均从其本传、《群书治要》《通典》辑文九篇，另三十节附于卷末，较马国翰、王仁俊辑本为备。严可均序云：“《治要》专取精实，而腴语美词，芟除净尽。然于当时积弊，已胪列无遗。治乱兴亡，古今一轨，本传引仲长统曰：‘凡为人主，宜写一通，置之坐侧。’诚哉是言也。”较好的本子有孙启治撰《政论校注》（中华书局2012年版）。

17.《友论》（又名《反论》或《反论语》）

（东汉）张升撰。升，字彦真，陈留尉氏人，官至外黄令，著赋、诔、颂、碑、书，凡六十篇（《后汉书·文苑传下》）。《文选》李善注（仅在刘孝标《广绝交论》“叙温郁则寒谷成暄，论严苦则春丛零叶”一句下注作张升《反论语》）《太平御览》等引张升《反论》。诸志不载此书，诸书所引或作《友论》《及论》，字形相近，未详孰是。严可均云

《友论》，否定《反论》及《反论语》的称呼。王仁俊云《反论》。二人皆采得二节，其中一节互为有无。按王氏采《左传》昭公七年疏引一节称“张叔《皮论》”，孙志祖《读书脞录》卷二以为乃“张升《反论》”之误。清人钱大昕《潜研堂文集》（卷七）云：“详其词意，与《春秋疏》所引本是一篇之文，而篇名或云《反论》或云《反论语》或云《皮论》或云《及论》，其人名或云‘叔’或云‘升’。……梁《七录》有：外黄令张升集二卷。《反论》殆升所撰之一篇，如《解嘲》《释讥》之类。曰皮曰及皆字形相涉而讹，叔与升亦字形相涉也。”钱氏又据《文选》李善注补充两节。从四节佚文的行文看有四字句、五字句、七字句，且四字句为骚体。从内容看，不论篇名为《反论》抑或《友论》均不能把诸多内容统一于一篇之中。钱氏以此著述为一篇文章的证据不足，存疑。今存文四节。

18.《正部论》（又名《正部》或《王逸子》）

（东汉）王逸撰。逸，字叔师，南郡宜城人。《隋志》子部儒家云：“梁有《正部论》八卷，后汉侍中王逸撰，亡。”《意林》载为十卷。《唐》《宋志》无录。此书亡佚，马国翰从《意林》采得十二节。又唐宋类书或引作《王逸子》，马氏以为是一书之文，因据以采得八节。劳格所辑凡八节，其中采原本《北堂书钞》“叹赏二十一”引“屈原、宋玉、枚乘、相如、王褒、扬雄、班固、傅毅，灼以扬其藻，斐以敷其艳”一节为马氏辑本所不录。又马氏所辑“木有扶桑、梧桐、松柏”一节，不全（按：见本书附录二《汉魏子书辑佚》）。其书内容驳杂，对于汉代子书与大赋均有评论，政治思想为礼、法兼备。

19.《新书》

（东汉）荀爽撰。荀爽，范晔《后汉书》有传云：“著《礼》《易传》《诗传》《尚书正经》《春秋条例》；又集汉事成败可为鉴戒者，谓之《汉语》；又作《公羊问》及《辩谶》，并它所论叙，题为《新书》。凡百余篇，今多所亡缺。”①

《玉海》（卷五十五）在“汉荀爽《新书》《汉语》”条中也称引《后汉书·荀爽传》内容。② 杨修在《荀爽述赞》中称他：“砥心《六经》，探索道奥，瞻乾坤而知阴阳之极，载而集之，独说十万余言，士林景附，群英式慕，由毛羽之宗鹏鸾，众山之仰五岳也。”（夏传才主编

① （南朝宋）范晔撰，（唐）李贤，等注：《后汉书》，中华书局1965年版，第2057页。

② 武秀成、赵庶洋：《玉海艺文志校证》，凤凰出版社2013年版，第999页。

《建安文学全书》之《三曹七子之外建安作家诗文合集校注》）可知《新书》在当时影响很大。《隋书·经籍志》载：后汉司空《荀爽集》一卷梁三卷，录一卷。两《唐志》载有《荀爽集》二卷。其书今佚，无辑本。

20.《陈子》

（东汉）陈纪撰。纪，字符方，陈寔子。《后汉书》本传云："及遭党锢，发愤著书数万言，号曰《陈子》。"（《后汉书·陈寔传》）又《三国志》注引《魏书》云："纪历位平原相、侍中、大鸿胪，著书数十篇，世谓之《陈子》。"魏邯郸淳《汉鸿胪陈纪碑》云："乃覃思著书三十余万言，言不务华，事不虚设，其所交释合赞，规圣哲而后建旨明归焉，今所谓《陈子》者也。"其书至唐时已佚。考史志无《陈纪集》，本传亦未提及他的其他文章，严可均所辑陈纪《肉刑论》也许为《陈子》中一篇，余篇不可见，无辑本。

21.《矫世论》

（东汉）侯瑾撰。瑾，字子瑜，敦煌人，事见《后汉书·文苑传》。又《御览》卷九百二十二引《敦煌实录》曰："侯瑾，字子瑜，解鸟语。尝出门，见白雀与群雀同行，慨然叹曰：'今天下大乱，君子小人相与杂。'"《本传》云："州郡累召，公车有道征，并称疾不到。作《矫世论》以讥切当时。"《太平御览》之"图书纲目"有《矫世论》，卷八百五引"白玉"一节，卷八百九引"碧似玉"一节，《矫世论》中当有论玉的篇章。《隋志》有《侯瑾集》二卷，两《唐志》均有《汉皇德纪》三十卷、《侯瑾集》二卷，均不载《矫世论》。全书应亡于唐时，今存佚文仅有《御览》所引二节（按：见附录二《汉魏子书辑佚》）。现存两节佚文内容均为辨别玉、碧，论玉之真，旨在对人作真伪之辨，是对于东汉末年文人沽名钓誉风气的批判。

22.《潜夫论》

（东汉）王符撰。符，字节信，安定临泾人，在《后汉书》中他与王充、仲长统同传。《本传》云："志意蕴愤，乃隐居著书三十余篇，以讥当时失得，不欲章显其名，故号曰《潜夫论》。其指讦时短，讨谪物情，足以观见当时风政。"并著录其《贵忠》《浮侈》《实贡》《爱日》《述赦》五篇。《隋志》、两《唐志》儒家均载《潜夫论》十卷。清《四库全书》子部儒家载《潜夫论》十卷，《提要》云："卷首'赞学'一篇，论励志勤修之旨，其中'五德志'篇述帝王之世次，'志氏姓'篇考谱牒之源流，以及'卜列''正列''相列''梦列'四篇亦皆杂论方技，不尽指陈时政，范晔所云举其著书大旨尔。”又云：“所说多切汉末弊政。”《提要》评价曰：“符书洞悉政体似《昌言》，而明切过之；辨别是非似《论衡》，而醇正过之。”《论语》首篇为《学而》，《荀子》首篇为《劝学》，《潜夫论》首篇为《赞学》，可见王符的思想渊源。今本十卷，凡35篇，合《叙录》为36篇。《意林》卷三载“仁义不能月升，财帛而欲日增，余所恶也”一节，王仁俊《经籍佚文》疑此为《潜夫论》佚文，可信。较好的本子有清汪继培笺、彭铎校正《潜夫论笺校正》（中华书局1985年版）。

23.《申鉴》

（东汉）荀悦撰。悦，字仲豫，荀爽兄俭之子，《后汉书》有传。《本传》云：“时政移曹氏，天子恭己而已。悦志在献替，而谋无所用，乃作《申鉴》五篇。其所论辩，通见政体，既成而奏之。”并引其《政体》篇“为政之方”一章，《时事》篇之“尚主之制”二章大略。《隋志》、两《唐志》儒家均载《申鉴》五卷。清《四库全书》子部儒家载《申鉴》五卷，《四库提要》云：“一曰‘政体’，二曰‘时事’，皆制治大要，及时所当行之务；三曰‘俗嫌’，皆破禨祥谶纬之说；四曰‘杂言上’、五曰‘杂言下’，则皆泛论义理，颇似扬雄《法言》。”又云：“此书剖析事理，尤为深切著明，盖由其原本儒术，故所言皆极醇正，于治道深有裨益焉。”今存五卷，卷各一篇。从现存《申鉴》文本看，其书多“空论”美政理想，不谈时政。

王仁俊《玉函山房辑佚书续编》辑得荀悦《典论》佚文两节：“何进灭于吴匡、张璋……”“三代之亡，由乎妇人……”此两节佚文为严可均辑入曹丕《典论》中。各史志未见著录荀悦《典论》者，应是王氏误辑。较好的本子有孙启治据明人黄省曾注本增补的《申鉴注校补》（中华书局2012年版）。

24.《人物志》

（东汉）刘劭（邵）撰。劭，字孔才，广平邯郸人，《三国志》有传。《本传》云：“正始中。执经讲学，赐爵关内侯。凡所撰述，《法论》《人物志》之类百余篇。”（卷二十一）西凉的刘延明有《人物志注》，北魏阳休之有《幽州人物志》，唐之赵彦昭有《河西人物志》，北宋刘昺（按：初名炳）有《人物志注》，可见刘劭《人物志》影响之广泛。《隋志》载《人物志》三卷，两《唐志》均载《人物志》三卷，又有刘炳注《人物志》三卷。《宋史·艺文志》仅载《刘邵人物志》二卷。诸史志均列《人物志》入“名家”。今有郭模《人物志及注校证》（文史哲出版社

1987年版)，伏俊琏与梁满仓译注本亦可资参考。

25.《法论》

(东汉)刘劭撰。劭，字孔才，广平邯郸人，《三国志》有传。《本传》云："正始中。执经讲学，赐爵关内侯。凡所撰述，《法论》《人物志》之类百余篇。"(卷二十一)《隋志》在崔寔《政论》后注说："梁有《法论》十卷，刘邵撰。"新《唐志》"法家"载《刘氏法论》十卷。其书全佚，内容不可见。

26.《昌言》(又名《仲长子昌言》)

(东汉)仲长统撰。统，字公理，山阳高平人，在《后汉书》中他与王充、王符同传。《本传》云："每论说古今及时俗行事，恒发愤叹息。因著论，名曰《昌言》，凡三十四篇，十余万言。"并略载其中"有益政者"曰《理乱》《损益》《法诫》三篇。原注云，篇名取自《尚书》"汝亦昌言。"曹魏人缪袭有《撰上仲长统〈昌言〉表》，详述仲氏生平和事迹，对仲长统其人其书都极为推崇，其文为范晔《后汉书》所本。根据《太平御览》所引葛洪《抱朴子》云："仲长统作《昌言》未竟而亡，后董袭撰次之。"(按：据李善注引《吴志》云：袭，字元世，会稽人也。为偏将军；不似弄文之人。而缪袭，《文选》收录了他的《挽歌诗》一首，据李善注可知他还作有《嘉梦赋》，李善注引《魏志》曰：袭，东海人，有才学，多所叙述，官至尚书光禄勋。再联系缪袭有《撰上仲长统〈昌言〉表》，推知《太平御览》所云"董袭"当为"缪袭"之误。)《隋志》子部杂家载《仲长子昌言》十二卷，《旧唐志》归杂家，《新唐志》归儒家，并十卷。《宋志》仍置杂家内，载为二卷。其书今佚，严可均辑本上、下两卷，采《本传》载3篇，益以《群书治要》所载9篇，据《意林》之次第排定，又采辑他书中佚文五十八节附于卷末。马国翰亦有辑文，不如严氏为备。较好的本子有孙启治的《昌言校注》(中华书局2012年版)。

27.《魏子》

(东汉)魏朗撰。朗，字少英，会稽上虞人，官至尚书，事见《后汉书·党锢列传》。《本传》云："著书数篇，号《魏子》云。"《隋志》子部儒家载《魏子》三卷，注云："后汉会稽人魏朗撰。"两《唐志》均载三卷。马国翰从《意林》采得十二节，又从《太平御览》《文选》李善注采得五节。《鲁迅辑录古籍丛编》之《魏子》辑文同马氏辑本。其中"君以臣为本"一节"蓼虫"句可能为误收。另，笔者补入"待扁鹊乃治病"一节佚文，详见本书附录二。其书大旨主用道术，强调人尽其才。

28.《唐子》

（东汉）唐檀撰。檀，字子产，豫章南昌人。《后汉书》本传云："著书二十八篇，名为《唐子》。"《唐子》文献今不存，没有辑佚者。《本传》称唐檀"好灾异星占"，《本传》所载本人平生行事中，也是有关于灾异推验者。推测其所著之书，内容可能也多有方术类。

29.《韦卿子》

（东汉）韦彪著。彪，其行事见《后汉书》《后汉纪》。《后汉书・韦彪传》称："彪清俭好施，禄赐分与宗族，家无余财。著书十二篇，号曰《韦卿子》。"其书各史志均不见著录，《通志》《册府元龟》《玉海》等皆根据《后汉书》引其书名。其书内容全佚，无辑本。

30.《中论》

（魏）徐幹撰。幹，字伟长，北海剧人，事见《三国志》本传。曹丕在《与吴质书》中赞他："著《中论》二十余篇，辞义典雅，足传于后。"吴质在《答魏太子笺》中称："至于司马长卿称疾避事，以著书为务，则徐生庶几焉。"丕、质二人对徐幹此书评价甚高。《隋志》儒家载："徐氏《中论》六卷，魏太子文学徐幹撰，梁目一卷。"两《唐志》亦载六卷。《四库提要》云："大都阐发义理，原本经训，而归之于圣贤之道。"书有散佚，今存20篇，分上、下卷。逸文两篇：《复三年丧》《制役》，并见《群书治要》。清刘熙载《艺概》评曰："非但其理不驳，其气亦雍容静穆，非有养不能至焉。……说理俱正而实。"曾巩《中论目录序》云："幹独能考六艺，推仲尼孟轲之旨，述而论之。"其书较好的本子有徐湘霖撰《中论校注》（巴蜀书社2000年版）与孙启治撰《中论解诂》（中华书局2014年版）。

31.《典论》

（魏）曹丕撰。丕，字子桓，魏武帝长子，事见《三国志》。《隋志》经部小学类载《一字石经典论》一卷，又子部儒家载《典论》五卷，两《唐志》著录亦称五卷。今存《论文》《自叙》二篇较为完备，见《本纪》注及《文选》。严可均辑文一卷，有篇名者共十三篇：《奸谗》《内戒》《酒诲》《论郄俭等事》《太子》《剑铭》《论文》《论太宗》《论孝武》《论周成、汉昭》《终制》《诸物相似乱者》《自叙》。有缺篇名者五篇，其他未知篇属的逸文十节。《典论》具有鲜明的自传性质，全面反映了曹丕的生活、兴趣及其政治主张与文学思想，全书寄托了曹丕欲为当今与后世树立典范的愿望。

32.《王子正论》（又名《政论》）

（魏）王肃撰。肃，字子雍，王朗长子，《三国志》有传。著有《政论》十卷，《圣证论》十二卷，今佚。《隋志》、两《唐志》子部儒家均载王肃《王子正论》十卷。《三国志》本传、《晋书·礼志》及《通典》载肃议论、问答之文，多涉礼制，马国翰以为即为本书之文，据以采得二十四节。从今存佚文看，其书少空论，多切时事，他说“隐切”在于汉武帝而不在于司马迁的话，尤为亮直之言。

33.《刍荛论》（又名《道论》）

（魏）锺会撰。会，颍川长社人，字士季，太傅钟繇少子，少敏惠夙成。有《刍荛论》五卷。《三国志》锺会本传云：“会常论《易》无玄体、才性同异。及会死后，于会家得书二十篇，名曰《道论》，而实刑名家也，其文似会。”《隋志》子部杂家云：“梁有《刍荛论》五卷，锺会撰，亡。”《刍荛论》与本传所云《道论》当为一书。其父钟繇在《请许吴主委质表》中云有“刍荛之言可择廊庙”的话，《刍荛论》书名可能亦受其父影响。两《唐志》复载五卷。严可均辑文七节，王仁俊补二节，今存共九节，笔者又据《山堂肆考》补充一节（按：见附录二《汉魏子书辑佚》）。从现存佚文看，除了刑名之说外，尚有论民本、论“交”与进贤内容，不皆玄虚之语。其中“吴之玩水若鱼鳖，蜀之便山若鸟兽”一节，为现存三国子书中唯一涉及评价他国的内容，可以看出当时三国习俗风尚差异、文化隔阂的明显及它们之间的敌对态度。

34.《周生子要论》（又名《周生烈子》）

（魏）周生烈撰。烈，字文逸，敦煌人。裴松之《三国志注》云：“何晏《论语集解》有烈《义例》，余所著述，见晋武帝《中经簿》。”周生烈解释《论语》的相关内容为李善《文选注》等文献引用。马总《意林》云：“张角败后天下溃乱，哀苦之间，故著此书。以尧舜作干植，以仲尼作师诫。”《隋志》子部儒家云：“梁有《周生子要论》一卷，《录》一卷，魏侍中周生烈撰，亡。”两《唐志》均载《周生烈子》五卷。马国翰辑文二十二节，《序》一节。张澍据《太平御览》等采得九节，其中“桀纣是汤武之梯”“心者众智之门”二节为马氏辑本所缺。“心者”一节，为张澍误辑。从现存文献看，语言精警，重哲学思辨。

35.《万机论》（又名《蒋子万机论》）

（魏）蒋济撰。济，字子通，楚国平阿人，仕魏官至太尉，《三国志》有传。本传称：“济上《万机论》，帝善之。”《隋志》杂家载《蒋子万机论》八卷，《旧唐志》同。《新唐志》《宋志》均载十卷。宋陈振孙《直斋书录解题》载为二卷，云："《馆阁书目》十卷，五十五篇，今惟十五篇。"是南宋时已无完书。严可均采得三篇又二十二节，而马国翰据《通典》卷九引"《礼记》叔嫂无服"一节自"尚书何晏"云云以下三百余字严氏未录，王仁俊据《意林》卷六补辑一节。

今存共三篇（《政略》《刑论》《用奇》）又二十三节。书中讲肄礼服，评骘人物，兼言兵阵之事，有批评庄子之语，可以看出受汉末品人风气与魏初多战及玄学萌芽等时代风气的多重影响。

36.《刘氏政论》（又名《政论》）

（魏）刘廙撰。廙，字恭嗣，南阳安众人，仕魏官至侍中，《三国志》有传。《本传》称："著书数十篇，及与丁仪共论刑礼，皆传于世。"《隋志》子部法家云："梁有《政论》五卷，魏侍中刘廙撰，亡。"两《唐志》均载五卷。严可均辑文七篇，马国翰另采《论治道》一篇。《刘廙别传》一书兼述廙言论及事迹，《政论》所载诸论当即见于《别传》中，后人从中摘出，别为《政论》一书，故《治要》又题为《别传》（按：参姚振宗《隋书经籍志考证》）。又《三国志·陆逊传》载廙《先刑后礼论》，似亦为《政论》之一篇。

从现存佚文看，其书论名实之辨，批评朋党之弊，强调人主"听察"的重要性。内容多蹈虚论理，少关时政。

37.《道论》（又名《任子道论》或《道德论》）

（魏）任嘏撰。嘏，字昭先（昭光），乐安博昌人。《三国志·王昶传》裴松之注引《任嘏别传》称："著书三十八篇，凡四万余言。……嘏卒后，故吏东郡程威、赵国刘固、河东上官崇等，录其事行及所著书奏之。诏下秘书，以贯群言。"童幼时曾被郑玄称为"有道德"（按：见《后汉书》郑玄传）。《隋志》子部道家载《任子道论》十卷，注云："魏河东太守任嘏撰。"两《唐志》同。《初学记》既引《任子》（见卷三十）又引任嘏《道德论》（见卷十七、二十七），明是二书，则唐初犹未相混。《太平御览》则皆引作《任子》，其文有与《意林》所载任奕《任子》同者，又有与《初学记》引任嘏《任子》同者，是宋时已混二书不别矣。清黄以周《子叙》辨之甚详，见《儆季杂著》。据张寿镛之《任子跋》，则马氏所辑九节辑文为任嘏《道论》现存佚文，见《约园杂著》。

38.《任子》

（东汉）任奕撰。奕，句章人，官御史中丞，朱育称其为文章之士，立言粲然。（见《三国志·虞翻传》裴注引《会稽典录》，朱育云："其文章之士，立言粲盛，则御史中丞句章任奕，鄱阳太守章安虞翔。各驰文檄，晔若春荣。”）唐马总《意林》卷五载《任子》十卷，注云“名奕”。据张寿镛之《任子跋》，此《任子》为儒家言，《意林》所载十七节辑文为现存《任子》佚文。

39.《世要论》

（魏）桓范撰。范，字符则（元则），沛国人。“范尝抄撮《汉书》中诸杂事，自以意斟酌之，名曰《世要论》。”（《三国志·曹爽传》及裴注引《魏略》）《隋志》子部法家载《世要论》十二卷，注云：“魏大司农桓范撰，梁有二十卷。”《旧唐志》载十卷，《新唐志》载十二卷。其书今佚，诸书称引作《桓范》《桓子》《政要论》、桓范《新论》《要集》《世论》者互见，马国翰、严可均皆谓一书之异称。马国翰《序》云：“书中多论行兵，盖三国割据，日寻干戈，故论世者详究之。虽列法家而略无残苛之语。昔范尝以示蒋济，济不肯视，试取蒋氏《万机论》衡之，其识议亦止在伯仲间耳。”严可均辑文十六篇，又十四节（《适园丛书》本后附佚文十六节，多出了“圣人用人”“帝王用人”二节，并增附录三节）。王仁俊据《意林》卷六辑得一节。

40.《王氏新书》（又名《时要论》）

（魏）王基撰。基，字伯舆，东莱曲城人，郑玄门人（见《后汉书》郑玄传）。《三国志》本传称：“时曹爽专柄，风化陵迟，基著《时要论》以切世事。”《隋志》子部儒家云：“梁有《王氏新书》五卷，王基撰，亡。”两《唐志》均不载。严可均无《新书》辑本，但于序中云“有《新书》五卷”，未提及《时要论》。马国翰从王基本传采得谏答等文，也未提《时要论》。根据汉代以“新书”泛称子书的习惯，王基此书当有两名，《时要论》为定名。姚振宗《隋书经籍志考证》云：“又王肃论定朝仪，改易郑玄旧说，而基据持玄义常与抗衡，当皆在《新书》中。特散佚已久，无由考见耳。”据现存七节文字看，内容多论兵事，重民本，反对奢侈，思想主儒家。此书以严可均辑文为备。

41.《体论》

（魏）杜恕撰。恕，字务伯，京兆杜陵人，魏幽州刺史，尚书仆射杜畿之子，晋征南大将军杜预之父，《三国志》有传。著《体论》八篇，篇名今俱在，曰：《君》《臣》《言》《行》《政》《法》《听察》《用兵》。裴松之注引《杜氏新书》曰：“以为人伦之大纲，莫重于君臣；立身之基本，莫大于言行；安上理民，莫精于政法；胜残去杀，莫善于用兵。夫礼也者，万物之体也，万物皆得其体，无有不善，故谓之《体论》。”裴氏引用文字为其书大、小序的内容。马国翰《体论序》云：“《御览》所引详言兵体，盖目睹三国之战争感慨为言与。……语意多本《孟子》及《左氏传》，洵有体之名论也。”《隋志》、两《唐志》子部儒家并载杜恕《体论》四卷。严可均辑文八篇，较马、王为备。

42.《笃论》

（魏）杜恕撰。《隋志》、两《唐志》子部杂家并载杜恕《笃论》四卷，今佚。《本传》所载他的上疏三篇，严可均辑本不采而辑入文集中。《意林》所载有疏奏中语，所以疏奏也应在《笃论》中，马国翰也认为三疏当入《笃论》。所以，《隋志》集部不载杜恕集，而《适园丛书》本已将疏三篇采入。据严可均考证，《兴性》为《笃论》首篇，而裴松之所引《杜氏新书》内容为末篇。马国翰《笃论序》云：“夫当时慷慨陈言，尽情无隐，卒以口舌招祸，几于不免，亢而有悔，似未合‘危行言孙’之义。然而凛凛生气，郁勃千秋。读其文，虽选懦者亦思自立，则其学从可识矣。”此书严可均辑文十六节，其中有杜恕《与宋瓘书》。马氏辑文在杜恕单篇上疏与《与宋瓘书》之外，仅得七节。笔者又据《资暇集》等类书补充佚文一条（按：见附录二《汉魏子书辑佚》）。

43.《阮子政论》

（魏）阮武撰。武，字文业，陈留尉氏人，官至清河太守（按：见《三国志·杜恕传》及裴注引《杜氏新书》）。《隋志》子部法家云：“梁有《阮子政论》五卷，魏清河太守阮武撰，亡。”两《唐志》均载为五卷，题作《阮子政论》。从今存佚文看，其主题有：主法制，谴“交游”，批“朋党”。其书所论为政者，多为蹈空论理之词。马国翰辑文十节，较严氏为备。

44.《要言》

（魏）张茂撰。茂，字彦林，沛人，青龙中为太子舍人。张茂《上书谏明帝夺士女以配战士》云：“今群公皆结舌，而臣所以不敢不献瞽言者，臣昔上《要言》，散骑奏臣书，以《听谏》篇为善，诏曰‘是也’。擢臣为太子舍人；且臣作书讥为人臣不能谏诤，今有可谏之事而臣不谏，此为作书虚妄而不能言也。”（按：见《三国志·明帝纪》注引《魏略》）据此可知，《要言》中有《听谏》篇最为魏明帝及其臣属赞赏。各史书目录均无记载，此书今全佚，无辑本。

45.《诸葛子》

（吴）诸葛恪撰。恪，字符逊，琅琊阳都人，诸葛瑾长子，仕吴官至太傅，《三国志》有传。《隋志》子部杂家云：“梁有《诸葛子》五卷，吴太傅诸葛恪撰，亡。”马国翰《诸葛子序》云：“论旨以及时为主，语意多从叔父亮《出师表》化出，虽欲必为之辞，而持议近正，众人莫敢复难也。”马国翰据本传采他的上疏三篇，佚文三节。严可均仅辑得佚文一节，王仁俊补一节。

46.《新言》（又名《顾子新语》或《顾子新论》或《顾子》）

（吴）顾谭撰。谭，字子默，吴郡吴人，丞相顾雍孙，弱冠与诸葛恪等为太子四友。《三国志》称：“谭坐徙交州，幽而发愤，著《新言》二十篇。其《知难篇》，盖以自悼伤也。”《隋志》儒家载《新语》十二卷，《旧唐志》载《顾子新语》五卷，《新唐志》载《顾子新论》五卷。胡克家本李善《文选注》引书称《顾子》。其书代有亡佚，而书名相异如此，当依《本传》作《新言》。从现存文献看，此书所论内容多为感叹士人在世之遇与不遇，穷达与否，《本传》所云“自悼伤”所言的是。除去疏、议，马国翰辑文七节，加上王仁俊据《意林》卷六辑文一节，共八节，其中论吴、蜀一节为误辑，笔者又据《意林》卷六补充为王仁俊所漏的佚文一节（按：见附录二《汉魏子书辑佚》）。

47.《典语》

（吴）陆景撰。景，字士仁，大司马荆州牧陆抗之子，晋平原相陆机之兄。官至偏将军中夏督，事见《三国志·陆抗传》。《隋志》子部儒家载：“梁有《典语》十卷，《典语别》二卷，并吴中夏督陆景撰，亡。”两《唐志》均载作《典训》十卷。陆景在文中把帝王于衣服、宫室、饮食、侍女等几方面极尽豪华奢侈的合理性归因于其与民同乐的愿望与需求，可谓奇谈。现存辑文中载有孙权语“孤将兴水军一万，从风举帆，朝发海岛，暮至沓渚”语，可补史书之缺。此书以严可均辑文为备。马氏辑本有“显臣以车服”“里语曰”二节和《诫盈》一篇，王仁俊据《意林》卷六辑得佚文二节。

48.《裴氏新言》（又名《裴氏新语》或《裴氏新书》）

（吴）裴玄（一作元）撰。玄，字彦黄，下邳人，官至太中大夫，其行事附于《三国志·严畯传》。《隋志》子部杂家载：“《裴氏新言》五卷，吴大鸿胪裴玄撰。”两《唐志》同。胡克家本李善注《文选》称“《裴氏新语》”。书中所谈吴地风俗，为考察地方风俗史的珍贵资料。马国翰辑文八节，其中“冯夷”一节为误辑。王仁俊补辑二节，笔者又据《太平御览》采得佚文两节（按：见附录二《汉魏子书辑佚》），现存辑文共十二节。

49.《士纬》（又名《士纬新书》）

（吴）姚信撰。信，字符道，宝鼎初为太常，太子四友之一。《隋志》子部名家云："梁有《士纬新书》十卷，姚信撰，亡。"两《唐志》子部名家，均载姚信《士纬》十卷。马国翰《士纬序》云："如以吴季札让国为开纂杀之路，非所谓从忠教也。谓扬雄智似蘧瑗而高不及，谓周勃之勋不如霍光，说皆核确。书中推尊孟子，亦识仁义为中正之途。而其论清高之士，则以老庄为上，君平、子贡为下，拟非其伦。此所以不能醇乎儒术也。"可见其思想甚为驳杂。马国翰辑文十六节，为现存所有辑文。

50.《周子新论》（又名《周子》）

（吴）周昭撰。昭，字恭远，颍川人，孙休时为中书郎，与韦昭等共述《吴书》，行事附于《三国志·步骘传》。《隋志》子部儒家云："梁有《周子》九卷，吴中书郎周昭撰，亡。"两《唐志》不载。其书论"交"，臧否人物，有东汉余风。马国翰辑文一篇、二节，严可均辑文一篇、三节。

51.《新议》（又名《新义》）

（吴）刘廞撰。廞，其人事迹无考。《隋志》子部杂家云："梁有《新义》十八卷，吴太子中庶子刘廞撰，亡。"两《唐志》子部杂家均载之，题作《刘欣新义》。马国翰辑文四节，较严氏为备，题为《新义》。《御览》引作《新议》，严氏从之，孙启治以为是。此书现存四节文字，三节均论"交"，一节论"乐"，强调"交"的重要作用，是对东汉士风的反思。

52.《唐子》（又名《唐滂子》）

（吴）唐滂撰，一卷。《隋志》、两《唐志》子部道家均载《唐子》十卷，吴唐滂撰。唐滂于史无传。马总《意林》卷五载有《唐子》十九节，注云："名滂，字惠润，生吴太元二年。"侯康《补三国艺文志》、姚振宗《隋书经籍志考证》皆有考证，各详其所著书。其书论政谈兵，不尽述道家之言，论孝对于"人性"的重要则显示出著者的儒家思想。马国翰辑文二十八节。笔者据《记纂渊海》《文选注》辑得佚文两节（按：见附录二《汉魏子书辑佚》）。

53.《秦子》

（吴）秦菁撰。菁，史传无考。《隋志》子部杂家云："梁有《秦子》三卷，吴秦菁撰，亡。"两《唐志》均载之，马总《意林》云二卷，今佚。此书重仁，多辩难之词，论理颇具辩证思想。马国翰辑文十七节，笔者又据《太平御览》《陆氏诗疏广要》补充佚文两节（按：见附录二《汉魏子书辑佚》）。

54.《要言》（又名《陈子要言》）

（吴）陈融撰。融，陈国人。《三国志·陆瑁传》云："陈国陈融、陈留濮阳逸、沛郡蒋纂、广陵袁迪等，皆单贫有志，就瑁游处。"其详无考。《隋志》子部法家云："梁有《陈子要言》十四卷，吴豫章太守陈融撰，亡。"两《唐志》复载之。今存马国翰辑文二节，一为批评贵族对于劳动者的鄙视，一为论用人要尽其才。此书其他内容已不得而知。

55.《默记》

（吴）张俨撰。俨，字子节，吴人，官至大鸿胪，事见《三国志·孙皓传》及裴松之注引《吴录》。《隋志》子部儒家载："《默记》三卷，（吴）大鸿胪张俨撰。"两《唐志》并作《默记》，亦三卷。严可均辑文为备，王仁俊补一节，马国翰把诸葛亮《后出师表》也误辑入《默记》。书中《述佐篇》比较诸葛亮与司马懿的优劣，还有佚句评光武帝刘秀，都表现出他对于褒贬人物的喜好。

56.《法训》

（蜀）谯周撰。周，字允南，巴西西充国人。蜀亡入魏，封阳城亭侯。晋受禅，拜骑都尉，后以为散骑常侍，封义阳亭侯。著有《古史考》《异物志》（按：据李善《文选注》）。《三国志》本传称周撰《法训》，《隋志》、两《唐志》子部儒家并载为八卷。马国翰谓书名《法训》乃拟于古之格言，亦如扬雄称《法言》之类。此书内容既有对于历史事件的总结与评价，也有社会风俗习惯的辨析与批评，强调礼、孝，重儒家之"道"。其书亡佚，马国翰辑文二十三节，除去属于《丧服图》一节，加上张澍所辑"昔燕赵之间""《风俗通》谓双生者""今有挽歌者，高帝招田横"三节，又加王仁俊据《意林》卷六辑得的六节，今存共三十一节。

57.《通语》

（吴）殷基（一作兴）撰。基，云阳人，吴零陵太守殷礼子，入晋迁尚书左丞。其行事附于《三国志·顾邵传》，又见裴注引张隐《文士传》。《隋志》子部儒家云："《通语》十卷，晋尚书左丞殷兴撰，亡。"两《唐志》均载为《通语》十卷，文礼撰，殷兴续。姚振宗谓殷兴为殷基之误，是。又据《抱朴子·正郭》载殷礼论郭林宗之文即《通语》之文，知此书为礼所撰，而其子基续成，两《唐志》所载甚明，为"文礼"乃"殷礼"之误（按：姚振宗《隋书经籍志考证》）。马国翰辑文八节。严可均辑文一节为马氏所无，此节《御览》引作《古今通语》，马氏辑入晋王婴《古今通论》。姚氏以为《古今通语》应是原书之名，因此以严氏辑文为是。书中对于孙权改嗣之事记录甚详，可补史书之缺。

58.《去伐论》（又名《去伐论集》）

（魏）王粲撰，马国翰辑本作晋袁宏撰。严可均无辑本，但于序中说："有'去伐论集'三卷"。《隋志》与《唐志》儒家均载王粲《去伐论集》三卷，今佚。《艺文类聚》引《去伐论》一篇，题"晋袁宏书"。严可均把此段文字辑入袁宏集中，马氏云："取以补仲宣之遗书"，似乎倾向于归为王粲。马氏考证云："隋唐志均无宏撰《去伐论》之目，以题称《去伐论集》释之，当是王粲著论，后贤多有拟议，一并附入。"又根据（梁）萧绎《金楼子·杂记上》所云："王仲宣昔在荆州著书数十篇，荆州坏尽焚，其书今存者一篇，知名之士咸重之，见虎一毛不知其斑。"可知王粲确实曾写有一部子书，其书本名《去伐论》，梁人"重之"，惜其散佚，所以复有拟议以增之，而以王粲题著者，所以题曰《去伐论集》。从现存此节文字中"苟伐其善必忘其恶"可以看出其书题名"去伐"的用意，论述"君子"应该"劳而不伐"，伐，即矜伐。君子要具备谦卑恭顺的美德。曹丕对徐幹《中论》的反复夸奖赞美，以及对《典论》的重视都说明他特别看重子书，如果王粲著有《去伐论》一书的话，他不会不提！他给吴质的信中对王粲的评语有"惜其体弱，不起其文"，既说明王粲文章的力道较弱，也说明王粲很难有重撰焚书的信心。曹丕不提王粲书的主要原因是，《去伐论》"尽焚"，而且此书是王粲避难荆州时所作，即使复现也不能代表曹氏父子的文治功业。萧绎所云"今存者一篇"（《金楼子·杂记》），应为他在荆州时所见。

以上子书共58部，姑且依史志著录情况分属于各家名下。其中西汉12部，分别为：儒家8部：世硕《世子》、陆贾《新语》、贾谊《新书》（又名《贾谊》《贾子》《贾谊新书》《贾子新书》）、刘向《新序》、刘向《说苑》、扬雄《法言》（又名《扬子法言》）、扬雄《太玄》、桓宽《盐铁论》；法家1部：晁错《新书》（又名《晁错》或《晁氏新书》）；杂家1部：刘安《淮南子》（又名《鸿烈》）；纵横家2部：聊苍《聊子》、蒯通《蒯子》（又名《隽永》）；

东汉17部，分别为：儒家9部：桓谭《新论》（又名《桓子新论》）、张升《友论》（又名《反论》或《反论语》）、王逸《正部论》（又名《正部》或《王逸子》）、荀爽《新书》、陈纪《陈子》、荀悦《申鉴》、王符《潜夫论》、魏朗《魏子》、韦彪《韦卿子》；法家3部：崔寔《政论》（又名《正论》）、侯瑾《矫世论》、刘劭《法论》；杂家4部：王充《论衡》、应劭《风俗通义》（又名《风俗通》）、仲长统《昌言》（又名《仲长子昌言》）、唐檀《唐子》；名家1部：刘劭《人物志》；

三国29部，分别为：儒家16部：徐幹《中论》、曹丕《典论》、王肃《王子正论》、周生烈《周生子要论》（又名《周生烈子》）、任奕《任子》、王基《王氏新书》（《时要论》）、杜恕《体论》《笃论》、张茂《要言》、顾谭《新言》（又名《顾子新语》《顾子新论》）、陆景《典语》、周昭《周子新论》（又名《周子》）、张俨《默记》、谯周《法训》、殷基（兴）《通语》、王粲《去伐论》（又名《去伐论集》）；法家4部：刘廙《刘氏政论》（又名《政论》）、桓范《世要论》、阮武《政论》（又名《阮子政论》）、陈融《要言》（又名《陈子要言》）；道家2部：任嘏《道论》（又名《任子道论》）、唐滂《唐子》（又名《唐滂子》）；杂家6部：锺会《刍荛论》、蒋济《万机论》（又名《蒋子万机论》）、诸葛恪《诸葛子》、裴玄（元）《裴氏新言》（《裴氏新语》《裴氏新书》）、刘廞《新议》（《新义》）、秦菁《秦子》；名家1部：姚信《士纬》（又名《士纬新论》）。

附录二　汉魏子书辑佚

本章以马国翰《玉函山房辑佚书》、严可均《全上古三代秦汉三国六朝文》、王仁俊《玉函山房辑佚书补编》《续编》、鲁迅《鲁迅辑录古籍丛编》① 第三卷之《魏子》《任子》和朱谦之《新辑本桓谭新论》② 为参照文本，辑佚包括三类内容：上述五人辑本未见且今人未辑者、辑佚误入者和辑文相异较大者。

一　王逸《正部论》（又名《王逸子》）佚文

木有扶桑、梧桐、松柏，皆受气淳矣，异于群类者。松柏冬茂，阴木也；梧桐春荣，阳木也；扶桑日所出，阴阳之中也。

此条见于《天中记》卷五十一云引自《王逸子》，无“之中”两字。③ “木有”句，文与马国翰辑文稍异，“松柏”三句，马国翰未辑。因马氏辑佚所据《太平御览》《初学记》皆只引“木有”句，所以漏辑“松柏”三句。又：《说郛》④ 卷一百五，仅引用“木有”句，无“淳矣”二字，且误作王逸少语；《御定佩文韵府》卷九十之一（1025—518）引“松柏”“梧桐”两句，云出自《诗疏广要》。考《陆氏诗疏广要》云：“《王逸子》曰：‘木有扶桑、梧桐、松柏，皆受气淳矣，异于群类者。松柏冬茂，阴木也；梧桐春荣，阳木也，扶桑日所出，阴阳之中也。’”⑤ 当从之。

---

① 鲁迅：《鲁迅辑录古籍丛编》，人民文学出版社 1999 年版。文中引文不一一注释。

② 朱谦之：《新辑本桓谭新论》，中华书局 2009 年版。文中简称“新辑本”，引文不一一注释。

③ （明）陈耀文：《天中记》（四库类书丛刊），上海古籍出版社 1991 年版，第 967—462 页。

④ （明）陶宗仪，等：《说郛三种》，上海古籍出版社 1988 年版，第 4825 页。

⑤ （明）毛晋：《陆氏诗疏广要》（卷上之下），四库全书荟要本，第 425 页。

二 魏朗《魏子》佚文

1. 待扁鹊乃治病，终身不愈也。用道术，则无所不治也。

此条见于《御览》云引自《魏子》。[①] 马国翰与鲁迅均未辑，严可均无《魏子》辑文。又：《御定渊鉴类函》[②] 引文亦同，《记纂渊海》[③] 只引前句。当为《魏子》佚文。

2. 君以臣为本，以民为根，犹室与柱梁相持也。梁不强则上下俱亡。故蓼虫在蓼则生，在芥则死，非蓼仁而芥贼也，本不可失也。

“蓼虫”句，马国翰与鲁迅皆据《意林》《太平御览》收入了《魏子》辑文。“蓼虫”句出处有四个：第一，是“魏文子”的话，如《艺文类聚》卷八十二、[④]《御定佩文斋广群芳谱》卷四十七、《御定渊鉴类函》卷四百十；第二，出自《魏子》，如《意林》卷五（按：“本不可失也”作“失于本不可也”）、《太平御览》卷九百七十九（亦有“君以臣为本”两句）、[⑤] 卷九百八十、《天中记》卷四十六；第三，出自《文子》，如《记纂渊海》、[⑥]《广博物志》卷五十；第四，《山堂肆考》卷二百一（978—144，无“本不可失也”）、《古今合璧事类备要》别集卷三十六只引“蓼虫句”，云引自《战国策》。[⑦] 考今本《文子》与《尹文子》均无此句，且两书在讨论君臣关系时都强调君尊臣卑、君贵臣轻，与佚文强调“以臣为本，以民为根”思想矛盾，可知《记纂渊海》与《广博物志》所引之“文子”不是《文子》或《尹文子》，而极有可能是“魏文子”的简称。“魏文子”见于《战国策》，指魏国的文子即田文。但今本《战国策》并无“蓼虫”句，或是佚文也未可知。要之，“君以臣为本”两句为《魏子》原文，“蓼虫”一句或为“魏文子”的话，经《魏子》引用，后人便误作魏朗语。

3. 昔者许由之立身也，恬然守志存己，不甘禄位，洗耳不受帝尧之

---

① （宋）李昉，等：《太平御览》（卷七百三十八），中华书局 1960 年版，第 3274 页。

② （清）张英、王士祯，等：《御定渊鉴类函》（卷二百六十七），中国书店 1985 年影印本，第 3 页。

③ （宋）潘自牧：《记纂渊海》，中华书局 1988 年版，第 1372 页。

④ （唐）欧阳询撰，（清）汪绍楹校：《艺文类聚》，中华书局 1965 年版，第 1419 页。

⑤ （宋）李昉，等：《太平御览》，中华书局 1960 年版，第 4338 页。

⑥ （宋）潘自牧：《记纂渊海》，中华书局 1988 年版，第 2115 页。

⑦ （宋）谢维新：《古今合璧事类备要》（四库类书丛刊），上海古籍出版社 1992 年版，第 941—188 页。

让，谦退之高也。

此条出刘孝标《演连珠》注引《魏子》。（按：见“洗渭之民，不发傅岩之梦”注）[①]

三　任奕《任子》佚文

日月为天下眼目，人不知德。山川为天下衣食，人不能谢。

《太平御览》卷三，云引自《任子》。[②] 胡克家本李善《文选注》仅有“日月，天下眼目，而人不知德”。（按：见《演连珠五十首》：“臣闻利眼临云，不能垂照，朗璞蒙垢，不能吐辉”注。）[③] 根据孙启治的推论（按：见附录一《叙录》），任奕的《任子》与任嘏的《任子道论》相混淆的时间发生于宋代，这在《太平御览》中有所体现。唐代的《初学记》则对两书有明确区别，称任奕书为《任子》，任嘏书为《道论》。李善注早于《初学记》，他文中所引之《任子》当为任奕书佚文。

四　杜恕《笃论》《体论》佚文

1. 杜伯度，名操，字伯度，善草书。曹魏时以名同武帝，故隐而举字。后人见其姓杜，字伯度，遂又削去伯字，呼为杜度。

此句，唐李匡乂《资暇集》卷上云出杜恕《笃论》。[④]《类说》卷二十九、[⑤]《天中记》卷二十四、《御定渊鉴类函》卷二百六十三[⑥]均引自《资暇集》。马、严、王辑本皆无。《示儿编》卷十三亦云：“人皆言退之《讳辩》称杜度，以杜恕《笃论》求之，乃知杜操字伯度。”[⑦] 由此可知，此条当为《笃论》佚文，据之补充如上。

2. 刳心掷地，数片肉耳。

萧衍《净业赋序》云：“杜恕有云：‘刳心掷地，数片肉耳’。”他的《断酒肉文》中又化用此语为：“设令刳心掷地，以示僧尼，丐数片肉，

---

① （梁）萧统编，（唐）李善注：《文选》，中华书局 1977 年版，第 762 页。

② （宋）李昉，等：《太平御览》，中华书局 1960 年版，第 16 页。

③ （梁）萧统编，（唐）李善注：《文选》，中华书局 1977 年版，第 763 页。

④ （唐）李匡乂：《资暇集》，中华书局 2012 年版，第 169 页。

⑤ 王汝涛此节标点有误，把李匡乂所言误作《笃论》文，见王汝涛，等《类说校注》，福建人民出版社 1996 年版，第 882 页。

⑥ （清）张英、王士祯，等：《御定渊鉴类函》（卷二百六十三），中国书店 1985 年影印本，第 2 页。

⑦ （南宋）孙奕，侯体健、况正兵点校：《示儿编》，中华书局 2014 年版，第 223 页。

无以取信。”严可均辑入杜恕《笃论》，辑文为：“若不见亮，使人刳心著地，正与数斤肉相似耳。”[①] 马国翰辑入（晋）杜夷的《杜氏幽求新书》，文同严可均。严可均云所谓《杜氏新书》者即杜恕《笃论》，此论不确。但南朝距离魏时代最近，萧衍云为杜恕言，应更可信。且《杜氏新书》作者为晋代之杜夷，与其书中引用杜恕语并不矛盾。从其转述的语气看，《杜氏新书》作者非杜恕而是杜夷，此论当从马国翰。但此句当从严氏，辑入杜恕《笃论》，文字如萧衍所引。

五　周昭《周子》（又名《新论》）佚文

散骑侍郎，武卫都尉孙奇，字仲容，年十七，以秀才入侍帷幄。余作诗一篇美而风之：“恂恂周公，美妙无已。诞姿既丰，世胄有纪。平南之孙，奋威之子。”

《御览》卷二百四十一云引自周绍《新论》，“绍”当作“昭”。[②]《职官分纪》卷三十六引，缺“字仲容”，“风之”作“讽之”；[③]《御定渊鉴类函》引作“周熙《新论》”，“熙”因形似误，[④] 引文略同，缺“字仲容”，“周公”作“公子”，“美妙无已”作“美色无比”。该诗为逯钦立辑入《先秦汉魏晋南北朝诗》中，题为《与孙奇诗》。[⑤]

六　任嘏《道论》（又名《道德论》）佚文

1. 丹泉之珠，沈于黄泥；璠玙之宝，藏于裔石。

此条见于《编珠》卷三云引自任嘏《道论》。[⑥] 马国翰辑本只有前一句。鲁迅辑本也同马辑本，但称书为任奕《任子》。二人皆据《太平御览》卷八百三，《御览》只引前句，“丹泉”作“丹渊”。[⑦] 又《初学记》

---

① （清）严可均校辑：《全上古三代秦汉三国六朝文》，中华书局 1958 年版，第 2950、2991、1294 页。

② （宋）李昉，等：《太平御览》，中华书局 1960 年版，第 1144 页。

③ （宋）孙逢吉：《职官分纪》，中华书局 1988 年版，第 679 页。

④ （清）张英、王士祯，等：《御定渊鉴类函》（卷一百六），中国书店 1985 年影印本，第 10 页。

⑤ （清）逯钦立辑：《先秦汉魏晋南北朝诗》，中华书局 1983 年版，第 537 页。

⑥ （隋）杜公瞻：《编珠》卷三（四库全书珍本四集），台湾商务印书馆 1969 年版，第 12 页。

⑦ （宋）李昉，等：《太平御览》，中华书局 1960 年版，第 3565 页。

卷二十七亦云引自任嘏《道论》，“沈于”作“沉于”；[①]《御定渊鉴类函》但云引自《任子》，“丹泉”作“丹渊”。[②] 关于《任子》的作者问题，张寿镛的《约园杂著》有《任子跋》云：“洎定海黄儆季作《子叙》始辨《任子》与《任子道论》为二书。《任子道论》任嘏作其言出道家，《任子》任奕作其言出儒术，实我乡著述之冠冕。……凡马氏从《北堂书钞》《初学记》《太平御览》辑得者皆删之而录其存于《意林》者，盖碎玉断圭，与其赝而多，毋宁真而少也。”[③] 张氏考证甚详，所论较为公允，今从之。与张氏相比，鲁迅则有维护同乡之嫌。此条当为任嘏《道论》佚文。

2. 绝骨肉，笃也。今疏远天下，绝骨肉，故亲离。

王仁俊《续编》云出自《北堂书钞·政术部》。严可均辑文为：“古之公也笃，今之公也薄。绝骨肉，笃也。今疏远天下，腄绝骨肉，故亲离。”清孔广陶校注本《北堂书钞》云：“古之公也笃，今之公也薄。”此条目下注云：“《任子》云：‘古之公也笃，今之公也薄。古绝骨肉，笃也。今疏远天下，绝骨肉，故亲离。’今案此条有伪，陈俞本但注‘任子’二字，《玉函山房》辑本亦但有标目二句。”[④] 当从孔氏，此句严可均辑文有误，非《任子》佚文。

七　唐滂《唐子》（又名《唐滂子》）佚文

1. 行非其所履以督人，是犹笞父而责人以大舜之节，骂母而规人以曾闵之行。

《记纂渊海》云引自《唐子》。[⑤] 考《唐子》有二：一为后汉唐檀著《唐子》，二为（三国）吴人唐滂之《唐子》。各辑本均无唐檀著之《唐子》辑文，不知是否全佚。《记纂渊海》只云《唐子》，马国翰据之，凡引文云《唐子》者均辑入唐滂著《唐子》。今从马国翰，此句为唐滂之《唐子》佚文。《后汉书》唐檀本传云檀好灾异星占，所著《唐子》当为道家言。唐滂著《唐子》亦属道家，不知后唐是否借鉴前唐。诚如胡应

---

① （唐）徐坚，等：《初学记》，中华书局 1962 年版，第 650 页。

② （清）张英、王士祯，等：《御定渊鉴类函》（卷三百六十四），中国书店 1985 年影印本，第 4 页。

③ 张寿镛：《约园杂著》，国民丛书本，上海书店 1992 年版，第 4—5 页。

④ （隋）虞世南撰，（清）孔广陶校注：《北堂书钞》卷三十七，中国书店 1989 年版，第 94 页。

⑤ （宋）潘自牧：《记纂渊海》，中华书局 1988 年版，第 2164 页。

麟所云："陆贾有《新语》，顾谭亦有《新语》；贾谊有《新书》，虞喜亦有《新书》；桓谭有《新论》，夏侯湛、华谭、刘昼各有《新论》；崔寔有《政论》，王肃亦有《政论》；仲长统有《昌言》，王滂亦有《昌言》；贾山有《至言》，崔灵亦有《至言》。六朝好学汉，类如此。"[①] 则后唐学前唐，非意料之外。

2. 将要于折冲厌难，决胜而已。

《文选》卷五十七，颜延年《阳给事诔》李善注引《唐子》。又《文选》卷五十四，陆士衡《五等论》李善注引"《唐子》曰：'暴主暗君不可生杀'",[②] 马国翰辑入唐滂著《唐子》。考《文选注》引《唐子》文仅此两条，此条也当从马国翰，辑入唐滂著《唐子》佚文。

八 蒋济《万机论》佚文

1. 五帝官天下，故传之贤；三王家天下，故传之子。今指天子为官家，则犹言帝王也。

《事物纪原》[③] 卷一云引自蒋济《万机论》。考，此说法最早出处为《汉书·盖宽饶传》盖宽饶上奏封事引："《韩氏易传》言：'五帝官天下，三王家天下，家以传子，官以传贤，若四时之运，功成者去，不得其人，则不居其位。'" 严可均辑入盖宽饶文，题为《奏封事》。后人未见此文，只见蒋济转引化用者，因此皆曰蒋济《万机论》所云。又文莹的《湘山野录》记载侍读李仲容与宗真宗对话时引用"三皇官天下，五帝家天下",[④] 此文为《类说》载录,[⑤] 《事实类苑》卷十五[⑥]文同《湘山野录》，皆举李侍读对问之例，引"三皇官天下，五帝家天下"两句，引用并解释了蒋济称帝王为"官家"的缘由。《御定渊鉴类函》卷四十亦引此文。马、严、王皆未辑入蒋济《万机论》。

2. 飞金沈羽。

《记纂渊海》云引自蒋子《万机论》。[⑦] 马、严、王皆未辑。

3. 一介之辩，重于九鼎之宝；三寸之舌，强于百万之师。

---

① （明）胡应麟：《少室山房笔丛》（卷三），中华书局 1958 年版，第 41 页。

② （梁）萧统编，（唐）李善注：《文选》，中华书局 1977 年版，第 790、746 页。

③ （宋）高承撰，（明）李果订：《事物纪原》，中华书局 1989 年版，第 17 页。

④ （宋）文莹：《湘山野录》，中华书局 1984 年版，第 45 页。

⑤ 王汝涛，等：《类说校注》，福建人民出版社 1996 年版，第 574 页。

⑥ （宋）江少虞：《宋朝事实类苑》，上海古籍出版社 1981 年版，第 179 页。

⑦ （宋）潘自牧：《记纂渊海》，中华书局 1988 年版，第 1245 页。

《记纂渊海》云引自蒋子《万机论》。[①] 马、严、王皆未辑。

4. 吴、越争于五湖，用舟楫而相触，怯勇共覆，钝利俱倾。

《御览》卷七百六十九云引自蒋子《万机论》。[②] 马、严、王皆未辑。

九　曹丕《典论》

墨子曰："昔夏后启使飞廉折金于郴山，以铸鼎于昆吾，使翁难乙灼白若之龟。鼎成，四定而方，不灼自烹，不举自藏，不迁自行。"

殷芸《小说》卷一，"秦汉魏晋宋诸帝"引云"魏文帝《典论》亦云：墨子曰……"[③]《太平广记》卷二二九引魏文帝《典论》文作：墨子曰："昔夏后启使飞廉折金，以精神于昆吾，使翁乙灼自若之龟。鼎成，四定而方，不灼自烹，不举自灭，不迁自行。"[④] 文读不通，有讹乱，同余嘉锡辑《小说》原文，上文为周楞伽据《墨子》改定文字。"四定"或云"四足"。未见前人辑者，当为《典论》佚文。

十　张俨《默记》佚文

汉光武中兴，破赤眉，擒张步、隗嚣之徒，群凶夷灭，华夏肃清。

《初学记》[⑤] 卷九云引自张俨《默记》。马国翰未辑，同马国翰辑本"论光武"条合看，《默记》或有专篇论光武帝。

十一　裴元（玄）《新言》（又名《新语》）佚文

1. 丹涓有一言之善，晋侯赐万顷田，辞而不受。晋侯曰："以此田易彼言也，于子犹有所亡，寡人犹有所得。"

《太平御览》卷六百三十三云引自裴氏《新书》，[⑥]《新书》即为《新言》。马国翰无辑本，严可均辑本未收。

2. 尹氏之镜，数睫照形。蒸食，曾不如三钱竹篁。

---

① （宋）潘自牧：《记纂渊海》，中华书局 1988 年版，第 2433 页。

② （宋）李昉，等：《太平御览》，中华书局 1960 年版，第 3410 页。

③ 周楞伽：《殷芸小说》，上海古籍出版社 1984 年版，第 13 页。余嘉锡：《殷芸小说辑证》载文为："昔夏后启使飞廉折金，以精神于昆吾（句有误字），使翁乙灼自若之龟鼎成四定而方，不灼自烹，不举自灭，不迁自行。"（此条诸家所辑《典论》皆失收。）《余嘉锡论学杂著》，中华书局 2007 年版，第 290 页。

④ （宋）李昉，等：《太平广记》，中华书局 1961 年版，第 1758 页。

⑤ （唐）徐坚，等：《初学记》，中华书局 1962 年版，第 211 页。

⑥ （宋）李昉，等：《太平御览》，中华书局 1960 年版，第 2841 页。

《太平御览》卷三百七十四云引自裴玄《新语》。[①] 马国翰无辑本，严可均辑本未收。

十二 秦菁《秦子》佚文

1. 一人执规，十手自圆；一人吹箫，长短皆应。

《太平御览》卷五百八十一云引自《秦子》。[②]《御定渊鉴类函》只引后两句，亦云出自《秦子》。[③]

2. 作人当如常棣，灼然光发。

此条见于《陆氏诗疏广要》云出自《蓁子》。[④] 遍考各目录书不云有名《蓁子》者，疑为《秦子》之误。“常棣”当作“棠棣”。

十三 锺会《刍荛论》佚文

秋风至，而寒蝉吟。

陆佃《埤雅》卷十一引作《刍荛论》文。[⑤]《山堂肆考》卷二百二十六、（清）吴景旭《历代诗话》卷三十二引同。当为《刍荛论》佚文。

十四 侯瑾《矫世论》佚文

1. 白玉之肖牙者，惟离娄能察之。

《太平御览》卷八百五云引自《矫世论》。[⑥] 马、严、王辑本皆无《矫世论》辑本，当为《矫世论》佚文。

2. 碧似玉，唯猗顿别之。

《太平御览》卷八百九云引自《矫世论》。[⑦] 又《纬略》卷八引作“碧似玉，唯猗顿能别之”。[⑧] 高诱注《淮南子》：“猗顿，鲁之富人，能知玉理，不失其情也。”[⑨] 此条当为《矫世论》佚文。

---

① （宋）李昉，等：《太平御览》，中华书局1960年版，第1727页。

② 同上书，第2620页。

③ （清）张英、王士祯，等：《御定渊鉴类函》（卷一百九十），中国书店1985年影印本，第1页。

④ （明）毛晋：《陆氏诗疏广要》（卷上之下），四库全书荟要本，第435页。

⑤ （宋）陆佃，等：《埤雅》（影印《五雅全书》本），中华书局1985年版，第275页。

⑥ （宋）李昉，等：《太平御览》，中华书局1960年版，第3576页。

⑦ 同上书，第3594页。

⑧ （宋）高似孙著，左洪涛校注：《纬略》，浙江大学出版社2012年版，第164页。

⑨ 刘文典撰，冯逸、乔华点校：《淮南鸿烈集解》，中华书局1989年版，第452页。

十五 晁错《新书》佚文

历山农者侵畔，舜往耕，期年而耕者让畔；河滨渔者争坻，舜往期年，而渔者让坻；东夷之陶者苦窳，舜往陶，期年而器以牢。

马国翰辑本，云采自《太平御览》卷八十一所引《朝子》。[①]《韩非子·难一》有文，文字略异。《御览》之《朝子》当为《韩子》之误。马国翰未辨，误作晁错《新书》佚文，当摘出。

十六 仲长统《昌言》佚文

冢宰，尧官也。

《太平御览》卷二百六云引自仲长统《昌言》。[②] 马国翰辑文为："冢宰，尧官也。《尚书》曰：'冢宰掌邦治。'"[③] 马氏标明此条来源于《御览》卷三百六，误。"《尚书》曰"句后内容皆为《御览》引《尚书》语，非《昌言》引《尚书》语。马国翰因其引文相连致误。严可均辑文无误。

十七 贾谊《新书》佚文

1. 糟邱、酒池。

《北堂书钞》卷二十云引自贾谊《新书》。[④] 严可均未辑，今本《新书》不录。陆贾《新语》、刘向《新序》皆有相关内容。存疑。

2. 瑶台、琼室。

《北堂书钞》卷二十云引自贾谊《新书》。[⑤] 严可均未辑，今本《新书》不录。存疑。

十八 殷基（殷兴）《通语》（又名《古今通语》）佚文

异官同爵，共位别职，兴仁隆化，幽赞神明者，谓之太尉；和五教，理人伦，使风行俗平，万国咸宁者，谓之司徒；使国无枉理，法错刑清，

---

① （清）马国翰辑：《玉函山房辑佚书》，上海古籍出版社 1990 年版，第 2673 页。

② （宋）李昉，等：《太平御览》，中华书局 1960 年版，第 991 页。

③ （清）马国翰辑：《玉函山房辑佚书》，上海古籍出版社 1990 年版，第 2500 页。

④ （隋）虞世南撰，（清）孔广陶校注：《北堂书钞》卷二十，中国书店 1989 年版，第 47 页。

⑤ 同上。

事均民聚者，谓之司空；若仁义之路开，和平之气通，则五星顺行，庶绩咸熙。

此条见《太平御览》卷二百六云引自《古今通语》。[1] 严可均辑本殷兴《通语》仅收此一条，马氏辑入晋人王婴《古今通论》。考《御览》之《经史图书纲目》中未有《古今通语》，只有王婴《古今通论》、殷兴《通语》。类书引书名"论""语"常混用，引书者称《古今通语》应该理解为《古今通论》之讹，不应当作殷兴之《通语》。严氏误，马氏考辨甚详，当从之。姚振宗以为《通语》原名当为《古今通语》，所以以严氏辑文为是。证据不足，存疑。

十九 谯周《谯子法训》佚文

有丧而歌者，或曰："彼为乐丧也，有不可乎？"谯子对曰："'四海遏密八音'，何乐丧之有？"曰："今丧有挽歌者，何以哉？"谯子曰："周闻云，盖高帝召齐横至于尸乡亭，自刎奉首，从者挽，至于宫，不敢哭而不胜哀，故为歌以寄哀音。彼则一时之为也。邻有丧，舂不相；里有殡，不巷歌。引柩人衔枚。岂乐丧者耶？"

引谯周《法训》此节者，除严、马所据《北堂书钞》[2]《初学记》《文选注》《太平御览》《世说新语注》《说郛》外，尚有《古乐苑》（文渊阁四库全书 1395—148）、《乐府诗集》[3]《古今事文类聚》，其中以《古今事文类聚》"非始于田横"[4] 篇引谯子《法训》所录最为详尽，据补充校正文本如上。

二十 顾谭《顾子新言》佚文

1. 刑者小人之防，礼者君子之稔。佞人之入，虽燃膏莫见其清也。

《意林》卷六载《新言》二卷，题下云："吴太常顾谭，字子默。"[5] 正文仅收此一条。严、马所未见，王仁俊所未辑，许是遗漏。此句当为《顾子新言》佚文。

---

① （宋）李昉，等：《太平御览》，中华书局 1960 年版，第 991—992 页。

② （隋）虞世南撰，（清）孔广陶校注：《北堂书钞》卷九十二，中国书店 1989 年版，第 351 页。

③ （宋）郭茂倩编：《乐府诗集》，中华书局 1979 年版，第 396 页。

④ （宋）祝穆：《古今事文类聚》（前集卷五十九），上海古籍出版社 1992 年版，第 925—906 页。

⑤ 王天海、王韧：《意林校释》，中华书局 2014 年版，第 591 页。

2. 登高使人意遐，临深使人志清。

李善《文选注》引《顾子》文。（按：卷二十九张景阳《杂诗十首》："重基可拟志，回渊可比心。"注）① 《喻林》卷二十三又据《文选注》引。

二十一 周生烈《周生子要论》佚文

心者，众智之门（或作要），物皆求于心。

王仁俊《续编》② 据《御览》云作《周生子要论》佚文。考《太平御览》卷三百七十六引云此句出自《公孙尼子》。③ 又马总《意林》卷二，《公孙尼子一卷》第一节"心者，众智之要，物皆求于心"④。当为王仁俊误辑，非《周生子要论》佚文。

二十二 桓谭《新论》佚文

1. 昔吴有二人共评玉者，一人曰好，一人曰丑，久之不决。客曰："尔朱入吾目中，则好丑分矣。"夫玉有定形，而察之不同，非好相反，瞳睛殊也。

此条朱谦之"新辑本"辑入《辨惑》篇，小注云："《广博物志》卷三十七"（第55页）。其根据是明人董斯张《广博物志》引用此条时云出自《新论》。⑤ 考《广博物志》所引书名《新论》者，称桓谭之书为《桓谭新论》或《桓子新论》，称刘昼书为《刘昼新论》，言明著者的引文共为十五条，九条只称《新论》，不言著者。九条只称《新论》者，只有三条见于今所辑桓谭《新论》数种辑本且不见于刘昼《新论》，五条只见于刘昼《新论》⑥ 且不见于桓谭《新论》，剩下此条同见于刘昼《新论》与"新辑本"。所以没有确凿证据认为此条所注《新论》者，一定为桓谭

---

① （梁）萧统编，（唐）李善注：《文选》，中华书局1977年版，第422页。

② （清）王仁俊辑：《玉函山房辑佚书续编三种》，上海古籍出版社1989年版，第153页。

③ （宋）李昉，等：《太平御览》，中华书局1960年版，第1736页。

④ 王天海、王韧：《意林校释》，中华书局2014年版，第217页。

⑤ （明）董斯张：《广博物志》（四库类书丛刊），上海古籍出版社1992年版，第981—239页。

⑥ 傅亚庶：《刘子校释》，中华书局1998年版。为《广博物志》所引五条分别见于：《思顺》第100页"司马蒯聩"，《适才》第278页"紫貂白狐"，《妄瑕》第261页"牛躅之洼"。《激通》第498页"楩柟郁蹙"。另：《殊好》第166页"轩皇"，见杨明照校注《刘子校注》，巴蜀书社1988年版。

《新论》，而非刘昼《新论》。因此云此条出自桓谭《新论》者，证据不足。目前可以肯定的是，蒋济《万机论》有此条佚文，[①] 上接“语曰：‘两目不相为视’”句，于文意更为准确，且叙述也更详尽，多“二人察之，有得失”一句。论此条属于《万机论》者，不仅有严氏所据《御览》记载且有（晋）欧阳建《言尽意论》云：“有雷同君子问于违众先生曰：‘若夫蒋公之论眸子，锺傅之言才性，莫不引此为谈证；而先生以为不然，何哉？’”[②] 又北齐杜弼《与邢邵议生灭论》云：“虽蒋济观眸，贤愚可察；锺生听曲，山水呈状。”[③] 这两条可做旁证。据此二文可以看出至迟在晋代蒋济的“眸子论”已为熟典，而所举“二人评玉”事为其立论的主要例证。如果桓谭《新论》确有此条佚文，则欧阳建必不会只言蒋济而不提桓谭。至于刘昼《新论》原本是否有此条则不得而知，姑且存疑。[④]

2. 二仪之大，可以章程测也；三纲之动，可以圭表测也。

朱谦之“新辑本”把此条辑入《离事》篇，小注云据《文心雕龙辑注》卷五《章表》篇辑入。《刘子校释》卷四，《心隐》章开篇即为此条，“圭表测”作“表里度”。[⑤] 注文引《淮南·本经训》，此二句大不同，后面文字则可以看出是刘昼借鉴《淮南子》。此处“新辑本”之所以又与刘昼《新论》混淆，可能又因同书名。考《文心雕龙辑注》为清人黄叔琳撰，注文确实称引自桓谭《新论》，[⑥] 不知证据何在。明人徐元太《喻林》卷十一，亦云引自《刘子·心隐》；[⑦] 又据《御定骈字类编》[⑧] 引此条云出自《新论》，考其书凡引桓谭书者均称桓谭新论，引刘昼书则但

---

① （清）严可均校辑：《全上古三代秦汉三国六朝文》，中华书局 1958 年版，第 1241 页。

② 同上书，第 2084 页。

③ 同上书，第 3856 页。

④ （北齐）刘昼撰，杨明照校注：《刘子校注》，巴蜀书社 1988 年版，第 219 页。下有“按”：《蒋子·万机论》：“昔，吴有二人共评王即玉字者，一人曰好，一人曰丑，久之不决；二人各曰：‘尔可来入吾目中，则好丑分矣！’王有定形，二人察之有得失，非苟相反，眼睛异耳。”《御览》三百六十六引。

⑤ 傅亚庶：《刘子校释》，中华书局 1998 年版，第 216 页。原文改“三纲”为“三光”。小注云：本书《妄瑕篇》“天地之大，三光之明”，以“三光”对“天地”，此文上云“二仪”，知“三纲”当作“三光”。

⑥ （清）黄叔琳：《文心雕龙辑注》（据《四部备要》原刻本重印），中华书局 1957 年版，第 230 页。

⑦ （明）徐元太：《喻林》（四库类书丛刊），上海古籍出版社 1991 年版，第 958—162 页。

⑧ （清）张廷玉，等编：《御定骈字类编》，文渊阁《四库全书》，997—649。

称《新论》。想必黄叔琳见《新论》随即联想到桓谭之书，致误。不幸又为朱氏所借鉴，再误。此条存疑。

3. 神农氏祀明堂，黄帝谓之合宫，尧谓之五府。

朱谦之“新辑本”与孙冯翼、严可均辑本皆未辑入。《广博物志》卷三十六[①]云引自《新论》，虽未著明桓谭或刘昼，但无争议。考王应麟《玉海》有：“《新论》：神农氏祀明堂，有盖而无四方，黄帝合宫，尧谓之五府，府，聚也，言五帝之神聚于此。商人谓路寝为重屋，商于虞、夏稍文，加以重檐四阿，故取名。”（卷九十五）[②] 且据笔者考察，《玉海》引书称《新论》者，皆指桓谭《新论》。“新辑本”据《玉海》只辑录后一句（第47页），不知为何未收此条。此句应为桓谭《新论》佚文。

4. 戏谈以要誉。

朱谦之“新辑本”辑入《启寤》篇（第31页），小注云：“《文选》卷四左太冲《蜀都赋》注引桓谭《七说》，附载于此。”考《文心雕龙·杂文》有：“自桓麟《七说》以下”句。[③]《御定佩文韵府》卷二十八之二“戏谈”下注引“桓驎《七说》：‘戏谈以要誉’”，[④] 又《文选》卷三十五张景阳《七命》注亦引桓麟《七说》。[⑤] 是否由此可以认为《文选注》卷四所云“桓谭”为“桓麟”之误？又严可均《全后汉文》，此条辑入桓麟《七说》中，严氏注云：“《文选·蜀都赋》注引桓谭《七说》乃桓麟之误”，[⑥] 与笔者猜想合。考《后汉书·桓荣传》附《桓彬传》，[⑦] 知桓麟于桓帝时曾为议郎，所云“戏谈以要誉”正符合汉末清谈流行的情形。所以笔者认为此条当非桓谭《新论》佚文。“新辑本”附载于此，从其语意看也属模棱两可。

5. 排斥曰“批抵”……斥无益客曰“罢遣常客”。……负暄曰“偃曝”。

---

① （明）董斯张：《广博物志》（四库类书丛刊），上海古籍出版社1992年版，第981—206页。

② （宋）王应麟辑：《玉海》，江苏古籍出版社、上海书店1987年版，第1722页。

③ （梁）刘勰著，范文澜注：《文心雕龙注》，人民文学出版社1978年版，第255页。

④ （清）张玉书、陈廷敬，等：《御定佩文韵府》，文渊阁《四库全书》，1017—542。

⑤ （梁）萧统编，（唐）李善注：《文选》，中华书局1977年版，第392页。

⑥ （清）严可均校辑：《全上古三代秦汉三国六朝文》，中华书局1958年版，第624页。

⑦ （南朝宋）范晔撰，（唐）李贤，等注：《后汉书》，中华书局1965年版，第1260页。

朱谦之“新辑本”辑入《离事》篇，小注附后。考《书叙指南》[①]凡引用桓谭《新论》处均注明“桓谭新论”，这样的例子有两个，卷十四的“亳州地名曰麦丘”和卷十八的“用掘（按：疑为堀。）穴为家”，前者见“新辑本”《离事》“齐桓公行见麦邱人”（第46页），后者见“新辑本”《琴道》“入用窟穴为家”（第67页）。其他只注“桓谭”者，均出自《后汉书·桓谭传》，[②]与《新论》无关。“批抵”见“而喜非毁俗儒，由是多见排抵”，“批抵”为“排抵”误。“罢遣常客”，见桓谭说服傅晏事，“晏曰：‘善’，遂罢遣常客”。唯“偃曝”不知出处，《桓谭传》不见记载，《新论·启寤》中有“后与子云奏事待报，坐白虎殿廊庑下，以寒故，背日曝背。有顷，日光去，背不复曝焉”，所云“背日曝背”与“偃曝”正相反。其他只注“桓谭”者，皆引自《后汉书·桓谭传》，朱氏所录仅三条，其他四条分别为“烧炼法，曰黄白之术”（卷十二）“所入多，曰与封君比入”（卷十二）“放债，曰多放钱货”（卷十七）“惑于乐，曰性嗜倡乐”（卷十二），[③]前三条分别见于桓谭《陈时政疏》：“臣谭伏闻陛下穷折方士黄白之术”“勤收税与封君比入”“今富商大贾多放钱货”，最后一条见于范晔对于桓谭“性嗜倡乐”的介绍。所以不能把《书叙指南》引文后注“桓谭”者皆作《新论》佚文看，此条存疑。

6.《周易》曰：“肥遯无不利。”

“新辑本”辑入《求辅》篇，小注云“《文选》卷二十七谢灵运《入华子冈诗》注。”（第7页），严可均辑本同。又《桓谭及其新论》中《前人误收桓谭作品考》[④]罗列严可均辑本所收此条，下注云：“今查找《文选·谢灵运入华子冈是麻源第三谷诗》，谢诗有‘既枉隐沦客，亦栖肥遁贤’句，后注为‘桓子新论曰周易曰肥遁无不利’。今按：‘桓子新论曰’后当缺注‘隐沦’之文。根据本书《辨惑第十三》注⑥，可以确知其文为‘天下神人五：一曰神仙，二曰隐沦，三曰使鬼物，四曰先知，五曰铸凝。’《周易》曰句不属《新论》。严误将此句归为《新论》，当更

---

① （宋）任广：《书叙指南》，商务印书馆1937年版。注明桓谭《新论》两条引文，分别见于卷14，第169页；卷18，第230页；朱氏所辑三条分别见卷6，第66页；卷7，第72页；卷9，第100页。

② （南朝宋）范晔撰，（唐）李贤，等注：《后汉书》，中华书局1965年版，第955—960页。

③ （宋）任广：《书叙指南》，商务印书馆1937年版，第144、138、205、140页。

④ 桓谭新论校注小组撰（宿县、安徽大学中文系）：《桓谭及其新论》，《安徽大学学报》增刊，1976年，第159页。

正。”（按：考李善《文选注》，引用“《周易》曰：肥遯（遁、逊）无不利”共三处，[①] 只有一处前有“桓子新论曰”，知上述考证可信。）《文选注》引桓谭《新论》的语句有脱文，下面紧接引用《周易》此句，严氏误以为《新论》语，朱氏未经考辨，延续了错误。

7. 议《史记》所载“公山不狃召孔子”一事。

《史记·孔子世家》载：“公山不狃以费畔季氏，使人召孔子。孔子循道弥久，温温无所试，莫能己用，曰：‘盖周文武起丰镐而王，今费虽小，倘庶几乎！’欲往。子路不说，止孔子。孔子曰：‘夫召我者岂徒哉？如用我，其为东周乎！’然亦卒不行。”《索隐》云：“检《家语》及孔氏之书，并无此言，故桓谭亦以为诬。”[②] 考今《新论》诸辑本，均无此事。桓谭否定《史记》所载公山不狃召孔子一事，当为《新论》散佚的内容。文字不可见，但桓谭大意可知。

8. 荀偃病而目出，初死，其目未合，户（疑当作“尸”）冷乃合。非其有所知也，《传》因其异而记之耳。

陆德明《经典释文》引上文云“桓谭以为”，[③] 当出自《新论》。黄晖亦认作桓谭语（见《论衡校释》），如是则或在《正经》篇，或在《辨惑》篇。又见孔颖达引“桓谭以为自缢而死，其目未合，尸冷乃瞑，非由谥之善恶也”[④]，此处为间接引用。孔氏所云“自缢”与“非由谥之善恶”等语，不见于陆氏引文中，说明引文亦有阙。

王充详细阐发了桓谭的观点，他在《论衡·死伪篇》云：“荀偃之病卒，苦目出。目出则口噤，口噤则不可唅。新死气盛，本病苦目出，宣子抚之早，故目不瞑，口不闿。少久气衰，怀子抚之，故目瞑口受唅。此自荀偃之病，非死精神见恨于口目也。”[⑤]

桓谭通过此事既批判了死者有知的迷信，也指出《左传》记事好奇的倾向。诸辑本均无此事，当为《新论》佚文。

---

① 另外两处为：卷四十五，石季伦《思归引序》“遂肥遯于河阳别业”后注；卷四十七，夏侯孝若《东方朔画赞》“其辞曰：‘矫矫先生，肥遯居贞’”后注。

② （汉）司马迁撰，（宋）裴骃集解，（唐）司马贞索隐，（唐）张守节正义：《史记》，中华书局 1959 年版，第 1914—1915 页。

③ （唐）陆德明：《经典释文》，中华书局 1983 年版，第 262 页。（唐）陆德明撰，黄焯汇校，黄延祖重辑：《经典释文汇校》，中华书局 2006 年版，第 543 页。

④ （周）左丘明传，（晋）杜预注，（唐）孔颖达正义：《春秋左传正义》十三经注疏本，北京大学出版社 2000 年版，第 561 页。

⑤ 黄晖：《论衡校释》（附刘盼遂集解），中华书局 1990 年版，第 893 页。

附录三　评朱谦之《新辑本桓谭新论》

《新辑本桓谭新论》[①] 是著名学者朱谦之在吸收清人辑佚成果的基础上，对汉代思想家桓谭著作《新论》作的一个全新的校辑本，虽定稿于1959年，但是比起1977年上海人民出版社所出版《桓谭新论》[②] 内容更为全面、编排更为合理，是迄今为止最好的辑本（按：当时吴则虞的辑本尚未出版）。简称“新辑本”。

一　“新辑本”内容简介

“新辑本”包括如下几项内容：《辑校者案语》《自序》《本书所据校辑书目》《桓谭新论》《附录》。

《辑校者案语》介绍《新论》篇目、卷次，说明本书的几个组成部分。朱氏在《自序》中，从经学、音律、天文、水利、名理、哲学、经世兴治之学七个方面给桓谭《新论》以充分肯定，全方位展现了《新论》的学术价值，可谓高屋建瓴。最值得重视的是，他推翻了严氏以为《新论》亡于唐末、孙氏以为亡于南宋的观点，认为《新论》在明代尚有完书，对于《新论》版本与流传的考证与研究具有重大意义，也更好地指导了此本的辑佚。[③] 他最后总结“新辑本”比较其他各家辑本的优势，从资料、体裁、校勘三方面谈起，朴实客观，且令人一目了然。

《本书所据校辑书目》，共罗列其参考辑佚之书六十一种，五十七种皆为古本，包括日本天明刻本一种，其他国外资料四种。网罗古今，涵盖中外，可见其用功之勤。《桓谭新论》正文，十六卷，篇为一卷。《附录》

---

① （汉）桓谭著，朱谦之校辑：《新辑本桓谭新论》，中华书局2009年版。文中有引用“新辑本”文句者，但于文后注明页码。

② （汉）桓谭著，黄霖、李力校点：《新论》，上海人民出版社1977年版。

③ 与朱谦之同持此论者，尚有日本学者守屋美都雄根据清人全祖望、钱谦益之说。见苏诚鉴《桓谭》之“前言”，黄山书社1986年版，第4页。

包括《后汉书·桓谭传》《孙冯翼桓子新论序》《严可均桓子新论叙》和《黄以周桓子新论叙》四篇。

二　丰富的辑佚成果和编排体例上独特的优点与个性

“新辑本”不仅引用资料丰富，保证了辑佚成果的真实可信与全面丰富，而且在体例上力避孙冯翼、严可均二人辑本分别存在的“杂陈叠见”与“未免比附”等缺点，推陈出新，融严谨的考辨、卓越的文本解析与组织能力于一体，使“新辑本”不只是残篇断句的组合，更是尽量呈现为前后思维连贯、语意起伏的篇章。笔者拟于以下几个方面予以具体说明。

（一）辑文更丰富

“新辑本”的辑文更加丰富，据校辑者在《自序》中说：“较孙本几十之六，较严本则十之二”，察看文本确实如此。即使比起1977年版的《桓谭新论》也多出十四条，多出的文字为：

1.（《王霸》）文王修德，百姓亲附，是时崇侯虎与文王列为诸侯，德不及文王，常嫉妒之，乃谮文王于纣曰：“西伯昌圣人也，长子发、中子旦皆圣人也，三圣合谋，君其虑之！”乃囚文王于羑里（《太平御览》卷八十四皇王部）。（第4页）

2.（《王霸》）魏之令，不孝弟者，流之东荒（《七国考》卷十二）。（第5页）①

3.（《求辅》）国之废兴，在于政事，政事得失，由于辅佐。辅佐贤明则俊士充朝而理合世务，辅佐不明则论失时宜而举多过事（《后汉书·桓谭传》及《后汉纪》卷四《陈时政疏》语）。（第5—6页）

4.（《启寤》）故犬道韩庐宋猩（《礼记·少仪疏》）。（第27页）

5.（《识通》）使周相赵，不如使取吕后家女为妃，令戚夫人善事吕后，则如意无鬅也。（“使周相赵”以下见《史记》九六《张苍列传》，《正义》引桓谭《世论》，按：即桓谭《新论》之误。）（第42页）②

6.（《离事》）商人谓路寝为重屋，商于虞、夏稍文，加以重檐四阿，故取名。（《玉海》卷九十五郊祀。阮元《研经室集·明堂论》（见《清经解》卷一千六百九）引《御览》。阮元云：“此误以国中南面之路

① 此条亦为苏诚鉴所辑得，见苏诚鉴《桓谭》，黄山书社1986年版，第152页《〈新论〉辑本补佚》。

② 同上。

寝为部外四面堂之路寝也。”）（第47页）

7.（《离事》）孔子问屠牛坦曰：“屠牛有道乎？”曰：“刺必中解，割必中理，盘筋所（按：‘所’疑为‘则’）引，终葵而椎。”（《太平御览》卷七百六十三“器物部八”引桓谭上事。）（第51页）

8.（《离事》）扶风邠亭，本太王所居，有夜市，古词铁马牙旗穿夜市。（《山堂肆考》卷二十七）（第51页）

9.（《道赋》）王君大晓习万剑之名，凡器遥观而知，不须手持熟察。（以上十八字依《北堂书钞》一百二十二“武功部”增。）（第52页）

10.（《道赋》）余户此焉，窃有乐高眇之志，即书壁为小赋。（孙本作“余承命为作仙赋，以书甘泉之壁”。严本至“颂美二仙之行”，无下余户此焉十七字。《北堂书钞》卷一百二“文艺部”，又《艺文类聚》卷七十八有此赋并序。）（第53页）

11.（《辨惑》）宁有作此神方，可于宫中而令凡人杂错共为之者哉？（《抱朴子内篇》十六《黄白》引桓谭《新论》，严辑本引至“使者待遇”，缺“宁有作此”以下二十一字。）（第58页）

12.（《述策》）贾人多通侈靡之物，罗纨绮绣、杂彩玩好以淫人耳目，而竭尽其财，是为下树奢褋而置贫本也。求人之俭约富足，何可得乎？夫俗难卒变而人不可暴化，宜抑其路，使之稍自衰焉。（《后汉书》列传第十八上《桓谭传》注引《东观记》载谭言，疑出《新论》。）（第60—61页）

13.（《琴道》）琴，神农造也。（顾野王《玉篇》卷十六，又《初学记》卷十六“乐部”云：“神农作琴。”）（第64页）

14.（《琴道》）余兄弟颇好音，尝至洛，听音终日而心足。由是察之，夫深其旨则欲罢不能，不入其意故过已。（《太平御览》卷五百六十五“乐部”《要览》引“桓君山曰”。）（第71页）

（二）文句的去留更加谨慎

辑校者不为追求辑文的数量而使似是而非的文句轻易滥入。

1.（《谴非》）后汉朱佑初学长安，帝往候之，佑不时相劳苦，而先升讲舍，后车驾幸其第，帝因笑曰：“主人得无舍我讲舍乎？”以有旧恩，数蒙赏爱。（注云：“汉朱佑”以下一段与桓谭《新论》无关，原本《后汉书·朱佑传》语，《说郛》误引。）（第24页）

2.（《启寤》）吴之玩水若鱼鳖，蜀之便山若禽兽。（《太平御览》卷九百三十二“鳞介部”，原题顾谭《新语》，严本引为桓谭，误。）（第

27 页）（按：此条严可均根据《文选·魏都赋》注，又辑入锺会《刍荛论》。从时间上看，李善注文选在前，《太平御览》在后；从情理上看，一称“吴”，一称“蜀”，则称者似为“魏”人。且看其以“鱼鳖”“禽兽”作比，绝非善意。所以笔者认为此条佚文归属锺会《刍荛论》比顾谭《新语》更可信。曹魏士人对于吴、蜀两国的地理优势认识极为清楚，且称曹魏为“大魏”鄙吴蜀为贼、夷，态度非常倨傲。如杨修《出征赋》中称“嗟夫吴之小夷”，卫觊在《请恤凋匮罢役务疏》中说当时的“议者”：“其言征伐，则比二虏于狸鼠”，应璩《与计子骏书》称“刘备不下山，孙权不出水”，可证。）①

3. 删去孙冯翼本“太原郡民以隆冬不火食五日，虽有疾病缓急犹不敢触犯，为介子推故也。王者宜应改易。”（孙本误收此条入《新论》）（第 56 页）

（三）文字编排更合理

辑校者凭借卓越的理解与分析能力，把诸多残片断句以类相从，不设《补遗》篇，凡能与篇题相符之句均编入十六篇之中。其他语意不相关或模糊之句放入《离事》，（按：“新辑本”考证当为“杂事”。）这也是桓谭原书设“杂事”一篇之意。一改以往旧本原貌，各篇文字次序调整很大，“新辑本”辑文安排的具体情况如下。（按：此处描述其篇目调整者，以严辑本为比照对象。）

1.《本造》：开篇桓谭述作《新论》之旨，后次庄周，紧接论小说家，再次吕不韦、淮南王，次董仲舒、贾谊等人，最后太史公书。严氏辑本论贾谊等人归入《求辅》，“太史公书”归入《离事》，前条论诸人著作事与“求辅”不符，后条未做判断。“小说家”条，1977 年的人民文学辑本放入《补遗》。然其文论“短书”，“庄周”条亦论“短书”，理应前后相续。“新辑本”如此安排于篇题更讲得通。

2.《王霸》：首句未变，次“儒者或曰”，次“王道之主”，后接自《正经》移入的子贡问治国事，又从《正经》移入牧野之战事，自《补遗》移入“邯郸立王”“齐宣王行金刀之法”“魏文侯师李悝”与“秦之重法”四条。所移入诸条，非言王即言霸，与篇题相符。最后一条为添加的“魏之令”条。

3.《求辅》：开篇自《后汉书·桓谭传》采来《陈时政疏》语，总

---

① （清）严可均校辑：《全上古三代秦汉三国六朝文》，中华书局 1958 年版，第 757、1209、1220 页。

论辅佐对于国家兴废的重要作用，符合开篇的行文习惯。自《离事》移入“以贤代贤”，自《启寤》移入“龙无尺木无以升天”，自《正经》移入“尧能臣舜、禹”，自《言体》移入周亚夫事。

4.《言体》：次序变化不大，只从《离事》移入“世俗所云汉文帝”和“举网以纲”两条。而《补遗》中“肃王游大陵”“郢王好细腰”与“秦惠王剖贤人之腹”三事，皆为不知大体之例，正合移入此篇。

5.《见征》：首句为自《言体》移入王莽好卜筮事，又自《启寤》移入“谶出河图、洛书”条，原辑本首句的“东方朔短辞薄语”条放在最后，中间各条次序亦有调整。

6.《谴非》：只有移出无移入，语句次序稍微调整。

7.《启寤》：首句为“夫不剪之屋”，自《求辅》移入“周公崇周道”“畜生有识”两条，自《祛蔽》移入“颜渊所以命短”，自《离事》移入“圣贤不材之世”“惟人心之所独晓”、扬子云好天文、小儿辩日、扬雄“盖天说”、公孙龙论坚白、季幼宾卖玉事共七条。补入“故犬道韩庐宋猳”一句，删去“吴之玩水”一条。

8.《祛蔽》：移出数条，自《谴非》移入“举火夜坐，燃炭乾墙”句补充描述杜房读《老子》情形。又自《辨惑》移入“元帝被病”、无仙道、方士董仲君事、王根事、刘子骏信方士事、圣人不学仙共六条，同言仙道虚无之事。

9.《正经》：自《识通》移入刘向全家读《左氏》事，自《离事》移入太史《三代世表》，自《闵友》移入扬雄作《玄书》、王莽问扬雄二事。

10.《识通》：只移出刘向一家读《左氏》事，其他文字与次序稍有变化。

11.《离事》：自《正经》移入“人抱天地之体”“王者造明堂”“天称明”“王者作圆池”。自《辨惑》移入“五福”条，自《见征》移入宋康王为无头冠事，自《祛蔽》移入齐桓公问麦邱人事。自《谴非》移入百姓赋敛、王莽置西海郡、王莽起九庙、楚之郢都、呈衣冠于裸川。自《补遗》移入夏禹洪水事、魏三月上祀、庄王为“楚车”事。添“二仪之大”“商人谓路寝为重屋”“孔子问屠牛坦”“扶风邠亭”四条。

12.《道赋》：自《祛蔽》移入“余少时见扬子云丽文高论”，自《补遗》移入相如吊二世赋事、总论文家事、“新进丽文”三条，添加“书壁为小赋”事。

13.《辨惑》：自《言体》移入楚灵王信巫祝事，自《求辅》移入薛翁相马事，自《谴非》移入“武帝出玺印石”。自《离事》移入“扶风漆县”“天下有鹳鸟”“刘歆致雨具”“难以顿牟磁石”四条。添“昔二人评玉”与“宁有作此神方”两条。

14.《述策》：自《言体》移入“世有围棋之戏”，添“贾人多通侈靡之物”条。

15.《闵友》：自《见征》移入“以人言善我”、张衡事。自《启寤》移入称扬子云为孔子事，自《求辅》移入与扬子云论“圣与非圣”事，自《离事》移入扬子云论新弄事、关并事、张戎事、韩牧事四条。

16.《琴道》：添神农造琴事、“兄弟至洛听音”事，自《离事》移入“汉三王置黄门工倡”、自为乐府令事。又论“七操”，文字与次序均有调整。

（四）注释更为详尽

“新辑本”虽仅称“辑校”，但是对于文本的注释贯注首尾。辑校者所作的注释既有客观资料上的旁征博引，亦不时表达其主观的态度与情感，皆有助于更准确更深刻地理解文本。其例罗列如下：

《王霸》篇李悝著《法经》条下，注引《唐律疏议》类似内容与之参证补充。《启寤》篇扬子云“盖天说”下注引《晋书·天文志》《文选注》、吴淑《事类赋注》《太平御览》、杨泉《物理论》《渊鉴类函》《论衡·说日》篇等，使桓谭“浑天说”理论得到较全面的呈现。《离事》篇王平仲论黄河故道事，及《闵友》篇韩牧善水事一条下，皆注引《汉书·沟洫志》补充王横、关并、张戎、韩牧诸人关于治水言论的详情。

《述策》篇陈平为高祖解匈奴之围事下，注引《史记集解·陈丞相世家》《汉书·高帝纪》应劭注、《白孔六帖》《太平御览》《艺文类聚》等，几乎把相关资料皆搜集殆尽。辑校者虽没有直接发表自己对于颜师古以“意测”否定桓谭的意见，但是后面引用诸多类书援引桓谭说法的事例，似乎已不证证之。《识通》篇论扬雄因轻财致困事，注引《扬雄家牒》所言扬雄生平简介及死后安葬情形，更可以理解桓谭对于扬雄的友情及对其失意之慨叹。

《见征》篇“谶出《河图》《洛书》”条下，辑校者不仅引《东观汉记》所载桓谭“书”以证其极力反对谶纬的态度，而且加案语曰：“图谶之学，哲理之腥秽，六经之稂秀（按：疑为莠）也。汉三百年间，陋儒阿世从风而靡，惟桓谭、张衡乃力非之。”直白桓谭、张衡反对谶纬的鲜明态度。《正经》篇论《左传》条下，指出《史通》所引陈元奏中“桓谭、卫宏并共诋訾”语，意指桓谭与卫宏各让其短，互斗其长。澄清了严可均以为桓谭毁《左氏》的误解。《辨惑》“天下神人五”条下案语曰：“以上五者，皆《新论》之所谓惑也。隐沦即隐形，铸凝谓黄白术也。”以下又引周日用注《博物志》语，说明桓谭不信仙道之难能可贵。

辑校者于《琴道》篇“雍门周以琴见孟尝君”条下，注释尤为详尽。把《文选注》所引全部异文皆于注中一一罗列，可以看出朱氏恢复《琴道》残篇的执着与努力。其中尤其值得注意的一条资料为引（明）归有光《诸子汇函》中《荆山子》有《琴讽》一篇，与《琴道》之名异，既能印证《新论》至明仍有完书，或许亦可说明史上一些关于《琴道》的未解之谜。“新辑本”为后人研究《新论》文献提供了一条重要线索。

“新辑本”注释尽力竭资料之所有的例子全书不胜枚举，如此注释使得原本仅存残片断句的薄薄小书厚重了许多。“新辑本”既实现了注本的史料价值，也实现了著者桓谭是非褒贬的批判价值。

（五）考辨更加审慎

考辨的审慎，首先体现于文句的取舍，如在孙冯翼所误辑的“太原郡民”条下注云：“《艺文类聚》卷三‘岁时部’，《太平御览》卷二十七‘时序部’、卷八百四十九‘饮食部’，《说郛》卷五十九，又《后汉书》九十一《周举传》云：‘太原一郡，旧俗以介子推焚骸，有龙忌之禁，至其亡月，咸言神灵不乐举火，由是士民每冬中辄一月寒食，莫敢烟爨，老小不堪，岁多死者。举既到州，乃作吊书以置子推之庙，言盛冬去火，残损民命，非贤者之意，以宣示愚民，使还温食。’李贤注曰：‘其事见桓谭《新论》。’又《北堂书钞》卷一百四十三‘酒食部’孙楚《祭介之推文》云：‘太原咸奉介君之灵，至三月清明，断火寒食。’”辑校者把致误的根源找到后，才最终下结论：孙本误收此条入《新论》。

“新辑本”关于文字正误的审慎考辨比比皆是，难以一一罗列。其考辨的审慎还体现于篇名的确定。朱氏于《见征》篇名下注云：“据《群书治要》《玉海》，‘征’字当为‘微’字之误。”考《见微》篇有“察淳于髡之预言，可以无不通，此见微之类也”一句，道出设题意义，可印证本篇名《见微》更为妥帖。又论《离事》当为《杂事》，此篇名的确定为参照刘向《新序·杂事》，又根据桓谭《本造》所述内容，也更有说服力。虽然两篇篇名已经考辨，但是辑校者没有径改，依然尊重前人所云之称，更定之名只是以小注形式出现。

三　缺憾与不足

辑佚必得有识，后世引用资料真假难辨，所以朱谦之亦不免璧有微瑕，笔者不揣浅陋，冒昧一一摘出。“新辑本”遗憾之处多在辑文的取舍上，可商榷者见于以下几条。

1.（《辨惑》）昔二人评玉，一人曰好，一人曰丑，久不能辨。客曰：“尔朱入吾目中，则好丑分矣。”夫玉有定形，而察之不同，非好相反，瞳睛殊也。(第55页)

“新辑本”收入此条，小注云：“《广博物志》卷三十七。”其根据是(明）董斯张《广博物志》引用此条时云出自《新论》。[①] 考《广博物志》所引书名《新论》者，称桓谭之书为《桓谭新论》或《桓子新论》，称刘昼书为《刘昼新论》，言明著者的引文共为十五条，九条只称《新论》，不言著者。九条只称《新论》者，只有三条见于今所辑桓谭《新论》数种辑本且不见于刘昼《新论》，五条只见于刘昼《新论》[②] 不见于桓谭《新论》，剩下此条同见于刘昼《新论》与“新辑本”。所以没有确凿证据认为此条所注《新论》者，一定为桓谭《新论》，而非刘昼《新论》。因此云此条出自桓谭《新论》者，证据不足。目前可以肯定的是，蒋济《万机论》有此条佚文，[③] 上接“语曰：‘两目不相为视’”句，于文意更为准确，且叙述也更详尽，多“二人察之，有得失”一句。论此条属于《万机论》者，不仅有严氏所据《御览》记载，且有陈寿《三国志·锺会传》云：“中护军蒋济著论，谓观其眸子足以知人。”[④] 和（晋）欧阳建《言尽意论》云：“有雷同君子问于违众先生曰：‘若夫蒋公之论眸子，锺傅之言才性，莫不引此为谈证；而先生以为不然，何哉？’”[⑤] 又(北齐）杜弼《与邢邵议生灭论》云：“虽蒋济观眸，贤愚可察；锺生听

---

① （明）董斯张撰：《广博物志》（四库类书丛刊），上海古籍出版社1992年版，第981—239页。

② 傅亚庶：《刘子校释》，中华书局1998年版。为《广博物志》所引五条分别见于：《思顺》第100页“司马蒯聩”，《适才》第278页“紫貂白狐”，《妄瑕》第261页“牛蹋之洼”，《激通》第498页“楩柟郁蹙”。另：《殊好》第166页“轩皇”，见杨明照校注《刘子校注》，巴蜀书社1988年版。

③ （清）严可均校辑：《全上古三代秦汉三国六朝文》，中华书局1958年版，第1241页。

④ （晋）陈寿撰，（南朝宋）裴松之注：《三国志》，中华书局1998年版，第333页。

⑤ （清）严可均校辑：《全上古三代秦汉三国六朝文》，中华书局1958年版，第2084页。

曲，山水呈状。”[①] 这三条可作旁证。由上文可以看出，蒋济的“观眸识人”论当时甚为流行，且经受住了实践的检验，蒋书所举“二人评玉”事为其立论之一大例证，如果桓谭《新论》确有此条佚文，则三人必不会只言蒋济而不提桓谭。至于刘昼《新论》原本是否有此条则不得而知，姑且存疑。[②]

2.（《离事》）二仪之大，可以章程测也；三纲之动，可以圭表测也。（第46页）

“新辑本”此条下小注云据《文心雕龙辑注》卷五《章表》篇辑入。《刘子校释》卷四，《心隐》章开篇即为此条，“圭表测”作“表里度”。[③] 注文引《淮南·本经训》，此二句大不同，后面文字则可以看出是刘昼借鉴《淮南子》。此处“新辑本”之所以又与刘昼《新论》混淆，可能又因同书名。考《文心雕龙辑注》为（清）黄叔琳撰，注文确实称引自桓谭《新论》，[④] 不知证据何在。（明）徐元太《喻林》卷十一，亦云引自《刘子·心隐》；[⑤] 又据《御定骈字类编》[⑥] 引此条云出自《新论》，考其书凡引桓谭书者均称“桓谭新论”，引刘昼书则但称“《新论》”，想必黄叔琳见《新论》随即联想到桓谭之书，致误。不幸又为朱氏所借鉴，再误。此条存疑。

3.（《求辅》）周易曰：“肥遯无不利。”（第7页）

“新辑本”小注云：“《文选》卷二十七谢灵运《入华子冈诗》注。”严可均辑本同。又《桓谭及其新论》中《前人误收桓谭作品考》[⑦] 罗列严可均辑本所收此条，下注云：“今查找《文选·谢灵运入华子冈是麻源

---

① （清）严可均校辑：《全上古三代秦汉三国六朝文》，中华书局1958年版，第3856页。

② （北齐）刘昼撰，杨明照校注：《刘子校注》，巴蜀书社1988年版，第219页。下有“按”：《蒋子·万机论》：“昔，吴有二人共评王即玉字者，一人曰好，一人曰丑，久之不决；二人各曰：‘尔可来入吾目中，则好丑分矣！’王有定形，二人察之有得失，非苟相反，眼睛异耳。”《御览》三百六十六引。

③ 傅亚庶：《刘子校释》，中华书局1998年版，第216页。原文改“三纲”为“三光”。小注云：本书《妄瑕篇》“天地之大，三光之明”，以“三光”对“天地”，此文上云“二仪”，知“三纲”当作“三光”。

④ （清）黄叔琳：《文心雕龙辑注》（据《四部备要》原刻本重印），中华书局1957年版，第230页。

⑤ （明）徐元太：《喻林》（四库类书丛刊），上海古籍出版社1991年版，第958—162页。

⑥ （清）张廷玉，等编：《御定骈字类编》，文渊阁《四库全书》，997—649。

⑦ 桓谭新论校注小组撰（宿县、安徽大学中文系）：《桓谭及其新论》，《安徽大学学报》增刊，1976年，第159页。

第三谷诗》，谢诗有‘既枉隐沦客，亦栖肥遁贤’句，后注为‘桓子新论曰周易曰肥遁无不利’。今按：‘桓子新论曰’后当缺注‘隐沦’之文。根据本书《辨惑第十三》注⑥，可以确知其文为‘天下神人五：一曰神仙，二曰隐沦，三曰使鬼物，四曰先知，五曰铸凝。’《周易》曰句不属《新论》。严误将此句归为《新论》，当更正。”（按：考李善《文选注》，引用“《周易》曰：肥遯（遁、逊）无不利”共三处，[①] 只有一处前有“桓子新论曰”，知上述考证可信。）《文选注》引桓谭《新论》的语句缺文，下面紧接引用《周易》此句，严氏误以为《新论》语，朱氏不经考辨，延续了错误。

4.（《启寤》）戏谈以要誉。（第 31 页）

“新辑本”小注云“《文选》卷四左太冲《蜀都赋》注引桓谭《七说》，附载于此。”考《文心雕龙·杂文》有“自桓麟《七说》以下”句。[②]《御定佩文韵府》卷二十八之二“戏谈”下注引“桓驎《七说》：‘戏谈以要誉’”，[③] 又《文选》卷三十五张景阳《七命》注亦引桓麟《七说》。[④] 是否由此可以认为《文选注》卷四所云“桓谭”为“桓麟”之误？又严可均《全后汉文》，此条辑入桓麟《七说》中，严氏注云：“《文选·蜀都赋》注引桓谭《七说》乃桓麟之误”，[⑤] 与笔者猜想合。考《后汉书·桓荣传》附《桓彬传》，[⑥] 知桓麟于桓帝时曾为议郎，所云“戏谈以要誉”正符合汉末清谈流行的情形。所以笔者认为此条当非桓谭《新论》佚文。“新辑本”附载于此，从其语意看也属模棱两可。

5.（《离事》）排斥曰“批抵”，（《书叙指南》卷六引桓谭。）斥无益客曰“罢遣常客”，（同上卷六引）（按：当为卷七）负暄曰“偃曝”。（同上卷九引）（第 51 页）

---

① 另外两处为：卷四十五，石季伦《思归引序》“遂肥遯于河阳别业”后注；卷四十七，夏侯孝若《东方朔画赞》“其辞曰：‘矫矫先生，肥遯居贞’”后注。

② （梁）刘勰著，范文澜注：《文心雕龙注》，人民文学出版社 1978 年版，第 255 页。

③ （清）张玉书、陈廷敬，等：《御定佩文韵府》，文渊阁《四库全书》，1017—542。

④ （梁）萧统编，（唐）李善注：《文选注》，中华书局 1977 年版，第 392 页。

⑤ （清）严可均校辑：《全上古三代秦汉三国六朝文》，中华书局 1958 年版，第 624 页。

⑥ （南朝宋）范晔撰，（唐）李贤，等注：《后汉书》，中华书局 1965 年版，第 1260 页。

“新辑本”小注附后。考《书叙指南》[1] 凡引用桓谭《新论》处均注明“桓谭新论”，这样的例子有两个，卷十四的“亳州地名曰麦丘”和卷十八的“用掘（按：疑为堀）穴为家”，前者见《离事》“齐桓公行见麦邱人”（第46页），后者见《琴道》“入用窟穴为家”（第67页）。其他只注“桓谭”者，均出自《后汉书·桓谭传》,[2] 与《新论》无关。“批扺”见“而喜非毁俗儒，由是多见排抵”，“批抵”为“排抵”误。“罢遣常客”，见桓谭说服傅晏事，“晏曰：‘善’，遂罢遣常客”。唯“偃曝”不知出处，《桓谭传》不见记载，《新论·启寤》中有“后与子云奏事待报，坐白虎殿廊庑下，以寒故，背日曝背。有顷，日光去，背不复曝焉”。所云“背日曝背”与“偃曝”正相反。其他只注“桓谭”者，皆引自《后汉书·桓谭传》，朱氏所录仅三条，其他四条分别为“烧炼法，曰黄白之术”（卷十二）、“所入多，曰与封君比入”（卷十二）、“放债，曰多放钱货”（卷十七）、“惑于乐，曰性嗜倡乐”（卷十二），[3] 前三条分别见于桓谭《陈时政疏》：“臣谭伏闻陛下穷折方士黄白之术”，“勤收税与封君比入”，“今富商大贾多放钱货”，最后一条见于范晔对于桓谭“性嗜倡乐”的介绍。所以不能把《书叙指南》引文后注“桓谭”者皆作《新论》佚文看，此条存疑。

6. 魏王为青沼。[4]

此句董说《七国考》卷四[5]，注云“桓谭”，《七国考》其他所引注明“桓谭”者朱氏皆照录，尤其是据其十二卷增补“魏之令：不孝弟者流之东荒”[6] 一节为前人辑本所无，说明朱氏并无怀疑董氏所引。此条当为“新辑本”所漏辑。

---

① （宋）任广：《书叙指南》（丛书集成初编），商务印书馆1937年版。注明桓谭《新论》两条引文，分别见于卷14，第169页；卷18，第230页；朱氏所辑三条分别见卷6，第66页；卷七，第72页；卷九，第100页。

② （南朝宋）范晔撰，（唐）李贤，等注：《后汉书》，中华书局1965年版，第955—960页。

③ （宋）任广：《书叙指南》，商务印书馆1937年版，第144、138、205、140页。

④ 此条见于1977年版《新论·补遗》，后注云：“《七国考》引此段，仅标‘桓谭云’，疑出于《新论》。”第70—71页。又：《补遗》有“声氏之牛夜亡而遇夔，止而问焉：‘我有四足，动而不善；子一足而超踊，何以然？’夔曰：‘以吾一足，王于子矣’。”后附注“《事类·牛赋》注”（第69页），考（宋）吴淑《事类赋》但云引自《庄子》，为《新论·补遗》误辑，“新辑本”未收此条。

⑤ （明）董说：《七国考》，中华书局1956年版，第181页。

⑥ 同上书，第370页。

7. 神农氏祀明堂，黄帝谓之合宫，尧谓之五府。

“新辑本”与孙冯翼、严可均辑本皆未辑入。《广博物志》（卷三十六）[①] 云引自《新论》，虽未著明桓谭或刘昼，但无争议。考王应麟《玉海》有“《新论》：神农氏祀明堂，有盖而无四方，黄帝合宫，尧谓之五府，府，聚也，言五帝之神聚于此。商人谓路寝为重屋，商于虞、夏稍文，加以重檐四阿，故取名”（卷九十五），[②] 据笔者考察，《玉海》引书云《新论》者，皆指桓谭《新论》。“新辑本”据《玉海》只辑录后一句（第 47 页），不知为何未收此条。

① （明）董斯张：《广博物志》（四库类书丛刊），上海古籍出版社 1992 年版，第 981—206 页。

② （宋）王应麟辑：《玉海》，江苏古籍出版社、上海书店 1987 年版，第 1722 页。

附录四　桓谭《新论》辑本文献综述

现行桓谭《新论》主要辑本共有十五种，依据其时代顺序排列，分别为：（明）陶宗仪辑《说郛》本（1567—1620年），（明）归有光辑《诸子汇函》本（1626年），（清）孙冯翼辑《问经堂丛书》本（1799年），（清）严可均辑本（约1835年），（清）钱熙祚辑《指海》本（1843年），国学扶轮社校辑《古今说部丛书》本（无名氏，1915年），龙溪精舍丛书本（1918年）、四部备要本（1920—1936年，据问经堂本），丛书集成初编本（1939年，据问经堂本），朱谦之《新辑本桓谭新论》（1959年），吴则虞辑《桓谭〈新论〉》（1962年），严一萍选辑百部丛书集成本（1965—1970年），安徽大学桓谭《新论》校注小组本（1975年，据严辑本），上海人民出版社校点本（1976年，据严辑本），董俊彦《桓子新论校补》本（1986年）。[①]

桓谭《新论》的现当代辑本，大概可分两大体系：严辑本一系与孙辑本一系。两大体系的佚文排比均依据李贤《后汉书注》所列原书篇目，唯吴则虞辑本独辟畦径，打乱原书篇目门槛，模仿类书以类相从的模式编排辑文内容。

一　辑本综述

（一）（明）陶宗仪辑《说郛》本（1567—1620年）

本文依据有“集《说郛》之大成”之称的《说郛三种》，[②] 此书包括

① 清人黄以周曾辑录《桓子新论》，与《意林》中其他散佚子书一起编成子书四十四种，可惜《子思子》除外的其他四十三种均佚，仅有四十三子之《叙》保存在《儆季杂著·子叙》中，所以本文不述。另，山东画报出版社2004年出版的钱杭整理本桓谭《新论》，也是以严辑本为底本整理的，流传甚窄，影响较小亦不予论述。近年出版的一些旨在普及中国传统经典阅读的本子，也不在本文综述范围内。

② （元）陶宗仪，等辑：《说郛三种》，上海古籍出版社1986年版，第2739—2741页。

《说郛》一百卷，《说郛》一百二十卷和《说郛》续四十六卷三种。

一百二十卷本《说郛》第五十九卷集中辑录了桓谭《新论》佚文共23条，均无篇名，且不注出处。无《琴道》一篇内容，记“王翁”时事仅一条。

其中有关王仲都耐寒暑一事共收三条，文字表述繁简不一，内容重复且有出入，说明文献来源不一，陶氏搜辑时对其内容未做严格考订辨析。内容相关的三条佚文没有集中排列，可见辑文排列也显得随意无序。

陶氏对辑文的搜辑也没有用力追求完备。如在六十五卷所录任昉《述异记》中《裸人乡》一条下有“桓谭《新论》云：‘呈衣冠于裸川’”①，此条佚文就没有辑入《新论》辑本中。又六十九卷所录韩鄂《岁华纪丽》卷四《冬·十一月》“推元命节”下注引“桓谭《新论》曰：‘通历数家算法，推考其纪，从上古天文以来，讫十一月甲子夜半朔冬至。’”② 此条佚文也没有辑入辑本中。

陶辑本中有些佚文非常俭省，只记其大概语意，加上抄写错误，导致文理不通畅，如“关东鄙语曰：‘人闻长安乐，出门西向哭和肉味美，则对门而哨。’”③“和”当为“知”之误，“哨”当为“咀”之误。

清人孙冯翼认为此书所录不可靠，但据现存佚文看，陶氏辑录虽有失严谨，但均有文献依据，并非臆造，而且其辑文年代甚早，因此可以作为参考依据之一。

（二）（明）归有光辑《诸子汇函》本（1626年）

此为1626年刻本。

版本情况：四周单边、白口、单花鱼尾、九行、十八字。

《诸子汇函》卷之二十一，昆山归有光熙甫㲹辑，长洲文震孟文起参订。

《荆山子》题下有著者介绍：“姓桓，名谭，字君山。汉光武时人，因当时辅佐不明，论失时宜，举多过事，作《新论》。谭怀远人，怀远荆山，卞和采玉处，谭尝隐此，故名荆山子。”

辑本仅录《琴讽》一篇，内容皆为“雍门周以琴见孟尝”事。上有眉批四条，分别为：“杨升庵曰：‘谭著书言当世行事二十九篇，世祖善之，《琴道》一篇未完，肃宗使班固补成之。’”此眉批托名杨慎，其实

① （元）陶宗仪，等辑：《说郛三种》，上海古籍出版社1986年版，第3035页。

② 同上书，第3249页。

③ 同上书，第2740页。

内容抄录《后汉书·桓谭传》；“罗一峰曰：‘□□□□□云□□□通为奢靡之物，罗□绮□□丝□□以淫人耳目而竭尽其财，是谓下树奢媒而□资本也。求人之俭约富足何可得乎？’”“吴康斋曰：‘此战国时风俗，亦孟尝君所为。’”这两条眉批不知出处，不似依托，但价值不大；“王阳明曰：‘谭□云董仲舒言理国譬如琴瑟，其不调者则解而更张之，夫更张推行而拂众者亡。’”所引董仲舒论治国语为《后汉书·桓谭传》所载桓谭《上疏》内容，托名王阳明。

文末引王世贞语曰：“王凤洲曰：‘听雍门之论，先已伤心，实必鼓琴也。’”此言云王世贞评语，难辨真伪，但评点精警，生动揭示出雍门周之语具有的直指人心的艺术功效。

桓谭《新论》辑本有眉批者仅有此本。

此本为现存《新论》的较早辑本，与《四库全书存目·子部》126册《诸子汇函》本无异，而《存目》本又据辽宁省图书馆藏明天启五年（1625年）刻本，据罗剑波考证，此本出书贾之手，眉批多抄袭、伪托之词①。但辑本正文不伪，一些评点能够揭示文章的文学意味，因此具有一定的文献与学术价值。

此本所录雍门周论乐事，内容与《三国志·蜀书·郄正传》“雍门援琴而挟说”下裴松之注引《新论》原文②最为相似，仅在第一个“孟尝君”中缺一“君”字，“朝菌”作“朝道”，“涕泪交睫而未下”作“涕泪交睫而君下”，应为抄写错误。标题为《琴讽》而非《琴道》，不知所据，但此题更切合雍门周携琴讽谏之事。

（三）（清）孙冯翼辑《问经堂丛书》本（1799年）

此为1799年刻本。

版本情况：四周单边、大黑口、双花鱼尾、十二行、二十四字。

孙《序》之前有张炯和程瑶田撰《序》两篇，一标“嘉庆四年”，一标“嘉庆己未”。全本辑文《琴道》篇除外共一百七十二条，仅《琴道》篇有篇题。

题为《桓子新论》，沈阳孙冯翼辑。

《目录》中辑文篇目依次为本造篇一篇、王霸篇上下、求辅篇上下、言体篇上下、见征篇上下、谴非篇上下、启寤篇上下、祛蔽篇上下、正经

---

① 参见罗剑波《关于〈诸子汇函〉所收〈楚辞〉作品的评点问题》，《齐鲁学刊》2008年第2期。

② （晋）陈寿撰，（宋）裴松之注：《三国志》，中华书局1982年版，第1040页。

篇上下、识通篇上下、离事篇上下、道赋篇上下、辨惑篇上下、述策篇上下、闵友篇一篇、琴道篇一篇。篇数与《后汉书》所载“二十九篇”数合。

辑本正文把《琴道》置卷首，原因是“《新论》二十九篇昔人征引皆不著篇名，惟《琴道》之名见引于《文选注》”。《琴道》篇辑文共二十三条，其排列顺序依次为：裴松之注《三国志》引文，李善《文选注》引《琴道》九事，还有十三事为《玉篇》《选注》及《初学记》诸书均不标《琴道》篇名者。

“昔神农继伏羲王天下，梧桐作琴”一事未列入《琴道》篇内。

其他篇的辑文内容没有分别罗列于各篇目之下，孙氏也交代其原因为：“其余《本造》《王霸》等十五篇不能臆为分列，姑依引书先后次第编之。”

孙氏处理文献的态度比较审慎，但大体是依据引书时代顺序排列辑文，失之过简，使辑本内容零乱，主题思想不好把握。此本辑文内容也有未经严谨考证者，逢文必录，误收者有之①，内容重复者有之。②

（四）（清）严可均辑本（1958年）

严可均从清政府开“全唐文馆”始发愤搜辑，花费二十七年心力，辑本大致完成于1835年。目前最好的本子是中华书局1958年版。③

全本分上、中、下三卷，卷上包括：本造第一、王霸第二、求辅第三、言体第四、见征第五；卷中包括：谴非第六、启寤第七、祛蔽第八、正经第九、识通第十；卷下包括：离事第十一、道赋第十二、辨惑第十三、述策第十四、闵友第十五、琴道第十六。篇目名称与篇次同孙氏

---

① 此本据李善注《文选谢灵运入华子岗诗》引文，误收“《周易》曰：‘肥遁无不利’”一条。理由详见前文。

② 此本内容重复者主要有以下几处：“颜渊所以命短”凡两见，前一条据《意林》卷三等收录，语意详尽而完备；后一条仅据《太平御览》卷八百九十七“兽部”收录，简略。“刘子政三人教妇女读《左氏》”凡两见，前一条据《意林》卷三等四书收录，略详；后一条据《北堂书钞》等三书，略简。“长安乐”条凡两见，前一条据《意林》卷三等六书收录，紧跟在“颜渊短命”之后，作“关东里语”；后一条据《文选注》等六书收录，后接“侏儒见一节”条，作“关东鄙语”。“余学扬子云作小赋”与“扬子云作《甘泉赋》”凡两见，前一处两事前后跟随，举例说明“尽思虑伤精神”的道理，语意完备，行文符合逻辑。为据《意林》卷三等四书收录。后一条“学作小赋”，中间插入扬子云“读千赋则善为之”的话，据《文选注》等书。后一条“扬子云作《甘泉赋》”，据《文选扬子云〈甘泉赋〉注》，前条作“气病一年”，此处作“遂卒”。

③ （清）严可均校辑：《全上古三代秦汉三国六朝文》，中华书局1958年版。

“问经堂”本，只是不分上下篇。

严氏辑本收录辑文共一百七十二事，它的最大特点是所有辑文分别归入十六个篇目之下。严可均在题解中说出分篇的依据和方法：“依《治要》《意林》次第，以类相从，定为三卷，诸引但《琴道》有篇名，余无篇名，今望文分系，仍加各篇旧名，取便检阅。”①

严氏本“望文分系”的优点是以篇题统一辑文，全书显得整齐而有体系，的确更方便阅读，也更容易把握《新论》各篇的思想。这个优势在《琴道》《本造》与《王霸》等篇旨比较清晰的篇目中得到突出体现。把相关辑文内容集中起来，更容易比对在各书中重出的佚文，取用一个比较详尽的更能体现行文特点的文本，编排好的辑文可作“文章”读。

缺点是，一些主旨深潜的篇目和辑文不容易分篇，如《离事》《闵友》等篇很难选定佚文，严氏勉强为之，难以取信于人。

（五）（清）钱熙祚辑《指海》本（1843年）

版本情况：四周单边、花口、单花鱼尾、九行、二十一字。

道光中金山钱氏据借月山房汇钞刊版重编增刊本，守山阁刻本。书后有“皇清道光廿三年岁次癸卯，金山钱熙祚锡之甫校梓”。

《桓子新论》，汉桓谭撰。

篇目和次第与孙氏“问经堂”本、严氏辑本同，也不分上下篇。全本辑文《琴道》篇除外共一百七十九条，仅《琴道》篇有篇题。

钱氏在解题中说：“今按诸书所引自《琴道》外皆不著篇名，故辑《新论》自《琴道》篇始。”这种处理辑文的方法与孙氏同。

《琴道》篇先据裴注《三国志》引雍门周事，然后依次是据《艺文类聚》《文选注》《太平御览》《北堂书钞》《通典》《后汉书注》等书收录的论乐类佚文。

其余辑文的编排无一定体例，如编者所云：“下则随所见录之。”即使录在《意林》的佚文，也不全部安排在一处，全本显得凌乱。

（六）国学扶轮社校辑《古今说部丛书》本（1915年）

版本情况：四周单边、十三行、三十字。

国学扶轮社校辑，《古今说部丛书》第一辑第05集，中国图书公司和记，1915年。

《桓谭新论》，汉桓谭。

无篇目。仅录辑文12条。辑文均不出上述诸辑本范围，内容不好分

---

① （清）严可均校辑：《全上古三代秦汉三国六朝文》，中华书局1958年版，第537页。

属，杂乱无章。

（七）龙溪精舍丛书本（1918 年）

版本情况：四周单边、花口、单花鱼尾、十行、二十四字。

封面上在《桓子新论》书名前后分别题有刊刻时间“戊午春正月”和题名者“邹佳来署”。

牌记题“潮阳郑氏用问经堂本精刊”。书尾题“广陵邱义卿、绍周监刻，扬州周楚江刊刻”。

郑氏即郑尧臣，龙溪精舍的主人，近代广东藏书家。

此本辑文前仅保留孙氏《序》，无张炯、程瑶田二人《序》，辑文内容及编排次序全同“问经堂”本。只是上述孙氏问经堂辑本题名用小篆，此本题名用楷体。

（八）四部备要本（1920—1936 年）

版本情况：四周单边、花口、单黑鱼尾、十三行、二十字。

牌记大字题“上海中华书局据问经堂辑本校刊”，其后小字题“桐乡陆费逵总勘，杭县高时显、吴汝霖辑校，杭县丁辅之监造”①。

版心上端题书名，中间有“序目”，下端有“中华书局聚珍仿宋版印”字样。

此本仅保留孙《序》，无张炯、程瑶田二人《序》。辑文内容与编排次序全同孙氏“问经堂”本。

（九）丛书集成初编本（1939 年，据问经堂本）

此本为中华民国二十八年十二月初版，刊印者为长沙商务印书馆。

版本情况：每页十五行，每行四十字，小字本。

牌记小字题有“本馆据问经堂丛书本排印，初编各丛书仅有此本”。

此本仅保留孙《序》，无张炯、程瑶田二人《序》。辑文内容与编排次序全同孙氏“问经堂”本。

（十）朱谦之《新辑本桓谭新论》（1959 年）

《新辑本》② 是朱谦之在吸收清人辑佚成果的基础上对桓谭《新论》作的一个全新的校辑本，定稿于 1959 年。

“新辑本”不仅引用数据丰富，保证了辑佚成果的真实可信与全面丰富，而且在体例上力避孙冯翼、严可均二人辑本分别存在的“杂陈迭见”

---

① 台湾中华书局印行的《四部备要》本内容版式同上海中华书局本，该本为“中华民国六十五年九月台三版”，《新论》与《风俗通义》同一册。

② （汉）桓谭著，朱谦之校辑：《新辑本桓谭新论》，中华书局 2009 年版。

与“未免比附”等缺点，推陈出新，融严谨的考辨与卓越的文本解析与组织能力于一体，使“新辑本”不只是残篇断句的组合，还是尽量呈现为前后思维连贯、语意起伏的篇章。

校辑者在《自序》中说此本所增辑文：“较孙本几十之六，较严本则十之二”，察看文本确实如此。此本辑文，比起人民文学出版社1977年版的《桓谭新论》还多出十四条；但校辑者又能做到不为追求辑文的数量而使似是而非的文句轻易滥入，删除三条严可均、孙冯翼误收辑文。

校辑者凭借卓越的理解与分析能力，把诸多残片断句以“义”相从，不设《补遗》篇，凡能与篇题相符之句均编入十六篇之中，辑文分篇经得住推敲。其他语意不相关或模糊之句放入《杂事》篇，这也符合桓谭原书设“杂事”一篇之意。《新辑本》考证“离事”当作“杂事”，“见征”当作“见微”，也非常可信。

智者千虑必有一失，《新辑本》也存在缺点。比如辑文滥入了“周易曰：肥遁无不利”，漏辑了“神农氏祀明堂，黄帝谓之合宫，尧谓之五府”等。

关于此本的更详尽评价可参考附录三《评朱谦之〈新辑本桓谭新论〉》。

（十一）吴则虞辑《桓谭〈新论〉》(1962年)

本书为吴则虞遗著，虽然付梓最晚，但定稿早在1962年。①

吴本收录辑文二百四十余条，以类相从，分为天文、形神、政制、人物、学术、音乐杂事与自叙八卷，并添加附编，对桓谭佚文广泛罗列并详加考证。

此本无论是在完备地搜辑、整理资料上，还是在对逐条辑文的推敲考证上都严密精细，几乎无可挑剔，所以被冠以“目前桓谭《新论》集大成之著作”的美誉。

“以类相从”的体例，以《新论》文中事类分别辑文，的确如吴氏所云“取便索玩”。但缺点也比较明显：首先，《新论》是一部子书并非类书，子书重“理”，类书重“事”，以事类编排“理”文，事理比较混乱。其次，以往辑本据十六篇题编排辑文虽然难度较大，但尚能窥见桓谭行文脉络，编排较佳的篇目完全可当成“文章”阅读和品味。此本以事类编排，只能视作“文钞”类读物。

（十二）严一萍选辑百部丛书集成本（1965—1970年）

此本为台湾艺文印书馆影印。《桓子新论》在“百部丛书集成”的

---

① （汉）桓谭著，吴则虞辑校：桓谭《新论》，社会科学文献出版社2014年版。

“哲学类”之“杂家哲学”中。

版本情况：此本据其牌记“本馆百部丛书集成所选指海及问经堂丛书均有此书指海辑录较多据以影印并附问经堂本所载张炯序程瑶田序孙冯翼序目于后”，正文部分完全同《指海》本，序目部分则全同“问经堂”本。

《指海》本辑文相比严氏辑本与孙氏辑本，的确多出数条，但不多于朱谦之与吴则虞两位先生的“新辑本”辑文。

此本在大陆很罕见，原因可能如郑谊慧所说的“由于《百部丛书集成》不能够单行使用，故在购买时便需要全数购足。《百部丛书集成》出版之后，其售价便高达新台币五十四万。对于一般的使用者而言，是一个极为沉重的负担。且所需的空间也不小”①。又加上此本影印所据的《指海》本与“问经堂”本在大陆比较常见，所以一定程度上降低了其文献价值。

（十三）上海人民出版社校点本（1976 年 2 月）

本书由黄霖、李力校点。根据此书的《出版说明》可知，此本据严可均辑本为底本整理出版，全本分上、中、下三卷，篇名及编排次序同严氏辑本。

《出版说明》中说：“严本的讹文误字，除依据其所引原书径予改正外，并择要作校勘记加以说明。严可均漏辑条文，另作补遗。”细读原本，这两点的确都通过文本考证实现了。

可惜的是未能纠正严辑本中内容编排不合理的地方，如“王者易辅，霸者难佐”理应归入《王霸》篇，又如《求辅》篇主要内容有二：先谈求大材之重要，后谈求大材之难。举伊尹、太公、百里奚老年“乃升为王霸师”一例，是谈大材之难得，理应后置。此本中这两条辑文概仍严辑本之旧，未做改动。辑本中此类因循严氏而值得推敲的地方较多。

《校勘记》附在每篇后，《补遗》共十八条附在全书末，《补遗》文后亦有校勘。《补遗》十八条辑文中有十一条都摘自董说《七国考》，而《七国考》的文献来源被学者认为是不可靠的。（按：详见下文。朱氏《新辑本》对《七国考》中材料也未做仔细考辨。）其他辑文出《文心雕龙》者三，出《文选注》者三，其中四条为《指海》本所收录，仅“（及相如之吊二世，全为赋体。桓谭以为）其言恻怆，读者叹息；及卒章要切，断而能悲也。”一条不见之前其他辑本。（按：朱、吴两“新辑本”因为付梓较晚，不论。）

唯独据《事类赋注》收录的“声氏之牛夜亡而遇夔，止而问焉：‘我

---

① 林庆彰、郑谊慧：《近现代新编丛书述论》之《〈百部丛书集成〉简论》，台湾学生书局 2005 年版，第 247 页。

有四足，动而不善；子一足而超踊，何以然?’夔曰：‘以吾一足，王于子矣。’”一条辑文为诸多辑本所不录，但翻检《事类·牛赋注》，此事出《庄子》，事实很明显，不知何以误收。

（十四）安徽大学桓谭《新论》校注小组本（1976年12月）

《桓谭及其新论》，系《安徽大学学报》增刊，宿县安徽大学中文系“桓谭《新论》校注小组”编著。

此书前有两张照片，一张题为“一九七五年初，桓谭校注小组在淮北市相山挖掘《桓君山藏书处石碑》”。另一张为“桓君山藏书处石碑”，碑右上刻有立碑时间“明崇祯癸酉冬日”七个小字，左下刻立碑人为“栎居士任文石立”七个小字，均为行书。

全书包括前言、《新论》选注、《新论》校点、桓谭其他作品、前人误收桓谭作品考、桓谭本传、附：有关《新论》的考证和评论、后记等八部分内容。

《新论》校点部分篇目编排次序同严氏辑本，每篇后有校语。

“桓谭其他作品”中根据《文选注》，误把《七说》当作桓谭作品，严重失考。

“前人误收桓谭作品考”罗列严可均误辑三条内容不出桓谭《新论》一书，分别为：

> 捕猛兽者，不使美人举手；钓巨鱼者，不使稚子轻预。非不亲也，力不堪也。奈何万乘之主而不择人哉?
>
> 周易曰：肥遁，无不利。
>
> 吴之玩水若鱼鳖，蜀之便山若禽兽。

“周易”条，前人辑本已辨析清楚。“吴之玩水”条，此本考证出自吴人顾谭《新言》，朱氏《新辑本》云出自吴人顾谭《新语》，笔者考证当出锺会《刍荛论》。[①]“捕猛兽”一条，严可均既据《长短经》收入桓谭《新论》，又据《太平御览》收入桓范《世要论》，并称桓范承用桓谭

① 尹玉珊：《评〈新辑本桓谭新论〉》，《书品》2010年第4辑（总第124辑），中华书局，第42页。此条严氏据《文选·魏都赋》注，又录人锺会《刍荛论》，从文献先后看，《文选注》在前，《太平御览》在后；从情理上看，一称“吴”人，一称“蜀”人，则称者更似“魏”人。把吴、蜀两国人比作“鱼鳖”“禽兽”绝无善意，因此笔者认为此条辑文归属锺会《刍荛论》更可信。又见本书附录三。

书。此本因严氏所言无据，认为此辑文应存疑待考。

（十五）董俊彦《桓子新论校补》本（1986 年）

《桓子新论校补》为董俊彦著《桓谭研究》[①] 一书的《附录》。

作者在正文之前说明校补情况及依据云："本校补新论之文，以严辑全后汉文为本，参以艺文印书馆景印百部丛书集成桓子新论（简称艺文本）、中华书局四部备要桓子新论（简称中华本），及群书治要、意林、太平御览（简称御览）、艺文类聚、北堂书钞、初学记等类书，或文选注、史记注、汉书注所引新论之文，条疏其文，以定取舍。其中艺文本、中华本未能如严辑本冠上篇目，且其顺序互异，详略又不同，大抵以严辑本辑录最多，篇目井然，艺文本次之，中华本最少。凡群书治要所引之文，中华本大多未辑录。又因类书所引同一事之文字常有差异，甚至同一类书，不同之卷次引同一事之文字亦有不同，故艺文、中华辑本同一事常有分见几处而文字微异者，均一一加以指出，取其字顺理通者而已。"

此书的《桓子新论校》中对严辑本原文校定比较详尽，每条正文后均有校语，考证诸本同异，并说明校订理由。

在"桓子新论补"中补辑了严辑本的五条佚文，分别为：

> 君大素晓习万剑之名，凡器遥视而知，不须手持熟察，言能观千剑，晓而知之者也。按：依北堂书钞卷一百二十二武功部十补。艺文本同，唯"君大"作"君太"。中华本同，唯脱"言能观千剑，晓而知之者也"句。
>
> 昔齐桓公入谷，问父老曰："此何谷？"答曰："谓臣愚，名为愚公谷。"按：依御览卷五十四地部十九补，艺文本同，中华本无。
>
> 文家各有所慕，或好浮华而不知实核，或美众多而不见要约。按：依文心雕龙定势篇补，艺文本同，中华本无。
>
> 若其小说家合残丛小语，近取譬谕，以作短书，治身理家，有可观之辞。按：依文选江文通杂体诗注补，艺文本同，中华本无。
>
> 遏绝其端，其命在天。按：依文选李康运命论注补，艺文本同，中华本无。

此本主要依据艺文本（《指海》本）与中华本（严辑本）进行对校，再借助类书与史书、总集的注本校订辑文，作者自己对于佚文条目无补

---

① 董俊彦：《桓谭研究》，文史哲出版社 1986 年版，第 157—222 页。

充。作者未能利用此前已有的大陆学者的辑佚成果，因此未能综合众家之长而合成一个辑文最丰富、体例最完备的本子。

二 当代散见辑文综述

（一）汪廷奎、邱耐久《桓谭及其作品资料补辑》①（1983 年）

此文在“桓谭对他人的评论”部分从《文心雕龙》中找出四段桓谭言论，但未云这些言论是否出自《新论》。

此文的贡献有二：第一，从《晋书·天文上》中摘录两段与严辑本内容有出入的文字，其中“天若如推磨右转”和“浑为天之真形，于是可知矣”这两句话更加详尽地阐释了桓谭的“浑天说”，生动地再现了桓谭与扬雄辩驳的现实场景，补其他诸辑本之缺。

第二，作者据《东观汉记·桓谭传》摘录桓谭《上书》内容，认为“其所阐述的重本抑末观点及反谶纬之内容和《后汉书·桓谭传》所录有关奏疏之内容颇异”，可惜未能考证其真伪。

此文引用文献较为丰富，是现代最早的一篇针对桓谭作品进行全面搜辑考证的文章，其学术上的开创之功不可磨灭。

（二）汪廷奎、邱耐久《桓谭〈新论·求辅〉篇厘正》②（1984 年）

此文对严辑本《新论·求辅》篇内容排列顺序不满，依照人才的作用、人才分类、人才难得与信用人才四方面重新整理《求辅》篇内容。各部分内容又依照论证结构的展开顺序为原则进行排列。

全文不只在每个段落后有按语说明段落大意，而且每句后亦有按语说明论证的展开过程。此文为《求辅》篇归纳了四个前后相连、符合逻辑与情理的分主题，对某些语句之间在行文上的起承转合的关系梳理清晰，论证合理，其意欲恢复原文的立意也非常好。但一些特别俭省的佚文很难判断它们在全文中的逻辑顺序，作者在文中却一定要给出明确位置，违背了孔子处理文献所持的“多闻阙疑”精神，很难令人信服。

此文从“文章学”的角度尝试恢复散佚文献“文章”原貌的方法，具有一定的学术开创价值，可资借鉴。

---

① 汪廷奎、邱耐久：《桓谭及其作品资料补辑》，《淮北煤师院学报》（社会科学版）1983 年第 3 期。

② 汪廷奎、邱耐久：《桓谭〈新论·求辅〉篇厘正》《淮北煤师院学报》（社会科学版）1984 年第 Z1 期。

（三）苏诚鉴著《桓谭》[①]（1986年）

此书《附录》中有“《新论》辑本补佚”，共补辑了三条佚文：

> 使周（昌）相赵，不如使取吕后家女为妃，令戚夫人善事吕后，则如意无毙也。（《史记·周昌列传》《正义》引桓谭《世论》。《世论》当即《新论》。）
>
> 仲长统云：‘迁为《滑稽传》，叙优旃事，不称东方朔。’非也。朔之行事，岂直旃、孟之比哉。而桓谭亦以迁内为是。又非也。（《史记·滑稽列传》附褚少孙补《东方朔传》《索隐》）
>
> 魏之令：不孝弟者，流之东荒。（《七国考》卷十二《魏刑法》引桓谭《新书》。《新书》当即《新论》。）

前一条辑文，朱氏《新辑本》亦收录，观点与此本同。第二条辑文只是陈述了桓谭的观点要义，其原文丢失不可辑得。

杨宽《战国史》评价董说《七国考》引文时说：“桓谭《新论》是南宋时散失的，董说所引《新论》所载《法经》条文，其实出于董说本人所伪造。”[②] 否定《法经》条文的真实性，但不曾否认桓谭《新论》记载李悝著《法经》这一事实，所引法令条文当看作董说的借题发挥。

既然董说《七国考》有伪造嫌疑，这也可能是严辑本不尽取其引文的原因，那么第三条佚文的真实性也只能存疑。其他辑本凡取《七国考》收录者亦当存疑。

（四）尹玉珊《汉魏子书辑佚》[③]（2011年）

此文对《新论》的七条佚文进行了辨析，认为朱谦之“新辑本”误收了四条佚文：“昔吴有二人共评玉者”条为蒋济《万机论》佚文；“二仪之大”条可能是刘昼《新论》佚文；“戏谈以邀誉”条出自桓麟《七说》；“排斥曰‘批扺’”条多出自《后汉书·桓谭传》；“肥遯无不利”条出自《周易》。

补辑了两条《新论》佚文：“神农氏祀明堂，黄帝谓之合宫，尧谓之五府”，“议《史记》所载‘公山不狃召孔子’一事”为诸辑本所未录。此文引用资料较为丰富，考证严谨，搜辑佚文抱实事求是的精神，不贪多求广，只是辑文数量上尚嫌不足。

---

① 苏诚鉴：《桓谭》，黄山书社1986年版。

② 杨宽：《战国史》（增订本），上海人民出版社1998年版，第192页。

③ 尹玉珊：《汉魏子书辑佚》，《古籍整理研究学刊》2011年第21期。

因为笔者尚未能对桓谭《新论》诸辑本中的辑文进行逐条考证落实，再加上文献不足与学术视野所限，在品评桓谭《新论》诸辑本时可能有失之偏颇之处，难免会犯不甚公允之失，从而影响到综述的全面性与客观性。仅希望能够通过自己的综述，给使用者提供一些辑本的来源与线索，以便取己所需，辅助开展研究与文献整理工作。

参考文献

《十三经注疏》，中华书局 1980 年版。

（宋）朱熹：《四书章句集注》，中华书局 1983 年版。

续修四库全书编委会编：《续修四库全书》，上海古籍出版社 2006 年版。

（汉）司马迁：《史记》，中华书局 1975 年版。

（汉）班固：《汉书》，中华书局 1975 年版。

（晋）陈寿：《三国志》，中华书局 1998 年版。

（宋）范晔：《后汉书》，中华书局 1973 年版。

（唐）魏徵：《隋书》，中华书局 1973 年版。

（后晋）刘昫：《旧唐书》，中华书局 1975 年版。

（宋）欧阳修：《新唐书》，中华书局 1975 年版。

杨宽：《战国史》（增订本），上海人民出版社 1998 年版。

（秦）吕不韦：《吕氏春秋》，上海书店出版社 1992 年版。

（汉）高诱：《淮南子注》，上海书店 1986 年版。

（汉）扬雄撰，（宋）司马光集注：《太玄集注》，中华书局 1998 年版。

（宋）司马光：《太玄集注》，中华书局 1998 年版。

（清）吴承仕：《论衡校释》，北京师范大学出版社 1986 年版。

（汉）王符、（清）汪继培笺、彭铎校正：《潜夫论笺校正》，中华书局 1985 年版。

（唐）魏徵，等：《群书治要》，中华书局 1985 年版。

（元）陶宗仪，等辑：《说郛三种》，上海古籍出版社 1986 年版。

（明）归有光：《诸子汇函》，国家图书馆藏 1644 年本。

（明）程荣：《汉魏丛书》，上海涵芬楼，1925 年。

（明）何允中：《广汉魏丛书》，清嘉庆间刻本。

（清）王谟：《增订汉魏丛书 · 子余》，上海育文书店 1917 年版。

（清）唐晏：《陆子新语校注》龙溪精舍丛书：六十种，1917年。
（清）叶德辉：《观古堂所著书》，清光绪间长沙叶氏刻，1919年重编印本。
（清）王谟：《汉魏遗书钞》，西南师范大学出版社2011年版。
（清）卢文弨：《群书拾补》（丛书集成初编本），中华书局1985年版。
（清）汪荣宝：《法言义疏》，中华书局1987年版。
（清）王先谦：《荀子集解》，中华书局1988年版。
（唐）王天海、王韧：《意林校释》，中华书局2014年版。
（清）马国翰：《玉函山房辑佚书》，上海古籍出版社1990年版。
（清）黄奭：《汉学堂知足斋丛书》，书目文献出版社1992年版。
（清）姚振宗：《隋书经籍志考证》（二十五史艺文经籍志考补萃编），清华大学出版社2011年版。
（清）孙诒让：《墨子间诂》，中华书局2001年版。
（清）严可均：《铁桥漫稿》（续修四库本），上海古籍出版社2002年版。
（民国）张均衡：《适园丛书》十二集七十五种，乌程张氏民国间刻本。
（清）严可均：《全上古三代秦汉三国六朝文》，中华书局1958年版。
刘师培：《扬子法言校补》，刘申叔先生遗书，宁武南氏，1936年。
刘师培：《贾子新书校补》，刘申叔先生遗书，宁武南氏，1936年。
王仁俊：《玉函山房辑佚书续编》，上海古籍出版社1989年版。
蒋祖怡：《王充的文学理论》，上海古籍出版社1980年版。
吴树平：《风俗通义校释》，天津人民出版社1980年版。
王利器：《风俗通义校注》，中华书局1981年版。
钟肇鹏：《王充年谱》，齐鲁书社1983年版。
王利器：《新语校注》，中华书局1986年版。
苏诚鉴：《桓谭》，黄山出版社1986年版。
刘文典、冯逸：《淮南鸿烈集解》，中华书局1989年版。
黄晖：《论衡校释》，中华书局1990年版。
王利器：《盐铁论校注》，中华书局1992年版。
钟肇鹏、周桂钿：《桓谭、王充评传》，南京大学出版社1993年版。
刘文英：《王符评传、崔寔评传》，南京大学出版社1993年版。
孙启治、陈建华：《古佚书辑本目录》，中华书局1997年版。

伏俊琏：《人物志研究》，甘肃人民出版社 1999 年版。

阎振益、钟夏：《新书校注》，中华书局 2000 年版。

徐湘霖：《中论校注》，巴蜀书社 2000 年版。

王明：《抱朴子内篇校释》，中华书局 1980 年版。

赵幼文：《曹植集校注》，人民文学出版社 1998 年版。

(梁) 刘勰著，范文澜注：《文心雕龙注》，人民文学出版社 1978 年版。

(梁) 萧绎撰，许逸民校笺：《金楼子校笺》，中华书局 2011 年版。

(南朝梁) 萧绎撰，陈志平、熊清元疏证校注：《金楼子疏证校注》，上海古籍出版社 2014 年版。

傅亚庶：《刘子校释》，中华书局 1998 年版。

邓红：《王充新八论》，中国社会科学出版社 2003 年版。

杨树达：《淮南子证闻、盐铁论要释》，上海古籍出版社 2006 年版。

王治理：《王充及其文学思想》，齐鲁书社 2007 年版。

孙启治：《中论解诂》，中华书局 2014 年版。

董俊彦：《桓谭研究》，文史哲出版社 1986 年版。

董俊彦：《桓子新论研究》，文津出版社 1989 年版。

骆建人：《徐幹中论研究》，台湾商务印书馆 1993 年版。

马庆洲：《〈淮南子〉考论》，北京大学出版社 2009 年版。

王晓毅：《〈人物志〉研究》，硕士论文学位，山东大学，1986 年。

韩格平：《中论校注》，硕士论文学位，东北师范大学，1987 年。

王利器：《桑弘羊与〈盐铁论〉》，《西北大学学报》(哲学社会科学版) 1982 年第 1 期。

曹道衡：《〈典论·论文〉“齐气”试释》，《文学评论》1983 年第 5 期。

杨明：《〈典论·论文〉“书论宜理”解》，《文学评论》1985 年第 4 期。

韩格平：《徐幹〈中论〉杂考》，《古籍整理研究学刊》1990 年第 5 期。

顾农：《徐幹论》，《山东师范大学学报》(人文社会科学版) 1992 年第 3 期。

徐正英：《曹丕〈典论·论文〉创作动机探析》，《郑州大学学报》(哲学社会科学版) 1995 年第 4 期。

汪春泓：《论曹丕〈典论·论文〉》，《江苏大学学报》(社会科学版）2002 年第 3 期。

刘跃进：《释“齐气”》，《文献》2008 年第 1 期。

李纪祥：《〈太史公书〉由“子”入“史”考》，《文史哲》2008 年第 2 期。

方勇主编：《诸子学刊》第二辑、第七辑、第十一辑，上海古籍出版社 2009、2012、2014 年版。

孙少华：《诸子“短书”与汉代“小说”观念的形成》，《吉林大学社会科学学报》2013 年第 3 期。

闵泽平：《西汉子书论略》，《周口师范学院学报》2002 年第 4 期。

田晓菲：《诸子的黄昏——中国中古时代的子书》，《中国文化》2008 年第 1 期。

龙文玲：《〈盐铁论〉引诗用诗与西汉昭宣时期〈诗经〉学》，《河北师范大学学报》（哲学社会科学版）2011 年第 5 期。

徐公持：《关于古典文学的宏观研究及其现状》，《文学遗产》1987 年第 4 期。

石家宜、高小康：《古典文学宏观研究再议》，《文学评论》1988 年第 2 期。

王齐洲：《〈汉志〉著录之小说家〈青史子〉〈师旷〉考辨》，《中国文学研究》第八辑。

王齐洲：《中国小说家之祖师旷探论》，《澳门理工学报》2015 年第 2 期。

庞礴：《〈汉书·艺文志〉小说家之〈百家〉辨疑》，《四川师范大学学报》（社会科学版）2013 年第 6 期。

高华平：《先秦的“小说家”与楚国的“小说”》，《文学评论》2016 年第 1 期。

王齐洲、刘伏玲：《小说家出于稗官新学》，《湖北大学学报》（社会科学版）2015 年第 6 期。

郑杰文：《上博藏战国楚竹书〈诗论〉作者试测》，《文学遗产》2002 年第 4 期。

李正辉：《〈晁错集〉辑校》，《河南图书馆学刊》2017 年第 2 期。

后　记

笔者不是一个三百六十五天如一日的人，习惯走一段，看一看。这本小书如果出自“快手”最多两三年，而我却与它相伴了九年光阴。出活这么慢，一是用于“看一看”的时间多了，二是几次走入“歧途”再回头。其实，到达任何地方都很难只走直线，只不过笔者绕的弯路过长！

翻看师友们的《后记》，笔者发现“成功”的要诀大多在于一个词——坚持。于是笔者很惶恐，因为自己的眼光始终在变，兴趣随时转移。从小就对“古旧”事物怀有本能的抵触，即使读了《三国演义》《水浒传》和《聊斋异志》都没能激发我的好感，《红楼梦》满纸的世故人情更是像在我心头镇了铁块！小学时通过《译林》接触外国文学，虽然似懂非懂，但是爱不释手，这个兴趣一直持续到笔者能自费买书。小学高年级和哥哥一起读武侠，初中和女同学一起读琼瑶，都像一小股风拂过鼻尖，只留下些情怀与冲动。正式阅读现当代文学是在师范学校，那时功课很浅，学校看重规矩和技能，无聊的我发现了图书馆，大量的中外文学名著多是在那三年里相识的。那时的阅读完全是野兔撒欢，无任何计划和问学目的，所以收获也多存于意识流。

从教后参加自学考试，接触到游国恩先生的《中国文学史》与古代文学作品，才发现中国古代经典不只是“四大名著”，还有《诗经》《楚辞》和睿智的先秦诸子，当时的感受就像游子返乡。虽然是古文，虽然是繁体，笔者居然感觉流畅亲切，开始放慢阅读的步伐，由撒欢变成漫步。教育学院的两年学习生活，认识了班主任邓子勉老师，他的问学激情鼓励笔者毅然选择古代文学，踏上回乡之旅。

南师大跟随导师王青研习魏晋南北朝文学，很喜欢“竹林七贤”，但见到高笔者两届的师兄怀揣厚厚一大本《竹林七贤》去答辩，笔者自愧而弃了。然后想写志怪小说，资料准备齐全，文章也写出了一二，突然意兴阑珊。跟导师说不想写小说了，我要写女作家。导师首肯后，我就一头扎进南朝女作家的怀抱。硕士期间无论选课还是写文章，都还是撒欢式的。挺感谢导师的宽容，不管自己写什么，只要不停止思考就有收获。

进入中国社会科学院研究生院以后，虽然跃进师给我们开了书单，但学院当时不鼓励博士生发表论文，所以一开始笔者依然撒欢。直到一天，在一本学术刊物上邂逅了同学的作品，蓦然发现自己的不堪。学术“成果”改变了读书的空气，博士生活不再是田园牧歌，笔者开始很紧张，自觉手脚僵硬。抱着老师给的书单，在中国社科院图书馆里按图索骥。揣摩前贤的研究理路，探索师友们文章的写法，笔者努力从一个文学青年蜕变为学术青年。

到了博士论文选题阶段，考虑到徐幹与笔者的地缘关系，跃进师建议笔者以徐幹和《中论》为研究对象，但笔者当时没法把自己宽泛的视野聚焦到一个人与一本书之上，在与导师的多次协商之后，决定以《汉魏子书研究》为题，考察汉魏子书群体的发展概况。刚拿到这个题目时笔者异常兴奋，但着手做时却发现自己的驾驭能力不似想象中那么强大，所以起步很是踉跄。

笨人用笨法，一切从文献入手。遵照导师嘱咐先编子书《叙录》，然后清理文本、提炼主题，最后宏观考察，分析现象、总结规律。如果说古代文学研究是一座长城，汉魏子书这里就是一处烽火台，笔者在这里驻足留连，感受人生与学术的双重提升。

孩子的孕育几乎与论文同时，所以整个写作过程真正是“一手抱孩子，一手写论文”，再现了跃进师奋战博士的当年。老母亲像一位英勇的志愿兵，远离老爸奔赴笔者的战场，直到拖着病体回乡。孩子发高烧，笔者背着他在小区人行道上一趟又一趟地踱步，电脑里的论文在头脑里回放。那串沉甸甸的时光，锻造了笔者的耐力与胆量。

毕业已逾七载，入门整整十年。老师与同门情谊把学术与笔者的人生紧密相连，在每一个笔者意欲转弯的路口牵我回头。笔者这个惯于自我流放的人，每次转弯都以突破当借口，其实是在逃避，就像和人相处总不能长久。叛逆时逃离母爱，憧憬时逃离家乡，继而逃离世俗，逃离学校，逃离了第一个工作，又逃离了第二个。没有信心也缺乏耐心，但终于，笔者决心与逃亡告别。留在这里，深挖一口井，与古典文学同在。

在笔者心里，这不是一本书，它更像是一条路。笔者在这条路上行走，有彷徨，有隐忍，有孤寂，有坚持。行走中，好几位亲人、朋友离开笔者去了另一个世界，那个世界遥不可识，只有想象可以抵达。学术研究也与此相像，过去的人事徜徉在历史长河，他们的面貌在岁月中不断更改，即便没有后人的涂鸦也逐渐迷离，我没有时光机器，只能触摸文字，驾驭想象，企望接近历史。

笔者不是一个人在行走，志同道合的师友们一直陪伴在笔者的精神世界，当笔者迷茫困惑时伸出手用力拉一把或推一下。更多的时候是家人陪伴在笔者的身边，当笔者孤寂时用温情拥抱，当笔者疲惫时用宽容舒解。走着这条路，就是生活。笔者在文学的怀抱，文学又被生活环抱，就像皮和肉紧紧地长在了一起。

2017 年 7 月 19 日